Johannes Esser

Kritische Friedenstheorie und Möglichkeiten zur Friedenspraxis

Ein Beitrag zur erziehungswissenschaftlichen Grundlagendiskussion zum Anwendungsbereich Schule

Europäische Hochschulschriften

Publications Universitaires Européennes
European University Papers

Reihe XI
Pädagogik

Série XI Series XI
Pédagogie
Pedagogics

Bd./Vol. 28

Johannes Esser

Kritische Friedenstheorie und Möglichkeiten zur Friedenspraxis

Ein Beitrag zur erziehungswissenschaftlichen Grundlagendiskussion zum Anwendungsbereich Schule

Herbert Lang Bern
Peter Lang Frankfurt/M. und München
1976

Johannes Esser

Kritische Friedenstheorie und Möglichkeiten zur Friedenspraxis

Ein Beitrag zur erziehungswissenschaftlichen Grundlagendiskussion zum Anwendungsbereich Schule

Herbert Lang Bern
Peter Lang Frankfurt/M. und München
1976

ISBN 3 261 01891 7

Druck: fotokop wilhelm weihert KG, Darmstadt

VORWORT

In der Bundesrepublik können innerhalb der Friedens- und Konfliktforschung pädagogische Auseinandersetzungen und Problemdiskussionen zu eigengesellschaftlichen Unfriedensbedingungen und Friedensvoraussetzungen weder ausgeklammert noch vernachlässigt werden. Denn der Stellenwert der Friedenspädagogik ist gerade auch an innergesellschaftlichen Unfriedensstrukturen und Unfriedensfakten deutlich zu machen. Hierbei kann sich Friedenspädagogik nicht auf eine konfliktdistanzierte oder konfliktfeindliche Befriedungskonzeption zurückziehen; zum anderen müssen Erziehung und Unterricht stärker als Grundbedingungsprozesse für Frieden in den Vordergrund rücken.

Das Manuskript dieser Arbeit konnte im September 1974 abgeschlossen werden.
Im Sommersemester 1975 wurde die Arbeit von der Pädagogischen Hochschule Rheinland als Dissertation angenommen. Gutachter waren Herr Prof. Dr. Franz Römer und Herr Prof. Dr. Hermann Röhrs.

Herr Prof. Dr. Heinz Mühlmeyer hat diese Arbeit, die ich ihm widme, durch Rat und Kritik gefördert und mit Engagement betreut.

Für Anregungen und Hilfen danke ich Frau Prof. Dr. Annette Kuhn, Herrn Prof. Dr. Peter Jansen und besonders Herrn Prof. Dr. Franz Römer, der nach dem plötzlichen Tod von Herrn Prof. Dr. Heinz Mühlmeyer die Weiterbetreuung bereitwillig übernommen hat.

Die Bundeszentrale für politische Bildung unterstützte die Veröffentlichung dieser Arbeit durch die Bereitstellung eines Druckkostenzuschusses.

Bornheim-Rösberg, im Dezember 1975 Johannes Esser

Inhaltsverzeichnis

I. EINLEITUNG

Eine theoriefundierte und praxisbezogene Weiterentwicklung der Friedenspädagogik in der Bundesrepublik ist in der Gegenwart abhängig von einer verstärkten erziehungswissenschaftlichen Diskussion, die die Strukturierung der Perspektiven einer Friedenstheorie ebenso einschließt wie die Aufhellung und Bewußtmachung von fragwürdigen Verhältnissen, Strukturen und Systemen, um Ursachen, Bedingungen und Hintergründe gesellschaftlichen Unfriedens herausarbeiten und erziehungsrelevante Ansätze als orientierende Markierungen und Grundlagen einer kritischen Friedenspraxis im Bereich der Schule abgrenzen zu können. Hiermit wird gleichzeitig angesetzt, daß eine Erziehung zum Frieden in der Schule nicht nur möglich, sondern auch notwendig ist.

Diese Problemstellung, mit der sich die vorliegende Arbeit auseinandersetzt, wird methodisch durch vier leitende, ineinandergreifende Schwerpunkte angegangen.

Erstens wird erörtert, welche Positionen und Ansätze im Überblick die Grundlegungsdiskussion der gegenwärtigen Friedenspädagogik in den wichtigsten Problemstellungen charakterisieren und bestimmen.[1]

Zweitens werden begründende Perspektiven kritischer Friedenstheorie aufgezeigt.[2] Dabei ist zu berücksichtigen, daß eine Friedenstheorie in der Bundesrepublik gesellschaftskritische Ansätze nicht übergehen kann. Erschließt nun ein friedenstheoretischer Konzeptualisierungsversuch dazu Bedingungsgrundlagen, dann weist kritische Friedenstheorie einen sich gegenseitig bedingenden Doppelaspekt aus: Einerseits müssen friedenstheoretische Erziehungsperspektiven von bestehenden erziehungswissenschaftlichen Grundeinstellungen abgegrenzt werden,[3] andererseits sind Unfriedensfakten und Unfriedensstrukturen der gesellschaft-

---

1) Vgl. dazu in dieser Arbeit Teil II. S. 15ff.
Zum Friedensbegriff siehe die Ausführungen in Teil II. Abschnitt 2. S. 50 - 52.

2) Vgl. Teil III. S. 100ff.

3) Siehe besonders S. 15ff; 77ff; 100ff; 107ff; 140ff; 161ff.

lichen Wirklichkeit mit einem kaum erfaßten Netz von wahrnehmbaren Friedlosigkeitsformen und Friedlosigkeitsverhältnissen verschränkt.[4)]

Deshalb sollen im dritten Schwerpunkt in einem exemplarischen Versuch Strukturen und Basisbedingungen aus dem öffentlichen Erziehungssystem analysiert werden, nicht zuletzt, weil das öffentliche Erziehungssystem eine bedeutsame gesellschaftliche Nahtstelle darstellt.[5)] Bei dieser Untersuchung wird zu belegen sein: Das eigengesellschaftliche System öffentlicher Erziehung kann kaum noch verharmlost und unkritisch weiterhin zugedeckt bleiben. Denn öffentliche Erziehung gründet in erheblichem Maße auf offenen und verborgenen Gewaltstrukturen und Gewaltverhältnissen, die friedens-ferne Erziehungsbedingungen hervorrufen und die als Defizite des Friedens von überbetonter und daher überflüssiger Hierarchie und Amtsautorität abgesichert sind. Diese aktuellen Bedingungen sind besonders bedenklich geworden, weil sie leitend dazu beitragen, daß Friedlosigkeit in Erziehung und Gesellschaft stabilisiert und vervielfältigt wird und Individuen an der Selbstverwirklichung behindert sind.

Neben der Aufhellung dieses weitverzweigten Problems soll viertens für den Bereich der Schule anwendungsbezogen diskutiert werden, auf welcher Grundlage der aus Gewaltverhältnissen und Friedlosigkeitsfakten sich ergebende Problemdruck einer als Beispiel diskutierten öffentlichen Erziehung durch eine friedensorientierte Erziehungspraxis anzugehen ist.
Dieser Ansatz impliziert einmal, daß Unfriedensverhältnisse keineswegs als Naturnotwendigkeiten gelten müssen, zum anderen ist einzusehen, daß theoretisierte Friedensvoraussetzungen nicht von selbst entstehen, sondern daß dazu Träger erforderlich sind, die friedenskonstruktive Alternativen initiieren und begleiten.

---

4) Vgl. hierzu etwa die Ausführungen S. 130f.
5) Vgl. insgesamt Teil IV. S. 175ff.
Zu einer historischen Genese der öffentlichen Erziehung, die hier nicht berücksichtigt werden kann, siehe etwa: Christa BERG: Die Okkupation der Schule. Eine Studie zur Aufhellung gegenwärtiger Schulprobleme an der Volksschule Preußens (1872 - 1900). Heidelberg 1973.

Deshalb kann eine der Bedingungen für Friedensvoraussetzungen hierzu die Intention einleiten, daß subjektive/gruppenspezifische Ohnmachtserfahrungen nicht mit fatalistischen Verhaltenseinstellungen zu beantworten sind. Erziehungsintentionen und Unterrichtskonzepte müssen stattdessen langfristig so angelegt sein, daß sie an die folgende Erfahrung heranführen: Durch Solidarisierungsprozesse wie durch eine breite Konflikterziehung sind in der Schule Ohnmachtserfahrungen, Ohnmachtsbedingungen und Ohnmachtseinstellungen von Schülern und Lehrern abzubauen. [6)]

Friedenspädagogik artikuliert in der Schule ihren besonderen Stellenwert für Individuen und/oder Gruppen, wenn inhumane Systemstrukturen, [7)] regionale und überregionale Bezüge zu Unfrieden Gegenstand unmittelbarer Auseinandersetzung sind. Es ist dann von Bedeutung, daß Individuen fortlaufend über internationalen und eigengesellschaftlichen, offenkundigen und verdeckten Unfrieden Kenntnis erhalten, der sich darstellt als offene, versteckte oder verklausulierte Armut, [8)] Unterdrückung, Benachteiligung, Sanktion, als verborgen gehaltener Zwang, als physische oder psychische Not, bewußte oder nicht bewußte Unfreiheit, als Bevormundung und Beherrschung durch überflüssigen Macht- und Herrschaftsvorsprung, als Manipulation oder versteckter Terror, als ausgeuferte Abhängigkeit und Ungleichheit.

---

6) Zu diesem Problem werden die entsprechenden Ansätze in Teil V als Grundlegungsversuch verstanden (vgl. S. 247ff).
7) Der verwendete Begriff Struktur, der weniger Einzelphänomene betont, ist bezogen auf ein Verhältnis- und Bedingungsgeflecht, das in erziehungsrelevanten Systemen zu analysieren ist. Zur Begriffsweite siehe Karl SAUER: Struktur. Zur Problematik eines didaktischen Modewortes. In: WESTERMANNS PÄDAGOGISCHE BEITRÄGE. 26. Jg. 1974. Heft 1. S. 21 - 30.
8) Vgl. Herbert E. COLLA/Ute STOLTENBERG: Armut in der Bundesrepublik Deutschland. In: GEGENWARTSKUNDE. Gesellschaft - Staat - Erziehung. 23. Jg. 1974. S. 35 - 48.
Jürgen ROTH: Armut in der Bundesrepublik. Über psychische und materielle Verelendung. Reinbek 1974.

Wie Unfrieden wirkt, können Lebensbedingungen und Selbstverwirklichungsmöglichkeiten besonders derjenigen Bevölkerungsgruppen aufzeigen, die als sogenannte Randgruppen der Gesellschaft bezeichnet werden. Zu denken ist hier an ältere Menschen, körperlich und geistig Behinderte, an die Problematik alleinstehender berufstätiger Mütter mit Kindern, an drogensüchtige Jugendliche, Gastarbeiter und deren Lebensbedingungen, an einen Vergleich zwischen Grundintentionen und realen Bedingungen der Heimerziehung, an Strafgefangene, psychisch Kranke. Hier ist allein schon die soziale Isolation beziehungsweise eine Ghetto-Situation besonders wirkungsintensiv.

Diese Hinweise skizzieren das Ausmaß der Problematik des Unfriedens. Schon von daher sind die Möglichkeiten der Aufklärung und Bewußtmachung beträchtlich, die Erziehung [9] innerhalb der Unfriedens-/Friedens-Problematik besetzen kann.

Über den Rahmen dieser Arbeit hinaus ist Friedenspädagogik aber nicht nur auf den Anwendungsbereich Schule zu beziehen, sondern ebenfalls hat Friedenspädagogik für Erwachsenenbildung, Elternbildung und Lehrerbildung einen herausragenden Stellenwert. Dies ist dadurch bedingt, daß Unfriedensstrukturen und -formen einen lebensbeeinflussenden Bezug haben. Das heißt: Eine Friedenspädagogik ist - soweit dies derzeit überblickt werden kann - primär durch

---

9) Erziehung, hier in der Verbindung mit Frieden, wird im folgenden verstanden als rationalisierte, d.h. begründ- und kontrollierbare Intention, die auf friedensorientiertes Handeln bezogen ist.
Zum Erziehungsverständnis siehe ergänzend auch den dritten Aspekt der Friedensumschreibung in Teil II. Abschnitt 2. S. 51.
Die Bedeutungsvielfalt des Erziehungsbegriffs erörtert im Überblick Wolfgang BREZINKA: Über Erziehungsbegriffe. Eine kritische Analyse und ein Explikationsvorschlag. In: ZEITSCHRIFT FÜR PÄDAGOGIK. 17. Jg. 1971. S. 567 - 615; vgl. weiter Klaus SCHALLER: Erziehung. In: LEXIKON DER PÄDAGOGIK. Neue Ausgabe. Bd. 1. Hrsg. vom WILLMANN-Institut. Freiburg 1970. S. 392 - 395; Klaus MOLLENHAUER: Erziehung und Emanzipation. Polemische Skizzen. München 1970[4]. S. 22 - 28.

Auseinandersetzungen mit offenen, verborgen gehaltenen oder anonymen Unfriedensfakten beschäftigt und bestimmt, weil sich erst von diesem Ansatz her Möglichkeiten und Alternativen zu Frieden aufhellen beziehungsweise strukturieren lassen. Unfriedensanalysen und Unfriedensalternativen bilden hierbei einen entscheidenden Schnittpunkt von ineinandergreifender Friedenstheorie und Friedenspraxis.

Jedoch sind gegenwärtige Bewertungen innerhalb der Friedenspädagogik in der Bundesrepublik Deutschland gerade dann äußerst skeptisch einzustufen, wenn sie unterstellen, Friedenspädagogik impliziere kaum eine Aufdeckung von gesellschaftlichen Herrschafts- und Gewaltverhältnissen, und sie erfülle primär Interessen der Systemstabilisierung. Sicherlich verweist diese Kritik auf Leitintentionen des politischen Kampfes und der politischen Dogmatisierung.[10)]
Für den wissenschaftlichen Erfahrungsbereich über und mit Friedensvoraussetzungen aber ist zu sehen, daß Friedenspädagogik in der Bundesrepublik nicht durch einseitig weltanschauliche und dogmatische Grundsatzentscheidungen weiterkommt; wenn auch einzuräumen ist, daß Friedenspädagogik, falls sie beispielsweise Hintergründe, Strukturen und Formen von Gewalt aus Erziehung und Gesellschaft analysiert, von einem gewichtigen Bezug nicht abzutrennen ist: Sowohl verklausulierter Unfrieden als auch Bedingungen des Friedens, der nicht Stillstand und Ruhe sein kann, haben in Makro-Ebene (internationaler Bereich) und Mikro-Ebene (Bereiche und Systeme in der eigenen Gesellschaft) eine nicht auszuschließende und nicht zu überspringende politische Funktion. Zum Beispiel gründen Interessen an einem

---

10) Vgl. Peter JANEK: Friedenspädagogik. In: Wörterbuch Kritische Erziehung. Hrsg. von Eberhard RAUCH und Wolfgang ANZINGER. Starnberg 1972. S. 100f;
Hans-Jochen GAMM: Was heißt Friedenserziehung in der spätbürgerlichen Gesellschaft ? In: SCHULE & NATION. Die Zeitschrift für ein Demokratisches Bildungswesen. 18. Jg. 1972. Heft 1. S. 2 und 5.

Status quo beziehungsweise Interessen an Veränderungen auf davon abhängigen politischen und gesellschaftlichen Zielwerten und Intentionen.

Friedenspädagogik ist hierbei auch dadurch weiter gekennzeichnet, daß sie nicht gegen eine kritische Erziehungswissenschaft gerichtet ist, sondern diese gerade durch relevante Frage-, Problem- und Aufgabenstellungen erweitert; angesichts der Problemweite erfordert das allerdings eine Erziehung, die Subjekte/Gruppen auch tatsächlich mit Unfriedensfakten konfrontiert, wobei gerade an Unfrieden mit seinen verinnerlichten Brutalitätstypen, die kaum noch bewußt sind, geeellschaftliche Bedingungen kritisch herauszufiltern sind.

Eine an gesellschaftlichem Unfrieden orientierte Erziehung muß hierbei deutlich machen, daß eine interessensgeleitete Selbstverwirklichung nicht in Behinderung oder zum Nachteil anderer Subjekte oder Gruppen und ausschließlich unter subjektiver Profitmaximierung und apolitisch zu vollziehen ist, sondern gerade eine kooperative und gesellschaftskritische Praxis erfordert, in der auch eigene Interessen relativiert werden, um überregional bestehende bedeutsame Friedensdefizite anzugehen.

Friedenspädagogik hat hier wesentliche Aspekte aufzugreifen, vor allem dann, wenn sich Friedenspädagogik, die als Teildisziplin der interdisziplinären Friedensforschung [11)] eingeordnet werden muß, aufgrund

---

11) Die Friedensforschung in der Bundesrepublik ist durch die skandinavische Friedensforschung - und hier besonders durch GALTUNG - beeinflußt. Vgl. dazu neuerdings: Johannes BRINKMANN: Friedensforschung in Skandinavien. Literaturbericht und Bestandsaufnahme in wissenschaftssoziologischer Absicht. In: SOZIALE WELT. Zeitschrift für sozialwissenschaftliche Forschung und Praxis. 25. Jg. 1974. Heft 1. S. 118 - 142.
Einen Überblick zur Friedensforschung in der Bundesrepublik vermittelt:
Karl KAISER/Reinhard MEYER: Wissenschaft und Frieden. Eine ausgewählte Bibliographie zum neueren Schrifttum der Friedensforschung, friedensrelevanten Forschung und Zukunftsforschung.
(Fortsetzung S. 11.)

ihres Forschungsgegenstandes als problem-orientierte und handlungsbezogene Wissenschaft versteht. Sie folgt konstruktiven und prozeßbezogenen Zielsetzungen, die einerseits mit der Dynamik gesellschaftlichen Unfriedens verbunden sind, die andererseits aber auch an dynamische Erkenntnisprinzipien gekoppelt sind, um der Dimensionalität der Unfriedens-Friedens-Spannung Rechnung tragen zu können. Damit wird offenbar, daß sich Friedenspädagogik nicht auf ein einziges oder alleingültig erklärtes wissenschaftstheoretisch-

---

Fortsetzung Anmerkung 11):
In: Karl KAISER: Friedensforschung in der Bundesrepublik. Göttingen 1970. S. 186 - 241;
Eva KNOBLOCH/Dieter SENGHAAS: Ausgewählte Bibliographie zur Friedensforschung. In: Ekkehart KRIPPENDORFF (Hrsg.): Friedensforschung. Köln 1970[2]. S. 559 - 589;
Paul NOACK: Bibliographie zur Friedensforschung. In: Ders.: Friedensforschung - ein Signal der Hoffnung ? Freudenstadt 1970. S. 128 - 139;
Gerta SCHARFFENORTH/Wolfgang HUBER (Hrsg.): Bibliographie zur Friedensforschung. Reihe: Studien zur Friedensforschung. Bd. 6. Hrsg. von Georg PICHT und Heinz Eduard TÖDT. Stuttgart/München 1970;
Gerta SCHARFFENORTH/Wolfgang HUBER (Hrsg.): Neue Bibliographie zur Friedensforschung. Reihe: Studien zur Friedensforschung. Bd. 12. Hrsg. von G. PICHT und H.E. TÖDT. Stuttgart/München 1973.
Siehe auch die Selbstdarstellung: Peace Research in the Federal Republic of Germany. In: JOURNAL OF PEACE RESEARCH. Hrsg. durch International Peace Research Institute. Oslo. 10. Jg. 1973. Heft 3 (Sonderheft).
Zur Kritik an der Friedensforschung in der Bundesrepublik vgl. u.a. K.-Peter STRATMANN: Vom Autismus kritischer Friedensforschung. In: AUS POLITIK UND ZEITGESCHICHTE. Beilage zur Wochenzeitung DAS PARLAMENT. B 40/73. 6. Oktober 1973.
Ein internationaler Überblick zu Institutionen der Friedens- und Konfliktforschung vermittelt: International Repertory of Institutions for Peace and Conflict Research. Reports and papers in the social sciences. Nr. 28. Hrsg. durch die UNESCO. Paris 1973.
Zum Literatur-Überblick der Friedenspädagogik für den Bereich der Bundesrepublik siehe die Bibliographie "Erziehung für den Frieden". Hrsg. von der Studiengesellschaft für Friedensforschung e.V. München 1971;
Jörg BECKER/Egbert JAHN: Bibliographie zur Friedenserziehung. In: Christoph WULF (Hrsg.): Friedenserziehung in der Diskussion. München 1973. S. 258 - 265.
Vgl. weiter Annette KUHN: Schriften zur Friedenserziehung. In: LITERATURBERICHT PÄDAGOGIK. 1. Jg. 1974. 1. Quartal. S. 1 - 5.

praktisches Konzept berufen kann. Antizipierende und hier auch erst an Teilmomenten erfahrbare Wirklichkeiten von Frieden lassen dies nicht zu, wenn ein unkritischer Ausschließlichkeitsanspruch vermieden werden soll.[12)]

Friedenspädagogik hat insgesamt einen komplexen Auftrag zu berücksichtigen, nämlich Bedingungen aufzuzeigen, um Individuen zur Überwindung von Unfrieden zu motivieren. Dies ist langfristig zu verstehen und beinhaltet die Frage, inwieweit wirkungsvoll eine Fundierung von Friedensvoraussetzungen durch anteilige Erziehung möglich wird. Eine hier bestehende Lücke, die sich auch nicht durch dogmatisierte friedenspädagogische Aussagen überwinden läßt, rechtfertigt beim derzeitigen Stand der Friedenspädagogik kaum voreilige und euphorische Erwartungseinstellungen. Von daher ist erforderlich, daß mit der Weiterentwicklung der Friedenspädagogik auf Dauer erziehungsrelevante und gesellschaftliche Veränderungen nicht nur theoretisiert, sondern auch praktiziert werden müssen.

Hierbei hat Friedenspädagogik zu strukturieren, daß sie aufgrund ermittelter Friedensdefizite einen besonderen Öffentlichkeitscharakter hat. Von daher kann sie auch nicht auf einen Schonraum angesetzt sein, sondern sie muß gerade Schonräume verlassen, beziehungsweise sie muß die Überwindung dieser Schonräume als ein wesentliches Moment darstellen.

So kommt es in einer kritischen Erziehung zum Frieden auch über den Bereich der Schule hinaus kaum mehr auf abgesicherte und von außen aufoktroyierte und fremdbestimmte Verhaltens- und Handlungsspielräume, Lehrkonzeptionen, Lernbedingungen und Leistungs-Bestrafungsmechanismen an, sondern stattdessen gerade auf eine Entsicherte

---

12) Zur wissenschaftlichen Struktur der Friedenspädagogik siehe auch Johannes ESSER: Zur Theorie- und Praxisdiskussion der Friedenspädagogik. Ist die Friedensforschung und Friedenspädagogik "philosophiefeindlich, realitätsfremd und oftmals beinahe naiv-narzißtisch"? In: PÄDAGOGISCHE RUNDSCHAU. 27. Jg. 1973. S. 732 - 748.

Erziehung und Bewußtmachung, durch die in Auseinandersetzungsprozessen Handlungsträger eigenständige und konstruktive Innovationen setzen und Initiativen für Voraussetzungen und Bedingungen auf Frieden hin erarbeiten und praktizieren. Hierzu kann eine Friedenspädagogik in Ausbildung und Weiterbildung durch Kritik beitragen, um Unfrieden in Systemen und Strukturen auf Abbaumöglichkeiten hin zu sondieren; aber sie muß gerade auch dies entscheidend unterstützen, daß eine Reduzierung und Auflösung von Unfrieden im internationalen Ausmaß als ein gewichtiges Lebens- und Zielkonzept der nächsten Jahrzehnte erarbeitet werden kann. Wie notwendig dies ist, dürfte etwa bereits ein international sich auswirkendes Problem verdeutlichen, mit dem sich kritische Einstellungen, Maßstäbe, Haltungen und Handlungsschritte, die eine Veränderung intendieren, intensiv und kontinuierlich auseinanderzusetzen haben.
Die aus dem rapiden Wachstum der Weltbevölkerung sich ableitenden Problemfragen müssen so etwa bewußtgemacht werden, weil sie nicht zuletzt die europäischen Industrieländer vor entscheidende politische und wirtschaftliche Umdenkungsprozesse stellen, mit denen sich Erziehung, Unterricht, Ausbildung und Weiterbildung nicht verkürzt, sondern langfristig zu befassen haben. Eine Problemstellung "Wachstum der Bevölkerung oder der Wirtschaft ? Eine dramatische Entscheidung für die einen, ein falsches Problem für die anderen" [13] gehört hierzu ebenso wie die Ermittlung der Ursachen und Aufhellung der sozialen und politischen Folgen bezüglich der Lern- und Ausbildungsbedingungen. [14]

---

13) Siehe hierzu die Ausführungen in: UNESCO-KURIER. 15. Jg. 1974. Nr. 5. S. 6ff.
14) Vgl. zum Problem von Erziehung und Ausbildung im internationalen Maßstab den UNESCO-KURIER. 15. Jg. Nr. 7/8. S. 49ff: "Zwischen 1970 und 1985 werden in Entwicklungsländern mehr als 7 1/2 Millionen neue Primarschullehrer benötigt. Man schätzt, daß in diesen Gebieten ungefähr 273 Millionen Kinder die Primarschule besuchen werden - das sind 100 Millionen mehr als 1970. Das bedeutet, daß jedes Jahr mehr als eine halbe Million neuer Lehrer gefunden werden müßte; mehr als 1300 täglich; 57 jede Stunde oder 1 neuer Lehrer jede Minute".
(Fortsetzung S. 14.)

Diese Beispiele erläutern bereits ein wenig den Anspruch, Unfriedensverhältnisse, die sich gegen den Menschen richten, selbst in der hier angesprochenen internationalen Ebene als veränderbar zu verstehen und ihnen keinesfalls mehr einen Ewigkeitswert zuzubilligen. Dabei sind außerdem Abschreckungs- und Bedrohungsbedingungen [15] in der Makro-Ebene ebenso dringend bewußtzumachen wie etwa das Problem anzugehen ist, daß sich Friedenspädagogik permanent gegenüber fragwürdig gewordenen Verhältnissen innerhalb der eigenen Gesellschaft behaupten muß. Dadurch kann Friedenspädagogik fortwährend einen eigenständigen und zukunftsweisenden Stellenwert erweitern und über die Schule hinaus einen wichtigen Beitrag zum gesellschaftlichen Entwicklungsprozeß leisten.

Fortsetzung Anmerkung 14):
Diese Trendberechnungen stützen sich auf Untersuchungen, die anläßlich der Weltbevölkerungskonferenz in Bukarest im August 1974 von der UNESCO veröffentlicht wurden. Die UNESCO-Studie "Entwicklung in der Erziehung, Welt- und Regionalstatistiktrends und Entwürfe bis 1985" geht bei ihren Berechnungen von der Annahme aus, "daß in den Entwicklungsländern der Bestand an Schulen so gleichmäßig ansteigt wie in den vergangenen zehn Jahren" (UNESCO-Kurier. Nr. 7/8. S. 49).
15) Vgl. etwa die Daten in dieser Arbeit S. 24ff.

II. ZUM STAND DER FRIEDENSPÄDAGOGIK IN DER BUNDESREPUBLIK

1. Zur Notwendigkeit einer Friedenspädagogik

Veröffentlichungen aus der Bildungs- und Erziehungsgeschichte zu Fragestellungen des Friedens [1] können den Eindruck erwecken, daß sich erziehungswissenschaftliche Forschung fortwährend und umfassend mit Friedensproblemen beschäftigt, weil sie erziehungsrelevant sind und friedensbezogene Aufgaben implizieren.

Es ist aber näherhin zu prüfen, ob kontinuierlich Friedensprobleme innerhalb der Geschichte der Pädagogik diskutiert werden und inwiefern in der Gegenwart überhaupt eine Erziehung für den Frieden erforderlich ist.

---

1) Vgl. Hermann RÖHRS: Die friedenserzieherischen Ideen des Johann Amos COMENIUS. In: Ders.: Erziehung zum Frieden. Stuttgart 1971. S. 9 - 26.
Klaus SCHALLER: ... Auf daß sie aufhören, Krieg zu führen. Der "Engel des Friedens" des J.A. COMENIUS. In: H.O. Franco REST (Hrsg.): Waffenlos zwischen den Fronten. Die Friedenserziehung auf dem Weg zur Verwirklichung. Graz 1971. S. 30ff.
Klaus SCHALLER: Die Bemühungen des J.A. COMENIUS um den Weltfrieden. In: Arthur BACH (Hrsg.): Dienst für Kirche und Schule. Festschrift für Edgar BOUÉ. Dortmund 1968. S. 21ff.
Aus der neueren Geschichte der Erziehungswissenschaft:
Maria MONTESSORI: Der Frieden und die Erziehung. In: BLÄTTER DER INTERNATIONALEN MONTESSORI-GESELLSCHAFT. 2. Heft 1932. S. 2 - 22; erneute Veröffentlichung in: Hermann RÖHRS (Hrsg.): Friedenspädagogik. Frankfurt 1970. S. 49 - 66.
Maria MONTESSORI: Frieden und Erziehung. Die Bedeutung der Erziehung für die Verwirklichung des Friedens. Hrsg. und eingeleitet von Paul OSWALD und Günter SCHULZ-BENESCH. Freiburg 1973 (Hier sind MONTESSORI-Vorträge zur Friedensthematik aus der Zeit zwischen 1932 und 1939 zusammengefaßt; Original-Titel der italienischen Neuausgabe "L'educazione e pace". Mailand 1970.).

Die Relevanz des Friedens ist für Individuum und Gesellschaft kein neues Postulat. [2] Nicht allein in der Antike sind hierzu Initiativen entfaltet. Thomas von AQUIN [3] oder auch DANTE ALIGHIERI haben zur Friedensproblematik Stellung genommen; ebenso ERASMUS von ROTTERDAM in seiner Schrift "Querela Pacis", die 1518 bekannt wird und die sich in appellativer Diktion an Fürsten, Bischöfe, Priester und Christen wendet, "den Frieden auf dauerndem Grunde zu festigen." [4]

---

2) Aus der Breite der historischen Literatur zur Frage des Friedens werden folgende Quellensammlungen und zusammenfassende Studien genannt:
Werner TRUTWIN (Hrsg.): Frieden auf Erden. Düsseldorf 1970.
Hans-Jürgen SCHLOCHAUER: Die Idee des ewigen Friedens. Bonn 1953. Hier kann an der dargebotenen Quellenauswahl von AUGUSTINUS bis zur Satzung des Europa-Rates die Zeitlosigkeit der Friedensidee nachvollzogen werden. Literaturhinweise zu weiterführenden Quellenstudien sind dort ebenfalls angegeben (S. 229ff).
Kurt von RAUMER/Rudolf VIERHAUS: Friede und Völkerordnung. "Gerechter Krieg" und "Ewiger Friede". Teil I (bis 1800). Stuttgart 1965. Hier werden Quellentexte von PINDAR (518 - 446 v.Chr.) bis Jean-Jacques ROUSSEAU und Immanuel KANT zusammengestellt.
Kurt von RAUMER: Ewiger Friede. Friedensrufe und Friedenspläne seit der Renaissance. Freiburg 1953.
Walter EYKMANN/Albert SCHLERETH: Friede - die notwendige Utopie. Reihe: Alternativen. München 1971.
Kurt von RAUMER: Geistesgeschichte einer großen Idee. Der Friedensgedanke in wechselnden Wirklichkeiten. In: SÜDDEUTSCHE ZEITUNG. Nr. 307 - 309. 24./25./26./27.12.1970.
Paul NOACK: Friedensforschung - ein Signal der Hoffnung ? Freudenstadt 1970 hat innerhalb seiner Abhandlung eine "Geschichte des Friedens" verfaßt (S. 36ff).
Fritz DICKMANN: Friedensrecht und Friedenssicherung. Darin: Der Krieg als ethisches Problem in Antike und Mittelalter. Göttingen 1971. S. 79ff.
Zu Friedensbemühungen innerhalb der Geschichte siehe weiter die Arbeiten von Th. EBERT, F.-K. SCHEER und G. JOCHEIM. In: Jahrbuch für Friedens- und Konfliktforschung. Friedensforschung und politische Praxis. Bd. II. Hrsg. im Auftrag des Vorstandes der Arbeitsgemeinschaft für Friedens- und Konfliktforschung e.V. Düsseldorf 1972.

3) Vgl. dazu Martin ROCK: Friedensforschung und Theologie. Motive der modernen Friedensforschung bei Thomas von AQUIN. In: TRIERER THEOLOGISCHE ZEITSCHRIFT. 81. Jg. 1972. S. 102 - 111.

4) Desiderius ERASMUS von ROTERODAMUS: Querela pacis. (Übersetzt durch H.-J. SCHLOCHAUER. In: Ders.: Die Idee des ewigen Friedens. S. 73).

Wenn bei ERASMUS noch ein Friedensaufruf vorgezogen wird, so legt Immanuel KANT 1795 mit seiner berühmten Schrift "Zum ewigen Frieden" ein durchkonstruiertes Friedenskonzept vor, dessen Präliminar- und Definitivartikel nicht nur Ursachen für Friedlosigkeitsfaktoren anführen, sondern auch gezielte Anregungen zu politisch-regionalem und transnationalem Friedensverhalten geben. [5] Die hier konzipierte Begründung eines erforderlichen Weltfriedens stößt dann im Verlauf der neueren Geschichte immer wieder auf jüngere Impulse, die im folgenden wenigstens als Knotenpunkte erwähnt werden sollen.

Die historische Phase einer umfassenderen Friedensbewegung kann im 19. Jahrhundert davon abgeleitet werden, daß 1848 der erste internationale Kongreß zur Friedensförderung stattfindet, der in 4 Resolutionen den Regierungen die Kriegsabschaffung, international gültige Schlichtungsbestimmungen, entsprechende Gesetze und ein sogenanntes "Entwaffnungssystem" empfiehlt. [6] Weitere Friedenskongresse auf internationaler Ebene finden 1850 in der Frankfurter Paulskirche, 1891 in Rom und 1899 in Den Haag statt. 1892 wird in der Schweiz das Internationale Friedensbüro und in Berlin die Deutsche Friedensgesellschaft gegründet.

Das Deutsche Friedenskartell von 1921 erfaßt 14 politische Gruppen und Verbände, so etwa den "Bund der Kriegsdienstgegner, den Bund Neues Vaterland, die Internationale Frauenliga für Frieden und Freiheit, den Verband für internationale Verständigung." [7]

Die historische Skizze zeigt an Orientierungsdaten eine Kontinuität

---

5) Immanuel KANT: Zum ewigen Frieden. Ein philosophischer Entwurf. Hrsg. von Theodor VALENTINER. Stuttgart 1973.
6) P. NOACK: Friedensforschung hat diesen historischen Exkurs vorgelegt (S. 45ff).
Vgl. auch Klaus KÖHLE: Das Friedensproblem im staatstheoretischen Denken seit der Antike. In: POLITISCHE STUDIEN. Zweimonatsschrift für Zeitgeschichte und Politik. 21. Jg. Januar/Februar 1970. S. 5ff.
7) P. NOACK: Friedensforschung. S. 49.

der Friedensidee an, die in der Geschichte der Friedensvorstellungen [8)] mit epochal bedingten Friedensbewegungen und politischen Initiativen zusammenfällt. Jedoch kann dies nicht darüber hinwegtäuschen, daß im Verlauf der Geschichte der Pädagogik nur in Ausnahmen [9)] Problemansätze um eine Erziehung für den Frieden erörtert sind.

Die Distanz der Erziehung gegenüber der Friedensproblematik, auch im Verlauf der jüngeren Bildungs- und Erziehungsgeschichte, hat verschiedene Ursachen. Sie liegt begründet in historischen Grundintentionen der Erziehung und Erziehungswissenschaft selbst, die das Problem der wissenschaftlichen und praktischen Systematisierung in den Vordergrund rücken; pädagogische Distanz zum Frieden ist weiter durch den Kontext bedingt, daß bei der Grundlegung und Entwicklung von Erziehungskonzeptionen reale gesellschaftliche Unfriedensfakten im gesellschaftlichen Bereich keine Berücksichtigung

---

8) Vgl. Hein HERBERS: Friedensgesellschaften und Friedensbestrebungen im 19. Jahrhundert. In: Ders.: Friede durch Gewalt - Friede durch Recht. Der Friedensgedanke als Utopie und Möglichkeit. Essen 1959. S. 117ff.
Ferner H.-J. SCHLOCHAUER: Entwicklung und Gestaltung des Friedensgedankens. In: Ders.: Die Idee des ewigen Friedens. S. 9 - 56;
siehe auch H. RÖHRS: Die Entfaltung der Friedensidee. In: Ders.: Erziehung zum Frieden. S. 27ff.

9) Vgl. Manfred HOHMANN: Weltfriede und Völkerversöhnung. Das Problem der Friedenserziehung im Spiegel der Zeitschrift "DIE NEUE ERZIEHUNG" (1919 - 1933). In: H.O. Franco REST (Hrsg.): Waffenlos zwischen den Fronten. S. 59ff.
Friedrich Wilhelm FOERSTER: Politische Ethik und politische Pädagogik mit besonderer Berücksichtigung der kommenden Aufgaben. München 1918[3].
Franz PÖGGELER: Die Pädagogik Wilhelm Foersters. Eine systematische Darstellung. Freiburg 1957.
Hans-Günther ASSEL: Friedrich Wilhelm Foerster als politischer Pädagoge und Gesinnungsethiker. In: WELT DER SCHULE. 22. Jg. 1969. Heft 1. S. 4ff.
Zur Kritik an FOERSTER siehe Claus Heinrich MEYER: Die selbstbeherrschten Untertanen. In: Klaus ANTES (Hrsg.): Erziehung zum Gehorsam. Über die Dressur des Menschen. München 1973. S. 26ff.
Friedrich KÜMMEL: Erziehung als Konfliktfeld. Zum Ausgangspunkt des Erziehungsdenkens von J.J. ROUSSEAU. In: DIE SCHULWARTE. 24. Jg. Heft 3/4. März/April 1971. S. 37 - 50.

finden; auch ist nicht überprüft, ob derartige konkrete Unfriedensbedingungen nicht auch einen entscheidenden Einfluß auf den Stellenwert und die Struktur der Erziehungskonzeption haben. Ferner ist eine historisch vollzogene Distanz gegenüber pädagogischen Fragestellungen des Friedens in der Tatsache begründet, daß in der Bildungs- und Erziehungsgeschichte durchgängig eine systemimmanente Auseinandersetzung stattfindet, die herausragend mit der Frage nach dem Wesen der Erziehung zu kennzeichnen ist, wobei hier nicht nur eine Legitimität von Erziehung hinterfragt und strukturiert ist, sondern auch abzuleiten versucht wird, wie Sollens- und Zielperspektiven des Erziehungssystems selbst mit Bedingungen und Grundlagen der Infrastruktur der Erziehung verknüpft sind. Schließlich ist die pädagogische Distanz gegenüber Friedensperspektiven auch darin zu suchen, daß nicht entsprechend der Bedeutung berücksichtigt worden ist, daß individuelle Lebensverwirklichungen entscheidend bestimmt werden durch vorherrschende - sichtbare und nicht unmittelbar wahrnehmbare - Unfriedensformen in der gesellschaftlichen wie in der internationalen Ebene.[10)]

Eine an Realitäten des Unfriedens orientierte Erziehung kann diese Distanz heutzutage aber nicht mehr länger unterstützen.[11)] Denn eine Friedenspädagogik ist im Verlauf ihrer prozeßbedingten Grundlegung

---

10) Nachzuprüfen ist dies anhand von Basis-Literatur zur Bildungs- und Erziehungsgeschichte; zum Beispiel
Theodor BALLAUFF: Pädagogik. Eine Geschichte der Bildung und Erziehung. Bd. I: Von der Antike bis zum Humanismus. Freiburg 1969; Ders./Klaus SCHALLER: Pädagogik. Eine Geschichte der Bildung und Erziehung. Bd. II: Vom 16. bis 19. Jahrhundert. Freiburg 1970; Dies.: Pädagogik. Eine Geschichte der Bildung und Erziehung. Bd. III: 19./20. Jahrhundert. Freiburg 1973.
Auch andere Zusammenfassungen, die Bildungs- und Erziehungsgeschichte erhellen, können eine auffällige Distanz der Pädagogik zur Friedensproblematik belegen. Siehe dazu u.a.: Albert REBLE: Geschichte der Pädagogik. Stuttgart 1969[10]. Ders. (Hrsg.): Geschichte der Pädagogik. Dokumentationsband I (Antike bis Aufklärung) und Dokumentationsband II (Klassisch-idealistische Epoche bis Gegenwart). Stuttgart 1971.

11) Vgl. S. 20ff.

mit der Zukunft des einzelnen ebenso verbunden wie mit der Zukunft des Unfriedens. Darin liegt gerade gegenüber der Bildungs- und Erziehungsgeschichte ein entscheidender Unterschied, der auch eine pädagogische Wende einleitet, die sich im Selbstverständnis friedensorientierter Erziehung verdeutlichen muß.[12)]

Insgesamt bleibt an der historischen Betrachtung festzuhalten, daß derWunsch nach Frieden eine zeitlose Dimension aufzuweisen hat. Ein erheblicher Problemdruck ergibt sich aber in der Gegenwart durch Unfriedensfakten, die neue Aufgaben einer Friedenspädagogik sichtbar machen.

Die Friedensnotwendigkeit wird im Makro-Bereich bestimmt von interkontinentalen Unfriedensbedingungen und im eigengesellschaftlichen Bereich von national/regional gegebenen Verhältnissen der Friedlosigkeit. Hierbei aber ist eine Friedensnotwendigkeit nicht nur ein Wahrnehmungsproblem, sondern impliziert gleichfalls eine Kommunikationsaufgabe im laufenden und zukünftigen Erziehungsprozeß.

---

12) Es ist nicht zu übersehen, daß selbst in jüngst erschienenen einschlägigen Lexika, Handbüchern sowie in Basisliteratur zur Erziehungswissenschaft Hinweise und Erläuterungen zur Friedenspädagogik ganz unterbleiben beziehungsweise kaum angemessen berücksichtigt werden.
Dafür einige Beispiele:
Handbuch pädagogischer Grundbegriffe. 2 Bde. Hrsg. von Josef SPECK und Gerhard WEHLE. München 1970.
Neues pädagogisches Lexikon. Hrsg. von Hans-Hermann GROOTHOFF und Martin STALLMANN. Stuttgart 1971[6].
Lexikon der audio-visuellen Bildungsmittel. Hrsg. von Heribert HEINRICHS. München 1971.
Erziehungswissenschaft 1, 2 und 3. Eine Einführung (Funk-Kolleg). Hrsg. von Wolfgang KLAFKI u.a. Frankfurt 1971.
Wörterbuch der Schulpädagogik. Hrsg. vom WILLMANN - Institut. Freiburg 1973.
Wörterbuch Kritische Erziehung. Hrsg. von E. RAUCH und W. ANZINGER. S. 99ff.
Heinrich ROTH: Pädagogische Anthropologie. Bd. I: Bildsamkeit und Bestimmung. Hannover 1968[2]; Bd. II: Entwicklung und Erziehung. Grundlagen einer Entwicklungspädagogik. Hannover 1971. S. 402 und 507.

An dieser Grundposition wird nun zu klären sein, daß Problemfragen zur Notwendigkeit des Friedens nicht modischem Zeitgeist unterliegen, sondern lebenswichtige wissenschaftliche Bemühungen beinhalten, die nicht relevant genug eingeschätzt werden können.

Die Friedensnotwendigkeit gründet in einem ersten Punkt auf dem Selbstverständnis der Friedensforschung, wobei das leitende Interesse einer Forschung für den Frieden einmal durch die Schaffung einer breiten Wissensgrundlage über Kriegsursachen bestimmt ist, [13)] zum anderen hat Friedensforschung Ursachen und Abbaumöglichkeiten von Gewalt und Not als Unfrieden zu erforschen. Umso mehr ist dies angebracht, als die Zukunft der Menschheit immer stärker bedroht ist. Perspektiven auf die Makro-Ebene können das unmittelbar konkretisieren.

Angesichts der Dauerbedrohung durch atomare Waffen, die ein Gleichgewicht des Schreckens absichern, [14)] angesichts der minimalen Überlebenschance, die sich ergibt, wenn über der Bundesrepublik Kernwaffen eingesetzt werden, [15)] könnten sich Pessimismus, Resignation und Fatalismus als Ohnmachtsempfindungen entfalten, die die Einsicht in die Notwendigkeit des Friedens reduzieren.

---

13) Vgl. dazu etwa Karl W. DEUTSCH: Der Stand der Kriegsursachenforschung. DGFK-Hefte Nr. 2. Hrsg. durch die Deutsche Gesellschaft für Friedens- und Konfliktforschung e.V. Bonn-Bad Godesberg 1973.
14) Zu dieser Problematik hat in der Bundesrepublik besonders Dieter SENGHAAS verschiedene Arbeiten vorgelegt.
Vgl. Ders.: Abschreckung und Frieden. Studien zur Kritik organisierter Friedlosigkeit. Frankfurt 1969. Diese Arbeit enthält ein ausführliches Literaturverzeichnis zur Abschreckungsproblematik (S. 295 - 316).
15) Vgl. Carl Friedrich von WEIZSÄCKER (Hrsg.): Kriegsfolgen und Kriegsverhütung. München 1971.
Paul NOACK: Das Kriegsorakel von Stamberg. Gleichgültig, wohin Bomben fallen - das Resultat heißt: Politischer Selbstmord. In: PUBLIK. Nr. 6. 5.2.1971. S. 12.
Jo GLOMM: Die moderne Apokalypse. Interview mit Prof. Carl Friedrich von WEIZSÄCKER über die Friedensforschung. In: RHEINISCHE POST.(Düsseldorf).Nr. 138. 19.6.1971.

Natürlich hat diese Perspektive grundlegend für eine Erziehung zum Frieden Relevanz, wenn Bedrohungen internationaler Bedeutung aufzuhalten sind. Vorneweg die Erziehung hier nicht für kompetent zu erklären, würde bedeuten, der Politik allein die Zuständigkeit für Lebensbedingungen zu überlassen. Hinzu kommt, daß gleichzeitig auf eine Entwicklung und Teilhabe an alternativen Lebensbedingungen verzichtet würde. Das aber ist nicht zu unterstützen.

Im deutschsprachigen Bereich problematisiert besonders Carl Friedrich von WEIZSÄCKER den Problemkomplex Weltfrieden: "Der Weltfriede ist notwendig. Man darf fast sagen: der Weltfriede ist unvermeidlich. Wir werden in einem Zustand leben, der den Namen

---

Fortsetzung Anmerkung 15):
Horst AFHELDT/Christian POTYKA/Utz-Peter REICH/Philipp SONNTAG/C.F.v. WEIZSÄCKER: Durch Kriegsverhütung zum Krieg? Die politischen Aussagen der Weizsäcker-Studie "Kriegsfolgen und Kriegsverhütung". München 1972. Das Forschungsteam begründet hier sieben Thesen, die wegen ihrer Perspektiven anzuführen sind:
These 1: "Die Bundesrepublik ist mit konventionellen Waffen nicht zu verteidigen" (S. 10).
These 2: "Der Einsatz nuklearer Waffen in der Absicht der Verteidigung der Bundesrepublik würde zur nuklearen Selbstvernichtung führen" (S. 18).
These 3: "Für die Bundesrepublik gibt es nur eine in sich widerspruchsvolle Abschreckung (Abschreckung durch für beide Seiten unkalkulierbares Risiko)" (S. 20).
These 4: "Zwischen den Supermächten gibt es heute eine in ihrer militärischen Logik widerspruchsfreie Abschreckungsstrategie" (S. 27).
These 5: "Die Abschreckung zwischen den Supermächten führt zum Wettrüsten" (S. 31).
These 6: "Das Wettrüsten führt zur Erhöhung des Kriegsrisikos" (S. 38).
These 7: "Der Versuch, durch Rüsten das Abschreckungsgleichgewicht zu erhalten, lähmt die Supermächte politisch und militärisch" (S. 45).
Zur Aufrüstungsproblematik wird hierzu an anderer Stelle ausgeführt: "Die beiden Weltmächte sehen heute, daß sie ein gemeinsames Interesse an der Erhaltung des Friedens haben. Jede mißtraut aber den Absichten des anderen, d.h. jede glaubt, die andere werde die Gelegenheit, einen gesicherten Rüstungsvorsprung zu erreichen, wahrnehmen ..." (S. 75).

Weltfrieden verdient, oder wir werden nicht leben".[16] "Die moderne Technik stellt die Menschheit vor die Aufgabe, den Krieg (...) effektiv zu verhüten. Wer überhaupt geschichtliche Zielsetzungen auf längere Zeit wagt (- und daran hat Erziehung für den Frieden konstruktiven Anteil, J.E.), wird sagen müssen: Das Atomzeitalter nötigt uns, den Krieg abzuschaffen; andernfalls wird der Krieg vermutlich dieses Zeitalter abschaffen".[17]

Daß die Notwendigkeit des Friedens kein bloßes programmatisches Postulat oder eine nur zweckmässige oder modische Leerformel

---

16) Carl Friedrich von WEIZSÄCKER: Bedingungen des Friedens. Göttingen 1964[3]. S. 7.
17) Ders.: Militärische Tatsachen und Möglichkeiten. In: Günter HOWE (Hrsg.): Atomzeitalter - Krieg und Frieden. Frankfurt 1959. S. 37.
Vgl. Ders.: Der Weltfriede als Lebensbedingung des technischen Zeitalters. In: Universitas. 22. Jg. 1967. S. 1121 - 1132; ferner in: H. RÖHRS (Hrsg.): Friedenspädagogik. S. 36 - 46.
Siehe auch: Georg PICHT: Die etablierten Mächte sind am Status quo interessiert; der aber führt zum Krieg. In: FRANKFURTER RUNDSCHAU. 3.7.1974. Nr. 150. S. 16.
Vgl. auch Harald STEINERT: Schrecken des chemischen Krieges: Napalm und Herbizide. Ein amerikanischer Wissenschaftler über die chemische Kriegsführung der USA in Vietnam. In: STUTTGARTER ZEITUNG. Nr. 103. 5.5.1973. S. 54.
Ferner den übersichtlichen Literaturbericht von Gisela KRESS: Internationale Beziehung und Friedensforschung. In: GESELLSCHAFT - STAAT - ERZIEHUNG. 17. Jg. 1972. S. 408 - 420.
Verwiesen sei auch auf Oskar SCHATZ (Hrsg.): Der Friede im nuklearen Zeitalter. Eine Kontroverse zwischen Realisten und Utopisten (4. Salzburger Humanismusgespräch). München 1970. Zum Unterschied zwischen Idealisten und Realisten siehe darin die These einschließlich ihrer Begründung von RÖLING, "daß Friedenswissenschaftler sehr realistische Leute sind, die im Krieg eine sehr reale Gefahr sehen und die sich fragen, was die Wissenschaft dazu beitragen könnte, diese Gefahr zu mildern" (S. 270).
Siehe auch Lothar RUEHL: Pokerpartie mit Vernichtungswaffen. Mehrfachsprengköpfe entscheiden über das Rüstungsgleichgewicht - Läuft die Technik den Politikern davon ? In: DIE ZEIT. Nr. 40. 28.9.1973. S. 3.

darstellen kann, verdeutlichen einige Zahlen,[18] die etwa im Rahmen einer didaktischen Auswertung einen gewichtigen Stellenwert erhalten.

---

18) Vgl. zum Ausmaß der atomaren Abschreckung die fünfte Studie des Internationalen Friedensforschungsinstituts Stockholm (abgek.: SIPRI): World Armaments and Disarmament. SIPRI Yearbook 1974. Stockholm 1974. S. 106f: "US and Soviet strategic nuclear forces, 1965 - 1974"

		1968	1970	1972	1974
Strategic bombers	USA	646	517	525	496
	USSR	150	140	140	140
Strategic submarines	USA	41	41	41	41
	USSR	2	14	28	42
SLBMs (submarine-launched ballistic missiles)	USA	656	656	656	656
	USSR	32	224	444	636
ICBMs (intercontinental ballistic missiles)	USA	1054	1054	1054	1054
	USSR	902	(1498)	1527	1567
Total bombers and missiles:	USA	2354	2227	2235	2206
	USSR	1084	1862	2111	2343

Zum Welt-Rüstungsvolumen vgl. im SIPRI-Bericht 1974 besonders S. 206ff. Danach wurden für Rüstungszwecke in Asien, Oceanien, Afrika, West- und Ost-Europa, Süd- und Nord-Amerika (in Milliarden) insgesamt ausgegeben:

1963	1966	1968	1970	1972	1973
161696	175604	207287	205925	207358	207406

Vgl. darüber hinaus auch den Jahresbericht vom International Institute for Strategic Studies: The Military Balance 1974 - 1975. London 1974. Darin: The United States and the Soviet Union. S. 3 - 10.
Zum Rüstungsvolumen der Bundesrepublik siehe:
Der Bundesminister der Verteidigung (Hrsg.): Weißbuch 1971/72. Bonn 1971. S. 154ff; 167ff;
vgl. ferner zum Rüstungsetat: Ders. (Hrsg.): Weißbuch 1973/74. Bonn 1974. S. 175ff; 208ff; 217 - 221.
Zu der Tatsache, daß sich auch die Bundesrepublik nicht vom internationalen Waffengeschäft zurückzieht, siehe Wolfgang HOFFMANN: Rost an der Rüstung. In: DIE ZEIT. Nr. 24. 8.6.1973. S. 33;
Rolf-Henning HINTZE: Umstrittenes Rüstungsgeschäft. In: FRANKFURTER RUNDSCHAU. Nr. 51. 1.3.1974. S. 2;
Peter LOCK: Rüstungsexporte und militärische Ausbildungshilfe. In: Studiengruppe Militärpolitik: Ein Anti-Weißbuch. Materialien für eine alternative Militärpolitik. Reinbek 1974. S. 124 - 136;
Ulrich ALBRECHT: Politik und Waffengeschäfte. Rüstungsexport in der BRD. München 1972.

Zwei Aufstellungen zu bewaffneten Auseinandersetzungen über einen Zeitabschnitt von 50 Jahren können dies eindringlich machen.[19)]

"Tabelle I"

Zahl der (bewaffneten) Konflikte nach Art und Jahrzehnt

	Zwischenstaatliche Kriege	Aufstände	Bürgerkriege	Gewaltsame Staatsstreiche
1918 - 27	5	5	1	-
1928 - 37	5	5	2	-
1938 - 47	5	6	1	-
1948 - 57	9	18	1	-
1958 - 67	15	13	8	9

Gleichermaßen beeindruckend ist der Wechsel in der geographischen Verteilung der Konflikte.

"Tabelle II"

Zahl der Konflikte nach Gebieten

	1918-27	1928-37	1938-47	1948-57	1958-67
Europa	2	1	3	3	-
Mittelost	4	-	2	5	10
Asien	2	4	6	10	12
Afrika	3	1	1	5	18
Nord- und Südamerika	-	2	-	5	5

Die erste Tabelle zeigt eine außerordentlich expansive Entwicklung kriegerischer Auseinandersetzungen besonders zwischen 1958 und 1967.

---

19) Tabelle I und II sind der Untersuchung von Alastair BUCHAN: "Die Zukunft des Krieges" entnommen. In: DIE ZEIT. Sonderserie: Das 198. Jahrzehnt. Nr. 46. 14.11.1969. S. 63ff; enthalten ferner in C. GROSSNER (Hrsg.): Das 198. Jahrzehnt. Eine Team-Prognose für 1970 - 1980. Frankfurt 1972. S. 171ff.
Zur Häufigkeit internationaler Konflikte für den Zeitraum 1919 - 1965 siehe weiter die Aufstellungen von K.J. HOLSTI. In: JOURNAL OF CONFLICT RESOLUTION. Vol. X. Nr. 3. 9.1966. S. 284ff.
Vgl. ferner "100 Kriege und bewaffnete Konflikte seit dem letzten Weltkrieg". In: UNESCO-KURIER. 11. Jg. 1970. Heft 11. S. 23.

Bei der Addition ergeben sich hier 45 bewaffnete Konflikte, die den Schluß zulassen: "Das Abschreckungssystem verhindert, soweit es funktioniert, nur eine bestimmte Art von Kriegen: den bewußt entfesselten großen Krieg zwischen den Supermächten. Aber die sogenannten 'begrenzten' Kriege werden durch das Abschreckungssystem nicht verhindert, sondern eher begünstigt." [20)]

An dem Material kann mehr noch deutlich werden, daß trotz des eingehaltenen Status quo zwischen den Großmächten die Eskalation des Unfriedens allgemein in Form von national bis lokal bewaffneten Konflikten nicht unterbunden ist. Dafür schraubt sich das Ausmaß einer internationalen Gewaltanwendung immer höher, und zwar aufgrund von politisch-wirtschaftlichen Interessen der Supermächte. [20a)] Dieser Zustand aber ist ein T e r r o r - F r i e d e n. Hinzu kommt, daß diese recht fragwürdigen

---

20) Nach der deutschen Übersetzung einer Arbeit des niederländischen Interkirchlichen Friedensrates (Interkerkelijk Vredesberaad - IKV): Die Zukunft Europas. Eine Standortbestimmung des Interkirchlichen Friedensrates in den Niederlanden. In: AUS POLITIK UND ZEITGESCHICHTE. Beilage zur Wochenzeitung DAS PARLAMENT. B 13/1973. 31.3. 1973. S. 10. Dieser Aufsatz enthält ebenfalls eine "Übersicht" über "begrenzte Kriege" seit 1945 (wobei Istvan KENDE: Twenty-five years of local war. In: JOURNAL OF PEACE RESEARCH. 1971/1. Heft. S. 5 - 22 zitiert wird):

In	Zahl der Kriege	Zahl der Jahre
Europa	4	6
Mittel- und Südamerika	23	36
Naher Osten	25	52
Afrika	16	54
Asien	29	112
	insges. 97 seit 1945	

Angesichts dieser Expansion kommt die niederländische Studie zusammenfassend zu dem Ergebnis, daß das Abschreckungssystem grundsätzlich zu verwerfen ist, "nicht allein, weil es riskant ist, weil es viele begrenzte Kriege nicht verhindern kann und auch sonst noch viele andere unerträgliche negative Nebenwirkungen hat, sondern vor allem, weil es auf der Bereitschaft basiert, ganze Völker in einem Vergeltungsschlag zu vernichten. Einem derart unmoralischen System kann man nicht trauen" (S. 10).

20a) Neben den bewaffneten Konflikten ist auch eine zunehmende internationale Gewaltanwendung nicht zu übersehen, die die Auseinandersetzungsprozesse zwischen Erdöl-produzierenden-Ländern und Erdöl-abhängigen-Industrieländern und Ländern der Dritten Welt hervorrufen und bestimmen.

"Verhältnisse" eine zunehmende und ausgreifende Bedrohung fundieren, die nicht allein auf die sogenannten Entwicklungsländer beschränkt sind, sondern die insgesamt die Zukunft der Gewalt und des Unfriedens äußerst förderlich gestalten.

Die Abschreckungsproblematik, die eine permanent weltumfassende Bedrohung darstellt, kann darüber hinaus durch Ergebnisse aufgehellt werden, die Karl W. DEUTSCH und Dieter SENGHAAS vorlegen.

Im Rahmen der Problemstellung "Die Schritte zum Krieg" [21] sind neben den "Zehn Stadien beim Ausbruch eines Krieges" [22] auch einzelne Phasen zu Beginn eines bewaffneten Konfliktes entwickelt, die insgesamt eine komplexe und vielfältige Konsequenzenkette überzeugend artikulieren. Deutlich wird hier, daß die Notwendigkeit des Friedens im Makro-Bereich der Friedenspädagogik immer wieder neue Chancen einräumt, wenn sie es versteht, überzeugend über diese Unfriedensfakten und Friedensdefizite aufzuklären.

Daß diese Aufgaben für eine friedensorientierte Erziehung herausragende Bedeutung haben, machen aber nicht allein SENGHAAS

---

21) Vgl. Karl W. DEUTSCH/Dieter SENGHAAS: Die Schritte zum Krieg. Eine Übersicht über Systemebenen, Entscheidungsstadien und einige Forschungsergebnisse. In: AUS POLITIK UND ZEITGESCHICHTE. Beilage zur Wochenzeitung DAS PARLAMENT. B 47/1970. 21.11.1970.

22) Durchaus wird eine Friedenspädagogik den unterschiedlichsten Kriegsvoraussetzungen neben der aktuellen Tagespolitik und Langzeitpolitik entgegenwirken müssen, wenn vorliegende Forschungsergebnisse im Erziehungskanon Aufnahme finden.
Vgl. die konstruktiven Hinweise von K.W. DEUTSCH/D. SENGHAAS: Die Schritte zum Krieg. S. 7ff.
Ferner: Karl W. DEUTSCH: Analyse internationaler Beziehungen. Konzeptionen und Probleme der Friedensforschung. Frankfurt 1971.
Siehe auch die ersten didaktischen Versuche zur Gesamtproblematik. In: Mitteilungen der Hessischen Stiftung Friedens- und Konfliktforschung. Nr. 4: Die Rüstungsdynamik im Ost-West-Konflikt und die Möglichkeiten ihrerBeeinflussung. Projektskizzen. Frankfurt (April) 1972.
Vgl. weiter Erhard FORNDRAN: Abrüstung und Friedensforschung. Kritik an Krippendorff, Senghaas und Ebert. Düsseldorf 1971.

und DEUTSCH deutlich. Ergebnisse der Polemologie konkretisieren nicht weniger die Notwendigkeit des Friedens.[23)]

Forschungsbemühungen für Friedensvoraussetzungen und Friedensbedingungen können unter der Blickrichtung und Zielsetzung eines notwendigen Friedens über kontinentale Grenzen hinaus, gerade als ermittelte Erkenntnisse über Komponenten der Gewalt in einer durchstrukturierten Erziehung für den Frieden, Hilfestellungen für Bewußtwerdungsprozesse leisten. Besonders gilt hier die Frage, ob sich auch ein bisher historisch nicht verwirklichter Frieden als vordringlichste Problemaufgabe in Teilbereichen antizipieren läßt. Dies ist allerdings konzeptionell und kritisch noch weiter anzugehen, einschließlich der anteiligen Einbeziehung neuer Ansätze und Bedingungen für friedensbezogene Erziehungsprozesse. Erziehung zum Frieden hat sich dabei besonders in der Schule gegenüber einer Ohnmachtseinstellung wie Kriegsfatalismus[24)] zu widersetzen.

Die Notwendigkeit des Friedens ist im internationalen Bezug insbesondere auch an konkreten Defiziten, "an entsetzlichen Verharm-

---

23) Vgl. hierzu Arbeiten von
Bert V.A. RÖLING: Einführung in die Wissenschaft von Krieg und Frieden. Neukirchen-Vluyn 1970 (Die Originalausgabe wurde unter dem Titel "Inleiding tot de wetenschap van oorlog en vrede" 1968 bei Van Gorcum & Comp., nv., Assen, publiziert).
Ders.: Überleben: eine neue Wissenschaft - Die Friedensforschung und die heutige Situation. In: UNIVERSITAS. 26. Jg. 1971. S. 903 - 912.
Ders.: Die gegenwärtige Weltsituation in der Sicht der Friedensforschung. In: UNIVERSITAS. 27. Jg. 1972. S. 1137ff.

24) Vgl. hier empirische Untersuchungen zu Kriegsvorstellungen bei Jugendlichen und Kindern unter verschiedensten Umwelt- und Lebensbedingungen im internationalen Vergleich: Peter COOPER: Die Entwicklung von Vorstellungen über den Krieg. In: E. KRIPPENDORFF (Hrsg.): Friedensforschung. S. 157 - 180.
Magnus HAAVELSRUD: Ansichten von Kindern und Jugendlichen über Krieg und Frieden. In: BILDUNG UND ERZIEHUNG. 25. Jg. Heft 3. Mai/Juni 1972. S. 29 - 43. Dieser Arbeit werden Antworten von 565 Schülern aus West-Berlin im Alter von 10, 12, 15 und 17 Jahren zugrundegelegt.

losungen über Entsetzliches zu erörtern";[25] hieran aber ist die Perspektive Unfrieden deutlich zu machen, daß Krieg nicht nur als Waffengerassel zu verstehen ist, sondern auch Ebenen und Bedingungen gesellschaftlich bedingter Friedlosigkeit erfaßt, die etwa a-soziale Lebensverhältnisse und Formen der Beherrschung und des Zwanges verfestigen.

Damit wird angesprochen: Nicht nur aus der makropolitischen Sicht ergibt sich eine Notwendigkeit des Friedens; Friedensnotwendigkeit ergibt sich auch aus der Bedingungsanalyse von Unfriedensstrukturen, Unfriedensverhältnissen und Unfriedensinteressen. Zu diesen friedenshemmenden Defiziten zählen Bedingungen des bloßen Überlebens ebenso wie Zielinteressen und Zielverwirklichungen ökonomisch übermächtiger Individuen und/oder Machtgruppen, aber auch systemimmanent inhumane Gesellschaftsstrukturen, die in der internationalen Ebene Rassismus, Ausbeutung der Länder der Dritten Welt, Analphabetentum, Arbeitslosigkeit oder Ernährungsmangel erheblich fördern und die soziale Differenz zwischen arm und reich im Bereich der Nord-Süd-Achse, also zwischen 'entwickelten' Ländern und Entwicklungsländern zunehmend erweitern.

Das heißt zum Beispiel:

"In den Entwicklungsländern stirbt jedes zweite Kind unter sechs Jahren. Von den übrigen Kindern wird nur die Hälfte eingeschult. Von ihnen erreichen nicht einmal zwei Drittel einen Grundschulabschluß: Auf der Suche nach Arbeit warten sie in den Randgebieten

---

25) Johannes ESSER: Zur Theorie- und Praxisdiskussion der Friedenspädagogik. S. 735.
Vgl. ferner Klaus HORN: Das Opfer. Von der entsetzlichen Harmlosigkeit des Entsetzlichen. Die falsche Behandlung des Problems Krieg. In: DIE ZEIT. Nr. 1. 7.1.1972. S. 36.

der Großstädte auf ihre Chance, die nicht kommt".[26] Fragwürdig hierzu ist, ob diese dem Interessierten schon seit Jahren bekannten Fakten auch noch ein weiteres Jahrzehnt in Schule und Erziehung diesen unbedeutenden Stellenwert erhalten, der zumindest regional/national kurzsichtige Erziehungsperspektiven andeutet.[27]

---

26) DEUTSCHES ALLGEMEINES SONNTAGSBLATT. Nr. 25. 24.6.1973. S. 3;
vgl. ferner: Erhard EPPLER: Im Elend der Slums. Kinder ohne Zukunft. In: DEUTSCHES ALLGEMEINES SONNTAGSBLATT. Nr. 25. 24.6.1973. S. 3;
Innerhalb der umfangreichen Literatur ist unter dem Aspekt der Bedeutung für den Unterricht zu nennen:
Erhard MEUELER: Soziale Gerechtigkeit. Einführung in die Entwicklungsproblematik am Beispiel Brasiliens und der Bundesrepublik Deutschland. Düsseldorf 1971.
Gunnar MYRDAHL: Politisches Manifest über die Armut in der Welt. Frankfurt 1970.
DIE DRITTE WELT. Vierteljahresschrift zum wirtschaftlichen, kulturellen und politischen Wandel. 2. Jg. 1973.
Der PEARSON-Bericht: Bestandsaufnahme und Vorschläge zur Entwicklungspolitik. München 1969 (Org.Titel: Partners in Development. Report of the Commission on International Development. o.J.).
Dennis MEADOWS u.a.: Die Grenzen des Wachstums. Bericht des Club of Rome zur Lage der Menschheit. Stuttgart 1972 (Orig.Titel: The Limits to Growth. New York 1972).
Martin URBAN: Ist die Menschheit am Ende ? Exponentielles Wachstum führt zur Katastrophe. In: SÜDDEUTSCHE ZEITUNG. Nr. 125. 3./4.6.1972. S. 130.
Hartmut BOSSEL: Unser Weg in die Zukunft bleibt unsicher. Auch von der Technologie sind keine Wunder zu erwarten. In: FRANKFURTER ALLGEMEINE ZEITUNG. Nr. 297. 22.12.1972. S. 12.
Elhanan HAGOLANI: Grenzen des Wachstums ? Kritik an der Studie des Club of Rome. In: DIE NEUE GESELLSCHAFT. 19. Jg. 1972. S. 876 - 882.

27) Eine Gegenüberstellung der Erziehung mit konstruktiven und alternativen Aspekten vermag dies weiter aufzuhellen. Vgl. dazu Ivan ILLICH: Schulen helfen nicht. Über das mythenbildende Ritual der Industriegesellschaft. Reinbek 1972.
Ders.: Entschulung der Gesellschaft. München 1972.
INTERNATIONALE DIALOG ZEITSCHRIFT. Heft 2: Pädagogik der Veränderung. 5. Jg. 1972. S. 97 - 163.

Die Notwendigkeit des Friedens ergibt sich gerade auch aus Bedingungsverhältnissen der nationalen Ebene. Denn in der eigenen Gesellschaft sind nicht minder vielfältige und folgenschwere Unfriedensfakten zu analysieren. Deshalb sind Bemühungen zur Aufdeckung dieser Fakten besonders erziehungsrelevant und ebenso erforderlich wie Erziehungsmodelle, die zum Abbau des tradierten Herrschaftsmaßstabes anleiten: Was ich gewinne und profitiere, das mußt du verlieren. Diese zentrale Verhaltens- und Handlungsintention, die aus gesellschaftlichen, wirtschaftlichen und politischen Bereichen, Systemen und in Kommunikationsebenen herauszufiltern ist, verbietet jede vorschnelle Abwiegelung der Notwendigkeit des Friedens. Wenn das geschieht, dürfte der Verdacht berechtigt sein, daß Unfriedensfakten im Gesellschaftssystem zugedeckt bleiben sollen.

Weiter ist die Notwendigkeit des Friedens daran entscheidend gekoppelt, daß sich selbst das öffentliche Erziehungssystem der eigenen Gesellschaft der generellen Entfaltung und Realisierung von Friedensvoraussetzungen nicht zuwendet. Zurückzuführen ist das auf historische und gegenwärtige Erziehungsstrukturen, die erziehungsrelevantes und gesellschaftlich erforderliches Friedenshandeln verbauen, wodurch gerade auch der Blick für die Notwendigkeit des Friedens verstellt wird.[28)]

Fortsetzung Anmerkung 27):
Paulo FREIRE: Pädagogik der Unterdrückten. Stuttgart 1972[2].
PICHT ist bei diesem Problem der Ansicht, "daß eine revolutionäre Verwandlung des Verhaltens und der Denkweisen noch nie durch Pädagogen vollbracht worden ist. (...) Hätten wir eine Pädagogik, die Realitäten zur Kenntnis nimmt, so würde sie lehren: durch Einsicht lernen nur winzige Minoritäten; Kollektive lernen durch den Zwang der Not. Der Pegelstand der Not ist aber noch nicht hoch genug gestiegen, um eine durchgreifende Transformation des Bewußtseins der Menschheit zu erzwingen (G. PICHT: Die etablierten Mächte sind am Status quo interessiert. S. 16).
28) Vgl. dazu die Ausführungen in Teil IV. Abschnitt 2 a. S. 192ff.

Daraus folgt für eine Friedenspädagogik:

Die Notwendigkeit des Friedens ist abzumessen und durchzugliedern nicht allein an internationalen Verhältnissen und den sich daraus ergebenden Lebensbedingungen, sondern eine Friedensnotwendigkeit verwirklicht sich beziehungsweise artikuliert sich phasenweise und sukzessiv ebenso durch Überwinden friedenshemmender Normen und Interessen.[29] Aber das erfordert eine Erziehung,[30] die Partizipation an Friedensvoraussetzungen zuläßt und gestattet, in Erziehungsprozessen Grundrechte des Menschen aus Sollensforderungen herauszuführen.

Die Notwendigkeit des Friedens ist ferner dadurch gegeben, daß sich offene und versteckte Defizite als Friedlosigkeitsformen und -wirkungen innerhalb von Systemen, Apparaten, Verbänden, Behörden, Institutionen, wahrnehmbaren Lebensbedingungen, Herrschaftsansprüchen aufdecken lassen, die insgesamt Friedensstrukturen verhindern. Friedenspädagogik muß diese Defizite als Friedensdefizite ermitteln. Hier ist aber als Grundorientierung zu berücksichtigen, daß den Erziehungsperspektiven sozialwissenschaftliche Erkenntnisse und gesellschaftskritische Bezüge - auch beim individuellen Handeln - zugeordnet werden. Allerdings wird eine Friedenspädagogik bei den Grundlegungsauseinandersetzungen darauf zu achten haben, daß sie nicht "die Erwartung eines problemloseren Zeitalters als Kompensation für Schwierigkeiten der Gegenwart"[31] verlängert. Friedenspädagogik in der Schule hat hierbei besonders zu beachten, daß eine Notwendigkeit nicht allein mit Zielsetzungen und Postulaten hinreichend abzusichern ist, sondern sie muß diese Notwendigkeit an der Offenlegung von pädagogischen, gesellschaftlichen und politischen Unfriedensfakten festmachen und erweitern.

---

29) Siehe dazu die Ansätze in Teil V. Abschnitt 1 und 2. S.247ff u.264ff.
30) Vgl. Teil III. S. 100ff u. 133ff.
31) Heinz KIMMERLE: Die Bedeutung der Geisteswissenschaften für die Gesellschaft. Stuttgart 1971. S. 96.

Eine Auswertung von geschichtlichen Lebenssituationen, etwa in einer Darstellungsanalyse "Vom Ewigen Krieg zum Großen Frieden",[32] ist hier weniger konstruktiv. Ebensowenig kann das Konzept einer Friedenspädagogik heute noch mit der "Grundlegung einer Wehrmachtspädagogik als eines Bestandteiles der Wehrwissenschaften"[33] verbunden werden.

Nicht der Krieg, sondern die Alternative zum Krieg ist für Gegenwart und Zukunft ein ganz entscheidender Punkt, den Erziehung in Familie, Schule, Freizeit und Ausbildung mitzubestimmen hat.

Das, was der bedeutende Erziehungswissenschaftler Erich WENIGER 1938 noch als relevant erachtet, ist 35 Jahre später für eine Friedenspädagogik kaum mehr gültig: "In der Erziehung und Ausbildung der Wehrmacht im Frieden muß die Wirklichkeit des Krieges vertreten werden durch die Kriegserfahrung, die, zunächst in P e r s o n e n l e b e n d i g g e g e n w ä r t i g, dann doch, um fruchtbar zu werden, zumal bei späteren Generationen, einer g e d a n k l i c h e n Ü b e r l i e f e r u n g, also einer Theorie in irgendeiner Form bedarf."[34] Erziehung zum Frieden heutzutage hat weder durch 'Personen' noch durch 'Generationen' eine Kriegsbereitschaft zu erhalten. Nicht die Notwendigkeit des Krieges, sondern die Entfaltung des Friedens ist entscheidend.

In der Zusammenfassung ergibt sich: Die Notwendigkeit des Friedens ist bestimmt durch einen starken Problemdruck makropolitischer und makrogesellschaftlicher Bedingungen und Verhältnisse, die sich als reale Unfriedensfakten erweisen.

Sie gründen auf friedenshemmende Entwicklungen, die sich in der internationalen Ebene etwa durch Abschreckungs- und Bedrohungs-

---

32) Vgl. Richard COUDENHOVE-KALERGI: Vom Ewigen Krieg zum Großen Frieden. Göttingen 1956.
33) Erich WENIGER: Wehrmachtserziehung und Kriegserfahrung. Berlin 1938. S. IX.
34) Ebd. S. 172 (Hervorhebungen durch WENIGER).

mechanismen, durch zwischenstaatliche Konflikteskalation, durch Terror-Frieden,[35] durch politische Abhängigkeit, durch Kriegsfatalismus oder etwa durch Handlungsohnmacht gegenüber angewendeter Gewalt kennzeichnen lassen.

Aber auch durch eigengesellschaftlichen Unfrieden ist eine Notwendigkeit des Friedens unverzichtbar geworden. Analysen zum eigenen Gesellschaftssystem, zu allgemeinen Lebensbedingungen und pädagogischen Entfaltungsmöglichkeiten, zu Lebensverhältnissen sogenannter Randgruppen der Gesellschaft, zu angewandten Gewaltmethoden in gesellschaftlichen Institutionen und Systemen können dies verdeutlichen. Hierzu gehört für eine Friedenspädagogik besonders auch die Erhellung der gegenwärtigen öffentlichen und historisch bedingten Erziehungsstruktur.

Notwendigkeiten von Frieden bleiben verschränkt mit aktuellen Erfahrungsprozessen zur Erfassung von Unfrieden, das heißt, die Bewußtmachung des Ausmaßes von Unfrieden ist der Bewußtmachung der Alternativen für Friedensvoraussetzungen gegenüberzustellen. Friedenspädagogik wird dieses herausarbeiten müssen, wenn sie eine anteilige Alternative zu gesellschaftlichem Unfrieden verdeutlichen soll. Hierbei ist die Begründungskette der Friedensnotwendigkeit ineinander verknotet und wiederholt an internationale, gesellschaftliche und regionale Aspekte anzuschließen; vor allem, um den Zwang

---

35) Eine Nachrichtenmeldung vom 26.9.1973 im Westdeutschen Rundfunk kann dies bewußtmachen: "In der Bundesrepublik wird heute um 10 Uhr in allen Orten ein Probealarm ausgelöst werden. Die Sirenen werden überall 10 Minuten heulen, um ihre Funktionsbereitschaft zu überprüfen". In: Arnold LEIFERT: Signale im Verteidigungsfall. Frankfurt 1974. S. 11 (Hervorhebung J.E.).
Nach einer dpa-Meldung heißt es am 11.9.1974 in der BONNER RUNDSCHAU auf der Titelseite: "ABC-Alarm am Mittwoch in NRW": Am heutigen Mittwoch gehen um 10 Uhr die 16 000 Sirenen in NRW: "ABC"-Alarm (Warnung vor atomaren, biologischen und chemischen Waffen). Das Signal besteht aus einem zweimal unterbrochenen Heulton von einer Minute Dauer, der sich nach 30 Sekunden wiederholt.

zur Notwendigkeit des Friedens weder verkürzt noch realitätsfremd darzustellen. Pädagogisch relevanten und aufklärenden Stellenwert hat hierbei besonders die Strukturierung von Unterdrückungsmechanismen, Anpassungszwänge, Gewaltphänomene, Macht- und Herrschaftsdruck, die in der internationalen wie auch in der eigengesellschaftlichen Ebene Unfriedensfakten produzieren und/oder verlängern, mit dem sich eine Friedenspädagogik unter den verschiedensten Schwerpunktsetzungen befassen muß; das weist allerdings auf eine weitgefaßte Aufgabenstellung hin.

2. Die Problematik einer Friedensdefinition

Mit der Notwendigkeit des Friedens verbindet sich die Fragestellung nach der Möglichkeit und Gültigkeit einer forschungskonstruktiven und pädagogisch relevanten Friedensdefinition. Gegenwärtig ist dabei die Problematisierung des Forschungsgegenstandes einschließlich seiner inhaltlichen Dimension noch kaum ausdiskutiert.[1)]

Frieden bedarf aber der Artikulation und wissenschaftlichen Kritik, gerade dann, wenn historische Erfahrungen fehlen. Sonst sind wissenschaftstheoretische Ansprüche einer Friedenspädagogik kaum durchzustehen. Das Problem ist dadurch zusätzlich kompliziert, daß Frieden als unerläßliche Ziel-Bedingung einen Primär-Wert darstellen soll, der Werte wie Gerechtigkeit, Freiheit, Humanität, Glück oder Gesundheit subsumieren kann.

Zu ermitteln sind Implikationen des Friedensbegriffs. Dabei wird deutlich werden müssen, daß Frieden keine Frage der subjektiven Angemessenheit sein kann, sondern von transnationaler Bedeutung ist, die nicht in das Belieben einzelner Macht- und Herrschaftsgruppen gestellt werden kann. Das aber erfordert einen Umdenkungsprozeß, den eine Friedenspädagogik mit initiieren muß, wenn sie es nicht im Verlauf ihres Grundlegungsprozesses versäumen möchte, darzutun, daß Frieden kein Beliebigkeitswert ist, sondern ein lebensnotwendiger Auftrag, dessen Voraussetzungen und Bedingungen eine Erziehung erläutern sollte, damit sich Frieden von Unfriedensfakten abgrenzen kann.

---

1) Ein entsprechender Beitrag wird vorgelegt durch Valentin ZSIFKOVITS: Analyse des Friedensbegriffs. In: Rudolf WEILER/V. ZSIFKOVITS: Unterwegs zum Frieden. Beiträge zur Idee und Wirklichkeit des Friedens. Wien 1973. S. 173 - 186.
Ebenfalls werden zehn Friedensdefinitionen im Rahmen einer didaktischen Einführung in die Friedensproblematik zur Diskussion gestellt. Vgl. Johannes ESSER: Zur Theorie und Praxis der Friedenspädagogik. Kritische Konzepte für Schule und Erwachsenenbildung. Wuppertal 1973. S. 69 - 78.

Das aber legt nahe: Allgemeinste Definitionen über den Frieden, die den Kontext gesellschaftlicher Bezüge nicht formulieren, bleiben zu abstrakt. Ihre Verwendung ist für eine Theorie und Praxis für den Frieden kaum möglich.

In einem der umstrittenen Definitionstypen wird Frieden auf die Makroebene transponiert und durch einen grundsätzlichen Gegensatz formuliert. Innerhalb der Friedensforschung hat sich diese Definition allgemein als sogenannte negative Formel von Frieden durchgesetzt: "Frieden als Nicht-Krieg, das Nicht-gegen-einander-Gewalttaten-begehen, als negativer Frieden, das heißt, ein Zustand, wo die Staaten nicht miteinander kämpfen". [2)]
Der deutsche Friedensforscher Karl KAISER hat diese Negativ-Formel übernommen und zusammengefaßt in "Frieden als die Abwesenheit von Krieg oder organisierter kollektiver Gewaltanwendung". [3)] Vor KAISER haben sich auch GALTUNG und SCHMID mit der Problematik eines negativen Friedensbegriffes beschäftigt. [4)] SCHMID stellt fest, daß sich die negative Friedensdefinition "derjenige vorstellt, der sich nach "Gesetz und Ordnung" richtet; es kann leicht aufgezeigt werden,

---

2) Bert V.A. RÖLING: Einführung in die Wissenschaft. S. 87. Zum negativen Friedensbegriff siehe ebenso Johan GALTUNG: Gewalt, Frieden und Friedensforschung. In: D. SENGHAAS (Hrsg.): Kritische Friedensforschung. Frankfurt 1971. S. 86ff. Allerdings hat ein negatives Friedensverständnis MONTESSORI schon 1932 formuliert: "Im allgemeinen versteht man unter Frieden das Aufhören des Krieges: aber dieser negative Begriff ist nicht der des Friedens. Vor allem im Hinblick auf den erkennbaren Zweck eines Krieges bedeutet der so verstandene Frieden eher den endgültigen Triumpf des Krieges". M. MONTESSORI: Frieden und Erziehung. S. 2; vgl. hier auch M. MONTESSORI: Der Frieden und die Erziehung. In: H. RÖHRS (Hrsg.): Friedenspädagogik. S. 50.
3) K. KAISER: Friedensforschung in der Bundesrepublik. S. 31.
4) Vgl. auch eine Arbeit von Herman SCHMID: Friedensforschung und Politik. In: D. SENGHAAS (Hrsg.): Kritische Friedensforschung. S. 37 sowie ferner dort die Anmerkungen 23 - 25, aus denen hervorgeht, daß diese skandinavische Diskussion zwischen 1967 und 1968 stattfand.

daß diese Vorstellung zum Stabilitätsdenken führt",[5] weil hier die Machtstabilisierung und Status-quo-Betonierung schon konzeptionell primäres Gewicht hat. Dies trifft aber nicht nur zu für innen- und außenpolitische Interessen von Regierungen, sondern auch für eine Beruhigungs- und Harmonisierungsforschung als Friedensforschung, die mit dieser Gegenstandsbestimmung allerdings nichts gemein hat.

Auf eine stets erforderliche Abwehr von Kriegen im Makro-Bereich hat Friedenspädagogik, transnational gesehen, wenig Wirkungen. Sie hat für diese Ebene direkt und auch kurzfristig keine erforderlichen Planungs- und Einwirkungsmechanismen zur Verfügung. Und das ist einzusehen, sollen nicht ununterbrochen neue Ohnmachtserfahrungen unkritisch hervorgerufen werden; deshalb ist einer direkten und unmittelbar angesetzten Planbarkeit des Friedens in der Makro-Ebene besonders durch Erziehung mit Skepsis und Kritik zu begegnen. Es wäre zu phantastisch, wenn im Direkt-Anlauf in den nächsten 10 Jahren durch Friedenspädagogik eine generelle Abwesenheit des Krieges im Makro-Bereich garantiert werden könnte. Davon ist hier nicht auszugehen.

Die negative Fassung des Friedens läßt neben einer Friedensdiktatur auch die Bedingungen und Zustände des Friedhof-Friedens[6] zu, dessen Basis auf Ruhe und Ordnung steht.

---

5) Ebd. S. 37.
Vgl. ferner J. GALTUNG: Friedensforschung. In: E. KRIPPENDORFF. S. 531f.
6) Vgl. dazu das Interview mit Johan GALTUNG: Haltestellen am Weg zum Frieden. In: EVANGELISCHE KOMMENTARE. 6. Jg. 1973. S. 351 - 354; hier S. 351.
Siehe inzwischen auch die Friedensvorstellungen bei Franz HAMBURGER. In: Hans BOSSE/Franz HAMBURGER: Friedenspädagogik und Dritte Welt. Voraussetzungen einer Didaktik des Konflikts. Stuttgart 1973. S. 20ff; ebenso bei Peter JANEK: Das "Dilemma" der Friedenspädagogik in der BRD. In: BILDUNG UND ERZIEHUNG. 25. Jg. Heft 5. Oktober 1972. S. 51.

Außerdem berücksichtigt die negative Bestimmung 'Frieden als Abwesenheit von Krieg' keine differenzierteren Friedensvorstellungen, die aber als wichtige Voraussetzungen für Friedensstrukturen anzusehen sind. Ferner entfällt mit der negativen Formal-Bestimmung die Offenlegung kriegsanaloger Formen und Zustände.

Im Rahmen der Friedensnotwendigkeit wurde innerhalb der Makroebene das nukleare Schreckensgesicht des Krieges angesprochen, das als Terrorfrieden allein schon ein entscheidendes Friedensdefizit bestimmt, zumal "Frieden" hier als Scheinfrieden zugrundeliegt, der ausufert und durch eine "organisierte Friedlosigkeit" [7)] abgestützt wird, die angesichts der Gewalt-, Herrschafts- und Machtmechanismen eine Ausfächerung und Ausweitung der sozialen Gerechtigkeit als soziale Humanisierung blockiert und damit schließlich insgesamt fördert, daß diskriminierende Lebensverhältnisse nicht abgebaut werden. Als Fakten zur Friedlosigkeit können hier ohne Mühe Lebensbedingungen gesellschaftlicher Randgruppen angeführt werden, die unmittelbar Entfaltungshindernisse zu spüren bekommen. [8)] Die Struktur des Unfriedens zu entblößen, dies zeigt an, daß Bedrohung und Krieg viele Gesichter haben und hier eine negative Definition des Friedens, bezogen etwa allein auf den Makro-Bereich, nicht ausreichend ist.

Hieran kann man nun neue Aspekte anknüpfen, um Frieden positiv für die Erziehung zu definieren. Positiv ist hier zu verstehen, daß eine derartige Friedensdefinition zum einen für die Erziehung transparente Inhalte und realisierbare konkrete Ziele enthält, und zum anderen elementare Faktoren der Erziehungskonzeptionen für Frieden herausgestellt sind.

---

7) Dieter SENGHAAS: Abschreckung und Frieden. S. 5f.
8) Exemplarisch vgl. die Situation von inhaftierten erwachsenen Gefangenen. J. ESSER: Zur Theorie und Praxis der Friedenspädagogik. Darin: "Ansätze zur Konflikterziehung im Rahmen der Resozialisierung von erwachsenen Strafgefangenen". S. 79 - 113.

Natürlich ergibt sich sofort das Problem (das sich übrigens der Erziehung stets stellt), daß sich wegen divergierender Wertmaßstäbe und Werthierarchien und/oder inhaltlichem Dissens bei den friedensorientierten Zieldimensionen betont ideologisch-fragwürdige oder doktrinäre Erziehungsperspektiven zu Frieden konstatieren lassen, die jedoch der Kritik bedürfen, um Erziehungstheorie und Friedenspraxis in der Schule zu fundieren. Die wissenschaftstheoretische Auseinandersetzung wird hier daran festhalten müssen, daß entwickelte Leitperspektiven, Grundelemente, Grundsätze, Grundlinien und/oder Entwürfe kritisch auf Grundlagen für weiterführende Momente untersucht und herausgestellt werden. Denn innerhalb der Entwicklung einer erziehungsorientierten Friedensdefinition ist weniger von Interesse, bisher noch nicht eindeutig erfaßte Grundaspekte und/oder bisher nicht erbrachte Forschungserkenntnisse als entscheidende Defizite und als Mangel der Friedenspädagogik zu deklarieren, da zum Beispiel kein Konsensus über eine Friedensdefinition unter Friedensforschern festzustellen ist.[9] Dem ist entgegenzuhalten, daß ein fehlender Konsensus kaum einen entscheidenden Grund darstellt, an der zurückhaltenden Einschätzung der Friedenspädagogik festzuhalten. Denn die wissenschaftlichen Konsequenzen einer positiven Friedensdefinition sind für die forschungsintensive Argumentation im deutschsprachigen

---

9) Vgl. Josef OFFERMANN: Friedenserziehung. In: Gerhard WEHLE: (Hrsg.): Pädagogik aktuell. Lexikon pädagogischer Schlagworte und Begriffe. Bd. 1: Erziehung, Erziehungswissenschaft. München 1973. S. 71.
Dieter-Jürgen LÖWISCH: Friedenspädagogik. Kritische Bemerkungen einer neuen pädagogischen Sonderdisziplin. In: PÄDAGOGISCHE RUNDSCHAU. 26. Jg. 1972. S. 789 - 810; hier besonders 791 und 803.
K. KAISER: Friedensforschung. S. 31.
Ferner Friedrich HACKER: Manipulierte Friedenspropaganda und wahrer Friede. Zur Psychopathologie der Gewalt. In: O. SCHATZ (Hrsg.): Der Friede im nuklearen Zeitalter. S. 151 - 160;
siehe weiter Lars DENCIK: Plädoyer für eine revolutionäre Konfliktforschung. In: D. SENGHAAS (Hrsg.): Kritische Friedensforschung. S. 247 - 270.

Raum längst noch nicht ausdiskutiert. Hier eine Forschungssituation ohne Alternative nur zu beklagen, dürfte zu kurz angesetzt sein.

Bemühungen um eine positive Friedensdefinition können verdeutlichen, daß "Frieden nicht nur als ein internationales politisches Problem" [10] anzusehen ist, an dem sich Friedenspädagogik langfristig zu beteiligen hat. Damit wird offenbar, daß Aussagen und Positionen über Möglichkeit oder Nicht-Möglichkeit, über die Qualität oder die Widersprüche einer Friedensdefinition permanent geprüft werden müssen. Dies aber ist zu versuchen im Erziehungsbereich an vier Leitorientierungen:

Erstens:

Eine der Voraussetzungen ist die Abgrenzung, ob Friedensvorstellungen dissoziative oder assoziative Bezüge zur Erziehungswirklichkeit haben. Innerhalb der dissoziativen Fragestellungen zu Erziehungswirklichkeiten geht es dabei um Abklärungen der Beteiligung an Status quo-Verhältnisse, Interaktionseingrenzungen, Traditionsorientierungen und Veränderungsunwilligkeit. Assoziative Momente der Erziehungswirklichkeit artikulieren Interessen und Ziele, um den faktischen Abhängigkeiten durch Kommunikation und kritische Handlungsalternativen entgegenzuwirken. Als Grundlage gilt hier die Perspektive: "Frieden ist ein Prozeß, ist eine Entwicklung und nicht ein Stillstand." [11]

Zweitens:

Zum anderen sollte ermittelt werden, ob das vorgezeichnete Friedensverständnis etwa auf regionale, nationale und/oder internationale Ebenen, politische Beziehungen und Systeme oder soziale Verhältnisse bezogen ist. Hierüber weitestgehende Gewißheit zu haben, ist dann von besonderer Relevanz, wenn Wert-Entscheidungen vor-

---

10) J. GALTUNG: Haltestellen am Weg zum Frieden. S. 353.
11) B.V.A. RÖLING: Einführung in die Wissenschaft von Krieg und Frieden. S. 90.

bereitet werden sowie die Gültigkeit friedenspädagogischer Aussagen innerhalb ihrer theoretischen Kompetenz konzeptionell in einer ausgefächerten Verwirklichungspraxis zu fundieren sind, um Grundlinien zu kennzeichnen.

Drittens:

Neben der Frage nach dem Typus einer Friedensdefinition und seinen impliziten Vorgaben, neben der geographischen In-Beziehung-Setzung einschließlich der wieder darauf bezogenen Systeme, Verhältnisse und Lebensbedingungen ist für forschungspraktikable Friedensdefinitionen von erheblichem Gewicht, ob eine Friedensdefinition die Analyse von subjekt-orientierten und/oder gesellschaftsstruktur-orientierten Zielintentionen zuläßt.

Viertens:

Das ermöglicht die Prüfung der Praktikabilität, also der Umsetzung der Friedensdefinition in Handlungsorientierungen, einschließlich der Planbarkeit der Erziehungsprozesse. Hierbei ist auch der Kontext zwischen den Erfordernissen und Bedingungen des Weltfriedens durch trans- und internationale Politik, und den engen Möglichkeiten der Erziehung nicht zu übersehen. Trotzdem ist die Diagnose sozialer bis nicht-sozialer gesellschaftlicher/erziehungsrelevanter Verhältnisse in einer Friedenspädagogik immer mehr zu entwickeln, um Bedingungen wie Möglichkeiten der Partizipation an Frieden zu strukturieren.

Diese vier Aspekte zur Analyse und Überprüfung von Friedensvorstellungen verdeutlichen, daß innerhalb der Theoriediskussion als konstruktive Definition zur Friedenspädagogik keinesfalls eine einzige und alleingültige Friedensdefinition möglich ist. Das besagt auch, die Bemühungen um Frieden durch die Erziehung sind nicht auf ein alleingültiges Forschungskonzept eingeschworen. Allerdings ist zu berücksichtigen, daß einem derartig offenen System Kritik zukommt. Festzuhalten ist aber an dieser Stelle, daß Friedenspädagogik durchaus Zielvorstellungen, Situationen und Intentionen insgesamt als Teilmomente und Teilstrukturen überregional gültiger Friedensperspektiven anzeigen kann. Dem prozeßhaften Verlauf bei der Gewinnung einer "Friedensdefinition" ist hier zugestimmt: "Wenn wir Frieden herstellen, definiert er sich selbst. Deswegen ist die Verwirklichung von Frieden die einzige Form der Definition des Friedens, die wir als denkende Menschen anerkennen dürfen".[12)]

Es wird also angesetzt, daß eine Fixierung des Friedens, im voraus eindeutig-konkret und formal wie inhaltlich abgesichert,[13)] gar nicht möglich ist, weil Frieden in diesem Verständnis überhaupt keine statische Dimension haben kann, sondern gerade in seinen inhaltlichen Strukturen dynamischen Entwicklungsprozessen unterliegt, die andererseits wiederum in einem historischen, gegenwärtig-gesellschaftlichen und zukunftsbezogenen Kontext stehen, dessen Begründungszusammenhang wechselseitig verschränkt ist. Selbst der prozeßhafte Charakter einer Friedensrealisierung wird in den Ansprüchen an die Erziehung nicht die Frage außer acht lassen, "was kann Frieden für die Schaffung einer Welt beitragen, in der die Menschen sich selbst in größerem Maße verwirklichen können ?"[14)]

Positive Friedensdefinitionen stellen programmatische Arbeits- und Rahmenbezüge für Forschung und Praxis dar. Sie berücksichtigen nicht allein Friedensformen,[15)] sondern können weiter Aufschluß geben über Ausgangsmomente, Ziele, Inhalte und Wege zum Frieden.

---

12) Georg PICHT: Was heißt Friedensforschung ? In: G. PICHT/ Wolfgang HUBER: Was heißt Friedensforschung ? Stuttgart/München 1971. S. 33.
13) Vgl. zur Gesamtproblematik J. GALTUNG: Gewalt, Frieden, Friedensforschung. In: D. SENGHAAS (Hrsg.): Kritische Friedensforschung. S. 86ff.
14) J. GALTUNG: Ziel und Mittel der Friedensforschung. In: Ders.: Modelle zum Frieden. Methoden und Ziele der Friedensforschung. Wuppertal 1972 (Original-Ausgabe "Fredsforskning". Oslo 1967). S.25.
15) Vgl. Hans von HENTIG: Der Friedensschluß. Geist und Technik einer verlorenen Kunst. München 1965.

Unter dieser Perspektive werden nunmehr solche Friedensdefinitionen diskutiert, die in letzter Zeit von Erziehungswissenschaftlern vorgelegt wurden.

KERN stellt fest: "Friede", eine geschichtlich positive Zukunft, ist möglich nur durch die Erneuerung der 'Freiheit' der menschlichen Person, durch eine 'Bildung', deren Substanz eben diese 'Freiheit' ist".[16)]

Zu dieser Definition liegt die Frage nahe, ob sich Erziehung zum Frieden überhaupt eine solche Friedensdefinition für die Schulpraxis zu eigen machen kann, zumal die Begriffe Zukunft, Freiheit, Bildung, Substanz und Person näherhin nicht erläutert werden. Zusätzlich bleibt ungeklärt, ob diese Definition etwa anthropologische Rückschlüsse und Bezüge ermöglichen soll; weiter ist zu bemängeln, daß eine Reihung von Begriffen, die mit vielfältigen Assoziationen belastet sind, mehr verwirrt als eine strukturierbare Klärung herbeiführt, die auf vage Feststellungen oder vieldeutige Formeln verzichtet. So ist diese Friedensdefinition kaum brauchbar, weil keine gesellschaftlichen Relationen oder offene und/oder zugedeckte Gewalt berücksichtigt werden, die gewichtige Konstitutiva der Friedensforschung und Friedenspädagogik darstellen.

Eine weitere Definition legt EBERTS vor: "Der Friede, mit dem es die Pädagogik zu tun hat, hat nichts mit einem goldenen Zeitalter gemein, sondern ist die Veränderung politischer und sozialer Strukturen auf eine künftige Friedensordnung hin."[17)] In dieser Friedensbeschreibung wird zwar nicht die Ruhe, sondern die Veränderung herausgestellt. Jedoch kann dies nicht darüber hinwegtäuschen, daß

---

16) Peter KERN: 'Ausbildung' ohne 'Bildung'? Einige Bemerkungen zum Entwurf der integrierten Gesamtschule. In: PÄDAGOGISCHE RUNDSCHAU. 25. Jg. 1971. S. 747 - 757; hier S. 756.
17) Hartwig EBERTS: Friede auf Erden - was ist das ? In: Martin STALLMANN (Hrsg.): Friedenserziehung und Religionsunterricht. Impulse - Berichte - Entwürfe. Stuttgart 1972. S. 38.

neben der bloßen Nennung der Veränderungsbereiche ein Konglomerat 'Friedensordnung' angezielt wird. Es fehlen konkrete Hinweise, wie Frieden und von welcher Qualität in Leitorientierung an eine 'Friedensordnung' realisierbar wird. Unbeschrieben ist auch, was sich hinter einer Ordnungsvorstellung bezogen auf die zu verändernden Friedensstrukturen verbirgt. Ganz besonders sind auch Hinweise und Zielangaben zur praktizierbaren Form der Veränderungspraxis vonnöten. Dies ist hier nicht versucht, ebensowenig fehlt die Erklärung, ob gar nicht, ob nur im Grenzfall oder ob generell direkte Gewalt als Mittel der Veränderungspraxis angewendet werden soll,beziehungsweise ob diese Perspektive mit pädagogischen Friedensperspektiven notwendig oder grundsätzlich zu verbinden ist.

Die Definition von EBERTS wirkt trotz der erkannten Aufgabe, daß Friede und Pädagogik in einem darzustellenden Zusammenhang stehen, zu grob. Das aber läßt einen Mißbrauch der Definition zu; es fehlt die konkrete Kennzeichnung der Entscheidung für Maßnahmen, Bedingungen, Ziele und Methoden zur Veränderungstheorie und -praxis für den Frieden. Zwar ist aus der Definition der prozeßhafte Charakter der Friedensrealisierung ansatzweise herauszulesen; Makrobezüge, Mikrofelder für individuelle Konfliktauseinandersetzungen, die Wirkungen von Erziehungsmächten auf Individuen und/oder Gruppen oder inhumane gesellschaftliche Verhältnisse bleiben unbeachtet. Als offenes Kern-Problem kristallisiert sich der Ansatz zur gesellschaftlichen Veränderungspraxis für Erziehung und Schule heraus, der in der Definition aber nicht artikuliert ist.
Dieser Definitionsversuch ist nur teilweise einzustufen, der Verbindlichkeitsgrad ist mehrdeutig.

Eine weitere Definition schlägt RÖHRS vor. Danach ist Friede "kein paradiesischer Zustand, in den man gnadenhaft versetzt wird, sondern er ist in der modernen Welt das immer wieder zu sichernde Ergebnis einer konstanten Auseinandersetzung mit einer Vielzahl möglicher

Konflikte, die erst durch Erziehung und Selbsterziehung unter Kontrolle zu bringen sind".[18] Dieser Friedensdefinition fehlt nicht der konstitutive Bezug zur Notwendigkeit einer Konflikterziehung. Es muß jedoch weiter entwickelt werden, welche Möglichkeiten eine Erziehung zum Frieden zur Verfügung hat, um Konflikte unterschiedlichster Ebenen und Hintergründe in den Griff zu bekommen.

Sicherlich sind hier Umfelder, Bedingungen, Ursachen, Träger, Interessen und Austragungsmodi von Konflikten ebenso abzuklären wie fortwährend deutlich zu machen ist, daß nicht nur eine begrenzte Anzahl von Konflikten im intra-individuellen Feld, sondern gerade auch Konfliktstrukturen der interpersonalen Konflikte und Konfliktfolgen mittels praktikabler Bewußtmachungsansätze in Unterricht und Ausbildung langfristig anzugehen sind.

Das zeigt aber an: Die Ermittlung und Bewußtmachung von Konfliktbedingungen schließt unbedingt eigengesellschaftliche und internationale Perspektiven ein. Selbst Phänomene internationaler Konflikte können als Konfliktverstärker konkrete Bezüge zu Konfliktverhältnissen im eigenen Gesellschaftssystem und entsprechenden Konfliktträgern im interpersonalen Feld haben, so daß gleichzeitig in allen drei Ebenen gerade ein aufeinanderbezogener Unfrieden herauszuarbeiten ist, der ineinanderverschränkte Ursachen hat und der durch angewendete Gewalt, die mittels politischer Strategie entdramatisiert, verharmlost oder verschleiert ist, zur Wirkung kommt.

---

18) H. RÖHRS: Erziehung zum Frieden. S. 37.
Siehe ferner jetzt auch Armin RIEDL: Probleme einer Erziehung zum Frieden. In: Frieden im Spektrum der Wissenschaften. Anregungen zu einer Friedenserziehung. Hrsg. von einem Autorenteam der Pädagogischen Hochschule Schwäbisch-Gmünd. Heidenheim 1973. S. 41 - 55. RIEDL definiert Frieden "als ein Leben der einzelnen und Gruppen, in dem die Offenlegung von Konflikten und das Bemühen, sie rational in wechselseitiger Rücksichtnahme auszutragen, als Prinzip realisiert ist" (S. 42).

Konflikterziehung, die Teil einer Friedenspädagogik ist, [19] hat aber diese äußeren und inneren Verschränkungen von Konflikten in der internationalen, eigengesellschaftlichen und interpersonalen Ebene mit den dazugehörigen Alternativen für Friedensvoraussetzungen umfassend noch zu verfolgen und auszuleuchten.

Damit hängt zusammen, daß eine Kurzdefinition zu Frieden etwa erforderliche Verbindlichkeits- und Handlungsintentionen zur Konfliktbewältigung, die Friedenspädagogik innerhalb einer Konflikterziehung konkret anzielt, nicht exakt genug angeben kann. Wenn aber Unfriedensbedingungen wie auch Friedensperspektiven von einer friedensorientierten Erziehung in Theorie und Praxis für die Auseinandersetzung nicht nur grundlegend sind, sondern dies auch pädagogische Konsequenzen nach sich ziehen soll, dann empfiehlt sich weniger eine formelhafte Eingrenzung von Frieden als eine eingrenzende Skizzierung der Konturen, die mehrere Orientierungsdaten zum pädagogischen Konzept erhellen können.
Dabei ist von der Friedenspädagogik zu verdeutlichen, daß Friedensvoraussetzungen weder Absolutheitsgrenzen darstellen noch inhaltlich und intentional endgültig fixiert sind. Denn Unfriedens- und Gewaltbedingungen unterliegen einem ständigen gesellschaftlichen Wandel. [20]
Etwa von HENTIG deutet diesen Kontext mit einer Friedensumschreibung an:

"Frieden - das ist der pauschale und viel mißbrauchte Gegenbegriff zu den Leiden und Verkehrtheiten unserer Welt, zu dem, was offensichtlich nicht gutgehen kann und was die Menschen darum schon in der Vorstellung beunruhigt. Soll Friede greifbar werden, muß man ihn in einzelne Aufgaben zerlegen - zum Beispiel in diese sechs: die

---

19) Vgl. dazu die versuchten Grundlegungen in Teil V. Abschnitt 1 und 2, die bei eigengesellschaftlichen Erziehungsstrukturen ansetzen.
20) Vgl. dazu die Ausführungen in Teil III, hier besonders Abschnitt 1 und 4.

Vermeidung oder Verhinderung von Gewalt; die Sicherung der materiellen Bedürfnisse; die Verwirklichung von sozialer Gerechtigkeit; die Gewährung und Forderung von politischer Mitbestimmung; die Wiederherstellung eines ausgewogenen Verhältnisses von Mensch und Umwelt zwischen dem, was wir machen, und dem, was wir nur zerstören können; die Verständigung zwischen den Generationen, zwischen der jüngeren, die die Welt nicht hinnehmen will, wie sie ist, und der älteren, die von dem guten Sinn dieser Welt nicht überzeugen kann." [21)]

Von HENTIG versucht eine nähere Beschreibung der Friedensbedingungen und Friedensziele. Das ist in dem Maße ein Novum, weil bisher für Frieden Kurzformeln eingesetzt werden. Von HENTIG zieht zwar eine Negativ-Beschreibung vor, die mit einigen Positiv-Ziel-Setzungen für den Frieden alternativ aufgefangen wird: Zum Beispiel die "Verhinderung von Gewalt" oder die Sicherstellung materieller Interessen und Ansprüche als Status-quo-Ziele; die Entfaltung politischer Partizipation oder die horizontale Kommunikation - nicht die vertikale Kommunikation der Generationen - als positive Ziele für Friedensstrukturen. Von HENTIG deutet auch an, was inhaltlich Frieden artikuliert. Er vermeidet allerdings eine nähere Charakterisierung der Gewalt und begründet kaum Setzungen, Normen- und Wertvorstellungen, wenn er auch insgesamt eine kritische Intention gegenüber der Gesellschaft andeutet und der Verwirklichungsansatz das Schwergewicht auf die Erziehungspraxis legt.

---

21) Hartmut von HENTIG sprach anläßlich der Verleihung des Friedenspreises des Deutschen Buchhandels über Janusz KORCZAK in der Frankfurter Paulskirche. Der vollständige Text wurde veröffentlicht als "Der ungleiche Krieg zwischen Erwachsenen und Kindern. Janusz KORCZAK oder Erziehung in einer friedlosen Welt." In: FRANKFURTER ALLGEMEINE ZEITUNG. Nr. 228. 2.10.1972; hier S. 18. Vgl. ergänzend die diskutierte Friedensdefinition mit besonders überregional-politischer Schwerpunktlegung bei J. GALTUNG: Europa - bipolar, bizentrisch oder kooperativ ? In: AUS POLITIK UND ZEITGESCHICHTE. Beilage zur Wochenzeitung DAS PARLAMENT. B 41/72. 7.10.1972. S. 3 - 30.

Ein besonderer Aspekt liegt hier auch darin, daß perspektivisch eine Veränderungspraxis angezielt wird. Hieraus ergeben sich Zielperspektiven, [22)] die keineswegs bloße Erziehungsintentionen zur Friedfertigkeit, hier im Sinne von konfliktnegierender Passivität oder konfliktmeidender Toleranz, festschreiben.

So wird offensichtlich, daß eine Friedensdefinition für eine kritische Friedenspädagogik nicht nur einen wesentlichen Bestandteil der Erziehungstheorie bildet, sondern darüber hinaus auch praxisrelevante Erziehungsintentionen kennzeichnen muß, um Ausgangspunkte, pädagogische Zieldimensionen und Realisierungswege in einen grundsätzlichen und weiterzuführenden Zusammenhang zu bringen.

Unter dieser Blickrichtung ist mehr noch aufzugreifen, ob einer Friedensdefinition für die Pädagogik nicht eine Synthese zwischen negativen und positiven Ansätzen zugrundeliegen kann.
Eine kritische Erziehungstheorie legt im Verlauf ihrer Grundlegungsprozesse diesen Gesichtspunkt nahe, wenn Perspektiven für Friedensvoraussetzungen [23)] und Analysen von friedenshemmenden Erziehungsbedingungen [24)] Überwindungsansätze für gesellschaftlichen Unfrieden [25)] vorstrukturieren.

Friedensvoraussetzungen aber nicht nur an gesellschaftlichem Unfrieden zu differenzieren und abzugrenzen, sondern auch durch

---

22) Johan GALTUNG betont die Vernachlässigung der Forschung zu Zielen friedensorientierter Erziehung. Siehe dazu J. GALTUNG: Probleme der Friedenserziehung. In: ZEITSCHRIFT FÜR PÄDAGOGIK. 19. Jg. 1973. S. 197.
Vgl. auch Johannes ESSER: Überlegungen zu Leitzielen der Friedenspädagogik. In: PROBLEME DES FRIEDENS. 8. Jg. Heft 3 - 6/1973. S. 27 - 35.
23) Vgl. dazu Teil III in dieser Arbeit. S. 100ff.
24) Siehe Teil IV. S. 175ff.
25) Der Handlungsmoment einer Solidarisierung gegen gesellschaftlichen Unfrieden in einer Konflikterziehung spielt eine entscheidende Rolle (vgl. S. 247ff).

rationale Handlungsschritte antizipierend zu entfalten, dies erfordert in einem konkreten Überwindungsprozeß, in dem die Anwendung von Gegengewalt ausgeschaltet bleiben soll, Alternativansätze für Erziehungstheorie und Erziehungspraxis. Dabei müßten besonders fundamentale Status-quo-Bedingungen angegangen werden, die etwa traditionsgeleitete Barrieren der Selbstbestimmung und/oder politisch-wirtschaftliche oder utilitaristische Fakten und Interessensverhältnisse implizieren können.

Diese Ziellinie kann und muß eine Friedenspädagogik in der Bundesrepublik stärker konzentrieren und in der kritischen Auseinandersetzung entfalten.

Der folgende Versuch, [26] Frieden der Erziehung zuzuordnen, geht davon aus, daß eine 'Friedensdefinition' als Friedensbeschreibung unabgeschlossen und erweiterungsbedürftig bleibt, weil neue Erkenntnisse über Bedingungen von Unfrieden erneute Korrekturen erfordern.

Welcher Frieden aber ist nun von einer Erziehung anzugehen ?

Dazu sechs Aspekte:

<u>Erstens:</u>

Frieden ist abhängig von internationalen, nationalen, regionalen und lokalen Bedingungen des Unfriedens, der durch Strukturen und Träger gleichermaßen repräsentiert ist und entsprechend auf Erziehungsorganisation und Erziehungsintention einwirkt.

<u>Zweitens:</u>

Alle an Frieden Interessierten und in Erziehungsprozessen für Friedensvoraussetzungen zu Motivierenden sind angewiesen auf die Entfaltung von Friedensstrukturen.

---

26) Vgl. auch J. ESSER: Welche Chancen hat eine Friedenserziehung durch Familie, Schule und Erwachsenenbildung ? In: PROBLEME DES FRIEDENS. 8. Jg. Heft 3 - 6/1973. S. 15 - 26; hier S. 17.

Drittens:

Insofern stellt Frieden für die Erziehung eine Leitintention dar. Dabei ist Erziehung verstanden als eine permanente, lebenswichtige und unausweichliche Aufklärung über Bedingungen und Phänomene eines internationalen und gesellschaftlichen Unfriedens, der in der Gegenwart eine relevante Auseinandersetzungsgrundlage bildet, und zwar für alternativ-konstruktive Schritte auf Friedensvoraussetzungen hin und für anteilige Erziehungspraxis in der Schule.

Viertens:

Das bedeutet, daß sich Frieden durch Überwindung von gesellschaftlichem Unfrieden und durch Überwindung von friedenshemmenden Erziehungswirklichkeiten prozeßbedingt realisiert, indem Individuen/ Gruppen Bedürfnisse und Interessen etwa den durch Status-quo-Verhältnisse bedingten Abhängigkeitsverflechtungen und Abhängigkeitsmechanismen gegenüberstellen, nicht nur um lebenswichtige Ansprüche zu artikulieren, sondern auch um in normenkritischer Aufklärungspraxis traditionslastige Unfriedensbedingungen abzubauen.

Fünftens:

Die Strukturierung von Friedensvoraussetzungen durch anteilige Erziehungsprozesse ist eine langfristige Erziehungsaufgabe. Sie gründet in der Schule in außerordentlichem Maße auf Konzeptionen, die das Prinzip der Gewaltlosigkeit anerkennen;
das hat zur Folge: Konfliktanalysen und Konfliktlösungsstrategien in der Friedenspädagogik begründen, sichern ab und erweitern Umwandlungs- und Veränderungsprozesse, um Konflikte gewaltlos zu bewältigen . Das schließt eine fortlaufende Hinterfragung und kritische Prüfung der Grenzen der Gewaltlosigkeit ein, weil konkrete Bedingungen des Unfriedens beziehungsweise analysierte Situationen und Konfliktbestandteile dies erforderlich machen können und weil Erziehung zum Frieden Unfrieden auf Abbau hin, Verhinderung und Überwindung angehen muß; Erziehung und Unfrieden aber können unter einem kritischen Anspruch nicht kooperieren, weil das eine Solidarisierung mit eingesetzter und angewendeter Gewalt signalisieren würde.

Sechstens:

Erziehung zum Frieden initiiert - und hier sind durchaus weitere Verbindungen zum negativen und zum positiven Friedensverständnis zu entwickeln -, daß die an der Gewinnung von Friedensvoraussetzungen Beteiligten gerade Unfrieden als inhumane gesellschaftliche Lebensverhältnisse und subjektive Entfaltungssperren, die durch Erfüllungszwänge und Verhaltensdruck entstehen, analysieren.
Unter der Blickrichtung, überflüssige und ausgeuferte a-soziale Gesellschafts- und Erziehungsstrukturen des Unfriedens sowie direkte und/oder institutionelle Gewalt [27] in Erziehungsorganisationen auf ein äußerstes Minimum zu reduzieren, sind gerade solche neuen Leitorientierungen für die Erziehungspraxis relevant, die die Gewinnung und Erweiterung sozialer und zukunftsträchtiger Lebensbedingungen anstreben. Erziehung zum Frieden hat diese aber über den Schulkomplex hinaus zur Prüfung und Anwendung zu bringen. Denn Erziehung zum Frieden ist in der aktuellen Auseinandersetzung mit Frieden und Gewalt räumlich nicht mehr nur auf Schulklasse, Arbeitsgruppe oder Schulgebäude einzuengen oder zu isolieren.

---

27) Für institutionelle Gewalt wird weiter unten auch der Begriff strukturelle Gewalt verwendet (Teil II. Abschnitt 4).

3. Zur Kritik friedenspädagogischer Ziele und Zielwerte

Die Diskussion zu Problemstellungen der Friedenspädagogik wird in der Bundesrepublik seit etwa 1967 geführt. Dabei sind unterschiedlichste Ansätze und Positionen festzustellen, die sich noch seit der internationalen Konferenz "Erziehung zu Frieden und sozialer Gerechtigkeit" in Bad Nauheim im November 1972 erheblich erweitert haben. Dadurch wird ein zweiter Grundlegungsabschnitt eingeleitet, der sich auch durch Ansätze einer kritischen Friedenserziehung niederschlägt. [1)]

Noch aber ist längst nicht die weitgestreute friedenspädagogische Literatur aus der ersten Grundlegungsphase ausdiskutiert. [2)] Dieser Ausgangspunkt ist für Stand und Bewertung der Friedenspädagogik in der Bundesrepublik zu berücksichtigen. Von daher ist der folgende Versuch zu verstehen, gerade exemplarisch leitende Ziele und Zielintentionen der Friedenspädagogik der Grundlegungsphase bis Ende 1972 zu erörtern und abzugrenzen.

---

1) Vgl. Christoph WULF (Hrsg.): Kritische Friedenserziehung. Frankfurt 1973.
Hans NICKLAS/Änne OSTERMANN: Friedensbezogene Lernziele und die Umsetzung von Friedensforschung in didaktische Modelle. In: MITTEILUNGEN der Hessischen Stiftung Friedens- und Konfliktforschung. S. 136ff. Außerdem:
H. NICKLAS/Ä. OSTERMANN: Überlegungen zur Ableitung friedensrelevanter Lernziele aus dem Stand der kritischen Friedensforschung. In: ZEITSCHRIFT FÜR PÄDAGOGIK. 19. Jg. 1973. S. 225 - 240.
2) Einige friedenspädagogische Ansätze der ersten Grundlegungsphase haben beispielsweise Otto DÜRR und Kurt KÜHHORN diskutiert.
Vgl. dazu Otto DÜRR: Konzepte zur Friedenspädagogik. In: Ders.: Frieden - Herausforderung an die Erziehung. Probleme - Orientierungshilfen - Unterrichtsmaterialien. Stuttgart 1971. S. 38 - 49;
Kurt KÜHHORN: Die pädagogischen Bemühungen um die Friedenserziehung. Kritische Bemerkungen zu den Denkansätzen von Hans-Jochen GAMM, Hartmut von HENTIG und Hans-Günther ASSEL. In: WELT DER SCHULE. Ausgabe: Hauptschule. 25. Jg. 1972. S. 47 - 71; 95 - 108.
Siehe auch Wolfgang KRALEWSKI/Hartmut MARKERT/Berthold MEYER/Dieter LUTZ/Rainer ÖHLSCHLÄGER/Burkhard STEINMETZ/Gabriele ZANOLLI: Funktion von Unterrichtsmodellen für die Friedenserziehung. Hrsg. vom Institut für Politikwissenschaft an der Universität Tübingen. Arbeitsgruppe Friedensforschung. Tübingen (April) 1973.

An Zielbestimmungen einer Friedenspädagogik sind einmal Verbindlichkeitsgrade, Strukturen der Friedenskonzeption und Einwirkungsmöglichkeiten für Adressaten und Vermittler zu ermessen; zum anderen ist anhand von Zielsetzungen der Frage nachzugehen, ob diese als Vorgaben auf Frieden für die Erziehung überhaupt relevant erscheinen beziehungsweise ob sie kritischen Überprüfungen standhalten können.
Zur weiteren Standortbestimmung der Friedenspädagogik in der Bundesrepublik verdeutlichen Zielsetzungen auch Wertaussagen, ohne die keine Erziehung für den Frieden auskommen kann. Falls hier aber eine Gefahr möglicher ideologischer Überzeichnung liegt, so ist zu beachten, wie notwendig Friedensziele, etwa als Maßstäbe zu Friedensinhalten und -aufgaben, permanente Kritik erfordern, um Ziel-Verengungen und Verfälschungen zu verhindern, beziehungsweise zu überwinden. Hierbei lassen sich nicht zuletzt Konsequenzen herausarbeiten, die einer Friedenspädagogik neue Möglichkeiten aufzeigen.

Die Erörterung zur Notwendigkeit des Friedens sowie die versuchte vorläufige Friedensumschreibung im vorigen Abschnitt implizieren bereits Zielvorstellungen, die an Inhalte der Friedenspädagogik gekoppelt sind.
Ebenso müssen Ziele untersucht werden, die zur weiteren Standortermittlung der Friedenspädagogik von Bedeutung sind.

Ob allerdings in der Erziehung für den Frieden Voraussetzungen für international kooperierende Forschungstätigkeiten an die Hand zu bekommen sind, ist noch ein offenes Problem. Aufgrund der Tatsache, daß Frieden eine umfassende und lebenswichtige Bedeutung hat, kann man aber, langfristig gesehen, darauf nicht verzichten. Denn eine nur lokale und regionale Beschränkung der Ermittlung von Voraussetzungen und Zielperspektiven des Friedens beinhaltet auf die Dauer ein zu kurzes Forschungsleitbild, das bei Unfriedensanalysen nicht hinreichend genug die eigentlichen Phänomene der tiefgreifenden

Ohnmachtsbedingungen erfassen könnte. Überdies ist nun nicht der Schluß zu ziehen, daß eine Verantwortung nicht bei der Erziehung liegt. Im Gegenteil: Friedenspädagogik hat "Bewußtseinsveränderung" [3] nicht nur anzustreben, sondern konkret einzuleiten, beispielsweise um diese fatalistische und undifferenzierte Grobeinstellung zu überwinden: "Ich sage nicht, Kriege seien nicht zu vermeiden, aber sie entstehen immer wieder, solange die Menschen egoistisch und dumm sind". [4]

Es wird deutlich, was es mit der angesprochenen Veränderung des Bewußtseins im Rahmen der Erziehung für den Frieden auf sich hat: Eines ihrer Primär-Ziele ist die zunehmende Einübung "in das Denken und Handeln in weltweiten Zusammenhängen, die heute für unsere konkreten Lebenszusammenhänge relevant werden". [5] Diese Zielformel, die die Differenz zwischen der Friedensidee und den gegebenen Strukturen und Unfriedensfaktoren abbauen will, gründet als historische "Idee der Menschheit" [6] auf die "Idee der Menschlichkeit" [7] als "breite Entwicklung des Menschen (...), frei von Chauvinismus,

---

3) Ingeborg HILLER-KETTERER: Das Dilemma der Erziehung zum Frieden als deren eigener Gegenstand. In: Paul ACKERMANN (Hrsg.): Erziehung und Friede. Materialien zur Diskussion. München 1971. S. 19.

4) Max-TRAEGER-Stiftung (Hrsg.): Zur Wirksamkeit der Politischen Bildung. Teil I: Eine soziologische Analyse des Sozialkundeunterrichts an Volks-, Mittel- und Berufsschulen. Frankfurt 1966. S. 132.

5) G. PICHT: Was heißt Friedensforschung ? S. 11.

6) Robert ULICH: Erziehung und die Idee der Menschheit. In: H. RÖHRS (Hrsg.): Friedenspädagogik. S. 67.
Siehe zu diesem Kontext auch Hans P. SCHMIDT: Frieden und soziale Gerechtigkeit. Texte und Thesen. In: Lernziel Frieden. Protokoll Nr. 71 (Evangelische Akademie). Hofgeismar 1973. S. 1ff, der Frieden und soziale Gerechtigkeit als Leit- und Zielbegriffe (S. 23) einordnet.

7) R. ULICH: Erziehung und die Idee der Menschheit. S. 67.

und für das Heranwachsen der internationalen Verständigung".[8]

Faktoren zum Richtziel einer Erziehung zur internationalen Verständigung differenziert ROBINSOHN deutlicher aus. Er knüpft Voraussetzungen für die internationale Verständigung durch Erziehung an die Zieldimension "Sozial teilnehmendes Verhalten"[9] und nennt fünf Zielebenen: Abbau von Diffamierungen, Isolation und Mißtrauen zur Ermöglichung und Stabilisierung von "Kommunikation und Kontakt", Gewichtung einer Erziehung zum "Verständnis", trotz widersprüchlicher, antagonistisch-systembedingter und/oder kontroverser Zielinteressen, Betonung der für die Erziehung relevanten "Empathie" als Einfühlung, die Aufnahme der Erziehungsziele "Sympathie und Solidarität" sowie "Kooperation", bezogen auf die Zielverfolgung einer internationalen Verständigung, die Karl Friedrich ROTH als offenes Friedensdenken mit den Begriffen "Partnerschaft, Kooperation, Kompromiß, Toleranz, fair play"[10] skizziert.

---

8) Bogdan SUCHODOLSKI: Die Lehrer und die Erziehung für den Frieden. In: H. RÖHRS (Hrsg.): Friedenspädagogik. S. 121.
Speziell zum Erziehungsziel der internationalen Verständigung liegen weitere Veröffentlichungen vor:
H. RÖHRS: Die internationale Verständigung als pädagogisches Problem. In: Ders.: Friedenspädagogik. S. 94 - 109.
Ders.: Aufgaben und Probleme einer internationalen Erziehung; ebenso: Die Internationale Gesamtschule als Stätte der Friedenserziehung. Beide Arbeiten in H. RÖHRS: Erziehung zum Frieden. S. 47 - 110.
Dieter DANCKWORTT: Anknüpfungspunkte der Erziehung zur internationalen Verständigung. In: H. RÖHRS (Hrsg.): Friedenspädagogik. S. 144 - 157.
Ingeborg WILLKE: Internationale Verständigung als Bildungsauftrag der Schule. In: BILDUNG UND ERZIEHUNG. 25. Jg. 1972. S. 31 - 48.
Christoph WULF: Auf dem Wege zu einer transnationalen Friedenserziehung. In: BILDUNG UND ERZIEHUNG. 25. Jg. 1972. S. 58 - 68.
9) Saul B. ROBINSOHN: Von den Voraussetzungen einer "Erziehung zu internationaler Verständigung." In: H. RÖHRS (Hrsg.): Friedenspädagogik. S. 76 - 84; hier S. 78. Der Aufsatz wurde erstmals veröffentlicht in: PÄDAGOGISCHE RUNDSCHAU. 20. Jg. 1966. S. 936 - 943.
10) Karl Friedrich ROTH: Erziehung zum Friedensdenken. In: H. RÖHRS (Hrsg.): Friedenspädagogik. S. 91. Der Aufsatz erschien 1961 auch in "DIE BAYERISCHE SCHULE". S. 576 - 580.

Erziehungsziele mit übergreifend internationalen Aspekten betonen nicht nur die Notwendigkeit, mit den "Anderen" zu leben, [11] sondern entwickeln sogar die Vorstellung, daß die Erziehung ihren direkten Beitrag leisten kann zur Fundierung eines Weltfriedens. Eine frühe Arbeit von Hans-Jochen GAMM sucht dies zu artikulieren: "Unsere eigenen Kinder müssen dazu erzogen werden, als Bürger in einer weltweiten Sozietät zu wirken, als Mitbürger in einer farbigen Welt, in der ihre Großväter noch reiche Herren waren ... Wir müssen eine neue Form dienstbereiter Kommunikation entwickeln und eine Kultur der Zuvorkommenheit". [12] "Aktuelle Grundsätze für eine weltweite Erziehung ebenso wie Minimalprogramme der internationalen Verständigung durch Erziehung (...) zielen darauf ab, Kooperation zwischen Kommunisten und Kapitalisten, Theisten und Atheisten, Entwickelten und Unterentwickelten zu ermöglichen und das wechselseitige Vertrauen im Umgang zu stärken". [13]

Unschwer ist zu erkennen, daß eine Erziehung zur internationalen Verständigung durch die Erziehung zur Partnerschaft abgestützt wird, die im Rahmen der politischen Bildung der 50er Jahre verstärkt diskutiert worden ist, [14] die aber das Problem der strukturellen Gewalt noch nicht erfaßt. [15]

---

11) Vgl. Dieter EMEIS: Zum Frieden erziehen. Ein Arbeitsbuch. München 1968, der "das Leben mit den 'Anderen' einüben" will (S. 93ff), weil die "gemeinsame Aufgabe der Menschen" bereitliegt: allen Menschen ein menschenwürdiges Leben zu ermöglichen (S. 98).

12) Hans-Jochen GAMM: Aggression und Friedensfähigkeit in Deutschland. München 1968. S. 153 (Hervorhebung durch GAMM).

13) Ebd. S. 154.

14) Vgl. Friedrich OETINGER: Partnerschaft. Die Aufgabe der politischen Erziehung. Stuttgart 1956[3]: "Die Partnerschaftserziehung beruht auf der Erfahrung, daß es zur Katastrophe führt, wenn man Macht sich selbst überläßt" (S. 274).
Siehe auch: Hans-Günther ASSEL: Friedenspädagogik. In: Rainer KABEL/H.-G. ASSEL: Friedensforschung/Friedenspädagogik. Bonn 1971 (Schriftenreihe der Bundeszentrale für politische Bildung, Heft 88). S. 108 - 113.

15) Vgl. Karl-Heinz KOPPES: Partnerarbeit im Unterrichtsgeschehen der Grund- und Hauptschule. Stuttgart 1969 (Lit.).

In Anbetracht einer Erziehung zum Frieden ist jedoch zu prüfen, ob überbetonte Partnerschaftserziehung den Anspruch der direkten Beteiligung an der Entwicklung von Weltfriedensstrukturen überhaupt auch nur in Teilmomenten erfüllen kann. Bezüglich der Beteiligung und Realisierung von Friedensstrukturen überklebt das Erziehungsprinzip der Partnerschaft nicht nur unerfüllbare Interessen und Erwartungen. Es verschiebt auch unkritisch die Bedingungen der Abhängigkeitsebenen, denen eine Erziehung unterstellt ist. Mit einer Partnerschaftserziehung sind Einwirkungsmöglichkeiten und Chancen für Frieden langfristig optimistisch überzogen. Denn eine Erziehungsstrategie zur kooperierenden Partnerschaft in Erziehung, Schule und Ausbildung erwirkt noch keine Partnerschaft der Großmächte, in der auf Aufrüstung als ein Typ unbedingt wirksamer Abschreckung verzichtet ist.[16)]
So bleibt Partnerschaft-Erziehung noch eine zu kurze Perspektive; denn sie führt kaum an makro-politisch bedingte Unfriedensfakten heran, wie sie als Macht- und Drohmechanismen vorliegen. Deshalb ist empfehlenswert, weder die unmittelbaren Realisierungsmöglichkeiten der Erziehung und ihre Bezogenheit auf die je gegebene Gesellschaft zu unterschätzen noch ihre Grenzen in der internationalen Ebene zu übersehen, wenn eine Vernebelung oder Überforderung vermieden werden soll. Wunsch und Bedürfnis nach subjektorientierter Friedfertigkeit, an der eine Erziehung zur Partnerschaft Anteil hat, können hier schroffe Konturen des Unfriedens mit ihren offenen und/ oder versteckten Gewaltformen, die Frieden verhindern, verengen und verharmlosen.

Neben dem Leitziel einer Erziehung zur internationalen Verständigung sind in der Literatur zur Friedenspädagogik auch Richt- und Grobziele

---

16) Vgl. Horst AFHELDT: Frieden durch stabile Abschreckung - die große Illusion ? In: MERKUR. Deutsche Zeitschrift für europäisches Denken. 26. Jg. 1972. S. 427 - 436.
Hermann PFISTER/Rosemarie WOLF: Friedenspädagogik heute. Waldkirch 1972.

zu ermitteln, die offen und mehrdeutig angelegt sind. "Der Frieden will (...) getragen sein von einer echten Friedensgesinnung, der ein neues Lebensverhältnis entsprechen muß". [17]
Gleich hier ergibt sich das Problem, ob nicht eine Zielumschreibung primär einen Definitionsversuch mit vorläufiger Perspektive darstellt, um Inhalte zu beschreiben, aus denen erst Ziele für die Erziehung formulierbar werden, beziehungsweise durch die bereits Ziele angesprochen sind. Eine Verschränkung besteht dann einerseits in einer abzuleitenden Zielanalyse, andererseits in einer je inhaltlich bedingten Transparenz.

Diese Intentionen sind dann zu berücksichtigen, wenn Zielkonkretisierungen für die Erziehung vorgenommen werden sollen, beispielsweise: Welche Kriterien fundieren und/oder veranlassen gegenwärtige Friedensgesinnungen ? Wie sind sie zu gewinnen ? Wodurch entwickelt sich eine Friedensgesinnung zur qualitativ "echten" Friedensgesinnung ? Durch was sind unechte Friedensgesinnungen gekennzeichnet ? Welche Fakten begünstigen Friedensgesinnungen ?
Diese Fragen haben hier exemplarisches Gewicht. Sie können veranschaulichen, daß das Leitziel einer Friedensgesinnung konkrete abhängige Größen hat.

Friedensgesinnungen auf theologischer Grundlage werden besonders bei Dieter EMEIS an "Hauptziele einer christlichen Erziehung zum Frieden" [18] angeschlossen. Das Problem ihrer analytischen Auswertung aber ist allein schon dadurch bedingt, daß diese Ziele auf Überzeugungen und transzendenzorientierten Glaubensentscheidungen gründen, dem auch ein gesellschaftlicher Bezug nicht abgesprochen werden kann.

---

17) H. RÖHRS: Erziehung zum Frieden. S. 34.
18) D. EMEIS: Zum Frieden erziehen. S. 66.

So würde es eine Verkürzung bedeuten, wenn wichtigste Zielpositionen einer christlich motivierten Erziehung zum Frieden nicht zumindest in den Grundlinien nachgewiesen werden.
EMEIS stellt fünf "Hauptziele" vor, die in eine Religionspädagogik einzuarbeiten sind. Als Notwendigkeiten werden entfaltet: "Das Interesse am Frieden wecken, Motive zum Friedensdienst geben, den Krieg ächten, das Leben mit den "anderen" einüben, zur Politik erziehen".[19]
EMEIS fordert: "Die Erziehung zum Frieden darf und muß den Selbsterhaltungstrieb ohne jedes schlechte Gewissen ansprechen".[20]
Nach EMEIS ist dies erforderlich, um "die Bedrohung durch einen Krieg (...) vor Augen zu behalten, um ohne Ermüdung zum Werk des Friedens bereit zu sein. Eine Gesellschaft, deren Mehrheit sich mehr für Tourismus und Mode als für das Problem des Hungers und den Aufbau einer internationalen Ordnung interessiert, darf keine gute Zukunft erwarten. Wer um die Zukunft seiner eigenen Kinder wirklich besorgt ist, muß sich auch um die Kinder in anderen Völkern sorgen (...). Ein Dienst am Frieden ist nicht nur etwas für einige besonders selbstlose Bürger, sondern für jeden, der den Tatsachen Rechnung tragen will".[21] EMEIS schreibt besonders der christlichen Erziehung zum Frieden die Vermittlung von Gründen für ein Friedensengagement zu[22] und hebt als Kennzeichen heraus: "Das Kreuz Christi ist für den Christen das Heil und der Friede. Im eigenen Kreuz, das auf jedem Weg zum Frieden steht, erhält der Christ die Möglichkeit, an der Erneuerung vor allem in Christus teilzunehmen." Insofern stehen den Christen nach EMEIS Motive zur Verfügung, "die stärker sind als alle Hindernisse (...). Sie können den Humanismus vor der Verzweiflung retten und damit ein Zeichen geben, daß der Mensch von Gott gerettet wird".[23]

---

19) Ebd. S. 66 - 115.
20) Ebd. S. 74.
21) Ebd. S. 75.
22) Vgl. ebd. S. 79.
23) Ebd. S. 83.

Programmatik und Charakter der hier skizzierten Friedensperspektiven verdeutlichen ein idealtypisches Konzept. Eine grundlegende subjektive Umwandlung als Lernprozeß macht nach diesem Friedenskonzept die Einsicht offenbar, "was Friede ist und wie anders die Menschen noch werden müssen, wenn Friede werden soll", [24] wobei "die Christen in ihrer aktiven und nicht enttäuschbaren Sorge um den Frieden", [25] Christus als Leitorientierung zu verkünden haben.

Gerade Vermittlern kommt innerhalb einer solchen idealtypisch konzipierten Friedensgesinnung Bedeutung zu; besonders dann, wenn eine angezielte Friedensgesinnung durch religiöse Zielnormen eingegrenzt wird. Der von Karl Friedrich ROTH vorgelegte friedenspädagogische Entwurf weist aus, daß eine Friedensgesinnung nur von denjenigen Erziehern erreicht werden kann, "die weder weltabgewandt, weltflüchtig, noch gewalttätig sind, Menschen, die nicht dem Materialismus, der Erwerbssucht und ihrer blinden Triebhaftigkeit verfallen sind, sondern die aus sittlicher Verpflichtung zu handeln vermögen". [26]
Der komplexe Zielkanon ist bei ROTH durch einen christologisch-anthropologischen Ansatz abgesichert: "Für alle Friedensstreiter gilt aber die Verheißung aus der Bergpredigt, welche denen die Seligkeit verspricht, "die den Frieden fertigen", d.h. ihn stiften und realisieren helfen, und die deshalb "friedfertig" gerühmt werden". [27]

Auch für STALLMANN gilt als Leitziel der Friedenspädagogik eine "Erziehung zur Friedfertigkeit". [28]
Friedfertigkeit als das die Friedensgesinnung strukturierende Moment wird verstanden als "einübbare menschliche Verhaltensweise, auf

---

24) Ebd. S. 117.
25) Ebd. S. 117.
26) Karl Friedrich ROTH: Erziehung zur Völkerverständigung und zum Friedensdenken. Donauwörth 1967. S. 126.
27) Ebd. S. 128.
28) Martin STALLMANN: In: Ders. (Hrsg.): Friedenserziehung und Religionsunterricht. Impulse - Berichte - Entwürfe. Stuttgart 1972. S. 97.

die auch der Unterricht seine pädagogische Absicht richten kann".[29]
Jedoch ist hier Friedfertigkeit nicht im Sinne von "Nachgiebigkeit"[30] verstanden, sondern es wird ausdrücklich festgehalten: "Friedfertigkeit versetzt den Friedfertigen keineswegs in einen Zustand der Ruhe, der ihn mit sich selbst und der Welt zu-frieden, mit dem "Frieden fertig" sein läßt. Friedensdienlich ist ein Verhalten, das etwa der Be-Friedigung von gesellschaftlich Benachteiligten dienen will, erst dann, wenn es sich dem Konflikt stellt und ihn bis zur gerechten Lösung austrägt, wenn es also auch zum Kampf für die Durchsetzung von Gerechtigkeit und Wahrheit entschlossen ist. Friedfertigkeit hebt also die verpflichtende Bindung an andere Werte oder Normen nicht auf".[31]

Diese Textstellen erläutern Friedfertigkeit als Dienst und Hingabe. Der Erziehung zur Friedfertigkeit ist hier optimistisch unterstellt, daß sie unmittelbaren Einfluß auf Machtstrukturen, Herrschaftsverhältnisse ausüben sowie offenem und verborgenem Unfrieden begegnen kann. Über Träger, Adressaten, über Modi von Kooperation für Frieden und gegen Unfrieden jedoch fehlen selbst nähere Ansätze, die doch erst den "Kampf für die Durchsetzung von Gerechtigkeit und Wahrheit"[31a] und seine Realisierbarkeit abgrenzen können. Zwar wird der Konflikt als Erziehungskonzept akzeptiert, doch ist nicht seine Reichweite gekennzeichnet und auch nicht angegeben, ob nicht gerade das Festhalten an der "Be-Friedung von gesellschaftlich Benachteiligten"[31b] überflüssige Abhängigkeitsverhältnisse und Abhängigkeitsstrukturen abstützt und Status-quo-Bedingungen weiter in ihrer Wirkung erhält.

So entwickelt sich Friedfertigkeit mit den ihr implizierten Assoziationen zum neuralgischen Punkt, der innerhalb der friedenspädagogischen Grundlegungsdiskussion Gegenstand heftiger Kontroversen ist.

---

29) Ebd. S. 97.
30) Ebd. S. 97.
31) Ebd. S. 98.
31a) Ebd. S. 98.
31b) Ebd. S. 98; zu gesellschaftlichen Perspektiven eines friedfertigen Verhaltens siehe auch Otto DÜRR: Friedfertiges Verhalten - allgemeines Lernziel einer zeitgemäßen Erziehung. In: Harry HAUKE (Hrsg.): Aspekte des Lernens. Grundlagen, didaktische Auswirkungen und Folgerungen für das Verhalten. Heidenheim 1972. S. 141 - 160; besonders S. 147f.

Die Befürworter des einzuübenden Verhaltensziels Friedfertigkeit verbinden mit dieser Ziel-Position, daß primär die wahrnehmbar negativen Einwirkungen auf das einzelne Individuum Gegenstand friedensorientierter Erziehung sein müssen, wenn die Erwartungen an eine Erziehung zum Frieden eingelöst werden sollen. STALLMANN ist hier der Auffassung, daß innerhalb der wissenschaftlichen Grundlegung und praxisnahen Anwendung einer Erziehung zum Frieden "der Dialog mit der christlichen Tradition" [32] Gewicht erhält, von der das Erziehungsziel Friedfertigkeit abgeleitet wird, um besonders Friedenspädagogik mit einer Verantwortungsethik zu fundieren.

Diese Intention der Friedfertigkeit wird als Richt-Ziel innerhalb der deutschsprachigen Friedenspädagogik nicht generell gutgeheißen. Die noch von STALLMANN postulierte ethisch-gerechte Lösung [33] der Konflikte wird von Vertretern einer durch sie als notwendig erklärten kritischen Friedenspädagogik nicht unterstützt. Denn kritische Friedenspädagogik stehe "in einem kontroversen Feld von Konflikt- und Interessensgegensätzen. In diesen unparteiisch zu bleiben, würde ihr selbst und einer Friedensforschung nur schaden, den Unfrieden nicht durchschauen und den sicher harten Weg zum Frieden nur torpedieren helfen". [34]

Aufgrund dieser Perspektive müßten Zielsetzungen für den Frieden den "globalen Problemen mehr Energie und Aufmerksamkeit schenken als den unmittelbaren des eigenen Aktionskreises, nicht weil sie letztere unterschätzt oder überspielt, sondern weil deren Stellenwert nicht mehr zu begreifen und überzeugend einsichtig zu machen ist, ohne eine Reflexion auf internationale Entwicklungstendenzen und künftige weltpolitische Konfliktpotentiale". [35] Die Chance der Friedenspädagogik besteht nach SENGHAAS nur dann, "wenn sie die Kritik der Bedingungen des Unfriedens und des aktuellen Drohsystems zum

---

32) Ebd. S. 109.
33) Vgl. Anmerkung 31.
34) D. SENGHAAS: Abschreckung und Frieden. S. 268.
35) Ebd. S. 268f.

zentralen Inhalt ihres Selbstverständnisses und ihrer Lehre erhebt." [36]
Deshalb wird als wichtigstes Ziel die "Entwicklung von vielfältigen Loyalitäten" [37] gefordert, um zu realisieren, daß sich Friedenspädagogik in ihrer Wirkung auf politische Prozesse und Entscheidungen langfristig auswirken kann. [38] Daraus folgt für einige soziologische Systemkritiker, daß insbesondere "nicht individuelle Appelle, individuelle Vorurteilsbekämpfung und Aggressionsanalyse, sondern kritische politische Bewußtseinsbildung" [39] in der Friedenserziehung zu verfolgen sind.
VILMAR, der gegen die weiter oben diskutierten Ziele von RÖHRS und ROTH polemisiert und diesen Ansätzen ein "Schweben in den Höhen idealistischer Appelle und Predigten" [40] unterschiebt, sieht die Friedenspädagogik "zum großen Teil immer noch in den traditionellen Vorstellungen" [41] verstrickt, um "individuelle Friedfertigkeit - vornehmlich an jungen Menschen - zu erzeugen und einzuüben. Als wenn die konkrete politische Friedlosigkeit zwischen West- und Osteuropa aus feindseligen Verhaltensweisen der Einzelnen resultierte und nicht vielmehr aus den von den herrschenden Eliten und Ideologieproduzenten geschaffenen Feindbildern, Rüstungswettläufen und Drohstrategien !" [42]

Primär Erziehungsziele für Frieden auf individual-ethischer und/oder individual-psychologischerer Basis lehnt VILMAR für eine kritische

---

36) Ebd. S. 262.
37) Ebd. S. 265. An anderer Stelle wird betont: "Ohne einen solchen Ansatz bleibt die Friedenspädagogik in Selbsttäuschungen haften" (262).
38) Vgl. ebd. S. 265.
39) Fritz VILMAR: Kritische Friedensforschung als Grundlage einer Friedenspädagogik. Sechs Thesen. In: GESELLSCHAFT - STAAT - ERZIEHUNG. Blätter für politische Bildung und Erziehung. 16. Jg. 1971. S. 346 - 350; hier S. 349.
40) F. VILMAR: Friedenserziehung. Politische Selbstkritik und "Feindesliebe". In: Walter MÖLLER/Fritz VILMAR: Sozialistische Friedenspolitik für Europa. Kein Frieden ohne Gesellschaftsreform in West und Ost. Reinbek 1972. S. 147.
41) Ebd. S. 146.
42) Ebd. S. 146.

Friedenspädagogik kategorisch ab. Stattdessen haben friedensrelevante Erziehungsziele und Erziehungskonzepte "den konkreten Bezug auf die politische Friedlosigkeit hier und jetzt, ihre Ursachen und ihre mögliche Überwindung durch menschliches Handeln" [43] aufzunehmen sowie auf Friedensstrukturen hin zu verändern. VILMAR geht es herausragend darum - das ist für ihn die einzig legitime Forschungs- und Erziehungsbedingung -, zu ermitteln, "was jeder von uns, vor allem die heranwachsende Generation, beitragen kann, damit der Ost-West-Konflikt nicht in eine kriegerische Katastrophe führt, sondern mit nicht-militärischen Mitteln ausgetragen werden kann". [44]
In Konsequenz dieser Auffassung kommt zu kurz, daß sich Erziehung nicht allein mit internationalen Makroproblemstellungen befassen kann; wohl ist dies eher vorzubereiten etwa durch politologische Gesellschaftsanalysen. [45] Kurzum: Allein können der Erziehung als Teil der Friedensforschung keine Zielprobleme und Kompetenzen zur Lösung von Makroproblemen einfach zudiktiert werden; sie würden zum gegenwärtigen Zeitpunkt eine Friedenspädagogik überfordern.
Allerdings sind ohne Zweifel die bisher strukturgebundenen Grenzen der Erziehung in einer Friedenspädagogik nicht mehr ohne weiteres hinzunehmen; vor allem dann nicht, wenn der öffentlichen Erziehung eine hierarchische Konzeption unwiderruflich, uneinholbar und unveränderbar erscheinen, so als hätte dieser auch historisch bedingte und systematisierte Aufbau zeitlose Gültigkeit und wäre uneingeschränkt und von optimalem Gewicht für eine praxisnahe und friedenskonstruktive und alternative Erziehung. Natürlich kann der hier ange-

---

43) Ebd. S. 146 (durch VILMAR hervorgehoben).
44) Ebd. S. 146f.
45) Johan GALTUNG hat dazu eine Arbeit vorgelegt, die friedenspädagogische Auseinandersetzungen im Bereich der Sekundarstufe I und II sowie für den Bereich der Elternbildung und Erwachsenenschulung durch Volkshochschulen o.ä. empfiehlt.
Vgl. J. GALTUNG: Kapitalistische Großmacht Europa oder Die Gemeinschaft der Konzerne ? "A Superpower in the Making". Reinbek 1973.

sprochene kritische Ansatz nicht im Handumdrehen abgehandelt sein. Denn er enthält den theoretisch erforderlichen Versuch der Neubegründung von Erziehung im allgemeinen und der Erziehung für den Frieden im besonderen.[46)]

Von erheblicher Bedeutung für Chancen, Zukunft und Erfolg der Erziehung für den Frieden ist dabei auch die Kompetenzverdeutlichung der durch Subjekte einholbaren Zieldimension. Allerdings durch teutonische Verteufelungen von anderen Forschungspositionen oder durch verfügend erklärte Absolutheitsansprüche[47)] ist <u>nicht</u> zu bewältigen, daß belastbare Analysen zu jenen inhumanen ökonomischen Strukturen und zu gesellschaftlichem Unfrieden aufgezeigt werden, die sich durch ihre "Komplexität dem Durchschauen und der Steuerung Einzelner entziehen".[48)] Stattdessen muß eine Friedenspädagogik aufhellen, daß erstens die Grenzen des Handelns etwa nicht unverrückbar von gesellschaftlichen Institutionen vorgegeben werden können, daß zweitens Fremdbedingungen eigene Handlungsmöglichkeiten bestimmen und Hindernisse und Barrieren steuern, über die Erziehung und Unterricht nicht nur aufklären muß,[49)] sondern wozu auch Alternativen erforderlich sind.

---

46) Vgl. dazu die Begründungsansätze in Teil III.
47) Vgl. zum Stil friedenspädagogischer Auseinandersetzung neben VILMAR (siehe Anmerkung 40) auch Karin PRIESTER: Theorie ohne Folgen. In: betrifft: erziehung. 6. Jg. Heft 6. Juni 1973. S. 68f.
Ferner auch: Hans-Jochen GAMM: Zur politisch-pädagogischen Kritik der Friedenserziehung. In: DIE DEUTSCHE SCHULE. 65. Jg. 1973. S. 105 - 117.
48) Ingeborg HILLER-KETTERER: Kind-Gesellschaft-Evangelium. Theologisch-didaktische und soziopolitische Überlegungen zu Unterrichtsversuchen in der Grundschule. Stuttgart 1971. S. 136.
49) Vgl. ebd. ergänzend S. 137f; zu entsprechenden Analysen siehe auch Horst RUMPF: Scheinklarheiten. Sondierungen von Schule und Unterrichtsforschung. Braunschweig 1971.

Der "gesellschaftstheoretische Ansatz der modernen Friedenspädagogik, der sich positiv von den moralischen Appellen früherer Bemühungen unterscheidet, verweist aber in vielen Fällen nicht auf den grundsätzlichen Antagonismus jeder Klassengesellschaft und suggeriert damit, daß ohne dessen Aufhebung sich die Bedingungen des Friedens herstellen ließen". [50] "Individualtherapeutisch" eine Friedenspädagogik zu betreiben kann nach NUTZ/STUMPF/WEINZIERL überwunden werden, wenn die "Aufhebung antagonistischer Widersprüche" [51] in die Zieldiskussion aufgenommen wird. Der Prozeß, Friedensfähigkeiten zu erlernen, hat sich in der Schulpraxis daran zu orientieren, daß "die eigenen Verhaltensweisen und Vorstellungen als gesellschaftlich vermittelte begriffen werden und der Veränderungsimpuls sich nicht auf das Individuum zurückwendet, sondern gegen die Herrschaftsstrukturen, die sie produzieren." [52] Von diesen Ansätzen wird ein weiteres "Globallernziel der Friedenspädagogik" [53] abgeleitet, das unbedingt bei der Realisierung die Ermittlung der Schülerbedürfnisse, ihre "Interessen und Bewußtseinsstrukturen" [54] einschließt: "Engagement für ein politisches Handeln, das sich um die Herbeiführung eines herrschaftsfreien Zusammenlebens bemüht (= gleiche Entfaltungsmöglichkeiten für alle Individuen)". [55]

Innerhalb der unterrichtlichen Praxis soll diese Zielsetzung erreicht werden mit der "Initiierung von Bewußtseinsprozessen, welche die gesellschaftliche Realität und die eigenen Einstellungen und Verhaltensweisen durchschaubar machen und zu politischer Identität führen"; aber auch mit der "Einführung von Interaktionsformen,

---

50) NUTZ/STUMPF/WEINZIERL: Friedensfähigkeit und politisches Lernen. Projekte im Unterricht. Starnberg 1973. S. 7.
51) Ebd. S. 8.
52) Ebd. S. 9.
53) Ebd. S. 12.
54) Ebd. S. 9.
55) Ebd. S. 12 (Alle Hervorhebungen durch NUTZ/STUMPF/WEINZIERL).

die für das angestrebte politische Handeln qualifizieren und motivieren",[56] wäre diese Zielsetzung zu erfüllen.
Diese friedenspädagogischen Zielsetzungen, die das von VILMAR[57] entworfene Konzept ergänzen, stehen im Gegensatz zur Kritik von LÖWISCH, der der Friedensforschung und Friedenspädagogik vorhält: "Bezogen auf den Zweck Frieden nimmt die gegenwärtige wissenschaftliche Forschung eine Eigenentwicklung, ohne noch in Bezug zu stehen zum einzelnen Subjekt, das selber in eigener Verantwortung und in seinem historischen Kontext friedlich sein soll".[58]

LÖWISCH läßt entscheidende und konstitutive Aspekte zur Friedenspädagogik unberücksichtigt: Das Bewußtsein der Notwendigkeit der Erziehung zum Frieden ist nicht auf eine lediglich zweckbezogene Basis reduzierbar, sondern ist im Gegenteil durch die Systemstruktur der gegenwärtigen makro-militärischen Abschreckungs- und Drohpolitik[59] sowie aufgrund der sozialen und gesellschaftlichen Unfriedenssysteme und Friedensdefizite, die den Entfaltungsraum der Subjekte einengen, ein primär-lebensbedeutsames Erfordernis, das zu gewichtig ist, um nur modisch-epochalen Forschungsbemühungen zu unterliegen.[60] Zum anderen hat eine Erziehung zum Frieden ihre

---

56) Ebd. S. 12 (Hervorhebung durch NUTZ/STUMPF/WEINZIERL).
57) Vgl. F. VILMAR: Systematischer Entwurf zur Kritischen Friedensforschung. In: D. SENGHAAS (Hrsg.): Kritische Friedensforschung. S. 362 - 395.
58) D. LÖWISCH: Friedenspädagogik. S. 810.
Zur Replik auf LÖWISCH, der Friedenspädagogik mit Urteilen wie "Gespinst" (808) oder "Etikettenschwindel" (810) versieht und als "nicht rechtens" bezeichnet, siehe J. ESSER: Zur Theorie- und Praxisdiskussion. S. 732ff.
59) Vgl. dazu auch die Ausführungen von Carola BIELFELDT: Das militärische Kräfteverhältnis NATO - Warschauer Vertrags-Organisation (WVO). In: Studiengruppe Militärpolitik: Ein Anti-Weißbuch. S. 46 - 61.
60) Zu eigengesellschaftlichen Unfriedensfakten vgl. Hans Peter BLEUEL: Kinder in Deutschland. München 1971.

Legitimation gerade auch aus der Bewußtmachung und Aufklärung solcher Verhältnisse abzuleiten, die friedenshemmende Strukturen und Bedingungen anzeigen. Analysen von ausschließlich nur intraindividuellen Fragestellungen der Erziehung zum Frieden, die nicht auf gesellschaftliche Zusammenhänge befragt sind, dürften den Aufgaben und Alternativen kritischer Friedenspädagogik kaum gerecht werden können. Denn die Hintergrundbeleuchtung des lokalen/regionalen/gesellschaftlichen Unfriedens wirkt gerade entscheidend, um deutlich zu machen, daß Friedenspädagogik nicht als Beruhigungspädagogik abzudrängen ist, in der es darauf ankommt, "friedlich" [61] zu sein, was unterstellt, daß belastbares politisches Bewußtsein (das nicht nur eine individuelle/gruppenbedingte Ohnmacht analysiert, sondern auch Veränderungsalternativen vorstrukturiert) mit praktischen Konsequenzen auszuschalten ist. [62] Friedliche Verhaltens- und Haltungseinstellungen dieser Qualität nämlich assoziieren bedingungsloses Vertragen, Ausharren, Geduldigsein oder widerspruchsloses Sichzufriedengeben. [63]

Derartige Verhaltensqualitäten lassen aber insgesamt das Problem unbeantwortet, wie konkrete gesellschaftliche Gewalt abzubauen ist, um eine Erziehung zu aktiver Partizipation [64] für Frieden zu strukturieren.

Die schon von GAMM vorgelegten Haltungsziele, die "stark persönlichkeitsprägend" [65] orientiert sind, unterstützen hier nur ein Vorfeld

---

61) D.-J. LÖWISCH: Friedenspädagogik. S. 810.
62) Vgl. ebd. S. 808.
63) Vgl. Helmut HEILAND: Schüler und Lehrer. Eine empirische Untersuchung. Ratingen 1971.
Robert F. MAGER: Motivation und Lernerfolg. Wie Lehrer ihren Unterricht verbessern können. Weinheim 1971[3].
Eine Absage an die "Erziehung zur Friedfertigkeit" artikulieren H.-J. GAMM: Zur politisch-pädagogischen Kritik. S. 111 und 116 sowie besonders Karin PRIESTER: Erziehung zum Frieden. Oder: Die Abrichtung zur Zufriedenheit. In: betrifft: erziehung. 5. Jg. Heft 7. Juli 1972. S. 27 - 32.
64) Vgl. die Ansätze in Teil III. Abschnitt 2. S. 133ff.
65) H.-J. GAMM: Aggression und Friedensfähigkeit in Deutschland entwickelt im Rahmen seiner "Pädagogik der sekundären Angriffshemmung" (S. 142) diese Ziele.

"Einsicht" als Einstellungsziel und Vorbedingung für Friedensaktivität. GAMM möchte eine "Einsicht" [66] vermitteln, "daß der anders Überzeugte oder Gegner auch recht hat (...); daß die Existenz des Gegners meine Existenz bereichert (...); daß Friede in unserer Zeit nicht mehr an einer ruhigen bürgerlichen Existenz oder einer politischen Schönwetterphase zu messen sein wird, die ein unbekümmertes Leben gestatten (...); daß man sich nur um den Frieden, nicht aber im Kampf verdient machen kann", denn "die Kriegsmedaille ist grundsätzlich ein finsteres Symbol barbarischer Zeitalter". [67]

Die Studiengesellschaft für Friedensforschung in München, die sich schon seit Jahren mit Problemstellungen einer Erziehung für den Frieden auseinandersetzt, formuliert [68] Erziehungsziele auf vier leitende Zielpositionen: "Vermittlung von Einsichten und Kenntnissen, von Einstellungen und Gesinnungen, von Verhaltensweisen und Fähigkeiten, von Bereitschaft und Fähigkeiten zu politischem Handeln". [69]

Diese im Grunde allgemeingültigen Ziele, die auf jede Erziehung transponierbar sind, erfahren noch wenig Konkretion durch die Setzung des Zieles "Friedensfähigkeit", [70] das erst faßbar werden soll, wenn in einem "psychologisch-pädagogischen" Prozeßverlauf "Kriterien für Prioritäten" [71] entwickelt sind. Der Forschungsgemeinschaft

---

66) Ebd. S. 142.
67) Ebd. S. 142f.
68) Siehe in der Basisschrift der Studiengesellschaft für Friedensforschung Christel KÜPPER (Hrsg.): Zur Grundlegung der Friedenserziehung. Ansätze und Ergebnisse aus der Arbeit der Studiengesellschaft. Heft 2/1970 (bearbeitet von Mathias R. LOBNER). S. 163 - 165.
Vgl. ferner die von der Münchener Studiengesellschaft durch Christel KÜPPER herausgegebenen "Unterrichtsmodelle zur Friedenserziehung". Heft 4/1971, Thema: Südamerika; Heft 5/1971, Thema: Zum Problem der Aggression; Heft 3/1970, Thema: Friedenserziehung im Schulunterricht.
69) Chr. KÜPPER (Hrsg.): Zur Grundlegung der Friedenserziehung. S. 77.
70) Ebd. S. 81.
71) Ebd. S. 82.

gelingt es nicht, das gesteckte Leitziel für eine praxisnahe Erziehung für den Frieden auszudifferenzieren. Stattdessen wird ein streng psychologisierter Konzeptentwurf vorgelegt, in dem die weiter oben kritisierte Perspektive der Erziehung zur Partnerschaft und Friedlichkeits-Toleranz in der Form primär subjektorientierter Erziehungsintentionen nicht eliminiert ist.

Die kaum weiterführende Konzeption der Münchener Studiengesellschaft zeigt sich auch darin, daß eine Erziehung zum Frieden anzielen soll, "zur Formung einer öffentlichen Meinung auf allen Ebenen beizutragen, die alle notwendigen Schritte der Entspannungspolitik bejaht und zu unterstützen bereit ist. D.h. sie muß die Widerstände gegen politische Entspannung aufdecken und überwinden helfen, Verständnis und Bereitschaft auf den langwierigen Weg zur Entspannung ermöglichen und ein Urteilsvermögen wecken, das die Interessen und zumutbaren Kompromisse für beide Seiten abzuwägen imstande ist".[72] Sicherlich liegt eine makro-politische Entspannung unbedingt im internationalen und eigengesellschaftlichen Interesse. Das Zitat macht aber darauf aufmerksam, daß friedenspädagogische Zielaspekte auf unkritischen Postulaten stehen können. Denn kaum ist davon auszugehen, daß es grundsätzlich im wissenschaftlichen Interesse einer Erziehung zum Frieden liegt, eine jeweilige Tages- und Regierungspolitik - auf welcher parteipolitischen Grundlage auch immer - zum entscheidenden und ausschließlichen Erziehungsprogramm für Friedensansätze zu machen. Nicht nur einer Einseitigkeit ist damit Tür und Tor geöffnet, wenn sich ein Erziehungskonzept dieser Abhängigkeit anheimgibt; es verliert eben auch dadurch Kompetenz und Legitimität; außerdem würde gerade eine gesellschaftskritische Intention der Erziehung an der Basis unterlaufen und durch eine übersteigerte Ideologie und mit einem fundierten Konformismus belegt. Schließlich präsentierte sich eine solche Friedenspädagogik

---

72) Ebd. S. 96.

als Anpassungserziehung an die Politik der Mehrheit. Sie hätte kaum eine Möglichkeit, sich zu distanzierten, konstruktiven und auch gegensätzlichen Positionen und Alternativen zu bekennen, die gegenwärtig entscheidender sind, weil gerade eine fatalistische Friedensdistanz und eine Skepsis gegenüber Innovationen stark an Boden gewinnen.

Noch ein anderer Schwerpunkt ist in die Zieldiskussion aufzunehmen, nämlich die Konflikterziehung. Sie ist ein konstitutives Moment der Friedenspädagogik, und zwar in Bereichen von Elternhaus, Vorschulerziehung, Schule, Ausbildung, Unterricht, Erwachsenenbildung und Lehrerausbildung. Das Leitziel einer friedensorientierten Konflikterziehung, das nicht so sehr den "Umgang mit dem Konflikt"[73] verfolgt, sondern vielmehr gerade eine Konfliktbewältigung anstrebt, hat seine didaktische Geltung, etwa zum pädagogischen und gesellschaftlich-politischen Kontext[74] zwischen interpersonalen Konflikten und konkreter Gewaltanwendung, zwischen konfliktgebundener Ideologie und konfliktfeindlichen Vorurteilen oder zwischen Konfliktelementen lokalen/regionalen/internationalen Unfriedens einerseits und Voraussetzungen und alternativen Bedingungen des Friedens andererseits, in der erziehungskritischen Grundlegung aber noch weiter auszuweisen.

Nach KÜPPER soll Konflikterziehung folgenden Zielen nachgehen:
"Überzeugung, daß die Lösung des Konflikts gefunden werden kann, auch wenn sie noch nicht vorstellbar ist
Abbau von latenten Feindbildern, Droh- und Abwehrhaltungen (...)
Begrenzung des Konflikts auf seinen realen Kern, besonders seine Entlastung von historischer Voreingenommenheit (...)

---

73) Friedrich MINSSEN: Umgang mit dem Konflikt - Kern der Friedenserziehung. In: Probleme der Friedenserziehung. Heft 90. Herausgegeben von der Bundeszentrale für politische Bildung. Bonn 1970. S. 54 - 70; hier S. 66.
74) Eine kritischere Funktion des Konflikts betont dagegen besonders Herman SCHMID: Friedensforschung und Politik. In: D. SENGHAAS (Hrsg.): Kritische Friedensforschung. S. 40 - 50.

Bereitschaft, die Kompromisse des Partners zu würdigen und nicht als eigene Erfolge zu betrachten".[75]

KÜPPER verfolgt mit diesen Zielen die Intention, daß solche "Phantasie für Auswege" motivationswert ist, "die den Konflikt umgehen".[76] Hier wird aber eine Konfliktfeindlichkeit offenbar, die gerade eine Erziehung zum Frieden nicht intendieren kann. Der Verdacht drängt sich auf, daß Konfliktlösungen auf der Ebene von Hallo-Partner-Interessen sondiert werden sollen. Anpassungsneigungen können dadurch mehr noch zum Maßstab und als persönlicher Profit etabliert werden. Empirische Untersuchungen bestärken diese desolaten Einstellungen: "Soziale Konflikte werden sich bei denjenigen Individuen weniger ereignen, die sich selbst entsprechend den Änderungen ihrer Umwelt fortlaufend ändern, die grundsätzlich bereit sind zur angemessenen Rücksichtnahme auf Wünsche und Interessen anderer und die keine übererregten emotionalen Reaktionen zeigen".[77] Wenn aber Auseinandersetzungen mit Unfrieden und mit Konflikten auf bewußter und rationaler Ebene innerhalb der Konflikterziehung angestrebt werden sollen, ist die Zielperspektive der Münchener Studiengesellschaft zu eng.

Zusätzlich hat die Umsicht Gewicht, daß es "unerläßlich" ist, "an Konflikten, wie sie Kinder und Jugendliche selbst erleben oder wie sie ihnen im engeren oder weiteren Umkreis begegnen, schon exemplarisch Konfliktanalyse und Konfliktbewältigung zu betreiben".[78] Angesichts einer breitgefächerten und fortwährenden Konflikterziehung gilt allerdings die Fragestellung, ob nicht das Nachspielen eines überschaubaren Konfliktes, den eigentlichen Konfliktkern, den Hintergrund des Widerspruchs verwischt, weil eine Spielsituation etwa

---

75) Chr. KÜPPER (Hrsg.): Zur Grundlegung. S. 96.
76) Ebd. S. 96.
77) Reinhard TAUSCH/Annemarie TAUSCH: Erziehungspsychologie. Psychologische Prozesse in Erziehung und Unterricht. Göttingen 1971[6]. S. 293.
78) Diese Intention, die F. MINSSEN: Umgang mit dem Konflikt. S. 66f betont, kann aber nur ein erstphasiges Richtungsziel der Konflikterziehung sein.

auf wesentliche Elemente des Konfliktes wie Schmerz und/oder zugefügte Gewalt verzichten muß; [79] auch dürften die Grenzen der Konfliktspiele häufig nicht eindeutig sein.

Von HENTIG setzt trotzdem an: "Erziehung zum Frieden heißt mit Konflikten leben" [80], und zwar indem "man sich auf Schuld und Widerstand, auf Versöhnung und Vergessen einläßt, auf einen komplizierten, aber verstehbaren Mechanismus". [81]

Wenn die Friedenspädagogik den Unterstellungen, daß sie der Verschleierung diene und eine Entlastungsfunktion ausführe, begegnen will, kann sie dem durch transparente und überzeugende alternative Erziehungskonzepte entgegenwirken. [82] In diesem Fall wird sie dann nicht bloß als "Sonderdisziplin" [83] abzutrennen sein, um sie abzuwehren. Zwar wird keine Erziehung die generelle Zielsetzung, der Befähigung zur Selbständigkeit der Individuen, aufgeben können und wollen; aber wenn diese Zielformel zu konkretisieren ist, kann beispielsweise der Konflikt als Indikator sozialer Lebensvoraussetzungen und -bedingungen nicht in der Erziehungspraxis eliminiert werden, sondern er ist insgesamt als Gegenstand und Methode der Erziehung (theoretisch und praktisch als selbstverständliche und tägliche Lebenserfahrung) zu akzeptieren, um die Wahrnehmung sozialer Situationen und Interessen intensiver und bewußter zu verfolgen.

So besehen wird Konflikterziehung eine Erziehung überwinden müssen, die dies nicht berücksichtigt, weil jene eine kritische Funktion im

---

79) Inzwischen wird das Spielen von Konflikten im Unterricht diskutiert: Hans Leo REIMANN: Das Planspiel im pädagogischen Arbeitsbereich. Hrsg. von der Bundeszentrale für politische Bildung. Heft 95. Bonn 1972.
Volker GOLD/Mignon WAGNER/Wolfgang L. RANFTL/Marianne VOGEL/Inge WEBER: Kinder spielen Konflikte. Zur Problematik von Simulationsverfahren für soziales Lernen. Neuwied 1973.
80) Hartmut von HENTIG: Erziehung zum Frieden. In: F. LORENZ (Hrsg.): Frieden. Vorlesungen auf dem 13. Deutschen Evangelischen Kirchentag. Hannover 1967. Stuttgart 1968[2]. S. 36.
81) Ebd. S. 37.
82) Vgl. D.-J. LÖWISCH: Friedenspädagogik. S. 790f; 794; 799; 804; 809f (!).
83) Ebd. S. 789.

kommenden Jahrzehnt allein durch programmatische Formeln wie Erziehung zur Leistungsfähigkeit oder zum mündigen und politisch-kritischen Bewußtsein nicht erfüllen kann. Besonders hier ist die ideologiekritische Zielanalyse vonnöten, [84] die die Differenz zwischen erziehungswissenschaftlich-theoretischem Anspruch und praktikablen Möglichkeiten ermittelt und die Ergebnisse selbst der überprüfbaren Kritik zur Verfügung stellt. Dadurch kann nicht zuletzt auch die Struktur der Stufenziele transparent werden.

Insgesamt aber, und hier wird eine typische Position offenbar, haben Ziele der Friedenspädagogik als Ziele der Konflikterziehung ein auf das Individuum und die Gruppe bezogenes Konfliktbewußtsein zu erklären. Neben der Konfliktlösung ist dabei eine belastbare Konfliktstabilität anzustreben, die in Konfliktauseinandersetzungen auszudehnen ist. [85]

Das Konzept der didaktischen Realisierung, "den Schüler zu lehren, wie man Konflikte löst", [86] muß den langfristig gültigen Anspruch der Beteiligung an der Schaffung von Friedensstrukturen sukzessiv einlösen, ohne dabei einem unkritischen Optimismus das Wort zu reden. Konflikterziehungsmodelle werden dabei deutlich machen müssen, daß mit der Intention der "Erziehung zur Sensibilisierung gegen Unrecht innerhalb der gesellschaftlichen Gegebenheiten" auch eine "Erziehung zur Veränderung, zur Emanzipation im personalen

---

84) "Die kritische Analyse gegenwärtiger Ziele umfaßt: a) eine Ideologiekritik, b) eine Prüfung der Realitätsbezogenheit, c) eine Kontrolle der Prognosen künftiger Entwicklung, d) eine Prüfung logischer Richtigkeit und Realisierbarkeit, e) eine Kontrolle der Wirkungen und Nebenwirkungen von Zielen" der Erziehung. Zu diesem Ergebnis kommt Antonius WOLF: Brennpunkte moderner Erziehungswissenschaft. Donauwörth 1972. S. 132 bei der Diskussion der Ziel- und Normenproblematik von Erziehungswissenschaft und Erziehung.
85) Vgl. zum angesprochenen Problemkomplex Teil V. Abschnitt 2ff.
86) Franz SCHOTT: Erziehungswissenschaft, Verhaltensforschung und Erziehung zum Frieden. In: DIE DEUTSCHE SCHULE. Zeitschrift für Erziehungswissenschaft und Gestaltung der Schulwirklichkeit. 63. Jg. 1971. S. 459 - 467; hier S. 460.

und im gesellschaftlichen Bereich" [87] einhergeht.

Die weitgespannte Problematik, daß sich Friedenspädagogik mit der Abstellung von inhumanen Zuständen in der je gegebenen Gesellschaft gewaltlos auseinandersetzen muß, ist an eine besonders wichtige Grundintention angeschlossen: Die Aufhebung, Analyse und Veränderung gesellschaftlicher Unfriedensverhältnisse gründet in Erziehungstheorie und friedensorientierter Erziehungspraxis auf demPrinzip der Gewaltlosigkeit, [88] weil Friedenspädagogik in der Bundesrepublik nicht als eine Gewalt- und Revolutionspädagogik anzusetzen ist. Auf Gewaltanwendung hin zu erziehen, würde die offenen und versteckten Wirkungen der Gewalt sowie ihre Bedingungen und Grundlagen weiter festigen und noch unerträglicher machen. [89]

---

87) Annette KUHN: Inhalte einer Erziehung zum Frieden und ihre Übersetzbarkeit in die pädagogische Praxis. In: HESSISCHE BLÄTTER FÜR VOLKSBILDUNG. 22. Jg. 1972. Heft 1. S. 30 - 40; hier S. 30.
88) Vgl. die Friedensumschreibung in Teil II. Abschnitt 2. S. 50 - 52; siehe auch die Ausführungen in Teil V. Abschnitt 2 a.
89) Um die Friedenspädagogik in der Bundesrepublik aus einer konzeptionell engen Selbsteinschätzung herauszuhalten, ist jedoch "zu bedenken, ob nicht gewaltfreies Handeln nur unter bestimmten gesellschaftlichen und politischen Voraussetzungen wirksam werden kann", ohne das Basisziel der Ausweitung und umfassenden Ermöglichung sozialer Gerechtigkeit aufgeben zu müssen. (Zum Ganzen siehe "Gewalt und Gewaltanwendung in der Gesellschaft". Studie der Kirchenkanzlei der Evangelischen Kirche. Gütersloh 1973. S. 25.)

4. Ansätze zur Gewaltanalyse

In der gegenwärtigen Konzeptualisierungsphase stellt sich immer mehr das Problem der Gewalt neben der Konflikterziehung [1] als ein typisches Feld der Friedenspädagogik dar. Friedenspädagogik hat dabei die Bewußtmachung der Gewalt sowie langfristig das alternative Handeln wider Gewalt besonders zu berücksichtigen. Zum Beispiel ist von pädagogischer Relevanz, welche Gewaltformen, welche Gewaltinteressen oder Gewaltmechanismen als Gewaltursachen in der Gesellschaft zur Anwendung kommen. Ebenso hat über die pädagogische Praxis hinaus Bedeutung, welche Akzente eine Gewaltanalyse einleiten können und als Ansätze zum Abbau von Gewalt zu überführen sind. [2]

Bei der Gewalt-Problematisierung hat sich gerade Erziehung daran zu beteiligen, damit Gewalt in der anti-emanzipatorischen Wirkung nicht nur erkannt wird, sondern weil sich Gewalt auch durch traditionelle Mechanismen [3] in Erziehung und Gesellschaft fortpflanzt. Hierzu kann ein negativer Einfluß des "Elternhauses auf die schulische und berufliche Ausbildung der Kinder" [4] ebenso beitragen wie zunehmende Defizite innerhalb der Heimerziehung. Beide Beispiele weisen bezüglich der ermittelten Fakten einen deutlichen Zusammenhang mit gesellschaftlichen Gewalt- und Unfriedensverhältnissen nach. [5]

---

1) Vgl. Teil V. S. 247ff und 264ff.
2) Siehe zur Problematik auch J. ESSER: Zur Theorie- und Praxisdiskussion der Friedenspädagogik. S. 742.
3) Vgl. in dieser Arbeit Teil IV.
4) Vgl. diese empirische Erhebung in: WIRTSCHAFT UND STATISTIK. Heft 8. 1973. S. 462 - 466 (Hrsg. durch das Statistische Bundesamt in Wiesbaden).
5) Siehe dazu etwa die "Reform der Heimerziehung in Hessen. Vorschläge und Materialien. Vorgelegt vom Hessischen Sozialminister". Wiesbaden (November) 1972.
Ein anderes Unfriedensbeispiel mit langfristigen Folgen ist dies: "Die Zahl der Abgänger aus der Hauptschule ohne Abschluß lag 1970/71 für das gesamte Bundesgebiet bei ca. 91 900". Hiervon entfallen auf Nordrhein-Westfalen "31 400" Schüler. (Antwort der Bundesregierung auf eine Kleine Anfrage (Drucksache 7/2486) am 4.9.1974, Drucksache 7/2521). Wenn die Zahlen einem Klassendurchschnitt von 30 Schülern zugeordnet werden, haben im Schuljahr 1970/71 im Bundesgebiet Jugendliche aus 3060 Klassen der Hauptschule keinen Schulabschluß; für Nordrhein-Westfalen sind dies mindestens 1046 Schulklassen der Hauptschule.

Ein für die Erziehung weitreichend konstruktiver Ansatz soll hier skizziert werden.[6] GALTUNG systematisiert und differenziert Gewalt mit folgender Grundformel:

"Gewalt liegt dann vor, wenn Menschen so beeinflußt werden, daß ihre aktuelle somatische und geistige Verwirklichung geringer ist als ihre potentielle Verwirklichung."[7]

In dieser Bestimmung ist neben der potentiellen eine faktische Ebene angedeutet, in der sich Unterdrückung oder Repression ereignen können. Dies wird offensichtlich, wenn Gewalt mit Einfluß ausgetauscht wird,[8] der auf Ungleichheit gründet, "vor allem Ungleichheit in der Verteilung der Macht".[9]
Eine weitere für die Friedenspädagogik wichtige Differenzierung von Gewalt ist die Ausgliederung von "physischer und psychischer Gewalt".[10] Bei der physischen Gewalt werden etwa Schmerzen zugefügt, oder es wird getötet; psychische Gewalt kann aber weitreichender und subtiler angelegt sein. Hier ist zu erinnern an Gewaltformen wie "Gehirnwäsche, Indoktrination, Drohungen",[11] erfahrenes Unrecht, angedrohte Benachteiligungen, die sämtlich den subjektiven/gruppenspezifischen Entfaltungs- und Freiraum eingrenzen oder Adressaten verängstigen.

Eine weitere Unterscheidung zur Gewaltstruktur, die keineswegs nur im abstrakten Raum auswertbar ist, sondern die durch in-Beziehung-Setzen besondere Perspektiven für die Erziehung eröffnet, ist die

---

6) Ansätze zur Gewaltanalyse versuchen jetzt auch Wolf-Dieter NARR: Gewalt und Legitimität. In: LEVIATHAN. Zeitschrift für Sozialwissenschaft. 1. Jg. Heft 1. 1973. S. 7 - 42;
Fritz SACK u.a.: Aggressivität und Gewalt in unserer Gesellschaft. München 1973. "Die Frage nach der Gewalt, ihren Arten und Formen" siehe auch bei V. ZSIFKOVITS: Der Friede als Wert. Zur Wertproblematik der Friedensforschung. München 1973. S. 60ff.
7) J. GALTUNG: Gewalt, Frieden, Friedensforschung. In: D. SENGHAAS (Hrsg.): Kritische Friedensforschung. S. 57 (Hervorhebung im Original).
8) Vgl. ebd. S. 59.
9) Ebd. S. 71.
10) Ebd. S. 59f (Hervorhebung im Original).
11) Ebd. S. 60.

"personale oder direkte Gewalt"; sie ist daran zu erkennen, daß es bei ihr "einen Akteur gibt"; dagegen gilt "die Gewalt ohne einen Akteur als strukturelle oder indirekte Gewalt".[12] Um den Terminus strukturelle Gewalt weiter zu umschreiben, kann auch dafür der Begriff versteckte[13] Gewalt eingesetzt werden.

Ferner unterscheidet GALTUNG zwischen "intendierter und nicht-intendierter", der "manifesten und der latenten"[14] Gewalt. Dazu gilt dies: "Personale Gewalt hat ihre Bedeutung als Drohung, als Demonstration, selbst wenn sie niemanden trifft, und strukturelle Gewalt hat auch ihren Sinn als Konzept, als eine abstrakte Form ohne gesellschaftliches Leben, die dazu benutzt wird, Menschen zu bedrohen, daß sie sich unterwerfen: wenn du nicht brav bist, werden wir all die häßlichen Strukturen, die wir früher hatten, wieder einführen müssen."[15]

GALTUNG versucht in verschiedenen Aspekten das "Verhältnis von personaler und struktureller Gewalt"[16] zu umgrenzen, und er fragt sich, ob mit Hilfe struktureller Gewalt eine personale Gewalt abzubauen ist oder ob die umgekehrte Bedingung gilt.[17] In jedem Falle ist nach GALTUNG festzuhalten, "daß es keinen Grund zu der Annahme gibt, daß strukturelle Gewalt weniger Leiden bringt als personale

---

12) Ebd. S. 62 (Hervorhebung im Original).
13) Erläuternd ist zu ergänzen: Strukturelle Gewalt liegt im eigenen Gesellschaftssystem vor, wenn zum Beispiel Behinderte deshalb keine optimal mögliche Berufsausbildung und/oder Umschulung erhalten, weil entsprechende Mittel infolge anderer Prioritätensetzung nicht freigegeben werden. (Vgl. dazu: C. FEHLHABER: Die Stellung des Behinderten in der Gesellschaft. In: Johannes PECHSTEIN: Hilfe für das sozial behinderte Kind. Sonderdruck aus der Broschüre "Behinderte Kinder", hrsg. von der Bundeszentrale für gesundheitliche Aufklärung. Köln o.J. (1972).)
Strukturelle oder versteckte Gewalt ist auch dann gegeben, wenn offensichtlich kommerzielle Interessen und Profitmaximierung die Bedingungen bestimmen, unter denen Menschen leben müssen. "Städte werden produziert wie Automobile". Vgl. Alexander MITSCHERLICH: Die Unwirtlichkeit unserer Städte. Anstiftung zum Unfrieden. Frankfurt 1965. S. 33 (Hervorhebung im Original).
14) J. GALTUNG: Gewalt, Frieden, Friedensforschung. S. 63ff (Hervorhebung im Original).
15) Ebd. S. 65.
16) Ebd. S. 75ff.
17) Ebd. S. 82 - 86.

Gewalt",[18] zumal sie "eine gewisse Stabilität zeigt", was personaler Gewalt ("d.h. Gewalt, gemessen an den Opfern, die Gruppenkonflikte im allgemeinen und Kriege im besonderen fordern")[19] nicht ausschließlich zukommt.

Einen für die friedenspädagogische Praxis relevanten Ansatz gewaltfreien Handelns, der gegen personale und/oder strukturelle Gewalt weitergeführt werden kann, versucht auch EBERT darzustellen.[20] Eine gewaltfreie Aktion ist dabei in einer Konfliktauseinandersetzung dadurch gekennzeichnet, "daß sie erstens den Gegner nicht verletzt, daß sie zweitens sich durch die konkrete Utopie einer repressionsfreien, sozialen Demokratie legitimiert und daß sie drittens allen Teilnehmern die Chance egalitärer Partizipation bietet."[21] EBERT, der immer wieder Positionen und Aussagen von LUTHER KING oder GANDHI heranzieht, versteht Partizipation als "Teilnahme am politischen Willensbildungsprozeß".[22]

"Die gewaltfreie Aktion hat das Ziel, in ihrem Verlauf die gesellschaftlichen Bedingungen für eine systemüberwindende Gegenmacht zu schaffen ..."[23]
Der Anstoß zum politischen Engagement muß nach EBERT "von unten

---

18) Ebd. S. 66.
19) Ebd. S. 67.
20) Vgl. Theodor EBERT: Gewaltfreier Aufstand. Alternative zum Bürgerkrieg. Frankfurt 1970.
Auch die jüngst publizierte umfangreiche Arbeit von Sven PAPCKE: Progressive Gewalt. Studien zum sozialen Widerstandsrecht. Frankfurt 1973 kann für eine Friedenspädagogik wertvolle Aspekte liefern. Das gilt ebenso für einen anderen konstruktiven Beitrag, der gerade auch wesentliche Bedingungen der angewendeten Gewaltlosigkeit, die nicht mehr als passives Verhalten angesetzt ist, ausleuchtet. Siehe dazu: Gewalt, Gewaltlosigkeit und der Kampf um soziale Gerechtigkeit. Bericht von der Konsultation der Untereinheit "Kirche und Gesellschaft" des Zentralausschusses des Ökumenischen Rates der Kirchen in Cardiff (Wales), 3. bis 7. September 1972. In: GEWALTFREIE AKTION. Vierteljahreshefte für Frieden und Gerechtigkeit. 5. Jg. 2. Quartal 1973. Heft 16. S. 1 - 27; zur Problematik einer Gewaltlosigkeit siehe hier insbesondere S. 18ff; 24f.
21) Ebd. S. 34.
22) Ebd. S. 36.
23) Ebd. S. 33.

kommen, von Bürgern, welche das Herrschaftssystem ihrer Nation (...) begriffen haben."[24] EBERT geht es in seinen Darlegungen um die Beseitigung der emanzipatorischen Defizite[25] als der Differenz zwischen Wirklichkeit und Möglichkeit.

Ohne eine emanzipatorische Grundeinstellung jedoch dürften die EBERT-Strategien nicht zu verwirklichen sein. Beispielsweise verlangen diese Strategien für die Verwirklichung von den Akteuren "Selbstdisziplin" und Geduld mit "zivilen Ungehorsam".[26] Das aber erfordert Stehvermögen. Wie sonst könnten derartige Grundregeln für die Strategie gewaltfreier Aufstände beachtet werden, die bei der Auseinandersetzung ihre Anwendung finden sollen: "Den Herrschenden müssen unbedingt neue Positionen angeboten werden, von denen aus sie Prestige erwerben können; die irrationale Prestigeprätension muß kontrolliert werden, indem man den Herrschenden die Verfügung über die Machtmittel entzieht."[27] Diese Einwirkungsstrategie beinhaltet nonkonforme Einstellungen, die Friedenspädagogik unter dem Ziel der Erziehung zum berechtigten Ungehorsam[28] in Betracht ziehen muß.

An EBERT ist von der Friedenspädagogik her zu sehen, daß eine allgemein gesellschaftliche Position, die sich primär für ein Engagement zu 'gewaltfreien' Aktionen entscheidet, Teil einer Gesamtkonzeption sein kann, um nach Friedensaspekten zu suchen.
Gewalt, Herrschaft und Macht schneiden hier die Auseinandersetzung zwischen Gesellschaft und Erziehung für den Frieden. Es wird sich erweisen müssen, ob die in diesem Verhältnis gegebene Disfunktionalität mittels Friedenspädagogik reduzierbar ist. Freilich differenziert

---

24) Ebd. S. 8.
25) Vgl. ebd. S. 7.
26) Ebd. S. 230.
27) Ebd. S. 77.
28) Vgl. H. v. HENTIG: Erziehung zum Frieden. In: F. LORENZ (Hrsg.): Frieden. S. 37.

EBERT keine sozialen Gesinnungen bei Trägern und Ausführenden, auch fehlen gewaltfreie emanzipatorische Ziele der Abhängigen unterschiedlichster Altersstufen und Berufe. Oft werden mit den Ausführenden organisierte Studenten in Verbindung gebracht. Daß es auch anders sein kann, zeigt ein Modellfall,[29] der einen gewaltfreien Versuch mit Erfolg abschließt.

Gewaltfreie Strategien intendieren beim Widersacher eine Sinnesänderung.[30] Der Denkansatz, daß man Herrschaft und Macht gewaltlos beantwortet, gibt allerdings einer Friedenspädagogik neue Aspekte auf, um Bewußtsein für gewaltfreie Aktionen zu fördern. Als gewaltfreie Mittel für örtliche oder überregionale Mißstände als soziale Ungerechtigkeiten werden vorgeschlagen: "Demonstrationen, Kundgebungen, Protestmärsche, Autokorsos und Mahnwachen",[31] Streiks jeglicher Formen oder andere gewaltlose Interventionen.[32]

Gewaltlosigkeit als Friedensmethode hat aber auch ein Gegengewicht zu formieren wider Bürokratismus, Anpassungszwang, wirtschaftlicher Ausbeutung, autoritärer Erziehungsmethoden durch Eltern und Lehrer, Minderheitenunterdrückung. Daß hier nicht mit moralischen Appellen auszukommen ist, dürfte einleuchtend sein. "Gewaltlose Aktionen wurden von 'gewöhnlichen' Leuten erfolgreich praktiziert,"[33] dies zeigen Beispiele.[34]

Doch ist in der Schule jene Erziehung zum Ungehorsam erst als erforderlich bewußt zu machen und über ihren Sinn aufzuklären. Eine

---

29) Vgl. M. HARTLAUB: Bürgerinitiative 'Verändert die Schule jetzt !' in: H. GROSSMANN (Hrsg.): Bürgerinitiativen - Schritte der Veränderung ? Frankfurt 1971. S. 11 - 32.
30) Vgl. Anmerkung 27.
31) G. SHARP: Das politische Äquivalent des Krieges - die gewaltlose Aktion. In: E. KRIPPENDORFF(Hrsg.): Friedensforschung. S. 493.
32) Vgl. ebd. S. 493.
33) Ebd. S. 498.
34) Vgl. Anmerkung 29.

empirische Arbeit zu Gewaltaktionen ist zum Vergleich herangezogen.[35] Die Untersuchung wurde mit 13- bis 15-jährigen Hauptschülern durchgeführt.

Auf die Frage "Was hältst Du von Demonstrationen, die Autos umstürzen und Scheiben einwerfen ?"[36] antworten insgesamt 4 % der Jugendlichen nicht. 7 % geben dazu ihre "Zustimmung", 16 % eine "bedingte Ablehnung" und 70 % der Schüler und Schülerinnen lehnen derartige Maßnahmen ab; das besagt: Jeder sechste Schüler lehnt die Maßnahme nicht unbedingt ab, aber sieben von zehn Befragten entscheiden sich für die Ablehnung.

LOHMAR entnimmt den Schülerantworten "wie leidenschaftlich sich viele dieser jungen Leute gegen eine Störung ihres Bedürfnisses nach Ordnung auflehnen - bei allem gleichzeitig vorhandenen Drängen dazu, das eigene Leben selber in die Hand zu nehmen."[37] Allgemeines Bewußtsein, das gewaltfreie Aktionen für den Frieden voraussetzt und unterstützt, kann der Erhebung nicht entnommen werden. LOHMAR begründet dies durch die "weniger abstrakte Orientierung des Hauptschülers, seine starke Bindung an die vorhandene Wirklichkeit des Arbeitslebens, sein überschaubarer Denk- und Verhaltenshorizont, die ihn daran hindern, die Welt gedanklich auseinanderzunehmen."[38] Diese Ergebnisse, die sich vom politischen Verhalten von Oberschülern und Studenten auffällig absetzen, verweisen auf große Defizite, die Friedenspädagogik in der Schule nicht sorgfältig genug berücksichtigen kann. Immerhin handelt es sich bei den Befragten um einen Teil derjenigen Generation, die in der Zukunft Friedensbedingungen in der interpersonalen Ebene mitgestalten soll, die dazu wesentlich soziale Ungerechtigkeiten sowie offene und versteckte Friedlosigkeitsformen in Bereichen der eigenen Gesellschaft in ihren Auswirkungen zu erkennen

---

35) Vgl. U. LOHMAR: Politik in der Hauptschule. Ergebnisse einer Befragung von 4000 Hauptschülern in Duisburg. Düsseldorf 1970.
36) Ebd. S. 40.
37) Ebd. S. 40.
38) Ebd. S. 43.

hat und diese Gewaltverhältnisse als konkrete Gewaltfakten und Gewaltstrukturen abbauen und überwinden muß.

Für den gegenwärtigen Zeitpunkt sollte eine Friedenspädagogik vom Gewaltproblem solche Fragestellungen in den Erziehungsprozeß einbringen, die Individuen stärker besonders gegenüber struktureller oder versteckter Gewalt sensibilisieren, weil gerade dieser Gewalttyp weitreichendste Folgen und Folgewirkungen hat. Dazu kann sich allgemein eine Gewaltaufklärung leiten lassen von folgenden Fragestellungen:

- In welchen Bedingungsverhältnissen sind in der Gesellschaft Formen direkter und/oder struktureller Gewalt zu erfassen ?[39)]
- Welche historisch-traditionellen Fakten und/oder Hintergründe begünstigen und fördern Gewalt ?
- Wie, wann, wodurch, wozu kann strukturelle Gewalt die Anwendung von Gewalt in Entscheidungsprozessen provozieren ? Können hier Wechselwirkungen ermittelt werden ?
- Welche bildungspolitischen, wirtschaftlichen, sozialen, ideologischen Interessen und Einstellungen haben die erziehungsrelevante Aufklärung über strukturelle Gewalt blockiert oder lösen nach wie vor permanent Gewalt aus, die nicht abstrakt bleibt, sondern etwa in interpersonalen Feldern zur Anwendung kommt und folgenschwer ist ?
- Sind Grenzen auszumachen, an denen strukturelle Gewalt nicht zu überwinden ist ?
- Welche Ursachen, Mechanismen und/oder Systeme gibt es, die mögliche Grenzen erhalten und verlängern ?

Natürlich sind solche leitenden Problempakete zur Gewalt erst über einen längeren Zeitraum auszuloten.

---

39) Zum Stellenwert der formulierten Fragen, die an Möglichkeiten der didaktischen Praxis heranführen können, vgl. auch Anmerkung 12 in Teil V. Abschnitt 1. S. 252.

5. Die Kritik an der Erziehung gegen Vorurteile

Eine Erziehung gegen Vorurteile stößt in der friedenspädagogischen Literatur zunehmend auf Widerspruch. Erziehung gegen Vorurteile folge primär individualisierenden Intentionen und klammere damit eine politische Bewußtseinsbildung aus. [1] Das ist nun zu prüfen.

Innerhalb der Vorurteilsforschung sind Vorurteile definiert als "falsche, generalisierend bewertende und behauptende Urteile, an denen festgehalten wird, auch wenn der Wahrheitsanspruch des Urteils als zureichend abgewiesen gelten kann". [2] "Vorurteil heißt die Stellungnahme zu einem Gegenstand, der für den Stellungnehmenden

---

1) Von Vertretern kritischer Friedensforschung ist hier aus dem deutschsprachigen Raum unter anderen zu nennen: Fritz VILMAR: Jenseits von Furcht und Aggression. Pädagogische Konsequenzen aus der kritischen Friedensforschung. In: EVANGELISCHE KOMMENTARE. 7. Jg. 1974. Heft 3. S. 144 - 147; hier besonders S. 145;
vgl. ferner F. VILMAR: Friedenserziehung. S. 146ff.

2) Willy STRZELEWICZ (Hrsg.): Das Vorurteil als Bildungsbarriere. Elf Beiträge. Göttingen 1965. S. 22.
Siehe auch:
Heinz E. WOLF: Soziologie der Vorurteile. In: Handbuch der empirischen Sozialforschung. Bd. II. Stuttgart 1969. S. 912 - 960 (Hrsg. von René KÖNIG).
Ders.: Soziologie des Vorurteils. Stuttgart 1969.
Gordon Willard ALLPORT: Die Natur des Vorurteils. Hrsg. und kommentiert von Carl Friedrich GRAUMANN. Köln 1971 (Original-Titel: The Nature of prijudice).
Angelika GERLACH-PRAETORIUS: Das Vorurteil. Ein zentrales Erziehungsproblem. Hamburg 1969.
Henner HESS: Soziale Schranken und Vorurteile. Anmerkungen aus der Sicht des Kriminologen. In: NEUE SAMMLUNG. 10. Jg. 1970. S. 184 - 200.
Egon BARRES: Die Vorurteilsproblematik im politischen Unterricht - soziologische und sozialpsychologische Grundlagen, dargestellt am Beispiel des Rassenproblems. Opladen 1970.
(Fortsetzung S. 86.)

verbindlich ist, ohne daß er den Gegenstand, seine Struktur oder seine Wirkung objektiv erkennt, ja ohne daß die empirische Sachstruktur von ihm überhaupt berücksichtigt wird".[3] Mit beiden Definitionen ist angedeutet, daß Vorurteile an "Vorstellungen und Gedanken, Gefühlsreaktionen und diskriminierenden Verhaltensweisen"[4] sichtbar werden.

Die Erhellung der Ursachen, Wirkungen und Folgen von Vorurteilen ist nun bedeutsam, weil vorurteilsbefangene Einstellungen und

---

Fortsetzung Anmerkung 2):
Egon BARRES: Das Vorurteil in Theorie und Wirklichkeit. Ein didaktischer Leitfaden für Sozialkundeunterricht und politische Bildungsarbeit. Opladen 1974.
Heinz NICKEL: Die Behandlung des Problems der Vorurteile. In: GESELLSCHAFT - STAAT - ERZIEHUNG. 10. Jg. 1965. S. 177 - 186.
Hannah VOGT: Die Schule im Kampf gegen Vorurteile. Bericht über eine Konferenz des UNESCO-Instituts für Pädagogik in Hamburg. Mai 1964. In: GESELLSCHAFT - STAAT - ERZIEHUNG. 10. Jg. 1965. S. 54 - 58.
Klaus HEINERTH: Untersuchungen zur Vorurteilshaftigkeit im Verhalten deutscher gegenüber ausländischen Arbeitern. Tübingen 1968 (Diss.).
Bernhard KRAAK: Auswirkungen von Psychologie-Unterricht auf soziale und pädagogische Vorurteile. Weinheim 1968.
Manfred BÖNSCH: Die Vorurteilsproblematik in der Schule. - Didaktische Ansätze. In: WELT DER SCHULE. Ausgabe Grundschule. 26. Jg. Heft 2. Februar 1973. S. 41 - 51.
Ders.: Aufklärung als Mittel des Abbaus von Vorurteilen. Unterricht als radikale Reflexion über Verhaltensweisen. In: WELT DER SCHULE. Ausgabe Hauptschule. 26. Jg. Heft 4. April 1973. S. 121 - 128.

3) Edeltraud MEISTERMANN-SEEGER: Vorurteil. In: Lexikon der Sexualerziehung für Eltern, Lehrer, Schüler. Hrsg. von Tobias BROCHER und Ludwig von FRIEDEBURG. Stuttgart 1972. Sp. 684.

4) Ekkehart GECKELER: Überlegungen zu einer Didaktik des Vorurteils. In: UNTERRICHT HEUTE. 23. Jg. 1972. S. 485 - 495; hier S. 485.

Verhaltensformen nicht zuletzt Reaktionen auf gesellschaftlichen Außendruck und Normendruck, [5] auf Angsterfahrungen oder Bedrohungsvorstellungen darstellen, ohne daß diese ineinandergreifenden Bedingungen und Momente Individuen und/oder Gruppen als konkrete Unfriedensfakten und Friedensbarrieren bewußt sind. [6]

---

5) Vgl. zum Beispiel Viola GÄRTNER-HARNACH: Angst und Leistung. Weinheim 1972; ebenso in dieser Arbeit S. 200ff.
6a) Einige Ansätze zur Vorurteilsproblematik stützen sich hier auf eigene zurückliegende Arbeiten, die bisher nicht veröffentlicht sind. Auf die Verklammerung der Vorurteils- und Aggressionsproblematik ist hier nicht weiter eingegangen. Zu diesem Problemkreis siehe beispielsweise C.F. GRAUMANN: Motivation. Eine Einführung. Frankfurt 1970. S. 84ff; 122ff.
b) Die Auseinandersetzung der Friedenspädagogik mit erziehungsrelevanten Problemstellungen zu Systemen, Ebenen und Bedingungen der Aggression könnte in der Diskussion auf folgende Ansätze zurückgreifen:
Hanns-Dietrich DANN: Aggression und Leistung. Gewährung und Unterbindung von Aggression in ihrer Auswirkung auf Leistungsverhalten. Stuttgart 1972.
Klaus W. DÖRING: Aggression und Aggressivität als Kernprobleme einer Friedenserziehung. In: Ders./Heinrich KUPFFER: Die eindimensionale Schule. Schule als Ideologiekritik. Weinheim 1972. S. 108 - 143 (mit Lit.-Hinweisen).
Friedrich HACKER: Materialien zum Thema Aggression. Reinbek 1974.
Leo KOFLER: Aggression und Gewissen. Grundlegung einer anthropologischen Erkenntnistheorie. München 1973.
Gottfried LISCHKE: Aggression und Aggressionsbewältigung. Theorie und Praxis, Diagnose und Therapie. Freiburg 1972.
Alexander MITSCHERLICH (Hrsg.): Bis hierher und nicht weiter. Ist die menschliche Aggression unbefriedbar? München 1969.
Maria PAULS: Pädagogische Reflexionen zu Erkenntnissen der Verhaltensforschung. In: DIE DEUTSCHE SCHULE. 63. Jg. Heft 1. Januar 1971. S. 10 - 18.
Arno PLACK (Hrsg.): Der Mythos vom Aggressionstrieb. München 1973.
Josef RATTNER: Aggression und menschliche Natur. Individual- und Sozialpsychologie der Feindseligkeit und Destruktivität des Menschen. Olten 1970.
Amélie SCHMIDT-MUMMENDEY/Hans Dieter SCHMIDT (Hrsg.): Aggressives Verhalten. Neue Ergebnisse der psychologischen Forschung. München 1971.
Amélie SCHMIDT-MUMMENDEY: Bedingungen aggressiven Verhaltens. Bern 1972.
(Fortsetzung S. 88)

Von daher ist es unter den Zielsetzungen [6c] einer Friedenspädagogik notwendig, angewendete Vorurteile als nicht unmaßgebliche Unfriedensbedingungen herauszustellen. In Erziehungsprozessen erfordert das gerade auch eine intensive Aufarbeitungspraxis, die darauf zielt, Vorurteile im interpersonalen und gesellschaftlichen Feld durch sach- und problemangemessenes Verhalten abzubauen, wobei rationalisierte Kontrolle und wiederholte Überprüfung eine entscheidende Rolle spielen.

Wenn Vorurteile außerdem die Funktion besetzen können, in Kommunikationsprozessen subjektive/kollektive Unsicherheiten zu überspringen, so dürfte das in der Praxis auch an offenen oder verklausulierten Aggressionen und autoritären Verhaltensmechanismen, an abtrennenden oder an auf Abstand bedachten Initiativen auszumachen sein.

Auch sind Vorurteile deshalb nicht in ihrer Komplexität und Wirkung zu unterschätzen, weil bereits ein mit Vorurteilen verschränkter Einfluß "Erfahrung" als Gewohnheitsmechanismus, Traditionsdruck oder Interessensverflechtung in Gang setzen und stabilisieren kann. Diese Binnenstrukturen zum Vorurteil zeigen allerdings schon an, daß eine friedensorientierte Erziehung gegen Vorurteile mindestens zwei Perspektiven

---

Fortsetzung Anmerkung 6b):
Herbert SELG (Hrsg.): Zur Aggression verdammt ? Psychologische Ansätze einer Friedensforschung. Stuttgart 1972[2].
Hans WERBIK: Theorie der Gewalt. Eine neue Grundlage für die Aggressionsforschung. München 1974.
Heinz E. WOLF: Einige Hinweise zur Entwicklung und zum Stande der Aggressionsforschung von 1950 - 1970. In: ARCHIV FÜR ANGEWANDTE SOZIALPÄDAGOGIK. 2. Jg. 1970/1. Heft. 4. Februar 1971. S. 173 - 182.
Heinz E. WOLF: Entwicklung und Stand der Aggressionsforschung. Teil II. In: ARCHIV FÜR ANGEWANDTE SOZIALPÄDAGOGIK. 2. Jg. 1970/71. Heft. 5. April 1971. S. 224 - 235.
6c) Die Friedensumschreibung kann hier erste Daten geben (vgl. S. 50ff).

verfolgen muß: Erstens die Analyse von Trägern der Vorurteile und zweitens die Analyse der vorurteilsbegünstigenden Vermittlungsfaktoren, -systeme und -mechanismen, die verhindern, daß etwa Freund-Feind-Schemata aufgelöst werden.

Vorurteilsanalysen tragen hier im Erziehungsprozeß eine Bewußtwerdungsphase mit, der besondere didaktische Bedeutung dann zugewiesen werden kann, wenn herauszuarbeiten ist, daß Vorurteile Selbstverwirklichungs- und Kooperationsintentionen und -interessen aufzuhalten vermögen, aber auch die von Friedensvoraussetzungen abhängige Einsicht beeinträchtigen, daß konstruktives Handeln und Zusammenarbeiten gegen Unfrieden Vorrang hat. Die im Erziehungsprozeß anzustrebende Fähigkeit, Vorurteile abbauen zu können, ist mit rationalen Mitteln zu verfolgen. Für eine Friedenspädagogik ist ein derartiger Blickpunkt ein konstitutives Moment, das nicht zu unterschätzen ist. Denn Vorurteile, die etwa aufgrund von tradierten und gesellschaftlich verankerten und vermittelten Verhaltensmustern entstehen beziehungsweise aufrechterhalten werden können, verstärken den Status quo überholter Maßstäbe.

Vorurteile können so die Durchleuchtung der Belohnungs- und/oder Bestrafungsmechanismen als Unfriedensfakten verweigern, weil etwa nicht von einem tradierten pädagogischen Erfahrungsaspekt abzugehen ist.[7] Vorurteile können auch Einstellungen fördern, daß Amtsautorität unwiderruflich, generell und bis ins pädagogische Detail hinein unbefragt gültig bleiben muß, ohne hier den Aspekt reduzierbaren Unfriedens auch nur zu berücksichtigen, der im Erziehungsbereich vorliegt.[8]

---

7) Vgl. hierzu etwa Richard FACKLER: Erziehende Strafe im Schulleben. Die rechtlichen Voraussetzungen der Strafe in Volks- und Realschulen. In: Pädagogik der Strafe. Hrsg. vom WILLMANN-Institut. Freiburg 1967. S. 111ff;
Ferdinand KOPP: Die Strafe im Alltag der Volksschule. In: Pädagogik der Strafe. S. 149ff.

8) Vgl. dazu in dieser Arbeit Teil IV. Abschnitt 2 d. S. 227ff.

Andererseits ist es naheliegend, daß gesellschaftlich verankerte Vorurteile, die bis in die Erziehungsorganisation hineinreichen, aufgrund ihrer Infrastruktur einmal den Abbau von überflüssiger Herrschaft verhindern, zum anderen aber sogar eine Scheu vor der Aufdeckung von gesellschaftlichem Unfrieden erhalten können.

Nach diesen Erläuterungen dürfte insgesamt die besondere Struktur des Vorurteils deutlicher werden, und zwar bezüglich der individuellen Ebene <u>und</u> der gesellschaftlichen Ebene. Individuelle und politische Verklammerungen werden hier also pädagogisch relevant, was HORKHEIMER und ADORNO [9] mit kritischen Studien schon früher aufgegriffen haben.

Die Kritik an der Erziehung gegen Vorurteile zielt nun darauf:

"Friedenspädagogik (...) hat nicht auf eine Welt der Blumenkinder vorzubereiten, sondern auf Sozialisationsleistungen, die historisch ohne Beispiel sind und denen gegenüber die derzeit gängige Auffassung von "Selbstbestimmung" zu einem agrargesellschaftlichen Relikt verblaßt." [10] Der Standpunkt sei illusorisch, daß "die Auflösung von Vorurteilen eine Bestandsgarantie für den Frieden" [11] absichert. "Friedenspädagogik darf deshalb nicht länger als individual-ethische, individual-psychologische oder bloß individuelle Vorurteile auflösende Erziehungsaufgabe mißverstanden werden,

---

9) Vgl. Max HORKHEIMER: Über das Vorurteil. Köln 1963; Theodor W. ADORNO: Studien zum autoritären Charakter. Ausgewählte Kapitel aus "The Authoritarian Personality". Frankfurt 1973 (Hrsg. vom Institut für Sozialforschung der Universität Frankfurt).
10) Arno KLÖNNE: Friede und politische Bildung. In: WERKHEFTE. Zeitschrift für Probleme der Gesellschaft und des Katholizismus. 25. Jg. Heft 7. Juli 1971. S. 208.
11) Ebd. S. 201.

sondern muß sich als Aufgabe kritischer politischer Bewußtseinsbildung pädagogisch realisieren". [12]

VILMAR lehnt "individuelle Appelle, individuelle Vorurteilsbekämpfung und Aggressionsanalyse" [13] expressis verbis ab. Für PRIESTER "ist es fast schon zum pädagogischen Gemeingut geworden, gegen Vorurteile, Klischees und Freund-Feind-Schemata anzugehen. (Beliebte Beispiele sind die "Neger in den USA" und die "Gastarbeiter", von Vorurteilen politischen Gegnern gegenüber ist selten die Rede)". Nach PRIESTER ist "vorurteilsfreies Verhalten" noch kein "Garant für eine friedliche Welt". [14]

SENGHAAS befürchtet, "daß eine Reduktion der Probleme einer Erziehung zum Frieden auf eine individual-pädagogische Ebene heute unzureichend und äußerst problematisch ist. Friedlosigkeit ist ein gesellschaftliches Phänomen, und so sehr individuelles Handeln und gesellschaftliche Organisation miteinander vermittelt sind, so läßt sich doch gerade kollektiver Unfrieden nicht aus der Summe individuellen Verhaltens erklären". [15] "Viel eher interessiert die neuere Friedensforschung das Zusammenspiel von individueller (manifester oder latenter) Aggressivität und kollektiven Aggressions-, Konflikt- und Gewaltpotentialen". [16] NICKLAS/OSTERMANN heben hervor, daß die Friedenspädagogik "nicht nur darin bestehen (kann), individuelle

---

12) Fritz VILMAR: Kritik der "Friedenspädagogik" - Kritische Friedenspädagogik. In: WERKHEFTE. 25. Jg. Heft 7. Juli 1971. S. 209.
13) Ebd. S. 213.
Siehe ergänzend auch: Dieter SANDNER: Gibt es eine ideologiefreie Friedenserziehung ? Kritik des friedenspädagogischen Ansatzes der Studiengesellschaft für Friedensforschung e.V. München. In: WERKHEFTE. S. 214 - 218.
14) Karin PRIESTER: Erziehung zum Frieden. Oder: Die Abrichtung zur Zufriedenheit. S. 30.
15) Dieter SENGHAAS: Die Erziehung zum Frieden in einer friedlosen Welt. In: Ders.: Abschreckung und Frieden. S. 258.
Siehe auch Ders.: Der Diskussionsstand der Friedenswissenschaft. In: BILDUNG UND ERZIEHUNG. 25. Jg. Heft 5. Oktober 1972. S. 12 - 19; hier S. 12f.
16) Ebd. S. 13.

Aggressivität zu erforschen, vorhandene individuelle Vorurteile rational durchsichtig zu machen und aufzuarbeiten. Eine so auf den individualpsychologischen Bereich reduzierte Erziehung zum Frieden ist zum Scheitern verurteilt, weil sie den Menschen nur als isoliertes Individuum sieht, nicht aber die gesellschaftlichen Zwänge, in die er eingespannt ist".[17)]

Läßt nun eine Erziehung gegen Vorurteile diese radikale Kritik zu? Dienen in dem Ausmaß bisherige Bemühungen um Erhellung von Vorurteilsstrukturen der Stabilisierung von Anti-Friedensbedingungen? Ist für das einzelne Subjekt eine Aufklärung über die Entstehung und Wirkung von Vorurteilen innerhalb seiner Erfahrungswelt derart unbedeutend? Was legitimiert eigentlich das Überspringen pädagogischer Fragestellungen zur Vorurteilsproblematik?

Die Überwindung dieser inhaltlichen Kritik an der Erziehung gegen Vorurteile kann eine konkrete Unterrichtspraxis am Lernort einleiten. Denn Unterrichtsmodelle zur Vorurteilsproblematik, denen keine Kurzsichtigkeit gegenüber gesellschaftlichen Bezügen oder keine naive Lernpraxis nachzusagen ist, erschließen in Ansätzen eine gerade am Detail erfahrbare Erkenntnis: "Vorurteile verhindern den Frieden".[18)] Für die unmittelbar am Unterrichtsprozeß Beteiligten ist dies eine bedeutsame didaktische Erfahrung; vor allem dann, wenn Vorurteile im gesellschaftlichen Bereich exemplarisch ermittelt und analysiert werden, die mit der unmittelbaren Erfahrungswelt des Schülers konfrontiert und mit analogen Unfriedensverhältnissen verglichen werden.

Wenn darüber hinaus auch noch Vorurteilsfakten der Konflikterziehung zu-

---

17) Hans NICKLAS/Änne OSTERMANN: Friedensbezogene Lernziele und die Umsetzung von Friedensforschung in didaktische Modelle. In: Mitteilungen. S. 133.
18) Vgl. die Unterrichtseinheit von Anneliese BREMER. In: M. STALLMANN (Hrsg.): Friedenserziehung. S. 66 - 72.

geordnet werden, kann selbst auf der Ebene der Primarstufe der gesellschaftlich bedingte Kontext transparent sein. Hierdurch können Schülerinnen und Schülern auch außerpädagogische Setzungen und vorurteilsfördernde Abhängigkeiten bewußt gemacht werden, die Erziehung einfassen und binden.
Schon bei einer kooperativ durchgeführten Unterrichtsplanung, -durchführung und -auswertung dürfte das Verfolgen der Fragestellung: "Welche Zwecke erfüllen Vorurteile in der Gesellschaft, und welche Folgerungen muß man angesichts dieser Zwecke für diesen Unterricht ziehen ...?" [19] ideologie- und gesellschaftskritische Erfahrungen vermitteln, die den Prozeß für kritisches Bewußtsein nicht unerheblich unterstützen. Wenn Friedenspädagogik dazu das Ziel einer handlungsorientierten Friedenspraxis verfolgt, wird sich am Ort der Praxis mitentscheiden, in welchem Maße das Bewußtmachen von Vorurteilsstrukturen letztlich Handlungen, Initiativen und Friedensengagement freisetzt. Allein durch theoretisierte Sätze und praxisfremde Urteile ist hier wohl kaum ein entscheidender Schritt getan.

Die Kritik zum angeblich friedensuntauglichen Stellenwert einer Erziehung gegen Vorurteile übersieht auch, daß Vorurteile ein nicht zu unterschätzendes friedenshemmendes Moment darstellen. Denn Vorurteile der interpersonalen und der gesellschaftlichen Ebene artikulieren konkrete Typen und Formen angewendeter "sozialer" Gewalt. Ihre instrumentale Praktizierung [19a] kann sich beispielsweise als gezielte Zurechtweisung oder als Diffamierung äußern, die äußere Kennzeichen nicht verdeutlichen müssen, deren Infra-Struktur sich

---

19) Gotthilf Gerhard HILLER/Hermann KRÄMER: Zur Problematik didaktischerAnsätze und Modelle einer Erziehung zum Frieden. Darin besonders der Abschnitt: Vorarbeiten zu didaktischen Ansätzen und Modellen einer Erziehung zum Frieden durch Unterricht - am Beispiel der Vorurteilsproblematik. In: P. ACKERMANN (Hrsg.): Erziehung und Friede. S. 29.
Siehe auch: Ingeborg HILLER-KETTERER/Jörg THIERFELDER: Leistung und Gerechtigkeit. Stuttgart/München 1972. S. 106 - 111.
19a) Zur Vorurteilsanalyse im Interesse einer politischen Bewußtseinsbildung vgl. auch Meinhild SCHÄFFLER: Geschlechtsspezifische Rollen. In: P. ACKERMANN (Hrsg.): Politisches Lernen in der Grundschule. München 1973. S. 71ff.

aber als direkte Psycho-Gewalt enthüllen kann. So wird erkennbar, daß Vorurteile nicht mehr zu bagatellisieren sind, weil sie auf mögliche Gewaltimplikationen untersucht werden müssen.

Die Kritik an der Erziehung gegen Vorurteile berücksichtigt auch nicht, daß Vorurteile sogar strukturelle Gewalt enthalten, weil es hier objektiv Adressaten gibt, die subjektiv gar nicht oder nur selten das auf sie gerichtete Vorurteil wahrnehmen beziehungsweise wahrnehmen können, wobei gleichzeitig das auf sie gerichtete Vorurteil Benachteiligungen, Abtrennungen oder Freund-Feind-Schematisierungen einleitet und/oder aufrechterhält. Ein Beispiel dazu, das auch den anonymen Charakter von gewaltimmanenten Vorurteilen skizziert: Junge Leute mit langen Haaren sind rauschgiftsüchtig !

Und noch ein anderer Aspekt ist für die Beziehung zwischen Vorurteil und struktureller Gewalt nicht zu unterschlagen. Er erhält gerade dann Gewicht, wenn der folgende Ansatz mit der Erziehungspraxis in Schule und Ausbildung konfrontiert werden kann. VINCZE/VINCZE stellen fest: "Es gibt kein spontanes, eigentümlich kindliches Denken, es gibt kein eigentümlich kindliches Weltbild. Das Denken und damit das Weltbild des Kindes ist so, wie es die Welt der Erwachsenen unter den gegebenen historischen, gesellschaftlichen und kulturellen Umständen formt." [20]
Diese diskussionsnotwendige Problematik ist von den Kritikern der Erziehung gegen Vorurteile nicht erfaßt. Ihre Vorurteilskritik kann diesen bedeutsamen Aspekt aber kaum ausklammern. Hintergrundphänomene zur selbstsicheren "Gewißheit" der Erwachsenen (Eltern, Lehrer, Politiker, Wissenschaftler etc.) dürften mit vorurteilsbedingten Autonomieansprüchen

---

20) László VINCZE/Flóra VINCZE: Die Erziehung zum Vorurteil. Kritik an der Kinderpsychologie. Wien 1964. S. 13; vgl. hier auch S. 23ff; 57ff; 60ff; 66ff.

zu verknüpfen sein, daß eben der Erwachsene anstatt des Kindes kompetent entscheidet. Die diesem Problem nahestehende "Tabu-Frage" kann bei der Analyse erhellen, "daß jene Tabus, die bei primitiven Stämmen zu finden sind, im Denken des Kindes im 20. Jahrhundert überhaupt nicht erscheinen, da sie auch für den Erwachsenen nicht existieren. Wie könnten jene Tabus in unserer Kultur Platz finden, die auf der Stufe der primitiven Kulturen entstanden sind? Verbote werden auch bei uns erlassen; diese können aber keinesfalls Tabus genannt werden, weil der Grund des Verbotes ein anderer ist, meistens eine rationalistische, naturwissenschaftliche Überlegung oder aber der Schutz gewisser Klasseninteressen der modernen Gesellschaft. In den Verboten und Gesetzen, die das Denken des modernen Menschen bestimmen, ist das wesentliche Element des Tabus des primitiven Menschen, nämlich das kontradiktorische Element, nie zu finden. Das bedeutet, daß derselbe Gegenstand heilig und verachtet, rein und unrein, anziehend und furchterregend und so weiter zugleich sein kann".[21)]

Für eine weitere pädagogisch-didaktische Diskussion, die über VILMAR, SENGHAAS u.a. hinausgeht, hat gerade die angeführte Textstelle im Rahmen der Sondierung der Aspekte einer Erziehung gegen Vorurteile Gewicht, weil darin veranschaulicht ist, daß Binnenstrukturen im Vorurteil keine verniedlichende Funktion zufallen kann. Dabei ist der von VINCZE/VINCZE nicht aufgenommene Ansatz, strukturelle Gewalt im Vorurteil zu analysieren, noch weiterzuführen, um etwa überhäufte offene und/oder verborgene Freund-Feind-Formen in Erziehung und Gesellschaft herauszuarbeiten.
Die Kritik zur Vorurteilsproblematik sollte unter dem Blickpunkt der strukturellen Gewalt[22)] überwunden werden können; jedoch ist

---

21) L. VINCZE/F. VINCZE: Die Erziehung zum Vorurteil. S. 21f.
22) Vgl. ferner Werner LEVI: Über die Ursachen des Krieges und die Voraussetzungen des Friedens. In: E. KRIPPENDORFF: Friedensforschung. S. 181 - 198.
(Fortsetzung S. 96).

darauf zu sehen, daß nicht politisierende Kritik selbst neue Vorurteile über Friedenspädagogik produziert. Andererseits darf theoretische Kritik zur Vorurteilsproblematik nicht übersehen, daß das Problembewußtsein gegenüber Vorurteilen in der Schulpraxis erst noch eine ungelöste und offene Erziehungsaufgabe darstellt. Einige Stichproben aus der Praxis können das weiter belegen.

Die Bundeszentrale für politische Bildung in Bonn hat zur Vorbereitung des Schülerwettbewerbs 1973 zur Themenabgrenzung Orientierungs-Tests durchgeführt. Zehn Schulklassen des 8. bis 11. Schuljahres aus Schulbezirken verschiedener Bundesländer sollten zum eingeschickten Problemtext "Vorurteile - was steckt dahinter ?" 23) Stellung beziehen.

Die Bundeszentrale hat ermitteln wollen, ob Jugendliche an der Auseinandersetzung mit Vorurteilen interessiert sind und Hintergrundstrukturen von Vorurteilen erfassen können. Zum Beispiel sollten

---

Fortsetzung Anmerkung 22):
Siehe hier die Liste friedenshemmender destruktiver Faktoren: "Aggressivität, Feindseligkeit, Rivalität, Voreingenommenheit und Vorurteil, Haß, Sadismus, Übertragungen eigener Unzulänglichkeiten auf den Feind ..., Langeweile, Lust nach Abenteuer, gesellschaftliche Frustrierung, Unsicherheit ..., Prestigebedürfnis, Status und Anerkennung; der Wunsch, benötigt zu werden, Besitzstreben ..., Opfersinn, Nächstenliebe, Gemeinschaftssinn, Missionsstreben" (S. 185).
Vgl. auch: Le Chevalier de JAUCOURT: Vorurteile und Irrtümer. Quellentext aus dem Jahre 1765 (!). Übers. v. R. u. M. STICH. In: Kurt LENK (Hrsg.): Ideologie. Ideologiekritik und Wissenssoziologie. Neuwied 1970[4]. S. 67 - 70: "Die klassischen Axiome führen den Verstand irre. Die meisten Menschen können die Dinge nicht anders sehen als die anderen, und wenn sie es trotzdem wagten, wie viele Hindernisse galt es dann zu überwinden, um die Mittel der Unterrichtung zusammenzufassen ? Das war nur die willkürhafte Eifersucht einer Gruppe, die denjenigen als Aufrührer und Feind behandelt, der nicht für die Ziele ihrer Lehrmeinungen, unter ihren Zeichen und mit ihren Waffen kämpft" (S. 69).
23) Die Bundeszentrale hat dieses Material freundlicherweise zur Auswertung zur Verfügung gestellt.

sich die Schüler und Schülerinnen dazu äußern, was sie unter Schlagworten wie

"Gastarbeiter sind schmutzig
Politik verdirbt den Charakter
Beamte sind faul
Politik ist Männersache
Bauern sind geizig
Deutsche sind Militaristen
Engländer sind Gentlemen"

verstehen.

Die Bundeszentrale hat aufgrund der Testergebnisse die Vorurteilsproblematik in der bundesweiten Ausschreibung 1973 auf Fragestellungen zum Gastarbeiterproblem beschränkt, weil über 2/3 der eingesandten Testarbeiten Vorurteile ausschließlich mit Einstellungen und Verhaltensweisen gegenüber ausländischen Arbeitnehmern in Verbindung bringen.

Erstes Test-Beispiel: (Gruppenarbeit aus dem 8. - 9. Schuljahr, Gemeinschafts-Hauptschule)

"Gastarbeiter sind für die Deutschen ein rotes Tuch"

Haben Sie gemerkt, daß in unserer Überschrift zwei Vorurteile stecken ?

Gegen welches Vorurteil wenden wir uns wohl ?

Thesen:	Gegenargumente:
1) Die Gastarbeiter werden in unsere Gesellschaft nicht voll aufgenommen. Sie werden nicht akzeptiert.	1) Wir versuchen, die Gastarbeiter in unsere Gesellschaft einzugliedern und aufzunehmen.
a) Sie werden bei uns nur solange geduldet, bis wir sie nicht mehr brauchen.	a) Sie werden nicht geduldet, sie werden gebraucht.
b) Sie gehen von selbst, wenn sie sich von dem hier erworbenen Geld in ihrer Heimat eine neue Existenz aufbauen können.	b) Viele von ihnen gründen in Deutschland eine Familie und bauen sich hier eine Existenz auf.
c) Sie können sich nicht anpassen.	c) Ihre Kinder sitzen mit uns auf einer Schulbank. Sie fühlen sich nicht als "Fremde".

2) Gastarbeiter wecken Aggressionen in uns. Wir sehen rot. Sie sind für uns ein rotes Tuch.	2) Unsere Aggressionen richten sich nicht gegen Gastarbeiter im allgemeinen. Vielleicht richten sie sich gegen einzelne von ihnen, aber nicht, weil sie Gastarbeiter sind, sondem weil diese Einzelnen uns charaktermäßig nicht liegen.
3) Gastarbeiter sind uns fremd. Ihre Sitten und Gebräuche weichen von unseren ab. Sie passen nicht in unseren Lebenskreis und in unsere Lebensgewohnheiten hinein.	3) Sind Gastarbeiter uns wirklich fremd ? Wenn wir in ihre Heimat fahren, stören wir uns ja auch nicht an ihren Sitten und Gebräuchen, im Gegenteil, wir finden ihr Leben interessant.

Übrigens:
Wir sind gegen das Wort "Gastarbeiter". Sie sind Arbeitnehmer, also Arbeiter wie unsere Väter und Mütter. Nur sind sie keine Deutschen, sondern Ausländer.

Zweites Test-Beispiel: (Einzelarbeit von Jörg, 8. Schuljahr, Gemeinschafts-Hauptschule)

"Ein Vorurteil"

Spielende Kinder stören ?!

Viele Erwachsene, besonders aber viele ältere Menschen, fühlen sich von spielenden Kindern gestört. Deshalb sind auf den wenigen Spielplätzen, die vorhanden sind, auch oft Hinweisschilder mit Einschränkungen und Verboten aufgestellt.
Besonders oft findet man diese Schilder in den modernen Wohnsiedlungen.
Aus Angst vor schimpfenden Anwohnern begnügen sich die Baugesellschaften daher bei der Errichtung von Spielplätzen mit einem "Minimalprogramm", das darauf abzielt, daß gar kein Kind erst auf die Idee kommt, dort zu spielen. Wo aber sollen Kinder spielen ? Es bleiben oft nur die gefährlichen Straßen.

Ich finde, wenn Erwachsene sagen, spielende Kinder stören, so sollten sie einmal an ihre eigene Kinderzeit denken. Sie haben doch sicher auch gespielt, ohne daran zu denken, daß es Menschen gibt, die spielende Kinder als störend empfinden.

(Bemerkung des Lehrers mit rotem Kugelschreiber zu dieser Schülerarbeit, J.E.): "Kein Vorurteil !" [24]

---

24) Vgl. dazu die Intentionen zu Anmerkung Nr. 20, die hier bestätigt werden.
Siehe auch Friedrich HACKER: Aggression. Die Brutalisierung der modernen Welt. Wien 1971. S. 205.

(Der Schüler fügt seiner Stellungnahme ein fotografiertes Hinweisschild bei, das Einschränkungen als Faktoren struktureller Gewalt anzeigt. Die Aufschrift lautet: "Das Spielen der Kleinkinder (Kleinkinder ist unterstrichen) ist von 8 - 12 Uhr und von 15 - 19 Uhr erlaubt. Das Lärmen und Spielen größerer Kinder (die beiden letzten Worte sind unterstrichen) sowie das Fußball-, Handball- und Schlagballspielen ist auf dem Grundstück nicht gestattet. Der Eigentümer.")

Drittes Test-Beispiel: (Einzelarbeit von Luise, Klasse 10, Gemeinschafts-Hauptschule)

"Thesenartige Definition des Vorurteils"

Urteile, die sehr wenig oder nichts mit der Wahrheit, mit der Wirklichkeit und mit Erfahrungen zu tun haben, die aber eine allgemeingültige Geltung beanspruchen, nennt man Vorurteile.
Vorurteile gibt es über fast alle menschlichen Gruppen: über Juden, Protestanten und Katholiken, über Russen und Amerikaner - und natürlich auch über uns Deutsche.

Vorurteile sind bequem. Sie schaffen eine einfache Welt. Es gibt nur Gute und Schlechte, Starke und Schwache. Es kommt nur darauf an, auf der richtigen Seite zu sein - oder seine Seite zur richtigen zu erklären .[25)]

---

25) Vgl. auch die Position von VINCZE/VINCZE zu Anmerkung 21. S. 95.

III. ERZIEHUNGSPERSPEKTIVEN IN EINER KRITISCHEN FRIEDENSTHEORIE

Die in Teil II dieser Arbeit vorangestellte Literaturanalyse zu inhaltlichen Schwerpunkten und Positionen der Friedenspädagogik in der Bundesrepublik kann in einer Gesamtsicht darauf hinweisen, daß die Grundlegung einer enger eingefaßten Friedenspädagogik bisher durch Einzelaspekte, Ansatzversuche und Vorstudien gekennzeichnet ist.[1]

Unter der Blickrichtung, Friedenspädagogik auf eine praxisorientierte Handlungsdisziplin hin zu entfalten, nehmen zwar Veröffentlichungen zu Unterrichtsmodellen der Friedenspädagogik zu;[2] jedoch erfordert der weitgefaßte Begründungszusammenhang zum Selbstverständnis der Friedenspädagogik eine Konzentration der erziehungswissenschaftlichen Theoriediskussion, die noch zu wenig Beachtung findet.

Angesichts gesellschaftlicher Friedlosigkeit, die den Problemdruck zwingend bewußt macht, besteht eine besondere Aufgabe darin, problemtheoretisch die Strukturierung einer kritischen Friedenstheorie anzugehen. Dabei müssen verstärkt Grundelemente kritischer Friedenstheorie entwickelt werden, die als erziehungsrelevante Orientierungshilfen dienen können.

Ein Konzeptualisierungshintergrund jedoch wird durch dies kaum ausschließlich repräsentiert: "Maßstab des Handelns" ist "allein das,

---

1) Einen Überblick von andiskutierten friedenspädagogischen Aufgaben geben zwei Veröffentlichungen von Christoph WULF (Hrsg.): "Kritische Friedenserziehung" und "Friedenserziehung in der Diskussion".
2) Siehe die Auswertungen von Wolfgang KRALEWSKI u.a.: Funktion von Unterrichtsmodellen für die Friedenserziehung. S. 49 - 165. Vgl. aber auch die Arbeiten von Julia SCHWENK "Das Fernsehen", Günter MÜLLER "Die Werbung" und Gerhard WOHLER "Lehrer- und Schülerrolle". In: P. ACKERMANN: Politisches Lernen in der Grundschule. S. 104 - 167.

was in einer Gesellschaft aufgrund ihres objektiven Entwicklungsstandes möglich und realisierbar ist. Begriffe wie "Emanzipation" und "Konflikt" bleiben inhaltsleere Raster, solange sie nicht einen konkreten Stellenwert innerhalb des historischen Kontextes von Produktions- und Reproduktionszusammenhängen erhalten. Die Spannbreite realer, eben nicht utopischer Emanzipationsbestrebungen verläuft zwischen dem Stand der Produktivkräfte und den nicht mehr adäquaten Produktionsverhältnissen".[3] Friedenspädagogik ausschließlich durch eine politische Vorentscheidung auf ökonomische Gesellschaftskritik zu verkleinern und verfügend zu befinden, "Handlungsmöglichkeiten nicht nach moralischen oder funktionalen Gesichtspunkten"[4] auszurichten, dieser Diktion ist schon wegen der theoretischen Absolutsetzung und einseitigen Grundsatzentscheidung kaum noch zu folgen.[5]

Die folgenden Untersuchungen zu einer kritischen Friedenstheorie gründen auf dem Verständnis, daß eine Friedenstheorie - wie umfassend auch immer - keinen Frieden im beschriebenen Sinne[6] einfach verfügen kann.

Vielmehr ist unterstellt, daß friedenstheoretische Grundlagen erforderlich und fortwährend weiter zu entwickeln sind, um nicht nur ihren erziehungswissenschaftlichen Stellenwert aufzuzeigen, sondern vor allem auch, um herauszuarbeiten, daß Frieden und Unfrieden für Erziehung und Unterricht gegenwärtig und in nächsten Jahrzehnten

---

3) K. PRIESTER: Über die Schwierigkeiten einer "Erziehung zum Frieden". In: Chr. WULF (Hrsg.): Kritische Friedenserziehung. S. 87 (Hervorhebungen im Original).
4) Ebd. S. 91.
5) Allein eine kritische Auseinandersetzung mit wirkungsintensiven und wirkungsbreiten Gewaltformen, etwa im interpersonalen, eigengesellschaftlichen und/oder internationalen Bereich, kann aufzeigen, daß zu Bedingungen und Verhältnissen der Gewalt eine ökonomische Gesellschaftskritik allein nicht in der Lage ist, Hintergrundstrukturen ausreichend zu analysieren und Folgewirkungen herauszustellen. Zum Ganzen vgl. beispielsweise Friedrich HACKER: Terror. Mythos - Realität - Analyse. Wien 1973.
6) Vgl. Teil II. Abschnitt 2. S. 50 - 52.

lebensbestimmende Bedeutung erhalten. Hierzu müssen Bemühungen um eine kritische Friedenstheorie - bedingt durch Friedensverständnis, Konzeptionsanlage und Zielintention - Aspekten nachgehen, die für den Sinn und Stellenwert der Erziehung im gesellschaftlichen Feld neue Bezüge offenkundig machen und die trotz ihrer Vorläufigkeit das Verhältnis von Gesellschaft und Erziehung, im Komplex der Beziehung Friedenspädagogik und politische Pädagogik, beleuchten und erweitern. Dabei ist einzusehen, daß der einzuräumende fragmentarische Charakter einer kritischen Friedenstheorie im Gegenstand Frieden selbst begründet liegt, der, prozeßbedingt, ebensowenig exakt und umfassend vorausbestimmbar ist wie etwa generell Verhältnisse der Zukunft im voraus exakt zu messen sind.

So empfiehlt sich auch der Verzicht auf die Darstellung einer sogenannten Systematischen Friedenspädagogik. 7) Geschlossene Systematiken über Frieden zu entwickeln, müßten einem statischen Friedensverhältnis, etwa als Zustand der Ruhe und Ordnung, den Vorzug geben.

---

7) Pädagogik oder - je nach wissenschaftstheoretischem Standpunkt - Erziehungswissenschaft haben sich bisher häufig um Systematisierung bemüht. Hierzu sind exemplarisch einige Arbeiten aufgeführt, die selbstverständlich unterschiedlichen Schulen zugeordnet werden müssen:
Vgl. Theodor BALLAUFF: Systematische Pädagogik. Eine Grundlegung. Heidelberg 1970[3].
Ders.: Skeptische Didaktik. Heidelberg 1970.
Wolfgang BREZINKA: Von der Pädagogik zur Erziehungswissenschaft. Eine Einführung in die Metatheorie der Erziehung. Weinheim 1971.
Wilhelm FLITNER: Allgemeine Pädagogik. Stuttgart 1965[10].
Martinus Jan LANGEVELD: Einführung in die theoretische Pädagogik. Stuttgart 1966[6].
Alfred PETZELT: Grundzüge systematischer Pädagogik. Stuttgart 1964[3].
Hermann RÖHRS: Allgemeine Erziehungswissenschaft. Eine Einführung in die erziehungswissenschaftlichen Aufgaben und Methoden. Weinheim 1970[2].

Angesichts der von Unfrieden abhängigen dynamischen Friedenselemente ist dies jedoch einem positiven Friedensverständnis kaum förderlich, zumal eine generell kanonisierte Konzeption Ausschließlichkeitscharakter anzeigt; auch würde hier eine wissenschaftliche Verengung, beziehungsweise das Problem der Gegenstandsverkürzung, festgeschrieben.

Zum Zeitpunkt einer einsetzenden theoretischen Grundlegungsphase dürften auch Konzepte für den Bereich der Erziehung eher didaktisch realisierbar werden, wenn sie konzeptionell offen, prospektiv und flexibel gerade Fakten und Bedingungen aus der Erziehungswirklichkeit gesellschaftlicher Verhältnisse sowie Zielwerte und Zieleinstellungen der Erziehung aufnehmen und diese als Entwürfe der Erziehung zum Frieden einbringen. Dabei sollten für Individuum und Gesellschaft wesentliche Grundaspekte eines dynamischen Friedens, eines ebenso dynamischen Unfriedens, aber auch Grundlinien einer von Unfriedensverhältnissen abhängigen Zukunft, die allesamt erziehungsrelevant sind, eingeschlossen sein.

Eine derartige Forschungsstrategie ist langfristig und für interdisziplinäre Perspektiven [8] notwendig, um eine ineinander verschränkte umfassende Theorie-Praxis-Problematik einer Friedenswissenschaft anzugehen und zu strukturieren. Allerdings bleibt hier die Fragestellung bestehen, ob hierzu nicht für den Bereich der Erziehung gegenwärtig überwiegend nur Problemhorizonte und Ergebnisaspekte zu entwickeln

---

8) Vgl. Karl KAISER: Friedensforschung in der Bundesrepublik. S. 57.
Burkhard STEINMETZ betont: "Ein friedenswissenschaftlich konzipierter Unterricht wird unabhängig von einer fachspezifischen Legitimation und sprengt die traditionellen Fächergrenzen". In: W. KRALEWSKI/H. MARKERT u.a.: Funktion von Unterrichtsmodellen für die Friedenserziehung. S. 229;
siehe auch H.-E. BAHR: Gesellschaftliche Bedingungen des Friedens. In: Ders. (Hrsg.): Politisierung des Alltags - gesellschaftliche Bedingungen des Friedens. Berichte und Analysen. Darmstadt 1972. S. 14;
Chr. WULF: Kritische Friedenserziehung. S. 15: Friedenserziehung als "Gesamtaufgabe schulischer und außerschulischer Bildung".

sind, die einstweilen und vorrangig Theorieelemente und Friedenspraxisansätze als Grundlagenmaterial darstellen. Zwar wird die Forderung nach einer allgemeingültigen schlüssigen Gesellschaftstheorie zur Friedenspädagogik wiederholt ausgesprochen.[9] Außer ersten Aspekten liegen jedoch bisher für den Bereich der Bundesrepublik kaum erziehungswissenschaftliche Ergebnisse vor.[10]

Es hat deshalb gegenwärtig für den fortlaufenden Grundlegungsprozeß einer Friedenspädagogik Gewicht, ob es gelingt, das Problem von Theorie und Praxis für Friedensvoraussetzungen durch anteilige Erziehung zumindest schrittweise durch Lösungsversuche anzugehen, ohne verkürzte pädagogische Handlungsrezepte anzubieten.
Die Abklärung erziehungsbezogener Theoriekonzepte ist dazu unbedingt erforderlich. Daß sich diese Abklärung aber nicht von einer friedensorientierten Erziehungspraxis entfernt, bleibt zu beachten.[11]

---

9) Neben D. SENGHAAS u.a. Martin RUFER: Friedenserziehung als Pädagogik der Unterdrückten. Versuch einer Ideologiekritik praktizierter Friedenspädagogik. In: INTERNATIONALE DIALOG ZEITSCHRIFT. 5. Jg. 1972. Heft 2. S. 129 - 135, hier besonders S. 130.

10) Für den historischen Bereich siehe A. KUHN u.a.: Historisch-politische Friedenserziehung. Unterrichtsmodelle zur Friedenserziehung. München 1972. S. 11 - 33; A. KUHN: Einführung in die Didaktik der Geschichte. München 1974.
Einen anderen Ansatz unter dem Aspekt gesellschaftsbedingter Vorurteile hebt der Beitrag "Gesellschaftliche Wertvorstellungen" hervor; siehe dazu Paul ACKERMANN: Politisches Lernen in der Grundschule. München 1973. S. 25 - 30.
Vgl. ferner die Arbeit von Sugata DASGUPTA: Erziehung für eine Gesellschaft der Gewaltlosigkeit. In: ZEITSCHRIFT FÜR PÄDAGOGIK. 19. Jg. 1973. S. 201 - 212 (Dieser Aufsatz wurde auch in den Sammelband, Chr. WULF (Hrsg.): Kritische Friedenserziehung. S. 228 - 243, aufgenommen).

11) Friedenspädagogik steht vor diesem Problem jedoch nicht allein. Die schon länger eingeführte Curriculumforschung in der Bundesrepublik hat große Mühe, eine "Diskrepanz" von Theorie und Praxis abzubauen. Von entsprechenden Stellungnahmen dazu siehe beispielsweise eine Arbeit von Günter BRINKMANN: Geschlossene oder offene Curricula - eine falsche Alternative. In: DIE DEUTSCHE SCHULE. 66. Jg. 1974. S. 388 - 400.

Eine Friedensrealisierung bleibt aber gerade abhängig von Trägern und Bedingungen, die einen Frieden fördern können. Zu theoretischen Erkenntnisprozessen und Zielsetzungen für Frieden muß deshalb auch die Erziehung ihren Beitrag leisten. [12] Dabei sind leitende Intentionen und Inhalte herauszuarbeiten, um schrittweise in weiteren Grundlegungsphasen den Problemkomplex von Theorie und Praxis des Friedens vom Standpunkt der Erziehung aus immer mehr aufzugliedern und bewußtzumachen.

Diese Situation verweist auf den besonderen Prozeß, daß in der Bundesrepublik eine Friedenspädagogik weitere Entwicklungsphasen durchlaufen sollte, bei der sie sich als interdisziplinäre Disziplin durch eine fächerübergreifende Didaktik weiter profiliert. In diesem Prozeß differenziert sich zugleich auch eine Erziehung zum Frieden immer mehr; sie kann dabei ihren Entwurfscharakter aufarbeiten.

Ein besonderes Gewicht hat als ein Teil dieser Friedenstheorie die Auseinandersetzung erstens mit friedensbezogenen Erziehungsperspektiven sowie zweitens mit gegenwärtigen Erziehungsbedingungen. [13] Im Erziehungsbereich der eigenen Gesellschaft muß hier vorrangig als Forschungszielrichtung eine Konzeptualisierung verfolgt werden, die Kindern, Jugendlichen und Erwachsenen eine belastbare "Mündigkeit im Konflikt" [14] vermittelt. Diese Perspektive ist permanent zu erweitern, ohne daß Möglichkeiten konstruktiver Friedenspädagogik mit unkritischen Erwartungshaltungen vertauscht werden.

Erziehungsrelevante Basis und leitende Zielintentionen einer wissenschaftstheoretischen Erörterung zur Grundlegung einer Friedenstheorie

---

12) Otto Friedrich BOLLNOW: Sicherheit und Frieden als Aufgabe der Erziehung. In: BILDUNG UND ERZIEHUNG. 17. Jg. 1964, S. 157 - 170 ist sogar der Ansicht: "Die letzte Verantwortung für die Verwirklichung des Friedens liegt bei der Erziehung" (S. 157). Einem derartig hohen Anspruch muß allerdings mit Skepsis begegnet werden, weil dieses Postulat die Pädagogik überfordern könnte.
13) Vgl. hier Teil III sowie Teil IV.
14) J. ESSER: Zur Theorie und Praxis der Friedenspädagogik. S. 50.

ist die Stabilisierung und Entfaltung des Individuums. Selbstverständnis und Struktur einer Friedenspädagogik schließen hierzu erziehungswissenschaftliche Umorientierungen ein; außerdem ist die Verwirklichung der Grundinteressen des Individuums gegenüber der Gesellschaft durch eine differenzierte Hinterfragung und Erhellung von gesellschaftlichen Unfriedensphänomenen für den subjektiven/gruppenspezifischen Bewußtwerdungsprozeß nicht auszuklammern. Damit aber ist das Gerüst einer Friedenspädagogik skizziert. Kenntnisse und Zusammenhänge über gesellschaftliche Unfriedensbedingungen, Unfriedensentwicklungen und über Zunahmen von Unfrieden sind unverzichtbar erforderlich und bilden als verfügbares Wissen sowie als Erfahrung in der Erziehung entscheidende Grundlagen und Voraussetzungen zur Gewinnung von Bedingungen für Friedensvoraussetzungen. Eine Bewerkstelligung von Friedensvoraussetzungen durch langfristig angesetzte Erziehungsprozesse ist in diesen konzeptionellen Zusammenhang zu stellen.

1. Der gesellschaftskritische Aspekt

Anläßlich der aufeinanderbezogenen und sich bedingenden Problemfragen, die bisher jeweils auch auf die Komplexität des Friedens hinweisen, ist die hier ausführlicher zu diskutierende Problemstellung schon angeklungen. [1)] Allerdings ist bisher nicht berücksichtigt, daß die Frage nach dem gesellschaftlichen Inhalt und Gewicht der Erziehung eine fortdauernde Auseinandersetzung mit der erziehungswissenschaftlichen Geschichte hervorruft. Brisanz und Zeitlosigkeit der Diskussion lassen sich aber nicht allein verfolgen an der Bildungsgeschichte der Antike, des Mittelalters, der Aufklärung oder der jüngsten Geschichte; [2)] die Diskussion zum Problemverhältnis von Gesellschaft und Erziehung erfaßt auch die Phase des 19. und 20. Jahrhunderts der Bildungs- und Erziehungsgeschichte, [3)] und sie setzt sich nun gerade auch bis in unsere Gegenwart fort und wird dabei noch vertieft. Entsprechende Literatur kann dies deutlich machen. [4)]

---

1) Vgl. dazu etwa S. 36ff; 50ff; 76ff; 92ff.
2) Exemplarisch für das 19. und 20. Jahrhundert siehe im zusammenfassenden Überblick zum Beispiel Theodor BALLAUFF/Klaus SCHALLER: Pädagogik. Eine Geschichte der Bildung und Erziehung. Bd. III; hier insbesonders das dritte Kapitel: "Gesellschaft - Politik - Erziehung" (S. 325 - 486) sowie Kapitel sechs "Die Pädagogik der revolutionären Praxis" (S. 593 - 642) und Kapitel sieben "Demokratie und Erziehung" (S. 643 - 658).
3) Angesprochen ist hier die geisteswissenschaftliche Pädagogik. Ausgehend von F.D. SCHLEIERMACHER und W. DILTHEY wird die geisteswissenschaftliche Pädagogik entwickelt durch bedeutende Bildungstheoretiker wie Max FRISCHEISEN-KÖHLER, Eduard SPRANGER, Herman NOHL, Theodor LITT, Erich WENIGER und Wilhelm FLITNER. Siehe dazu Th. BALLAUFF/K. SCHALLER: Pädagogik. Bd. III: "Die großen bildungstheoretischen Konzeptionen zu Beginn des XX. Jahrhunderts". S. 659ff.
4) Vgl. Ilse DAHMER/Wolfgang KLAFKI (Hrsg.): Geisteswissenschaftliche Pädagogik am Ausgang ihrer Epoche - Erich WENIGER. Weinheim 1968; neben dieser abgrenzenden Publikation kann herangezogen werden: Klaus MOLLENHAUER: Erziehung und Emanzipation. Polemische Skizzen. München 1970[4].
(Fortsetzung S. 108.)

Zunehmend jedoch durch aktuelle gesellschaftliche Ohnmacht, durch Friedlosigkeit, durch Veränderungsrückstände oder durch Erziehungsbedingungen der eigenen Gesellschaft werden Unfrieden und Friedensdefizite bewußt; aufgrund dieser komplexen Situation erhält die Problemfrage nach dem gesellschaftlichen Anteil der Erziehung im Kontext eines notwendigen Friedens eine neue lösungsintensive Bedeutung von grundsätzlichem Rang. - Die festzustellende Distanz gegenüber der Konzeptualisierung einer Friedenspädagogik, etwa durch die geisteswissenschaftliche Pädagogik [5] oder durch neuere pädagogische Konzeptdiskussionen, [6] veranlaßt zusätzlich die Orientierung

---

Fortsetzung Anmerkung 4):
Fritz BOHNSACK/Georg M. RÜCKRIEM: Pädagogische Autonomie und gesellschaftlicher Fortschritt. Strukturen und Probleme der Zielsetzung und Eigenständigkeit der Erziehung. Weinheim 1969;
Ulrich HERRMANN: Die Pädagogik Wilhelm Diltheys. Göttingen 1971;
Günter NEFF: Neue Aspekte der geisteswissenschaftlichen Pädagogik Erich WENIGERS. Tübingen 1973 (Diss.);
Gertrud SCHIESS: Die Diskussion über die Autonomie der Pädagogik. Reihe: Pädagogische Studien. Hrsg. von Georg GEISSLER. Bd. 23. Weinheim 1973 (Hier werden besonders die Ansätze von Herman NOHL sowie die der "älteren" und "jüngeren" "Nohl-Schule" berücksichtigt).
Zur "Gegenwartslage" siehe auch Heinz MÜHLMEYER: Pädagogik. In: Lexikon der Pädagogik. Neue Ausgabe. Bd. 3. Freiburg 1971. S. 256 - 259.

5) Allerdings darf wiederum bezüglich der historischen Forschung, etwa über DILTHEY, nicht übersehen werden: "Die Edition der Werke DILTHEYS ist noch nicht abgeschlossen, ein großer Teil der Hinterlassenschaft befindet sich noch unveröffentlicht in den Archiven, der gesamte Briefwechsel liegt nicht vor; speziell für die Erziehungswissenschaft sind nicht alle Texte DILTHEYS veröffentlicht, es gab für die Erziehungswissenschaft keine wissenschaftlichen Ansprüchen genügende Monographie über die Pädagogik DILTHEYS; ja, es gibt nicht einmal Ansätze zu einer historisch-kritischen Gesamtausgabe". Siehe dazu Rudolf LASSAHN: Neue Quellen und Literatur zur Dilthey-Forschung. In: ZEITSCHRIFT FÜR PÄDAGOGIK. 20. Jg. Heft 1. Februar 1974. S. 129 - 139; hier S. 130.

6) Vgl. die Ausführungen S. 19ff.

an friedensrelevanten Erziehungsintentionen, Erziehungsaufgaben und Erziehungsmitteln. Stärker gesellschaftsbezogene [7] und gesellschaftskritische Erziehungskonzepte für Frieden haben daher dieses historische Defizit aufzuholen. Sie müssen dabei die Fundierung kritischer Friedenstheorie für Gegenwart und Zukunft initiieren und abstützen; vor allem auch, um Faktoren zum Gesellschaftsbegriff zu erklären, weil von Bedeutung ist, welche Friedensdimensionen durch Erziehung angezielt werden können, etwa die Ebene einer Weltgesellschaft, die Ebene der eigenen Gesellschaft oder die Ebene unmittelbar einsehbarer Bereiche wie Klein-Gruppen und Groß-Gruppen.

Bezogen auf die Erziehung ist ein noch in unsere Gegenwart hineinwirkendes Gesellschaftsverständnis schon bei Wilhelm DILTHEY beschrieben: "Die Erziehung ist eine Funktion der Gesellschaft". [8] Erziehung, "ein Verhältnis zwischen Erwachsenen und Heranwachsenden", [9] ist "in einer absichtlichen und planvollen Tätigkeit" [10] begründet. Die "Erziehung, sofern sie die Heranwachsenden den Bedürfnissen der Gesellschaft anpaßt, ist (...) ein Bedürfnis der Gesellschaft". [11] DILTHEY versteht unter Gesellschaft in diesem Zusammenhang "den Status der Menschheit in gegebenem Moment". [12] Zur Stellung des Individuums gegenüber

---

7) Selbst gegenwärtig gibt es noch Nachschlagewerke, die den Begriff 'Gesellschaft' in seiner Relevanz für Erziehungstheorie und Erziehungspraxis kaum berücksichtigen. Vgl. hier etwa Neues pädagogisches Lexikon. Sp. 418 - 421.
8) Wilhelm DILTHEY: Gesammelte Schriften. IX. Band: Pädagogik. Geschichte und Grundlinien des Systems. Stuttgart/Göttingen 1960[3]. S. 192.
9) Ebd. S. 192.
10) Ebd. S. 192.
11) Ebd. S. 192f (Hervorhebung im Original).
12) Die als authentisch befundenen, bisher unveröffentlichten Texte sind "einer Nachschrift der Pädagogik-Vorlesung DILTHEYS vom

der Gesellschaft erklärt DILTHEY: "Der Mensch ist nun einmal in die Gesellschaft hineingeboren, es darf nicht zum Konflikt zwischen Individuum und Gesellschaft kommen".[13] Die "Erhaltung und Steigerung der Leistungskraft der Gesellschaft"[14] ist von der Erziehung abhängig, wobei "die Familie der eigentliche Sitz der Erziehung"[15] ist. Dazu ist die Familie "durch Verhältnisse von Abhängigkeit und Gemeinschaft den anderen Zentren der äußeren Organisation der Gesellschaft, Gemeinde, Kirche, Staat, untergeordnet. So erstreckt sich die Herrschaft dieser Zentren auch zu der Erziehung des Kindes".[16] Relevante Erziehungsintention ist dabei "die in Familie und Gesellschaft sich vollziehende Anpassung ...".[17]

Die von DILTHEY vorgelegte Erziehungskonzeption betont ein "V e r h ä l t n i s v ä t e r l i c h e r H e r r s c h a f t";[18] als relevante Binnenstruktur weist dieses System ein generelles Erziehungs- und Anpassungsinteresse an gesellschaftliche Bedürfnisse aus, das aber Veränderungen zur Reduzierung inhumaner Lebensbedingungen verhindert. Dafür wird der geltende Status quo betoniert; das hierarchisch angelegte Eltern-Kind-Erziehungsverhältnis ist hier mit all seinen Abhängigkeitsfaktoren auf die gesellschaftliche Ebene transponiert, es dient zugleich durch die historische Begründung der Erziehungsstra-

---

Fortsetzung Anmerkung 12):
Sommersemester 1884 in Berlin entnommen". Vgl. W. DILTHEY: Schriften zur Pädagogik. Besorgt von Hans-Hermann GROOTHOFF und Ulrich HERRMANN. Hrsg. durch Theodor RUTT. Paderborn 1971. Anmerkung 73. S. 308; zum Zitat siehe § 4: Die Erzieher oder die Funktionäre der Erziehung in der Gesellschaft (Pädagogik abhängig von Politik). S. 113 - 115; hier S. 114.
13) W. DILTHEY: Schriften zur Pädagogik. S. 114.
14) W. DILTHEY: Gesammelte Schriften. Bd. IX. S. 197.
15) Ebd. S. 195.
16) W. DILTHEY: Schriften zur Pädagogik. S. 114.
Ebenso heißt es: "Erziehung ist eine beständige Funktion der menschlichen Gesellschaft; ihr Rechtsgrund liegt zunächst in dem Bedürfnis (der Erneuerung der Gesellschaft); die Machtzentren der Gesellschaft (Familie, Gemeinde, Kirche, Staat) bilden die Träger der Erziehungsfunktion" (W. DILTHEY: Schriften zur Pädagogik. S. 113).
17) W. DILTHEY: Schriften zur Pädagogik. S. 113.
18) W. DILTHEY: Gesammelte Schriften. Bd. IX. S. 193 (Hervorhebung im Original).

ditionen als gesellschaftliches Spiegelbild für Regeln, für Ordnung, Sitte und gesetzte pädagogische Gesetzmäßigkeiten.

Ein derartig fundierter Herrschaftstyp, gleichermaßen ineinandergreifend, zum ersten als Erziehungsbasis und historischer Erziehungshintergrund, zum zweiten als Erziehungsbedingung und zum dritten als praktizierte Erziehungsmethode, ist jedoch für die heutige Erziehungsstrategie fragwürdig und bedenklich, allein schon wegen der konzeptionell enthaltenen strukturellen Gewalt.[19)]

Das Konzept verweist ebenso auf einen entscheidenden Punkt:
Der jeweilige Entfaltungsraum ist qua Erziehungssystem hierarchisch-überindividuell, durch vorangestellte und verbindlich erklärte Gesellschaftsverhältnisse festgeschrieben und gesteuert: Mittels Anpassungsmechanismen und Vorbildmuster liegt die Verweigerung von Erziehungsrisiko und Erziehungsfreiräumen im Bereich von Familie, Schule und/oder Erziehung nahe. Historisch abgeleitete und tradierte Erziehungserfahrungen, Normen und wissenschaftliche Forschungsmuster unterstellen Gemeinde, Kirche, Staat als entscheidende Erziehungsträger, die das "Herrschaftsverhältnis" des Vaters über seine Kinder entscheidend regulieren.[20)]

---

19) Die Vielfalt der hier möglichen Aspekte und die darin eingebundene Komplexität kann hier erst einmal nur andiskutiert werden, zumal die Perspektive, Erziehungswissenschaft kritischer zu sehen und als Sozialwissenschaft auszufächern, gerade erst am Entwicklungsbeginn steht.
Vgl. dazu Thomas FEUERSTEIN: Emanzipation und Rationalität einer kritischen Erziehungswissenschaft. Methodologische Grundlagen im Anschluß an Habermas. München 1973.
Dieter ULICH: Gesellschaftskritik und Emanzipation. Pädagogik als Konflikt-Theorie. In: Ders. (Hrsg.): Theorie und Methode der Erziehungswissenschaft. Probleme einer sozialwissenschaftlichen Pädagogik. Weinheim 1972. S. 51ff; 80.
Wolfgang LEMPERT: Bildungsforschung und Emanzipation. Über ein leitendes Interesse der Erziehungswissenschaft und seine Bedeutung für die empirische Analyse von Bildungsprozessen. In: NEUE SAMMLUNG. 19. Jg. 1969. S. 347 - 363.
Auch in: Dieter ULICH (Hrsg.): Theorie und Methode der Erziehungswissenschaft. S. 479 - 498.
20) Vgl. W. DILTHEY: Gesammelte Schriften. Bd. IX. S. 194.

Als pädagogische SOLL-Direktive initiiert dieses Konzept insgesamt im gesellschaftlichen Kontext eine kontinuierliche Anlehnungserziehung,[21] die eine harmonistische gesellschaftliche Einpassung und Anpassung unterstützt. Diese hat demnach Vorrang vor konkreter gesellschaftlicher Veränderung, die eine Abstellung inhumaner gesellschaftlicher Strukturen anstrebt, die wegen ihrer Gewaltwirkungen die Verbesserung von individuellen und kollektiven Lebensbedingungen aufhalten.

An diese Einstellungen und Implikationen ist jedoch erst ein Gesellschaftsbegriff der Friedenspädagogik gebunden. Als anwendungsorientierte Erziehung zum Frieden initiiert sie mittels Analysen und Handlungen gewaltlose Veränderung; diese Veränderung gesellschaftlicher Verhältnisse ist auf mehr soziale Gerechtigkeit ausgerichtet, und Entfaltungs- und Lebensverhältnisse sind hierbei entscheidende Faktoren. Sonst zeigte sich Friedenspädagogik systemstabilisierend. Deshalb hat sie im gesellschaftlichen Feld Formen der individuellen und kollektiven Friedlosigkeit zu bekämpfen, Gewaltreduzierungen und Folgen der Hierarchieerziehung bewußt zu machen; und hierzu muß sie organisierte und historisch fundierte Ungleichheit analysieren.

Falls Erziehung zum Frieden diese elementaren gesellschaftlichen Bezugsfelder nicht übergehen möchte, kann sie sich der bei DILTHEY exemplarisch ermittelten Konfliktdistanz bis Konfliktfeindlichkeit nicht mehr anschließen. Die unmittelbare Auseinandersetzung mit der konkreten gesellschaftlichen Wirklichkeit rückt so in den Mittelpunkt und bildet sich zum entscheidenden Träger heraus.

Daran ist auch eine in der wissenschaftlichen Diskussion einsetzende, stärker gesellschaftsorientierte kritische Erziehungswissenschaft

---

21) DILTHEY sagt hier: "In der beständigen Erneuerung der Gesellschaft bedarf es einer Assimilation der neu in sie eintretenden Elemente". Vgl. dazu: Schriften zur Pädagogik. S. 111.
Siehe ferner: Klaus MOLLENHAUER: Erziehung und Emanzipation. Darin: Kap. "Funktionalität und Disfunktionalität der Erziehung". S. 22ff.

anzuschließen, die seit dem Ende der sechziger Jahre in Gang gekommen ist und die SCHALLER bezüglich der Umorientierung so beschreibt:

"Nicht ein Sollen, sondern das kommunikativ ermittelte "Ist" der anstößigen Wirklichkeit, das auch die Hintergründe des Gegebenen aufklärt, setzt Handeln in Bewegung".[22] Sicherlich muß dem Handeln hier Analyse, Aufklärung und Bewußtmachung vorausgehen, die einer Friedenstheorie im Hinblick des eigengesellschaftlichen und internationalen Unfriedens erst recht aufgetragen sind, wenn Individuen und Gruppen durch aktuelle und konstruktive Gesellschaftskritik Impulse, Motivationen und Handlungskonzepte gegen Unfrieden für ihre Bedürfnisse und Interessen freizulegen und durchzugestalten haben.

Bei der Analyse erziehungswissenschaftlicher Konzeptionen hebt auch KLAFKI hervor, "daß die geisteswissenschaftliche Pädagogik die Verflechtungen zwischen Gesellschaft und Erziehung nicht oder nur ganz unzulänglich erforscht hat" (...), was "der Ausdruck einer gewissen Enge der traditionellen Fragestellungen dieser Richtung der Pädagogik"[23] ist.

---

22) Karl-Hermann SCHÄFER/Klaus SCHALLER: Kritische Erziehungswissenschaft und kommunikative Didaktik. Heidelberg (2. verb. u. erw. Aufl.) 1973. S. 100; zum Problem von "Wissen und Handeln" siehe bei SCHALLER in SCHÄFER/SCHALLER: 1. Auflage 1971. S. 16ff, 77ff den erläuterten Gesellschaftsbezug, der in der 2. Auflage in einer "gesellschaftlichen Ortsbestimmung der Pädagogik" (S. 6) weitergeführt wird; vor allem hier S. 23ff; 78f; 97ff; 145ff.

23) Wolfgang KLAFKI: Erziehungswissenschaft als kritisch-konstruktive Theorie: Hermeneutik - Empirie - Ideologiekritik. In: ZEITSCHRIFT FÜR PÄDAGOGIK. 17. Jg. 1971. S. 351 - 385; hier S. 380 (Hervorhebung im Original).
Vgl. ferner Franz WELLENDORF: Ansätze zur erziehungswissenschaftlichen Theoriebildung in der BRD. Darin den Abschnitt "Erziehungswissenschaft als Geisteswissenschaft". In: Dietrich GOLDSCHMIDT/Christa HÄNDLE/M. Rainer LEPSIUS/Peter-Martin ROEDER/F. WELLENDORF: Erziehungswissenschaft als Gesellschaftswissenschaft. Probleme und Ansätze. Teil I. Hrsg. von Carl-Ludwig FURCK/Dietrich GOLDSCHMIDT/Ingeborg RÖBBELEN. Heidelberg 1969. S. 82 - 97. "Pädagogik als Geisteswissenschaft" siehe auch bei Herwig BLANKERTZ: Pädagogik unter wissenschaftstheoretischer Kritik. In: Erziehungswissenschaft 1971 zwischen Herkunft und Zukunft der Gesellschaft. Hrsg. von Siegfried OPPOLZER. In memoriam Ernst LICHTENSTEIN. Ratingen 1971. S. 27 - 30.

Ohne Zweifel ist der Gesellschaftsbegriff mit einer Erziehungsintention der bedingungslosen Eingliederung für eine Friedenstheorie zu eng und deshalb ungeeignet. Weder eine individuell-unverbindliche Wahrnehmung gesellschaftlicher Verhältnisse noch das Ausklammern der Auseinandersetzung mit der Zukunft der eigenen Gesellschaft [23a] können einer friedensorientierten Erziehung Pate stehen. Gesellschaftliche Diskriminierungen, offene und versteckte Unterdrückungsformen (auch im Bereich der Erziehung), sowohl in eigenen als auch in fremden Gesellschaften unter der Maßnahme, Intentionen, gesellschaftliche Ordnungsvorstellungen und Ordnungssysteme unbedingt einzuhalten, um Gehorsamserfolge zu erzielen, diese Absichten unterlaufen erforderliche Friedensmotivationen. Sie fördern stattdessen rezeptiv unbefragtes Handeln.

Eine Friedenstheorie, die eher auf die Systemauseinandersetzung verzichtet, als daß sie diese zum Hauptschwerpunkt macht, würde die Bemühungen um die Analyse von friedensgeeigneten Friedensbedingungen nicht stützen. Darauf kommt es jedoch an; schließlich geht es darum, daß sich friedensorientierte Erziehung nicht der Beliebigkeit

---

23a) Die erforderliche Wende und Umorientierung der Erziehungswissenschaft begründet KLAFKI damit: "Die Förderung des einzelnen Kindes zur Entscheidungsfähigkeit oder Mündigkeit hin wird erst möglich, wenn die Beschränkung der pädagogischen Sorge auf das Individuum aufgehoben und die Dialektik individueller und gesellschaftlicher Emanzipation <u>dadurch</u> in den Blick gerät, daß die jeweiligen sozialen Bedingungen sowie die gesellschaftlich-politischen Funktionen der Erziehung untersucht werden.
Die konsequente Reflexion auf die Möglichkeit, dem einzelnen wirklich zur Selbstbestimmung, zur Emanzipation, zum Recht auf individuelles Glück zu verhelfen, führt die kritische Theorie zu der Einsicht, daß diese Möglichkeit <u>nur in einer entsprechend strukturierten Gesellschaft</u> gegeben ist. Erziehungswissenschaft im Sinne kritischer Theorie muß daher notwendigerweise zur permanenten Gesellschaftskritik werden oder sich mit Gesellschaftskritik verbünden, die an den genannten Prinzipien orientiert ist" (W. KLAFKI: Erziehungswissenschaft als kritisch-konstruktive Theorie. S. 383. Hervorhebungen durch KLAFKI).
Siehe auch bei W. KLAFKI: Erziehungswissenschaft 3. S. 264ff. (Funk-Kolleg).

gesellschaftlicher Ohnmacht anheimgibt, sondern ihre verändernde Kraft für die Beteiligten und Adressaten strukturiert sowie ihre gesellschaftliche Funktion gegenüber Friedensbedingungen und Friedensinteressen umfassend artikuliert.

Das aber gründet auf einen weitgefaßten Gesellschaftsbegriff, der die SEIN-SOLLEN-Dimension dadurch überwindet, daß er gesellschaftliche Wirklichkeiten ohne Verschleierung bruchlos darstellt. [24] Fragwürdig ist hier, geisteswissenschaftliche Pädagogik völlig auszuschalten, [25] da sie im Mikrofeld historisch bedingte Erziehungswirklichkeiten und Erziehungsmächte durchaus hinterfragt hat, wenn auch in stark traditionslastiger Intention, und hierbei nicht unter einem direkten friedenspädagogischen Anspruch.

Was aber sind nun Orientierungspunkte und richtungsweisende Momente eines für eine Friedenstheorie akzeptablen Gesellschaftsbegriffes ? Welche charakteristischen Bezüge muß dieser Begriff ausweisen ?

Vorerst ist zur Klärung der komplexen Fragestellung davon auszugehen, daß in einem besonders weitgefaßten Gesellschaftsbegriff eine exakte Definition am Anfang nicht angegeben werden kann, weil im Interesse einer stringenten Verbindlichkeit die Implikationen des Gesellschaftsverständnisses in einer Friedenstheorie erst im Diskussionsprozeß abzuklären sind. Eine auf Kritische Theorie [26] zurückzuführende Auffassung ist hierzu in einem ersten Ansatz anzuführen: "Begriffe wie

---

24) Vgl. K.-H. SCHÄFER/K. SCHALLER: Kritische Erziehungswissenschaft. 2. Aufl. S. 100.

25) Vgl. A. KUHN u.a.: Historisch-politische Friedenserziehung. Darin: Friedenserziehung als kritische Erziehungswissenschaft. Neben einer gezogenen Trennungslinie zwischen geisteswissenschaftlicher Pädagogik und kritischer Erziehungswissenschaft, die "mehr als eine akademische Übung" ist, wird festgestellt: "die Erfahrung zeigt, in welch hohem Maße die geisteswissenschaftliche Pädagogik der Friedenserziehung hinderlich im Wege steht" (S. 18).

26) Zu den Defiziten Kritischer Theorie und den Aufgaben kritischer Erziehungswissenschaft siehe den Beitrag von Heinz MOSER: Programmatik einer kritischen Erziehungswissenschaft. In: ZEITSCHRIFT FÜR PÄDAGOGIK. 18. Jg. 1972. S. 639 - 657.

Gesellschaft, in denen ein ganzer Prozeß zusammengefaßt ist, können nicht durch eine Verbaldefinition instrumentalisiert werden; sie sind zu entfalten". [27] Zwar hat eine Liste gesellschaftlicher 'Gegenstände' wie etwa Institutionenanalysen, Strukturanalysen, Schichtenanalysen, Herrschaftsanalysen, Machtanalysen, Gewaltanalysen, Parteien- und Verbandsanalysen als Interessens- und Konfliktinitiatoren, Kapitalanalysen, Erziehungs- und Ausbildungssystemanalysen, gesellschaftliche Randgruppenanalysen, Berufsfeldanalysen und ihre gesellschaftlichen Wirkungen, Konsumanalysen zu allgemeinen und/oder bestimmten Interessen/Produkten oder Umweltschutzanalysen u.a.m. längst noch keine Vollständigkeit. Trotzdem vermittelt sie einen Einblick in die Struktur der 'Genauigkeit', wenn gewissermaßen Gesellschaft summarisch 'definiert' ist.

Erziehungswissenschaft wie Friedenspädagogik machen hier keine Ausnahme. Selbst Tautologien verstärken hier begriffliche Unsicherheit. Dazu ein Beispiel: "Gesellschaftlich gesehen kommt der Schule die Aufgabe zu, durch planmäßige Erziehung in Kultur und Gesellschaft einzuführen, deren Erhaltung und Fortführung zu sichern und auf die Übernahme gesellschaftsrelevanter Erwachsenenrollen vorzubereiten". Abgesehen von dieser Aussage in einem pädagogischen Nachschlagewerk von 1970 [28] fällt auf, daß 'gesellschaftliche' Faktoren nicht auch nur im Ansatz näher erklärt sind. Und was heißt an dieser Stelle Kultur, was sind gesellschaftsrelevante Erwachsenenrollen ? Wie

---

27) Johannes BECK: Gesellschaft. In: Lexikon der Pädagogik. Neue Ausgabe. Bd. II. Freiburg 1970. S. 118.
28) Rita SÜSSMUTH: Kind und Jugendlicher. In: J. SPECK/ G. WEHLE (Hrsg.): Handbuch pädagogischer Grundbegriffe. Bd. I. S. 622.
Hier wäre zusätzlich zu prüfen, ob 'Gesellschaft' als Oberbegriff von abhängigen Begriffsskalen anzusetzen ist, als eine nicht näher fixierte Einheit oder als Strukturbegriff, dem ergänzende Begriffe zu addieren wären.

lauten dazu die Bedingungen ? Wer setzt fest, was wichtig und bedeutungsvoll für die Gesellschaft ist ? [29] Immerhin sind doch verschiedenste Ebenen angezielt. Trotzdem muß sich aus der Richtformel Erziehung als politische Abhängigkeitsfunktion und gleichzeitiger Interessensträger der Gesellschaft und Gesellschaft als ein in besonderer Abhängigkeitsfunktion der Erziehung stehender Interessenskomplex herausstellen lassen, daß dieser Beschreibungsversuch mit Vorläufigkeitscharakter für eine friedensrelevante Erziehung nicht zu eng gefaßt ist und als gesellschaftlicher Grundbegriff für eine Friedenstheorie herangezogen werden kann.

Sofern man beispielsweise in diesem Zusammenhang GALTUNG folgen kann, "brauchen wir eine vereinfachte Art des Denkens über Gesellschaft". [30] Der norwegische Friedensforscher beschreibt bei vier seinen Gesellschaftsentwürfen folgende Zielperspektiven: "In der konservativen Gesellschaft besteht das Ziel des Lebens darin, der Spitze der vertikalen Gesamtheit zu dienen, d.h., ihm (oder Ihm) zu dienen und wie Er zu sein ... In der liberalen Gesellschaft besteht das Ziel des Lebens in individueller Mobilität, darin, die Vorteile zu nutzen, die man in bezug auf die Fähigkeit, seine eigene Karriere zu machen, erfolgreich zu sein oder über den anderen zu stehen, haben mag. In der revolutionären Gesellschaft ist das Ziel des Lebens, die Gleichheit der gesamten Gesellschaft zu fördern, und doch nicht anders zu sein als sie.

---

29) Vgl. hier etwa den Fragenkatalog zum Gesellschaftsverständnis. In: Hans BOSSE/Franz HAMBURGER: Friedenspädagogik und Dritte Welt. S. 15.
Vgl. informativ auch die aufgezeigte Mehrdeutigkeit des Gesellschaftsbegriffs, die Verflechtung von Individuum und Gesellschaft anhand von Strukturen, Bedingungen, Erfahrungen bei Peter KRAUSE: Gesellschaft. In: Hermann KRINGS/Hans Michael BAUMGARTNER/Christoph WILD (Hrsg.): Handbuch philosophischer Grundbegriffe. Bd. 2. München 1973. S. 557 - 567.

30) Johan GALTUNG: Pluralismus und die Zukunft der menschlichen Gesellschaft. In: D. SENGHAAS (Hrsg.): Kritische Friedensforschung. S. 164 - 231; hier S. 164.

Aber welches Ziel könnte die post-revolutionäre Gesellschaft haben? Individualismus heißt Selbstverwirklichung, aber in einer egalitären Gesellschaft darf sich unsere eigene Selbstverwirklichung nicht auf Kosten der Selbstverwirklichung anderer vollziehen. Es muß eine Selbstverwirklichung sein, die zugleich zur Selbstverwirklichung anderer beiträgt, auch dann, wenn diese anderen anders sind als wir. Dieses Ziel haben viele große Denker dieser Welt formuliert, z.B. Gandhi und Marx; aber der Weg von der Formulierung des Ziels zu seiner gesellschaftlichen Verwirklichung ist lang und qualvoll und liegt immer noch vor uns".[31] Dabei müßte die Erziehung in einer derartigen Gesellschaft "Unähnlichkeit, Unbeständigkeit und Inkonsistenz zu Werten machen" ...[32]

Die Textpassage ist angeführt, um zu verfolgen, ob unterschiedliche Gesellschaftsmodelle wie das sogenannte konservative beziehungsweise das sogenannte liberale System im Grunde gegen Friedensentwicklungen gerichtet sein können.

Von daher ist es nicht ohne Wert und Brisanz, Friedenspädagogik damit zu konfrontieren. Daß eine generelle Entfaltung der Auseinandersetzung mit den Fakten und Folgen der Ungleichheit, der Gewalt und einer traditionellen Bevormundung in verschiedensten Erziehungsfeldern erst gesellschaftliche Erziehungsperspektiven und ihre Defizite als eigene sozio-kulturelle Bedingungen vermitteln kann, muß auf der einen Seite für die Neuanlage einer friedensorientierten Erziehung berücksichtigt werden.

Auf der anderen Seite kann eine derartige Analyse befürchtet werden. Mit der erweiterten Ermittlung und Aufdeckung der Folgen von Ungleichheit, Gewalt und Bevormundung ist der antihumane Charakter von traditionslastigen und überstrapazierten politischen Prioritäten als zweifelhafter partei-politischer Erfolgszwang, als zweifelhafter

---

31) J. GALTUNG: Pluralismus und die Zukunft der menschlichen Gesellschaft. S. 169f (Hervorhebungen im Original).

32) Ebd. S. 190 (Hervorhebungen im Original).

einziggültiger Maßstab offenkundig, weil eben Gesellschaftspolitik, sowohl in der Verfolgung des Status quo als auch in der Zielsetzung von Strukturänderungen, an partei-politisch fixierte Nützlichkeit und finanzielle Zweckmäßigkeit angeschlossen wird. Maßstäbe der Praktikabilität dienen hierbei in ihrer Anlage kurzfristigen gesellschaftspolitischen Maßstäben, was allerdings kaum an eine zielintensive Förderung von Friedensbedingungen im eigenen Gesellschaftsbereich heranreichen muß.
Friedenspädagogik kann bei diesen Problemkomplexen auf die Dauer dazu beitragen, daß in der eigenen Gesellschaft das Bewußtsein wächst: Kontrolle, tradierte Leit- und Vorbildmechanismen, Anpassungshaltungen und bewährte Einordnungs- und Gehorsamsformen [33] dienen eher der individuellen/gruppenspezifischen Stabilisierung von Ohnmacht, als daß sie neue Handlungsfreiräume freisetzen.

Friedenstheorie schließt eine Überprüfung sowie die Strukturierung der Befunde der Sozialinstanzen im eigenen Erziehungssystem ein. Die "Sicherung des pädagogischen Raumes gegen die entfremdenden Zugriffe" [34] verdient hier eine permanente Beachtung; ebenso einseitig verkürzte politische Durchsetzungsinteressen sowie dogmatisch-ideologisch fixierte Ansprüche verbürokratisierter Erziehungsverwaltung, wenn sie eine Vertiefung und Erweiterung von Einfluß und Macht verfolgen.

Zum Komplex "Gesellschaft" legen etwa NICKLAS/OSTERMANN anwendungsbezogen zehn Lernziele vor, "die an die Ergebnisse der kritischen Friedensforschung anknüpfen". [35] Hier aber wird noch deutlich:

---

33) Vgl. in dieser Arbeit S. 209ff.
34) K. MOLLENHAUER: Gesellschaft in pädagogischer Sicht. In: Pädagogik. Neuausgabe (Fischer Lexikon). Hrsg. von Hans-Hermann GROOTHOFF. Frankfurt 1973. S. 108.
35) H. NICKLAS/Ä. OSTERMANN: Überlegungen zur Ableitung friedensrelevanter Lernziele aus dem Stand der kritischen Friedensforschung. S. 225 - 240; hier S. 229.

Das Lernziel "Erkennen, daß das eigene Denken und Handeln gesellschaftlich vermittelt ist", [36] erklärt kaum erst das konkrete Gesellschaftsverständnis; auch die Zielformel "Lernen, strategische und taktische Überlegungen zur Änderung der Gesellschaft anzustellen", [37] verzichtet auf die Nennung, welche Verhältnisse etwa die Gesellschaft veränderungsnotwendig machen. Zwar ist eine vorzeitige und vorschnelle einengende Disposition friedensrelevanter Erziehungsrichtung zugunsten einer offenen Konzeptualisierung vermieden. Trotzdem bleibt ungeklärt, ob nicht erst eine konkrete Bezeichnung gesellschaftlicher Störfaktoren Defizite der individuellen und gesellschaftlichen Emanzipation veranschaulichen; auch könnte abgegrenzt werden, ob die "Änderung der Gesellschaft" eigentlich auf die eigene, die europäische, auf eine kapitalistische, eine sozialistische oder auf eine Weltgesellschaft bezogen ist. Für Aussagewert und Verbindlichkeit ist von praktischem und wissenschaftlichem Interesse, welche "generellen Lernziele" [38] welchen konkreten Gegenständen, Gesellschaftsstrukturen, gesellschaftlichen Ebenen in welchen geographischen Dimensionen gegenüberzustellen sind. Planbarkeit und Realisierung [39] sind darauf ebenso angewiesen wie eine Füllung der Kategorien von Entfernung und Ausmaß der überhaupt möglichen Wirklichkeitserfassung. Denn es ist nicht zu übersehen, daß angezielte Friedensaktionen durch belastbare Friedensinteressen, Friedensmotivationen und Friedensbereitschaften abgestützt werden müssen.

---

37) Ebd. S. 230.
38) Ebd. S. 230.
Siehe auch ein ausgefächertes Problemraster: Tobias RÜLCKER: Allgemeine Ziele, Normenkonsens und Gesellschaftstheorie. Wissenschaftstheoretische Probleme der Curriculumforschung. In: PÄDAGOGISCHE RUNDSCHAU. 27. Jg. 1973. S. 134 - 149.
38) Ebd. S. 229.
39) Vgl. Teil III. Abschnitt 3 und Abschnitt 4.

Das heißt auch: Friedenspraxis ohne Theorie kann in bloßen Aktionismus ausarten, wenn nicht Perspektiven und Intentionen des Handelns vorher abgeklärt sind und eine Praxis des Friedens auf mögliche Realisierungs- und Erfolgsdefizite antizipierend reflektiert ist.

Ein friedensorientierter Gesellschaftsbegriff kann auch von einem regionalen Erziehungskonzept [40] Anregungen erhalten, das gegenwärtig heftige kontroverse Diskussionen auslöst. [41] Wenn aber ausschließlich Erziehung gesellschaftliche Fremdkritik zu sein hat, entwickelt sich die aktuelle Situation, daß nach einer überwiegenden Abstinenz der geisteswissenschaftlichen Pädagogik gegenüber der Gesellschaft nunmehr in einer Erziehungspraxis 'Gesellschaftslehre' sämtliche Bedingungen, Voraussetzungen und Möglichkeiten gegenwärtiger Erziehung grundsätzlich gesellschaftlich zu beziehen, abzuleiten und weiterzuvermitteln sind. [42] Die hier offenbar werdende gesellschaftliche Totalisierung der Erziehung kann sich aber vor einer gewissen Überdehnung nicht schützen, wenn nicht kreative Schwerpunkte und Interessen des einzelnen Subjekts neben gesellschaftspolitischen Veränderungsperspektiven als Erziehungsprimate gleichrangig Berücksichtigung finden.

"In den Hessischen Richtlinien für Gesellschaftslehre kommt Natur eigentlich nicht vor; alles ist Gesellschaft ..." [43] Die generalisierende These spricht nicht die Spannung an, in der beispielsweise

---

40) Vgl. Der Hessische Kultusminister (Hrsg.): Rahmenrichtlinien. Gesellschaftslehre. Sekundarstufe I. Erste Fassung o.J. 312 S.; Zweite Fassung (1973). 431 S. (Frankfurt/M.).

41) Die laufende Auseinandersetzung wird hier nicht dargestellt. Exemplarische Positionen skizzieren Beiträge von Ludwig von FRIEDEBURG, Hans MAIER. In: DIE ZEIT. Nr. 50. 7.12.1973. S. 20f; Hartmut von HENTIG, Golo MANN. In: DIE ZEIT. Nr. 51. 14.12.1973. S. 17f.

42) Die Frage der Ableitung und Legitimationsbreite müßte in einem eigenen Beitrag weiter geprüft werden. Vgl. Hilbert L. MEYER: Einführung in die Curriculum-Methodologie. München 1972 gibt hier wertvolle Anregungen.

43) Golo MANN: Sinnloser Bruch. In: DIE ZEIT. Nr. 51. 14.12.1973. S. 17. - Zur Kritik an der Kritik von G. MANN siehe Hubert IVO: Pedantische Lehrer ? Vermieste Dichtung ? Golo MANN hat die Didaktik für sich noch nicht entdeckt. In: FRANKFURTER RUNDSCHAU. 16.3.1974. Nr. 64. S. II.

Schule im Kontext der 'Gesellschaftslehre' zu sehen ist. Immerhin gilt es, die Frage nach Verbindlichkeit, Gültigkeit und Gewichtigkeit wiederholt zu stellen, die Richtlinien für sich beanspruchen; gleichzeitig ist auch für den Bereich Schule eine Betrachtung der Bildungsmöglichkeit des einzelnen Subjekts einzuschließen, um die Notwendigkeit der Veränderungsprozesse nachweisen zu können. Ebenfalls wird dann natürlich Ideologiekritik,[44] Ergänzung und alternative Darlegung erforderlich, wenn Sinn, Funktion und Aufgabe der Schule kontrovers eingestuft werden: "Die Schule ist Teil unserer gesellschaftlichen Ordnung und wandelt sich mit ihr".[45] Und die entgegengesetzte Position: Die Schule ist "nicht als Gegen-, sondern als Vor-Gesellschaft"[46] aufzufassen.

Von dem Hintergrund derartiger politischer Positionen, die nicht ohne parteipolitische Interessen zu denken sind und die auch nicht auf Partei-Tradition verzichten, ist hier ein leitender Anspruch aus seiner Anonymität herauszustellen. Wenn dieser dazu noch im Kontext der Priorität Erziehung zum Status quo, beziehungsweise Erziehung zur gesellschaftlichen Veränderung gesehen wird, kann die eigentliche Brisanz besonders offenbar sein. Friedenspädagogik, die sich nicht von einer Erziehung zur gesellschaftlichen Veränderung ausschließen kann, fundiert gerade dann ihre kritische Funktion, wenn sie antihumane Friedensdefizite der eigenen Gesellschaft offenlegt. Dieser konkrete Aufgabenkomplex impliziert die Bestätigung der Legitimität einer Erziehung zum Frieden. Eine Hierarchie-Analyse, beispielsweise in der konkreten Erziehungsstruktur, wird personale und strukturelle Gewalt aufdecken können und dabei auf ein noch offenes und weitreichendes Forschungsfeld aufmerksam machen, dem sich Erziehungswissenschaft bisher kaum gestellt hat. Damit wäre erneut Zweiflern gegenüber

---

44) Vgl. Teil III. Abschnitt 4. S. 151ff.
45) Ludwig von FRIEDEBURG: Die Schule ist ein Teil der Gesellschaft. In: DIE ZEIT. Nr. 50. 7.12.1973. S. 20.
46) Hans MAIER: Die Schule ist eine Vor-Gesellschaft. In: DIE ZEIT. Nr. 50. 7.12.1973. S. 21.

deutlich zu machen, daß Friedenspädagogik eine solide Legitimität hat und einen unverzichtbaren Beitrag leistet für eine gesellschaftskritische Erziehung.[47)]

Was aber sind im Rahmen einer Friedenstheorie orientierende Daten, die ebenso eine Bestandsaufnahme etwa gegenwärtiger Erziehungsbedingungen in der eigenen Gesellschaft berücksichtigen wie ihre mögliche Veränderung sondieren ?

Erstens kommt es für das Individuum auf die Fähigkeit zur kritischen (hier im Verständnis von gründlich, umfassend, differenziert geprüft) Wahrnehmung und Aufdeckung von friedenshemmenden Strukturen im eigenen Erziehungssystem an.[48)]
Zweitens sollen beim Subjekt kritische Analysen im Nahbereich, im gesellschaftlichen sowie im internationalen Bereich ein grundlegendes Interesse an der Reduzierung von Ungleichheit, tradierter Bevormundung und überflüssiger Abhängigkeit hervorrufen und verstärken.[49)]
Drittens macht dies die Fähigkeit zur Selbstkritik - als Äquivalent zur gesellschaftlichen Fremd-

---

47) Es wäre auch in die praxisorientierte Diskussion einzubringen, daß die den Hessischen Rahmenrichtlinien zugrundeliegenden vier Lernfelder zur Gesellschaftsanalyse, die Aspekte "Sozialisation", "wirtschaftliche Verhältnisse", "institutionalisierte Machtausübung" und "zwischenstaatliche Beziehungen", friedensfördernde Ansätze darstellen.
Von Bedeutung dürfte weiterhin die methodologische Strategie sein, die in der Praxis darüber Auskunft gibt, inwieweit sich Erziehung an den Grundsatz der Gewaltlosigkeit hält (vgl. Hess. Rahmenrichtlinien. S. 11f, 1. Fassung; S. 20f, 2. Fassung und die dort gemachten Erläuterungen über "Lernfelder").
Siehe weiter Gerd KÖHLER/Ernst REUTER (Hrsg.): Was sollen Schüler lernen ? Die Kontroverse um die hessischen Rahmenrichtlinien fürdie Unterrichtsfächer Deutsch und Gesellschaftslehre. Frankfurt 1973.
48) Vgl. dazu die versuchten Ansätze in Teil IV. S. 185ff.
49) Vgl. Teil V. S. 247ff.

kritik - unverzichtbar. Denn subjektbezogene Emanzipation als Selbstbefreiung [50] ist in ihrem Hintergrund und mit ihren Bedingungen durch die gesellschaftliche Emanzipation als prozeßhaft zunehmende überregionale soziale Gerechtigkeit verschränkt. [51] Eines bedingt das andere, und dies ist wechselseitig zugeordnet.

Unbestritten ist dieser Ansatz einer sich konsolidierenden Friedenstheorie Teil kritischer Erziehungswissenschaft, die die "Freigabe der Mündigkeit als das leitende Erkenntnisinteresse der Erziehungswissenschaft" [52] anteilig zu erwirken versucht, wobei "Erziehung nicht länger als fortschrittshemmende Institution zu dulden" [53] ist. Individuelle Mündigkeit wie kollektive Mündigkeit von Gruppen erweisen sich nämlich an der individuellen wie kollektiven Entscheidungsfähigkeit und Stabilität im Konflikt, [54] für dessen Austragung und Lösung in gleichem Maße die Kritik der Interessenswidersprüche und ihre verdeckten Hintergründe erforderlich ist.

Das bedeutet: Gesellschaftskritische Erziehung für Frieden hat, in der Weiterführung von kritischer Erziehungswissenschaft, bei der Konzep-

---

50) Vgl. Anmerkung 57) in diesem Abschnitt.
Siehe auch in Anlehnung an die Kritische Theorie den begrifflichen Bedeutungsfächer der Emanzipationsaspekte bei Ernest JOUHY: Zum Begriff der emanzipatorischen Erziehung. In: GESELLSCHAFT - STAAT - ERZIEHUNG. 17. Jg. 1972. S. 145 - 149; ebenso hier auch Wolfgang HILLIGEN: Anmerkungen zu einem Schlüsselbegriff. S. 150 - 153.
Zum Zusammenhang von Friedenspädagogik und Emanzipation siehe eigene Ansätze in: Zur Theorie und Praxis der Friedenspädagogik. S. 11 - 20.

51) Leitsätze wie "Erziehung ist politisch", "Erziehung ist stabilisierend oder kritisch" müßten diesen inneren Zusammenhang weiter aufgreifen. Vgl. etwa Klaus SCHALLER: Die Schule muß wieder erziehen. In: ZEITWENDE. Wissenschaft-Theologie-Literatur. 44. Jg. 1973. S. 199 - 206; hier S. 200ff.

52) u. 53) Herwig BLANKERTZ: Pädagogik unter wissenschaftstheoretischer Kritik. In: Erziehungswissenschaft 1971 zwischen Herkunft und Zukunft der Gesellschaft. S. 31.

54) Vgl. hier siebzehn "Lernziele für die Konflikterziehung in Arbeitsgruppen". J. ESSER: Zur Theorie und Praxis der Friedenspädagogik. S. 89f.

tualisierung eine Selbstregulierung und Selbstbestimmung unbedingt an gesellschaftlichen Verhältnissen einzubringen und anzulegen. Die Formel "Kritik an der Gesellschaft" [55] muß allerdings auch Kritik der subjektiven Einstellung implizieren, jedoch nicht, um von gesellschaftlichen Mißständen abzulenken. [56]

Der Kritikbegriff enthält ein für eine Friedenstheorie besonderes Gewicht, wenn, im Bereich der Bundesrepublik, Kritik als lebenslange, umfassende Auseinandersetzung mit der eigenen Gesellschaft schlechthin angesetzt wird. Dabei wird Friedenspädagogik verstärkt in eine dialektische Disposition zu überführen sein, für die anzusetzen ist: "Nur dem, der Gesellschaft als eine andere denken kann denn die existierende, wird sie (...) zum Problem; nur durch das, was sie nicht ist, wird sie sich enthüllen als das, was sie ist ..." [57]
Für die Erziehungs- und Friedenspraxis, was bisher nicht als kongruent anzusetzen ist, folgt daraus: Analysen und alternative Kritik

---

55) Karl-Hermann SCHÄFER In: K. SCHALLER/K.-H. SCHÄFER: Kritische Erziehungswissenschaft und kommunikative Didaktik. 2. Aufl. S. 146 (Hervorhebung im Original).
Zum Begriff der Kritik siehe weiter Renate BROECKEN: Kritik. In: Gerh. WEHLE (Hrsg.): Pädagogik aktuell. Lexikon pädagogischer Schlagworte und Begriffe. Bd. 1: Erziehung, Erziehungswissenschaft. München 1973. S. 113f;
Dietmar KAMPER: Kritik, Kritizismus. In: Lexikon der Pädagogik. Bd. 2. S. 491f.
Zu Stellung und Inhalt der Kritik in der Kritischen Theorie sowie zur Auseinandersetzung mit bisherigen wissenschaftstheoretischen Grundlegungen einer kritischen Erziehungswissenschaft in Anlehnung an die Frankfurter Schule siehe Dietrich HOFFMANN: Ansatz und Tragweite einer "kritischen Erziehungswissenschaft". In: WESTERMANNS PÄDAGOGISCHE BEITRÄGE. 23. Jg. 1971. S. 167 - 175;
Dietrich HOFFMANN: Zur historischen Funktion Kritischer Erziehungswissenschaft. In: WESTERMANNS PÄDAGOGISCHE BEITRÄGE. 25. Jg. 1973. S. 136 - 143.
56) Vgl. etwa die Materialien, die im Rahmen der "Aktion Kleine Klasse" von dem Arbeitskreis Grundschule e.V., Frankfurt/Main zusammengesetellt werden.
57) Theodor W. ADORNO: Zur Logik der Sozialwissenschaften. In: Ders. u.a.: Der Positivismusstreit in der deutschen Soziologie. Frankfurt 1969. S. 142.

gesellschaftlicher Widersprüche sind mit dem Interesse an praktischem Handeln aufs engste verklammert, um so gesellschaftliche Defizite als friedenshemmende Lebensbedingungen abzubauen. Die Frage ist auch, wie eine verkürzende Gesellschaftskritik in Form dogmatischer Auseinandersetzung, aus schon inzwischen vorgeführter genereller Negierung der Gesellschaft, herauszuführen ist. [58)]

Gesellschaftskritik und friedensorientierte Erziehung könnten zumindest zwei Problematisierungsphasen zur erweiterten friedenspädagogischen Grundlegung angeben; dies ist hier für die eigene Gesellschaft exemplarisch angedeutet:

a) Gesellschaftliche Kritik verfolgt auf dem Hintergrund friedenspädagogischer Konzeptualisierungsintentionen weniger abstrakte und beliebig austauschbare Sollensformeln, nach dem friedenshemmende Defizite aufgezeigt sind; stattdessen müssen alternativ solche konkreten Ansätze, Bedingungen und Modelle entwickelt werden, die Versuche und Strategien zur Umstrukturierung und zum Abbau von Gewalt - etwa in gegenwärtigen Erziehungsbedingungen - ermöglichen.

Fortsetzung Anmerkung 57):
An dieser Stelle ist in einer auf praktisches Handeln gerichteten Erziehung der Stellenwert der Selbstreflexion zu kennzeichnen. Jürgen HABERMAS sagt dazu: "In der Selbstreflexion gelangt eine Erkenntnis um der Erkenntnis willen mit dem Interesse an Mündigkeit zur Deckung; denn der Vollzug der Reflexion weiß sich als Bewegung der Emanzipation. Vernunft steht zugleich unter dem Interesse an Vernunft. Wir können sagen, daß sie einem emanzipatorischen Erkenntnisinteresse folgt, das auf den Vollzug der Reflexion als solchen zielt". In: Erkenntnis und Interesse. Frankfurt 1968. Darin der Abschnitt: "Kritik als Einheit von Erkenntnis und Interesse". S. 243ff; hier S. 244 (Hervorhebung durch HABERMAS).
Zur "Selbstreflexion" siehe auch J. HABERMAS: Erkenntnis und Interesse. In: Ders.: Technik und Wissenschaft als 'Ideologie'. Frankfurt 1968. S. 146 - 168; hier besonders S. 159; zum Kontext von Selbstreflexion, Erkenntnis und Interesse siehe weiter S. 159 - 164.
58) Vgl. bei Hans-Jochen GAMM: Was heißt Friedenserziehung in der spätbürgerlichen Gesellschaft ? In: Schule & Nation. Die Zeitschrift für ein demokratisches Bildungswesen. 18. Jg. 1972. Heft 1. S. 2-5.

b) Für Individuum, Gruppe(n) und Gesellschaft sind entscheidend der Weg und die Form der mit Erziehung zum Frieden intendierten Umsetzung. Welche Methode soll und kann friedenshemmende Verhältnisse, beispielsweise Erziehungsstrukturen, verhindern, reduzieren und/oder überwinden ? An der Lösungsstrategie dieser Problematik wird sich ebenso entscheiden müssen, inwieweit das Ausmaß der Verbindlichkeit des Friedens für die Erziehungspraxis Folgen hat beziehungsweise ohne Konsequenzen bleibt.

Alternativen-Kritik, die Schüler, Lehrer und Eltern ansetzen, arbeitet nicht nur wissenschaftliche Dogma-Positionen auf. Sie erläutert und fundiert in einer Friedensdidaktik, wie, wo und wann Frieden sich entfalten kann. Alternativen-Kritik hat so antizpierenden Stellenwert. Auf welchem Hintergrund, von welchem wissenschaftstheoretischen Standpunkt aus, mit welchem Instrumentarium Alternativen-Kritik Friedensvoraussetzungen initiiert, hängt aber nicht zuletzt von Zielintentionen ab, die zugrunde gelegt werden müssen. Wissenschaftliche Zielmotivationen zum Frieden bedürfen hier aber ebenso der Kritik wie eventuelle politische Vorentscheidungen, die in den Forschungsprozeß und Erfahrungshorizont einfließen.
So ist langfristig zu prüfen, ob Friedensvoraussetzungen garantiert sind, wenn eine Erziehung zur gesellschaftlichen Verbesserung oder eine Erziehungskonzeption zur gesellschaftlichen Veränderung oder, als grundlegende Zielposition, eine Erziehung zur Systemüberwindung der eigenen Gesellschaft angestrebt wird. Eine radikale Systemüberwindung wird jedoch nicht auf eine konkrete Gewaltanwendung verzichten können. Dies ist aber eine äußerst fragwürdige Auffassung, durch die vertreten wird, daß Friedenspädagogik eben nur 'kritisch' sein kann, wenn sie davon ausgeht, daß eine Erziehung zum Frieden, die die eigene Gesellschaft akzeptiert, unwirksam bleiben muß [59] und als konstruktive Erziehung ungeeignet bleibt.

---

59) Vgl. H.-J. GAMM: Was heißt Friedenserziehung in der spätbürgerlichen Gesellschaft ? S. 3ff.

Eine Offenlegung von ideologischen Vorentscheidungen gilt es deshalb ebenso als Moment alternativer Kritik aufzunehmen wie die Erhellung der jeweiligen Grundkonzeption einer Erziehung zur Verbesserung der Gesellschaft, beziehungsweise die einer Erziehung zur Veränderung der Gesellschaft.
Die Intention "Verbesserung" dürfte dabei gegenüber der Intention "Veränderung" Unterschiede sowohl im Ausmaß als auch in Verbindlichkeit, Dringlichkeit, durch Prioritätensetzung, Methodenwahl und durch die Intensität aufweisen, weil Verbesserung verstanden ist als langfristige Reform exemplarischer Bereiche, etwa der formalen pädagogischen Infrastruktur, ohne daß hier die eigentlichen Erziehungsbedingungen erfaßt werden.

Die Strategie der gesellschaftlichen Veränderung durch anteilige Erziehungskonzepte schließt aber nicht nur Kritik an Erziehungsinhalten ein, sondern im Erziehungsbereich auch an Maßnahmen, Methoden, Selbstverständnissen, an Erziehungsstile, Straf-, Ordnungs- und Bevormundungsmechanismen sowie gewaltimmanenten Erziehungshierarchien, die sich als Systemverhältnisse zeigen, die Selbstbestimmung, Selbstentfaltung und Konfliktstabilität mehr verhindern als stützen und erweitern.

Als jeweilige intentionale Differenz bei den Konzeptionen Verbesserung, Veränderung, Systemüberwindung [60] ist hier das Prinzip der Gewaltlosigkeit innerhalb von Verbesserung und Veränderung sowie das der Gewaltbejahung in der Intention Systemüberwindung zu beachten. Eingeschlossene Richtorientierungen von gesellschaftlicher Evolution beziehungsweise von gesellschaftlicher Revolution verweisen - trotz

---

Fortsetzung Anmerkung 59):
Vgl. auch H.-J. GAMM: Kapitalinteresse und Friedenserziehung. In: Chr. WULF (Hrsg.): Kritische Friedenserziehung. S. 63f.
Zur Kritik der "Strategie der Systemüberwindung" siehe etwa Helmut SCHELSKY: Systemüberwindung, Demokratisierung und Gewaltenteilung. München 1973[2]. S. 19 - 37.
60) Vgl. Peter REISINGER: Systemüberwindung und Bewußtseinsänderung. In: DIE NEUE GESELLSCHAFT. 19. Jg. 1972. S. 868-872.

der Ambivalenz der Begriffe - einmal auf den politischen Kontext, in dem Erziehung allgemein steht und aus dem Erziehung zum Frieden im besonderen nicht herauszulösen ist, wenn sie gewaltlose Strukturveränderungen anstrebt. Zum anderen verweist der Stellenwert von Gesellschaftskritik in dem hier vertretenen Erziehungskonzept gleichfalls auf die Strukturierung von politischer Handlungsfähigkeit als friedensrelevante Erfahrung, und zwar dies im Feld politischer Prozesse, also dort, wo das Individuum, die Gruppe auf Interessen stößt, deren Erfüllung widersagt werden können; und dies ist nicht auf die organisierten Bereiche wie Familie, Schule, Ausbildung allein einzugrenzen. Eine schweigende Mehrheit [61] der Abhängigen erstreckt sich außerdem auf die sogenannten Randgruppen der Gesellschaft, auf Arbeiter, Gastarbeiter oder auch Rentner, die etwa nicht mehr als gesellschaftlich produktiv gelten.

Gesellschaftliche Kritik stellt politische Kritik dar, wenn Defizite der Existenz- und Lebensbedingungen der Gegenwart zur Sprache kommen. Dies als unpassend oder nicht relevant abzutun, hieße die Wirklichkeiten und Folgen des Unfriedens ignorieren.

Daran kann sich aber keine Erziehung zum Frieden beteiligen. Sie hat stattdessen, wenn sie ihre kritische Funktion legitimieren und erschließen will, darauf zu drängen, daß nicht mehr Gehorsam, sondern mehr Ungehorsam, nicht mehr Ja, sondern mehr Nein, nicht mehr Eingewöhnen, [62] sondern mehr Widerspruch gegenüber konkreten gesellschaftlich und historisch vermittelten Zwängen zu entfalten ist.

Insofern kann sich eine von Individuen und Gruppen artikulierte Alternativ-Kritik an gesellschaftlichen Systemverhältnissen als Erfassungs-

---

61) Vgl. Konrad WÜNSCHE: Die Wirklichkeit des Hauptschülers. Berichte von Kindern der Schweigenden Mehrheit. Köln 1972.

62) Vgl. Hermann GIESECKE: Politische Bildung - Rechenschaft und Ausblick. In: GESELLSCHAFT - STAAT - ERZIEHUNG. 13. Jg. 1968. S. 284.
Vgl. Theodor W. ADORNO: Erziehung zur Mündigkeit. Vorträge und Gespräche mit Hellmut BECKER. 1959 - 1969. Hrsg. von Gerd KADELBACH. Frankfurt 1970. S. 153.

und Aufklärungsmoment, als Bewegungsmoment und als eine die Veränderung einleitende prozeßhafte Entwicklung entfalten. Kritikfähigkeit und Hinterfragen, als Voraussetzung zum Andersdenken über vorgegebene Normen, als Bedingung zu Widerspruch und Widerstand gegen angewendete strukturelle Gewalt, als Mittel gegen Bewältigung von persönlicher und kollektiver Angst, dieses ermöglicht erst das Eingehen von Risiken in und für eine mehr Entsicherte Erziehung zum Frieden, die auf Wagnis setzt und nicht profitbetont ist. Zu erkennen dürfte hierbei sein: Ohne subjektive Sicherheit, ohne subjektiv aufgelöste Isolation, ohne die subjektive Gewißheit, Konflikte auszuhalten, kann kaum friedenshemmenden Erziehungs- und Lebensbedingungen begegnet werden; es sei denn, die Interessen für Frieden erschöpfen sich in Verbalbekenntnissen, weil beispielsweise unbedingt Erziehungswissenschaft und Erziehung eine neutrale Vermittlungsfunktion in der Gesellschaft einzunehmen hätten. Das aber ist angesichts der Wertbedingtheit, die Frieden und Erziehung einschließt, nicht möglich.

Allerdings dürfte hier die angesprochene Spannung auf das Faktum verweisen, daß Erziehung zum Frieden durch ihre gesellschaftskritische Zielsetzung, die notwendig eine Veränderung enthält, herausragend gerade als eine politische Pädagogik [63] einzuordnen ist. Denn die "Überwindung vorhandener Wirklichkeit zugunsten einer besseren Wirklichkeit" [64] gilt besonders für eine an Unfrieden orientierte Friedenspädagogik. Daher muß Friedenspädagogik gerade dann, wenn sie gewichtige Wirklichkeiten der organisierten und verwalteten Friedlosigkeit überprüft, zum gegenwärtigen Forschungszeitpunkt eine <u>D e f i - z i t - T h e o r i e</u> als Teilbereich einer Friedenstheorie grundlegen, [65] ohne damit der eigenen Gesellschaft eine generelle Absage zu erteilen oder für ihre Abschaffung zu plädieren.

---

63) Diese bisher stark vernachlässigte aktuelle Dimension der Erziehung hat etwa Klaus SCHALLER: Die politische Pädagogik des J.A. Comenius. In: Gerhard MICHEL/K. SCHALLER (Hrsg.): Pädagogik und Politik. Comenius-Colloquium Bochum 1970. Ratingen 1972. S. 13 erneut herausgestellt.

64) Ebd. S. 13.

65) Vgl. Teil IV.

Von daher kann und soll eine Defizit-Theorie als Teil einer Friedenstheorie dazu beitragen, daß grundlegende Erziehungsperspektiven kritisch überprüft und angesichts ausgeuferten Unfriedens für eine friedensorientierte Erziehung weiterentwickelt werden. [66)]

Ermittelte gesellschaftliche und pädagogische Friedlosigkeitsfakten machen hier unbedingt Veränderungsnotwendigkeiten erfahrbar, die dabei nicht zuletzt das Konzept einer friedensorientierten kritischen Erziehungstheorie [67)] unterstützen.

Dabei an den Stellenwert von Kritik als bereits historisch vernachlässigtes pädagogisches Prinzip zu erinnern, [68)] dies gründet nicht zuletzt auf der Tatsache, daß Kritik an Verhältnissen und Organisationen, etwa als Obrigkeitskritik, Institutionenkritik, Bevormundungskritik, Abhängigkeitskritik, Normen- und Erziehungszielkritik eine gesellschaftliche Veränderungswirkung nicht nur enthält, sondern auch in der täglichen Erziehungspraxis von Schule und Ausbildung einleiten muß. [69)] Wie anders kann zum Beispiel der Lehrer seinen Schülern konkrete Perspektiven der Zukunft des Friedens in der Gegenwart aufzeigen, wenn er eine unverbindliche Neutralität vorzieht und nicht zu genereller Analyse und Alternativ-Kritik gegenüber internationaler Verhältnisse und denen in der eigenen Gesellschaft ermuntert ? Und das geht auch nicht ohne Alternativ-Kritik an Umfeld und Arbeitsfeld.

---

66) Siehe dazu die folgenden Abschnitte von Teil III.

67) Vgl. die Versuche von Günter WITSCHEL: Die Erziehungslehre der Kritischen Theorie. Darstellung und Kritik. Bonn 1973.
Vgl. ferner K.H. SCHÄFER/K. SCHALLER: Kritische Erziehungswissenschaft und kommunikative Didaktik. (2. Auflage 1973) S. 145: "Die Kritikbegriffe in Erziehungswissenschaft und Didaktik".
Hier wird auch auf den historischen Kontext verwiesen.
Ebenfalls SCHÄFER/SCHALLER (1. Aufl.) S. 16 - 34, ferner S. 62.

68) Siehe die Ausführungen von H. BLANKERTZ: Theorien und Modelle der Didaktik. S. 11 - 113; ferner die differenzierten Elemente zum Begriff der Kritik in einer kritischen Erziehungstheorie bei Henning LUTHER: Kritik als pädagogische Kategorie. In: THEOLOGIA PRACTICA. 8. Jg. 1973. Heft 1. S. 1 - 16; hier S. 7.

69) Vgl. Albrecht WELLMER: Kritische Gesellschaftstheorie und Positivismus. Frankfurt 1969. S. 40ff.

Alternativ-Kritik im friedensbezogenen Erziehungsprozeß ist so nicht bloß auf Lerntheorien eingefaßt, die durchaus Anpassungsintentionen verlängern und verstärken können, sondern zielt hier auch auf praktische Kritik, die zum Befreiungshandeln aus inhumanen Zwängen motivieren soll.

Auf dieser Grundlage darf Gesellschaftskritik und Alternativ-Kritik in Erziehungsprozessen im Bereich der Schule als ein leitender Aspekt der hier zu strukturierenden Friedenstheorie eingestuft werden. Die für Individuum und Gruppe notwendige und lebenswichtige alternativkritische Einstellung gegen Unfrieden ist dabei kaum als ein beliebig zu handhabendes didaktisches Erkenntnisinstrument zu bewerten, sondern hat vorrangig Sinn und Stellenwert in der unmittelbaren Auseinandersetzung und Überwindung mit sozialen Mißständen, Friedlosigkeiten, nicht aufgearbeiteter und versteckter Unterentwicklung, vertreten durch Strukturen und Personen in Erziehung und Gesellschaft.

Gesellschaftskritik und Alternativ-Kritik kann in Erziehungsprozessen an der Schule zusätzlich eingesetzt werden, um unbegründete, unkritische und/oder optimistische Friedensvorstellungen abzubauen, weil sie einer Friedenspädagogik nicht zugrundeliegen können. Hierzu ist einzusehen, daß optimistische Friedensvorstellungen gesellschaftliche Wirklichkeiten des Unfriedens eher verdecken, als daß sie sie bewußtmachen. Ein Friedensoptimismus neigt auch dazu, ein in Erziehungsprozessen langfristig angestrebtes Friedensbewußtsein auf ein Punkt- und Momentbild zu verkürzen, das ohne Wirkung bleibt.

2. Friedenspartizipation als Erziehungsprinzip

Wenn nun Bedingungen und Intentionen einer Friedenspartizipation diskutiert werden, dann ist Friedenspartizipation verstanden als Willensbildungs- und Entscheidungsprozeß für ein rational begründbares Engagement für Friedensvoraussetzungen. Dabei schließt die angestrebte Friedenspartizipation eine Integration und Kooperation mit Gewalt und Unfrieden aus.

Ein erster Schritt der Friedenspartizipation als Erziehungsprinzip, das als eine leitende Orientierung in Erziehungsprozessen anzusehen ist, [1] artikuliert sich an differenzierten Wahrnehmungsfähigkeiten gegenüber versteckter oder struktureller Gewalt, die als eine der tragenden Hintergrundphänomene des Unfriedens angesehen werden muß. [1a]

Diese Erläuterungen sind notwendig, damit Fehldeutungen vermieden werden können. Denn der Begriff der Friedenspartizipation impliziert eine Abhebung vom Begriff der "Parteilichkeit", [2] dem unterlegt ist: "Parteilichkeit zerreißt (...) (das, J.E.) historische Lügengespinst von Objektivität. Mit der internationalen Solidarität der Arbeiterklasse, die freilich selbst Werk von Kampf, Agitation und Erziehung ist, bieten sich für den Pädagogen neue Möglichkeiten der Bundesgenossenschaft". [3] "Regulierender Bezugspunkt pädagogischer Parteilichkeit aber ist die Arbeiterklasse". [4]

GAMM verwendet Parteilichkeit nicht nur als Ausgangspunkt und Methode für eine generelle Kapitalismuskritik. Sie ist für ihn ein absolut politischer Standpunkt: "Das pädagogische Prinzip Partei-

---

1) Vgl. auch Heinz MÜHLMEYER: Prinzipien und Maßgaben der Erziehung. In: Lexikon der Pädagogik. Bd. 3. S. 345.
1a) Vgl. in dieser Arbeit S. 78f und 83f.
2) Hans-Jochen GAMM verwendet den Begriff "Parteilichkeit als Bildungsprinzip" in: "Das Elend der spätbürgerlichen Pädagogik. Studien über den politischen Erkenntnisstand einer Sozialwissenschaft. München 1972. S. 53 - 63.
3) Ebd. S. 61 (Hervorhebung im Original).
4) Ebd. S. 61 (Hervorhebung im Original).

lichkeit macht dem Frieden der pädagogischen Kollaboration mit den Mächtigen ein Ende".[5)]

Eine derartige Perspektive ist in der rigorosen Diktion bedenklich, weil Parteilichkeit in Form der einseitigen Parteinahme äußerst kritisch zu sehen ist, und weil das Problem besteht, daß bestehende Unfriedensverhältnisse mittels alternativer hartnäckiger Parteinahme neue Unfriedensverhältnisse hervorrufen, da politischer Gegenzwang und Gegendruck als Lösungsinstrument eingesetzt werden können.

GAMM empfiehlt den konkreten Kampf.[6)] Dieser ist zu initiieren, um "die Beseitigung des fundamentalen Unrechts des kapitalistischen Systems"[7)] zu erreichen. Denn "Parteinahme ist radikale Behauptung eines richtenden Standortes, von dem aus es nicht länger möglich ist, die Verhältnisse zu tolerieren ..."[8)]

Grundsätzlich kann allerdings nicht auf ein radikales, d.h. gründliches Engagement für die Herstellung von Friedensbedingungen verzichtet werden, weil Frieden durch Unfrieden zugedeckt wird und herkömmliche Erziehung diesen gravierenden Zusammenhang noch überspringt. Friedenspartizipation aber unkritisch oder verabsolutierend anzugehen, ist kaum zu vertreten.

So ist einzusehen, daß sie, auf eine einseitige Parteilichkeit reduziert, zu belastet sein kann;[9)] auch dürfte nicht innerhalb der theoretischen Umsetzung versteckte und/oder offene Manipulation unterlegt sein.

---

5) Ebd. S. 61 (Hervorhebung im Original).
6) Vgl. ebd. S. 60.
7) Ebd. S. 60; ferner S. 62.
8) Ebd. S. 60 (Hervorhebung im Original). GAMM greift diesen Gedanken wieder auf in seinem Aufsatz: "Zur politisch-pädagogischen Kritik der Friedenserziehung". In: DIE DEUTSCHE SCHULE. S. 105 - 117; hier S. 114ff.
9) Vgl. D.-J. LÖWISCH: Friedenspädagogik. S. 800f.

Zur Abwendung dieser Gefahren ist anzusetzen: Das Erziehungsprinzip Friedenspartizipation übersteigt Vereinseitigungen dann, wenn es als Lernfeld begriffen wird, in dem langfristig didaktische Impulse, Anregungen und Dauermotivationen Bedingungen für Friedensvoraussetzungen anzielen, die verhindern, daß Friedenspartizipation nicht verkürzt als eine einmalige Handlungsbeteiligung oder einmalige alternative Aktion gegen Unfriedensfakten im gesellschaftlichen Feld angesehen wird. Zu dem ist dann eine noch kaum ausgefächerte Differenz auszuleuchten, die zwischen Realisierungsmöglichkeiten im Bereich der Erziehung und tatsächlichen Realisierungsbedingungen besteht. [10]

Herausgefilterte Differenzen dürften aber nicht nur Friedensdefizite benennen; sie sollten auch offenkundig machen, was etwa grundlegende Friedenspartizipation aufhalten, zurückdrängen oder zudecken kann: Gesellschaftliche, regionale oder lokale Entfaltungshindernisse, überflüssige Abhängigkeiten, die die individuelle Emanzipation behindern, sowie vor allem Ausbildungsbedingungen. Besonders unter diesem letzten Aspekt ist hier der "Bildungsnotstand - Notstand der Bildungspolitik" [11] geradezu exemplarisch; er kann nämlich ein markantes Beispiel struktureller Gewalt aufzeigen:

Fortsetzung Anmerkung 9):
Vgl. weiter Hans-Günther ASSEL: Ideologisierung oder politische Bildung ? Zur Problematik der Parteilichkeitsthese. In: GESELLSCHAFT - STAAT - ERZIEHUNG. 17. Jg. 1972. S. 359 - 380; ferner Rolf SCHÖRKEN (Hrsg.): Curriculum "Politik". Von der Curriculumtheorie zur Unterrichtspraxis. Opladen 1974. S. 209; jetzt auch A. KUHN: Einführung in die Didaktik der Geschichte. S. 71f. Hier wird für den politisch-historischen Unterricht eine "Fähigkeit zur Parteinahme" andiskutiert.

10) Vgl. hierzu Versuche in J. ESSER: Welche Chancen hat eine Friedenserziehung durch Familie, Schule und Erwachsenenbildung ? S. 15 - 26.

11) Georg PICHT: Bildungsnotstand - Notstand der Bildungspolitik. In: STUTTGARTER ZEITUNG. Nr. 199. 29.8.1973. S. 12. Unter dem Titel "Vom Bildungsnotstand zum Notstand der Bildungspolitik" erneut veröffentlicht in: ZEITSCHRIFT FÜR PÄDAGOGIK. 19. Jg. 1973. S. 665 - 678.

"Es gibt heute Kultusminister, die die Dreistigkeit besitzen, zu behaupten, der Lehrermangel sei im Prinzip behoben. Daß die Klassenfrequenzen weit oberhalb aller national und international anerkannten Normen liegen, daß ein großer Teil des Unterrichts von fachfremden Lehrern gegeben wird oder ausfällt, und daß die ländlichen oder entwicklungsschwachen Regionen mit Bildungseinrichtungen unterversorgt sind, scheint sie nicht zu kümmern .... Die Behauptung, der Lehrermangel sei behoben, ist deshalb ebenso falsch wie gefährlich. Der Grund dafür ... ist lediglich fiskalischer Natur. Sie (die Kultusminister, J.E.) haben kein Geld, um die Lehrer zu bezahlen. Das ist in der Tat ein Kardinalproblem ... Aber der Schluß: was nicht bezahlt werden kann, sei eben deshalb auch nicht nötig, ist in der Bildungspolitik ebenso falsch wie im Umweltschutz." [12)]

Auch dieses Geflecht von bedenklichen gesellschaftlichen Wirklichkeiten intendiert in einer kritisch reflektierten Friedenspartizipation Widerspruch gegen direkte und indirekte Gewalt, der mit einem emanzipatorischen Stellenwert der Selbst- und Gruppenverwirklichung verschränkt ist. Friedenspartizipation ist dabei aber nicht darauf angelegt, durch Indoktrination zu manipulieren und entfremdende Zielpositionen zu verfolgen, sondern für Friedenspartizipation ist von erheblichem Gewicht, daß sie fortwährend entlastet und inhaltlich entideologisiert, aber auch enttabuisiert wird; auch dies, damit sie nicht als simple oder wirklichkeitsfremde und idealistische Überzeugungspädagogik abzuqualifizieren ist, sondern als kritischer Versuch gelten kann, um Lernprozesse über antagonistische gesellschaftliche Unfriedensverhältnisse in Gang zu setzen und zu fundieren. Abwehr-Kritik gegenüber der Friedensforschung wird hier entlarvt, wenn sie mit dem oben von PICHT angezeigten Interessenszusammenhang in Verbindung

---

12) G. PICHT: Bildungsnotstand. S. 668.

gebracht wird, daß eben nur dies nützlich und akzeptabel ist, was bezahlt werden kann; einmal gesetzten und verordneten Etatmaßstäben wird dabei nicht nur historische, sondern sogar noch Ewigkeitspriorität [13)] zugestanden.

Daß Bedingungen und Intentionen zur Friedenspartizipation ständiger Erweiterung bedürfen, kann nicht ausgeklammert werden.

Eine Friedenspartizipation, für die noch keine Erziehungstradition aufzuzeigen ist, bleibt jedoch eng verklammert mit alternativer Erziehung gegenüber Unfrieden und Ohnmacht. Das beinhaltet: Eine Friedenspartizipation ist nicht durch Lippenbekenntnisse zu bewältigen. Im Gegenteil, sie strukturiert sich in der ersten Phase entsprechend den Ausführungen im vorigen Abschnitt durch Kritik und alternative Kritik, durch Hinterfragung von Bedingungen emanzipatorischer Defizite, die den Willensbildungs- und Entscheidungsprozeß für Friedensvoraussetzungen verhindern und/oder hemmen. Insofern stützt das Erziehungsprinzip Friedenspartizipation diese pädagogische Intention entscheidend ab: Frieden entsteht nicht aus sich selbst, sondern ist abhängig von menschlichem Bewußtsein, Planen und Handeln gegenüber Unfrieden. Frieden hat dazu, in Abhebung von Unfrieden, Sinn und Zielpriorität zugleich für eine intersubjektive Lebensbewältigung. [14)]

---

13) Neuerdings beteiligen sich daran auch überregionale Tageszeitungen mit großer Breitenwirkung. Vgl. zur Herabsetzung von Friedens- und Konfliktforschung Günter ZEHM: Und noch'n Konflikt ... In: DIE WELT. Nr. 156. Beilage: Die geistige Welt. 7.7.1973. S. II.
Günter ZEHM: Das Hauptfach Konflikt macht Kinder zu Chaoten. In: DIE WELT. Nr. 16. 19.1.1974. S. 4.
Kurt REUMANN: Vom richtigen Gebrauch der "lieblichen Guillotine". In: FRANKFURTER ALLGEMEINE ZEITUNG. Nr. 149. 30.6.1973. S. 9.
Friedrich TENBRUCK: Friede durch Friedensforschung? Ein Heilsglaube unserer Zeit. In: FRANKFURTER ALLGEMEINE ZEITUNG. Beilage: Bilder und Zeiten. Nr. 298. 22.12.1973.
Johannes GROSS: Absagen an die Zukunft. Frankfurt 1974[2], S. 164ff.

14) Zu Bedingungen und Situationen im Schulalltag siehe in dieser Arbeit S. 209ff und 227ff.

Gerade hier sind eine verharmloste Ungleichheit oder folgenschwere Abhängigkeit als Selbstverwirklichungsdefizite aufzuzeigen.

Prozeßbedingte Friedenspartizipation hat als Erziehungsprinzip in einer Friedenspädagogik, die pädagogische und gesellschaftliche Verhältnisse kritisch untersucht und zu Alternativen anleiten möchte, einen herausragenden Stellenwert einzunehmen. Mit neuen sozialen Fragestellungen, die in den Erziehungskontext aufgenommen werden und entscheidende Ursachen des Unfriedens herausfiltern können, um Gewaltbedingungen bewußtzumachen, die zugedeckt sind, ist ein wichtiger Schritt getan. Allerdings ist nicht allgemein und auch nicht kurzfristig über die praxisbewährte Erfahrung zu verfügen, daß ein individuelles und kollektives Engagement zu erreichen ist. [15] Friedenspartizipation steht hier am Anfang; sie muß gerade die Praxis der Verbindlichkeit des Handelns im Erziehungsprozeß selbst entfalten.

Darüber hinaus bleibt zu klären, ob nicht Friedenspartizipation eine neue moralische Qualität repräsentiert, die sie nahelegt. Dabei ist zu berücksichtigen, daß eine Friedenspartizipation kaum einen voraussetzungslosen Wert [16] darstellt und deshalb entscheidend wird und wiederholt als erziehungsrelevante Leitfrage zu beantworten ist: Unter welchen Bedingungen und mit welchen Intentionen, die sich von jeweils herrschenden Unfriedensverhältnissen absetzen, kann das Individuum in der Gruppe interpersonal in Fabrik, Büro, Hochschule oder Dienstleistungsbetrieb, aber gerade auch in der Schule [17] Friedensstrukturen erwirken ? Zu dieser leitenden Frage, die für Erziehung und Gesellschaft zunehmende Bedeutung erlangt und die im Rea-

---

15) Vgl. hier Marianne GRONEMEYER: Individuelle und institutionelle Beteiligung. In: Hans-Eckehard BAHR (Hrsg.): Politisierung des Alltags. S. 165.
16) Vgl. V. ZSIFKOVITS: Der Friede als Wert. S. 41f.
17) Vgl. Teil IV in dieser Arbeit. S. 247ff.

lisierungsprozeß derzeit immer nur durch vorläufige Aspekte und Versuchsschritte zu kennzeichnen ist, sollten die beschriebenen Intentionen zu einer Friedenspartizipation als Erziehungsprinzip einführende Aspekte verdeutlichen.

3. Zur Planbarkeit des Friedens durch Erziehung

Die im vorigen Abschnitt angesprochene Friedenspartizipation muß durch das Problem der Planbarkeit des Friedens mittels anteiliger Erziehung ergänzt werden. Dabei könnte die Frage, ob durch Erziehung Friedensbedingungen, Friedensvoraussetzungen, Friedensstrukturen zu planen und zu gewinnen sind, das Problem einer verabsolutierten und einseitigen Erziehungskonzeption assoziieren. Darum aber geht es nicht, sondern vielmehr ist eine Diskussion erforderlich, ob Erziehung in der Praxis, mittelbar und unmittelbar, für Frieden und gegen Gewalt, Ohnmacht, soziale Ungerechtigkeit, Abhängigkeit und Ungleichheit wirken kann.

Gleichwohl ist das Selbstverständnis einer Friedenspädagogik angesprochen; vor allem der erziehungstheoretische Forschungsprozeß, daß eine Planbarkeit von Friedensprozessen mittels anteiliger Erziehungs- und Handlungsintentionen eben nicht auf die Verplanung von Individuen und deren Programmierung für Frieden gerichtet ist. Dies wäre sicherlich eine äußerst fragwürdige Friedensstrategie, in der entscheidende Selbstbefreiungsprozesse und Selbstbestimmungserfahrungen ausgeschlossen sein dürften, die aber gerade jede Erziehung tragen.

Planbarkeit des Friedens durch Erziehung ist nicht als Abrichtung oder unzulässige Verkürzung zu verstehen; sie ist ebensowenig - vom Standpunkt der Erziehungstheorie her - an die phantastische Perspektive angeschlossen, daß sie in der Lage sei, total und im internationalen Ausmaß kurzfristig, Gewaltstrukturen in unterschiedlichsten Gesellschaftsformen abzuschaffen und Frieden herzustellen.

Wenn hier von Planbarkeit des Friedens die Rede ist, dann liegt dieser zugrunde, daß der Planbarkeit des Friedens eine MIT-Trägerschaft für Friedensbedingungen und Friedensstrukturen zuzuordnen ist. Das schließt eine Planbarkeit des Friedens als Erziehungsperspektive ebenso ein wie die Stellenwertfrage gegenüber gesellschaftlichen

Prioritäten; dazu gehört nicht minder das Problem, inwieweit durch eine Klärung der Planbarkeitsfrage Handeln vorgeklärt wird, beziehungsweise Handeln pädagogische Bezugspunkte erhalten kann, ohne daß eine Verengung festzustellen ist oder Individuen determiniert werden.

Zwischen der Idee des Friedens und der Wirklichkeit des Unfriedens in Form von Friedlosigkeitsfaktoren und -strukturen der Makroebene und Mikroebene bestehen quantitative und qualitative Differenzen, die eher die Aussichtslosigkeit planenden Handelns dann verstärken, wenn sich Erziehung von der Planung von Friedensbedingungen und Friedensstrukturen ausschließt und das allein der Politik zugesteht. Eine derartige Position verbaut konstruktive Erkenntnis. Die Fragestellung, welche Perspektive eröffnet bewußt eingeleitete Erkenntnis und Erfahrung mit Basisstrukturen des Friedens, fällt innerhalb der Friedenspädagogik - zur gegenwärtigen Forschungsphase - mit folgenden Knotenpunkten zusammen:

Erstens: Planbarkeit des Friedens ist damit verschränkt, daß gesellschaftliche Außenverhältnisse und gesellschaftlicher Außendruck die Entfaltung von Friedensbedingungen durch Erziehung blockieren.
Zweitens: Planbarkeit des Friedens ist abhängig von konkreten Zielen und Inhalten des Unfriedens und seiner Veränderung.
Drittens: Planbarkeit des Friedens durch Erziehung stellt ein methodologisches Problem dar, das in der Praxis entschieden wird.

Die Problemdifferenzierung ist aber nicht nur an diese Aufteilungen gebunden, sondern erfordert auch ein kritisches Umdenken. In Bezug auf Planungsaspekte des Friedens mittels anteiliger Erziehung ist bei den Auseinandersetzungen [1] zu berücksichtigen, daß Frieden

---

1) Allgemeine Aspekte zur "Planbarkeit und Nichtplanbarkeit" diskutiert Klaus W. DÖRING: Lehrerverhalten und Lehrerberuf. Zur Professionalisierung erzieherischen Verhaltens. Eine Einführung. Weinheim 1971². S. 30 - 36. Weiterhin stellt A. KUHN im Rahmen

von der Erziehung weder aus der Distanz noch unverbindlich erwartet werden kann. Bedingungen und Strukturen des Unfriedens bedürfen geplanter Alternativen, die in pädagogischen Planungskonzeptionen zu verdeutlichen sind, ohne potentielle beziehungsweise direkte Friedensträger zu manipulieren.

Stattdessen stehen Erziehungsperspektiven im Hinblick auf Frieden und unter dem Anspruch der Friedensnotwendigkeit langfristig unter einem Zwang der Beteiligung; denn die offenen und/oder versteckten Unfriedensfakten können nicht länger sich selbst überlassen bleiben. Unter diesen Umständen liegt es nahe, daß Friedenspädagogik einen pädagogischen Rückzug auf die intra-individuelle Ebene aufhält, weil hier gesellschaftlich abzuleitende Friedlosigkeitsstrukturen oder strukturelle Gewalt kaum Beachtung finden; der notwendige, jedoch kritisch in seinen Auswirkungen zu beurteilende Erziehungsleitsatz der Selbstverwirklichung wird, angesichts der Friedensaufgaben für die Erziehung, dann weniger mit individuellen Friedfertigkeitsbedürfnissen und a-poli-

---

Fortsetzung Anmerkung 1):
einer historisch-politischen Friedenserziehung die Hypothese auf, daß Frieden machbar sei. Dies./Gisela HAFFMANNS/Angela GENGER: Historisch-politische Friedenserziehung. S. 24 und 27; auch vom psychoanalytischen Ansatz her wird dies angesprochen. Vgl. Tobias BROCHER: Psychologische Aspekte des Friedens. In: Ders. u.a.: Der Zwang zum Frieden. Stuttgart 1967. S. 17 - 31; siehe darin die Ansätze von Nicolaus SOMBART: Planung des Friedens. S. 33 - 52; besonders hier zu "Planungsfähigkeit" und "Planungsnotwendigkeit". S. 40ff. So wird deutlich, daß eine Friedenspädagogik zur Planungsfrage der Erziehung angesichts der Friedensdefizite neue Schritte und Leitorientierungen setzen muß. Allerdings zu erwarten, Friedenspädagogik könne konkret Weltfrieden herstellen, ist sicherlich illusionär.
Andererseits ist die Frage nach der Planbarkeit des Friedens durch anteilige Erziehungsprozesse mit dem Zusammenhang zu verknüpfen, daß eine Friedenspädagogik in der Schule - um Unfrieden aufzuhellen und um gegen ihn anzugehen - nicht auf Solidarisierungsstrategien gegen direkte oder indirekte Gewalt verzichten kann und daß diese Intention eine mögliche und realistische Alternative für eine Friedenspädagogik in der Schule darstellen kann (vgl. Teil V. Abschnitt 1).

tischem Bewußtsein zu konfrontieren sein als vielmehr mit dem das einzelne Individuum übersteigenden Bedürfnis und Interesse an Frieden. Auch ist nicht zu übersehen, daß Friedenspädagogik für alle Beteiligten eine Selbststabilität gegen Unfrieden anzustreben hat; jedoch dürfte dies kaum durch Isolierung oder Abkapselung von gesellschaftlichen Antagonismen zu erreichen sein. Das Prinzip individualistischen Handelns 'Mein Haus ist meine Burg!' ist dazu keine Leitsicht; ebenso nicht eine eher fatalistische Position, daß Frieden doch nicht zu planen sei, weil der einzelne dazu weder Macht noch Einfluß hat.

Eine neue erziehungswissenschaftliche Grunderkenntnis, nach der der Abbau der Vernachlässigung erziehungswissenschaftlicher Bemühungen für Frieden voranzubringen ist, tut not. Hier ist anzuschließen: Eine wiederholte Ablehnung etwa der Planbarkeit des Friedens [2] verstärkt gesellschaftliche Distanz, sie ignoriert, daß individuelle Emanzipation gesellschaftliche Emanzipation bindet; sie fördert a-politische Intentionen, sie übersieht die Konsequenzen und Implikationen, daß Erziehungswissenschaft Erziehung in internationalen und gesellschaftlichen Bezügen begreifen muß. [3]

Erziehung zum Frieden "bietet den direkten Weg zur Durchsetzung einer Praxeologie des Friedens". [4] Dabei müssen im Lernprozeß individuelle Dispositionen [5] mit gesellschaftlichen und internationalen Zusammenhängen [6] verbunden werden.
Diese Hinsicht ist keineswegs befremdlich, [7] weil Bedingungen und Intentionen zum Frieden nicht zu verkürzen sind, sondern

---

2) Vgl. D.-J. LÖWISCH: Friedenspädagogik. S. 809f.
3) Vgl. ebd. S. 790.
4) Vgl. K. KAISER: Friedensforschung in der Bundesrepublik. S. 55.
5) Vgl. ebd. S. 58.
6) Vgl. ebd. S. 58.
7) Vgl. Friedrich HACKER: Terror. Mythos - Realität - Analyse. Wien 1973.

eben auch strukturelle Ausmaße haben, bei denen die Ansätze der Planbarkeit und der Friedenspartizipation durch Erziehungsprozesse wichtige Bausteine darstellen.

Eine anteilige Planbarkeit des Friedens durch Erziehung als Element kritischer Friedenstheorie zielt ferner darauf, Ohnmachtserfahrungen an desillusionierenden Wirkungen des Unfriedens abzubauen. Analysen über Unfrieden können dazu inhaltlich und methodologisch neue Ziel- und Handlungsmodelle vorbereiten. Friedensplanung artikuliert dann kein bloßes Plädoyer mehr für Frieden, sondern grenzt eine wissenschaftliche Begründung ab.
Der Aspekt, daß Erziehung für den Frieden an die Einleitung von Bewußtseinseinstellungen durch planvolle Erziehungsstrategien zu binden ist, gründet allerdings auf der Intention, Erziehung gesellschaftlich und politisch in den Wirkungen und Defiziten zu sehen, die sich aus Gewaltstrukturen ergeben.[8)]

Die pädagogische Beteiligung an der Planung des Friedens bedingt ferner auch relevante Sozial-Probleme, Bedingungen und Verhältnisse, die einer Friedenspädagogik in der Mikro- und Makroebene zufallen. Eine Trennungslinie ist dabei nicht zu ziehen; sie ist widersinnig, weil Makrowirkungen der internationalen Ebene auf Mikrobedingungen der eigengesellschaftlichen Ebene einwirken und so auch Friedensintentionen, Friedensschritte und Friedensaktionen beeinflussen.[9)] Deshalb sind Aufgaben der Friedenspädagogik und

---

8) Vgl. dazu F. HACKER: Aggression. S. 203f.
9) Die angeschnittene komplexe Problematik artikuliert sich nicht zuletzt an Widersprüchen, Interessen und Interessensgegensätzen, die Konflikte unterschiedlicher Bedeutung und Ausmaße hervorrufen. Von daher ist es geboten, daß Erziehungswissenschaft konfliktpädagogische Schwerpunkte und Ansätze für Theorie und Praxis intensiviert, gerade auch im Interesse der Heranwachsenden, die mit internationalen und eigengesellschaftlichen Konfliktformen konfrontiert werden.

die für die Erziehung relevanten Ansätze und Maßnahmen nicht auf eine die Perspektive verengende Ausgewogenheit zwischen Mikro- und Makroproblemstellungen zusammenzupressen; dies etwa in der Absicht, Erziehung zum Frieden in ein Erziehungsschema einengen zu wollen oder auf Prinzipienkonstruktionen zu beschränken. Das ist nicht konstruktiv, weil auch Friedenspädagogik auf eine Wertneutralität verzichtet. Mit der Friedenspartizipation, mit der Aufnahme der Planbarkeit durch Erziehung werden Wertpositionen besetzt, die allerdings dauernder kritischer Sinnorientierung und Kritik auszusetzen sind, um konzeptionelle Verabsolutierungen und Vereinseitigungen abwenden zu können beziehungsweise zu überwinden.

Es ist hierbei auch die mögliche Verschränkung von Frieden und Erziehung im Sinne bewußter und unbewußter Einwirkungen zu hinterfragen, die Lernprozesse für Individuen oder Gruppen einleiten können. Dabei ist einzusehen, daß nicht alle Konsequenzen einer inneren und äußeren Verschränkung offenbar werden. Aber eine generelle Abwehr der Planbarkeit des Friedens durch Erziehung mittels einer Nichtplanbarkeitsposition dürfte mit verkürzenden gesellschaftslosen Aspekten der Erziehung kaum zu begründen sein.
Herkömmliche Erziehungstheorie setzt hier durchaus an.[10] Als Grundzug des "Nichtplanbaren in der Erziehung" stellt SCHLOZ den

---

Fortsetzung Anmerkung 9):
Nicht zuletzt könnten bisher nicht praktizierte und eingerichtete Ausbildungsgänge für Friedenserzieher an allen Hochschulen des Landes vorliegende Ergebnisse der Friedensforschung aufgreifen und dadurch eine wesentliche Aufgabe und Funktion von gesellschaftlichem Rang übernehmen, um eben auch abzusichern, daß Bewußtmachungsprozesse über Unfrieden und Frieden weiter vertieft und wirksame praktische und grundlegende Schritte eingeleitet werden.
Zur Planungsidee einer "Weltuniversität" der Friedensforschung siehe J. GALTUNG: Probleme der Friedenserziehung. In: ZEITSCHRIFT FÜR PÄDAGOGIK. 19. Jg. 1973. S. 185 - 200; hier S. 195f.
10) Vgl. Wolfgang SCHLOZ: Über die Nichtplanbarkeit in der Erziehung. Mainz 1964 (Diss.). Publiziert in der Schriftenreihe: "Probleme

Kernsatz auf: "Die Nichtplanbarkeit liegt in der schlechthinnigen Unvorhersehbarkeit der Zukunft" ... "Im Bereich der Erziehung die Zukunft bestimmen und vorwegnehmen, heißt aber nichts anderes, als den zu Erziehenden in diese Zukunft hinein nach einem bestimmten Menschenbild, das von einer Weltanschauung (im weitesten Sinne) übernommen wird, zu bilden und zu formen, ihn auf dieses Menschenbild hin festzulegen. Eine solche Festlegung aber läßt keinen Raum mehr für das Vernehmen eines Anspruchs, der an den Menschen ergeht und in dessen Erfüllung sich erst die Menschlichkeit einstellen kann, sondern sie erzeugt immer einen ganz bestimmten Typ, eine von vornherein bestimmte Ausprägung eines möglichen Persönlichkeitsbildes und verfehlt damit die Wahrheit des Menschen. Die Zukunft darf in einer die Individualität freigebenden Erziehung nicht geplant werden, weil jede Planung der Zukunft zugleich Festlegung beinhaltet." [11)]

Wegen der Gewichtigkeit der diskutierten anteiligen Planbarkeit des Friedens durch Erziehung ist dieser Ansatz exemplarisch zu prüfen.

Fortsetzung Anmerkung 10):
der Erziehung". Hrsg. von Theodor BALLAUFF, Marian HEITGER, Klaus SCHALLER. Wiesbaden-Dotzheim 1966.
SCHLOZ versucht "Die verborgene Planmäßigkeit in ungeplanten Erziehungsphänomenen" (S. 33ff) sowie "Die Überwindung der Planmäßigkeit in der Erziehung" (S. 56ff) am sogenannten fruchtbaren Moment im Bildungsprozeß, den Friedrich COPEI entwickelt hat, aufzuzeigen. An dieser pädagogischen Momentaufnahme der Erziehungsstruktur, aber auch durch die Auseinandersetzung mit den "unstetigen Erziehungsformen" (S. 67ff), die O.F. BOLLNOW in seiner Arbeit "Existenzphilosophie und Pädagogik. Versuch über unstetige Formen der Erziehung. Stuttgart 1959" vorgelegt hat, möchte SCHLOZ aufzeigen, "daß der Höhepunkt des Bildungsvorganges nicht in die Herrschaft des Menschen gegeben ist. Er entzieht sich dem planenden Zugriff des Menschen und kann deshalb nicht durch planmäßiges Vorgehen herbeigeführt werden, sondern wird dem Menschen im "Kairos" geschenkt" (S. 68).
Schließlich setzt SCHLOZ identisch: "... stetige und planende Erziehung meinen dasselbe. Schon von daher zeigt sich die Nichtplanbarkeit der unstetigen Erziehungsformen, da sie ja als das UN zum Stetigen zugleich auch ein NICHT zum Planbaren sind" (S. 78).
11) W. SCHLOZ: Über die Nichtplanbarkeit in der Erziehung. S. 87f (Hervorhebung im Original).

SCHLOZ betont: "Nur der offene, von sklavischer Bindung an einen Plan freie Mensch, der nicht an die Erfüllung eines verpflichtenden "Sollens" gebunden ist, das ja immer von Idealen und Vorbildern ausgeht, kann sich vorbehaltlos dem anheimgeben, was die Zukunft bringt. Nur ihm aber wird umgekehrt die Zukunft auch dann, wenn sie Gegenwart geworden ist, alles enthüllen, was in ihr verborgen ist ..." [12)]

Die Zitate erhellen eine Kluft, die zwischen einer auf das Individuum angesetzten Bildung [13)] besteht und der Problemstellung um eine Beteiligung der Erziehung an der Ermittlung und langfristigen Gewinnung von Friedensstrukturen.

An dieser Stelle ist auch darauf zu verweisen, daß kaum ein eventueller Zusammenhang zwischen Frieden durch Bildung oder Bildung durch Frieden diskutiert ist. Diese Hinsichten sind anscheinend noch zu wenig konkretisierbar. Ebenso ist kaum die Planbarkeit der Erziehung neu diskutiert, wenn sie als "Gesinnung und Handeln" [14)] skizziert ist. Darauf aber kommt es an: Zukunft kann im Gegensatz zu SCHLOZ durch rationale Planungskonzepte für Friedensbewußtsein antizipierbar werden, ohne dabei eine Manipulation heraufzubeschwören. Hinter der SCHLOZ-Distanz gegenüber der Zukunft, die nicht von der Erziehung geplant werden "darf", steht nicht nur eine gänzliche Idealisierung der Liberalität mit ihrem Indikator Toleranz, sondern auch das anscheinend unbewußte Übergehen derjenigen inhumanen Existenzbedingungen und friedensfremden Strukturverhältnisse, die eine Entfaltung auf Frieden hin blockieren.

Das Erziehungsprinzip der Uneinholbarkeit von Bildung ist unbestritten, in dem Sinne, daß sie unverfügbar ist. Jedoch bestimmt dies nicht

---

12) Ebd. S. 88f (Sperrungen im Original).
13) Bildungsphilosophisch-idealistische und a-gesellschaftlich fundierte Erziehungsansätze werden inzwischen kritischerer Wertung unterzogen. Siehe Heinz MÜHLMEYER: Bildung. In: Heribert HEINRICHS (Hrsg.): Lexikon der audio-visuellen Bildungsmittel. München 1971. S. 45 - 51 (mit Lit.).
14) H. MÜHLMEYER: Bildung. S. 50.

die Problematik des Unfriedens, ebensowenig etwa eine Nichtplanbarkeit der Friedenspädagogik.

Im Gegensatz zu SCHLOZ muß vom Standpunkt kritischer Friedenstheorie angesetzt werden, daß Zukunft sehr wohl schon in der Gegenwart beeinflußbar wird. Sonst würde nicht in der Gegenwart für die Zukunft eine Erziehung gegen Gewalt notwendig. Allerdings darf der Zukunftsaspekt der Erziehung nicht überstrapaziert werden. Aber die Rede über Frieden, über Erziehung und Planbarkeit des Friedens durch Erziehung, hat trotz ihrer ständig fragmentarischen und erweiterungsbedürftigen Gesichtspunkte, auch aufgrund der universalen Schichtungen des keineswegs nur mit Hoffnung und Optimismus anzustrebenden Friedens, besonders den Blick auf die Zukunft zu richten, weil Unfrieden nicht in der Gegenwart völlig abzubauen ist. Diese Sicht ist nicht auszuklammern. Das wäre wirklichkeitsfremd. Schon deshalb ist die Ablehnung, die SCHLOZ durch bildungs-philosophische Setzungen abstützt, unbrauchbar.[15)]

Die Planbarkeit des Friedens durch anteilige Erziehung intendiert einen alternativen Ansatz, der die Isolierung der Bezüge zur Gesellschaft im Erziehungsprozeß überwinden helfen kann. Eine sich an der gesellschaftlichen Gegenwart orientierende Erziehung kann hier eine wichtige Erfahrungsbasis abgeben. Der Ansatz der Planbarkeit ermöglicht dazu neue Aspekte, die etwa eine Fragestellung berücksichtigen können, inwieweit der Mensch eine Bejahung des Friedens überhaupt in der Realität mit allen Konsequenzen vollziehen kann. Dieser Problemkomplex, der eine umfassende Analyse notwendig macht, tangiert nicht nur die Grundstruktur der Planbarkeit des Friedens durch Erziehung. Er erfaßt auch die relevante Fragestellung nach den Grenzen der Planbarkeit und ihren nicht mehr realisierbaren Herstellungsbedingungen.

---

15) Zur utopischen Struktur der Friedenspädagogik und zum Inhalt zukunftsorientierter Erziehung siehe die Ausführungen in dieser Arbeit S. 161ff.

Hinter allem jedoch steht das offene Basisproblem: "Kann man zum Frieden erziehen ?"[16] Es kommt hierzu aber erst einmal nicht darauf an, eine wissenschaftliche Ohnmacht zu beklagen, sondern vielmehr ist seitens der friedensorientierten Erziehungswissenschaft zu ermitteln, ob Planbarkeit des Friedens durch Erziehung eine unkritische und bedeutungslose Position verkörpert oder ob eine tradierte Gewißheit über die Ohnmacht der Erziehung gegenüber dem gesellschaftlichen Druck verlängert ist.

Friede fällt der Gegenwart und Zukunft regional und überregional nicht einfach automatisch oder mechanisch zu. Seine Realisierung ist eher abhängig von der Herbeiführung von Friedensprozessen, die "Werk des Menschen"[17] sind. In dieser Hinsicht wird eine Planbarkeit weiter zu prüfen sein. Schließlich kommt es für die Erziehung zum Frieden darauf an, Barrieren auch in der Erziehungswissenschaft gegenüber planungsstrategischen Erziehungskonzepten abzubauen.

Die Akzeptierung der Basisposition zur Planbarkeit des Friedens durch Erziehung ist jedoch nicht nur mit einer Friedenspartizipation verschränkt; sie impliziert in der Erziehungsphase konkrete Handlungseinweisungen. Damit wird eine Planbarkeit des Friedens durch Erziehung nicht mehr bloß als abstrakter Satz begriffen. Sie offenbart Struktur, Hintergrund und Merkmale der Planbarkeit als Anwendung der Theorieaspekte. Planbarkeit des Friedens durch Erziehung ist hierbei nicht allein gekoppelt an Interessen, Bedürfnissen oder dem Willen des Einzelnen oder der Gruppen nach Frieden. Sie wird

---

16) Vgl. A. KUHN: Kann man zum Frieden erziehen ? Gedanken zu den Wegen und Irrwegen einer Friedenspädagogik. In: GESELLSCHAFT - STAAT - ERZIEHUNG. 16. Jg. Heft 3. Juni 1971. S. 145 - 158.
Zur Kritik der Machbarkeit Dieter A. SEEBER: Der Mythos der Machbarkeit. In: HERDER-KORRESPONDENZ. 26. Jg. 1972.S. 53-56

17) A. KUHN: Kann man zum Frieden erziehen ? S. 146. Dem liegt weiter die Annahme zugrunde, daß Frieden "plan- und machbar" (S.146) ist, wobei aber noch zu beleuchten wäre, welche Ebenen der hier angesprochene Frieden einbezieht, an dem eine kritische Erziehung in Theorie und Praxis mitwirken soll.

anwendungsabhängig und praktikabel, wenn sie durch Praxis für Frieden den abstrakten Ausgangspunkt ihres Postulates überwindet. Planbarkeit des Friedens durch Erziehung ist durch eine Konflikterziehung, die Ungerechtigkeiten, strukturelle Gewalt, Abhängigkeiten, soziale Ungleichheit und Fremdverfügungen als Unfrieden angeht, in einem wesentlichen praxisrelevanten Aspekt einzulösen.

4. Der ideologiekritische Aspekt

Bei einem Grundlegungsversuch zum Entwurf einer kritischen Friedenstheorie sind nicht zuletzt ideologiekritische Aspekte zu berücksichtigen. Dadurch erhalten die bisherigen Überlegungen zum gesellschaftskritischen Bezug, zu Intentionen einer Friedenspartizipation und zur Planbarkeit des Friedens durch Erziehung eine notwendige konzeptionelle Ergänzung.

Vorrang hat hier nunmehr die erziehungsrelevante Offenlegung von ideologiebedingtem Unfrieden; und es ist unterstellt, daß im Erziehungsbereich, in Schule und Ausbildung, ideologiekritische Analyeen ein friedensbewußteres Denken, Motivieren und Handeln initiieren, fördern und erweitern können, wenn sie determinierte Doppelgleisigkeiten, Verengungen oder Verschleierungen aufzeigen und bewußtmachen, beziehungsweise wenn sie gesellschaftlich-, system-, profit-, norm-, traditions-, tabu-, ziel-, sozio-kulturell- und weltanschaulich-bedingte Ideologiestrukturen oder Ideologieelemente erfassen. Damit wird der Versuch deutlich, Friedenstheorie an mögliche Handlungspraxis heranzuführen.

Die in dem Modellversuch weiter unten ausgefächerten sieben Schwerpunkte zu solchen negativen Ideologien können erläutern, daß eine Friedenspädagogik nicht bloß aus Zweckmäßigkeitsgründen, sondern aufgrund ihrer gesellschaftlichen Ausgangslage sowie ihrer konstruktiv-kritischen Friedensfunktion solche Ideologien [1] enthüllen muß, die

---

1) Zum gesamten Problemkomplex sind einige notwendige Anmerkungen zu machen.
a) Neben dem bereits entwickelten Versuch zur Ermittlung von "Kriterien zur ideologie-kritischen Analyse von Friedensdefinition" (vgl. J. ESSER: Zur Theorie und Praxis der Friedenspädagogik. S. 71 - 78) soll ein weiterer Ansatz zur Ideologiekritik vorgelegt werden, der die Aufklärung von friedenshemmenden Ideologien und ihre Verschränkung mit Faktoren des Unfriedens verfolgt. Dazu wird auch das gesellschaftliche Bedingungsnetz aufzuhellen sein.
(Fortsetzung S. 152.)

exponiert friedenshemmende Faktoren beinhalten.

Wegen der mannigfaltigen Bedingungen und komplexen Zusammenhänge soll im folgenden der Ideologiebegriff nicht 'definiert' werden,

---

Fortsetzung Anmerkung 1):
Wirklichkeitsorientierte Friedenspädagogik hat unter diesen Gesichtspunkten eine ideologische Entflechtung von gesellschaftlichen Zuständen unter Hinzuziehung ideologiekritischer Raster mit zu entfalten.
Wenn Ideologie-Analysen mit Kriterien einer Friedenspädagogik herausgearbeitet werden, ist jedoch das Problem zu beachten, daß Friedenspädagogik im Prozeß der Bewußtmachung und Überwindung von friedenshemmenden Ideologien etwa nicht selbst zu wirklichkeitsfremden Ideologien ausschwenkt.
b) Für eine weitere Auseinandersetzung ist hier in einer Auswahl Literatur angeführt, die die Ideologieproblematik unter dem Aspekt einer kritischen Erziehungswissenschaft berücksichtigt:
Paul ASCHER: Ideologiefreie Erziehungswissenschaft ? Zum Begriff der Ideologie in der Erziehungswissenschaft. In: PÄDAGOGISCHE RUNDSCHAU. 24. Jg. 1970. S. 182 - 186.
Johannes BECK: Zur ideologischen Funktion der Pädagogik. In: Klaus KIPPERT (Hrsg.): Einführung in die Soziologie der Erziehung. Freiburg 1970. S. 93 - 114 (mit Lit.-Hinweisen).
Herwig BLANKERTZ: Theorien und Modelle der Didaktik. München 1971[5]. S. 106ff.
Herwig BLANKERTZ: Didaktik. In/ J. SPECK/G. WEHLE (Hrsg.): Handbuch pädagogischer Grundbegriffe. Bd. I. S. 271ff.
Renate BROECKEN: Ideologie, Ideologiekritik. In: G. WEHLE (Hrsg.): Pädagogik aktuell. Bd. 1. S. 88ff.
Klaus W. DÖRING/Heinrich KUPFFER: Die eindimensionale Schule. Schulpädagogik als Ideologiekritik. Weinheim 1972.
Rudolf ENGELHARDT: Erkenntnisziel: Ideologie und Manipulation. In: DIE GRUNDSCHULE. Vierteljahresschrift für die Grundstufe des Schulwesens. 3. Jg. 1971. Heft 7. S. 35 - 40.
Heinrich KANZ (Hrsg.): Ideologiekritik in der Erziehungswissenschaft. Frankfurt 1972.
Wolfgang KLAFKI: Erziehungswissenschaft als kritisch-konstruktive Theorie: Hermeneutik - Empirie - Ideologiekritik. In: ZEITSCHRIFT FÜR PÄDAGOGIK. 17. Jg. 1971. S. 351 - 385.
Hans J. RATHERT: Ideologiekritik als Prinzip politischen Unterrichts. In: GESELLSCHAFT - STAAT - ERZIEHUNG. 9. Jg. 1964. S. 314 - 323.
Jürgen RITSERT: Inhaltsanalyse und Ideologiekritik. Frankfurt 1972.
Klaus WALLRAVEN/Eckart DIETRICH: Politische Pädagogik. Aus dem Vokabular der Anpassung. München 1971[2].
(Fortsetzung S. 153.)

weil mit einer engen Abgrenzung kaum pädagogisch relevante Leitperspektiven in fundierter Form zu verdeutlichen sind. Beispielsweise geht dieser Versuch einer Abgrenzung über einen Formelcharakter selbst nicht hinaus: "Ideologie ist Ideengebilde. Vielleicht könnte man die Bestimmung wagen: Ideologie ist eine idealistische Idee, die zum Idol geworden ist". [2)] Gewonnen ist mit den angeführten

---

Fortsetzung Anmerkung 1):
Peter WEINBRENNER: Zur Ideologiekritik wirtschafts- und sozialkundlicher Lehr- und Lernmittel. In: Aus Politik und Zeitgeschichte. Beilage zur Wochenzeitung DAS PARLAMENT. B 35/1973. 1.9.1973.

c) Literaturauswahl zu übergreifenden Problemstellungen der Ideologie:
Theodor W. ADORNO: Jargon der Eigentlichkeit. Frankfurt 1967.
Hans ALBERT: Traktat über kritische Vernunft. Tübingen 1968.
Karl-Otto APEL: Szientistik, Hermeneutik, Ideologiekritik. Entwurf einer Wissenschaftslehre in erkenntnisanthropologischer Sicht. In: J. HABERMAS (Hrsg.): Hermeneutik und Ideologiekritik. Frankfurt 1971. S. 7 - 44.
Hans-Georg GADAMER: Wahrheit und Methode. Tübingen 1961.
Theodor GEIGER: Ideologie und Wahrheit. Eine soziologische Kritik des Denkens. Neuwied 1968^2.
Werner HOFMANN: Universität, Ideologie und Gesellschaft. Frankfurt 1968^2.
Eugen LEMBERG: Ideologie und Gesellschaft. Eine Theorie der ideologischen Systeme. Stuttgart 1971.
Karl MANNHEIM: Ideologie und Utopie. Frankfurt 1965^4.
Karl MARX/Friedrich ENGELS: Die deutsche Ideologie. In: Dies.: Werke. Bd. 3. Berlin (Ost) 1969.
Dieter SENGHAAS: Ideologiekritik und Gesellschaftstheorie. In: NEUE POLITISCHE LITERATUR. 4. Jg. 1965. S. 341 - 354.
Ernst TOPITSCH: Begriff und Funktion der Ideologie. In: Ders.: Sozialphilosophie zwischen Ideologie und Wissenschaft. Neuwied 1966^2.
2) Peter HEITKÄMPER: Kategorien ideologischer Pädagogik. Wirkungsweise und Möglichkeiten einer Entideologisierung. In: Heinrich KANZ (Hrsg.): Ideologiekritik in der Erziehungswissenschaft. Frankfurt 1972. S. 68. Der Aufsatz erschien zuerst in PÄDAGOGISCHE RUNDSCHAU. 24. Jg. 1970. S. 164 - 181.
Nach W. HOFMANN soll Ideologie "verstanden werden als gesellschaftliche Rechtfertigungslehre. Ideologische Urteile wollen soziale Gegebenheiten absichern, legitimieren, aufwerten. Sie sind von konser-

Definitionsformeln noch nicht viel. Von daher ist auch hier erforderlich, den Ideologiebegriff entsprechend dem diskutierten Friedensbegriff konkreter noch zu fassen.

So haben negative Ideologien eine friedenshemmende Wirkung. Sie können angeschlossen werden an Interessen, Werte, Normen, Ziele, Systeme, Verhältnisse, Institutionen, Durchsetzungsmethoden oder an ein Profitverhalten für gezielte Machterweiterung. Ideologien verdeutlichen sich auch charakteristisch durch verabsolutierte Aussagen, Feststellungen und Glaubensdiktate; ihre teils unumschränkt gültig erklärten Maßstäbe und Urteile intendieren einen 'legitimen' Wahrheitsanspruch, der sich in einer Überstrapazierung der dieser Ideologie zugrundeliegenden verschobenen Idee äußern kann.
Eine negative Ideologie zeigt auch weniger ein abstraktes Ideengeflecht mit Unverbindlichkeitscharakter an, sondern sie kann gezielte Leitintentionen zur Erreichung und Abstützung von Abhängigkeiten und Herrschaftsansprüchen verfolgen.
Negativ-ideologische Elemente sind demnach gerade mit struktureller Gewalt zu verbinden. Diese zeigen sich etwa offen oder verdeckt an, als übermäßige Fremdbestimmungen, als Druck-Systeme des Unfriedens oder als organisierte inhumane Zwänge.

Unter diesen Bezügen verweisen die für eine Friedenspädagogik wichtigen Ausgangspunkte zur ideologiekritischen Betrachtung negativer Ideologien auf das komplexe Problem, daß durchaus auch negative Ideologien im Erziehungssystem eine Entfaltung von Friedensbewußt-

---

Fortsetzung Anmerkung 2):
vierender Natur. ... Ideologien sind Ausdruck der Interessen des überlegenen Teils der Gesellschaft." Vgl. W. HOFMANN. In: Dieter ULICH (Hrsg.): Theorie und Methode der Erziehungswissenschaft. S. 94f (Hervorhebungen im Original).
Zwei weitere unterschiedliche Definitionsformeln bietet auch Siegfried VIERZIG an: "Ideologie ist das theoretische Bewußtsein, das eine Gesellschaft und Kultur über sich selbst hat" und "Ideologie ist das "falsche Bewußtsein" von Menschen, die ihre wahre Situation nicht kennen". In: Politische Theologie. In: INFORMATIONEN ZUM RELIGIONSUNTERRICHT. 6. Jg. Heft 2. Juni 1974. S. 32 - 38; hier S.36.

sein und Friedensinteressen blockieren.[3] Auch ein historisch bedingtes und aufrechterhaltenes Interesse an Distanz zur gesellschaftlichen Wirklichkeit und zur Politik ist in Erziehungsfeldern wie Schule, Ausbildungsort, Berufsausübung, Berufsschule, Jugend- und Erwachsenenstrafanstalten, Erziehungsanstalten, Heimen und Tagesstätten zuweilen verabsolutiert und als unumstößlich gültig erklärt.[4]

An zu analysierenden und analysierten negativen Ideologien im Bereich der Erziehung ist der ideologische Hintergrund gerade ein entscheidender Punkt. In erster Linie gilt das, wenn jugendliche Schüler differenzierte Wahrnehmungsfähigkeiten ausfüllen sollen, wodurch, wie und wann sich negative Ideologien entwickeln, woran Schüler und Jugendliche in Lernphasen Ideologiegehalte und Ideologiedispositionen erforschen und diese auch in ihren unmittelbaren Erziehungsverhältnissen zu erfassen suchen, sie der Kritik unterziehen und etwa auch durch Überwindungsübungen innerhalb der Klasse oder in der Gruppenarbeit bewältigen lernen.
Hierbei ist nicht unterlegt, daß dies lediglich Schülern und Jugendlichen der Sekundarstufe II zugestanden werden darf, sondern hier ist festzuhalten: Eine Inhaltsanalyse friedenshemmender negativer Ideologien als Erfahrung für Friedenspraxis muß gerade auch in dem vernachlässigten Primarbereich gefördert werden. Denn nicht allein Jugendliche, sondern auch Schüler ab etwa dem dritten Schuljahr sind in der Lage, in Auszügen versteckte Unfriedensstrukturen zu erfassen. Diesen Lernprozeß solchen Schülern vorzuenthalten, käme einer gezielten Entmündigung gleich und boykottierte friedensdidaktische Positionen. Deshalb ist Ideologiekritik als herausragendes Erziehungs- und Unterrichtsprinzip schon sehr früh einzuführen, weil es konstruktive Erziehungsintentionen für Friedensvoraussetzungen nahelegt.

---

3) Siehe hierzu weiter unten Teil IV. S. 200ff.
4) Etwa am Beispiel der erwachsenen Strafgefangenen, die längst nicht alle in eine Verbrecherkategorie einzuordnen sind, kann dieser Zusammenhang nachgewiesen werden. Siehe Ulrich EHEBALD: Patient oder Verbrecher ? Strafvollzug provoziert Delinquenz. Reinbek 1971. Tilmann MOSER: Jugendkriminalität und Gesellschaftsstruktur. Zum Verhältnis von soziologischen, psychologischen und psychoanalytischen Theorien des Verbrechens. Frankfurt 1970.

Hier nun folgt ein Modellversuch zur Ermittlung und Charakterisierung von negativen Ideologie-Strukturen; dabei sind sieben Schwerpunkte gewählt, die die vorgelegte Umschreibung des Ideologiebegriffs ergänzen, aber dennoch nicht als abgeschlossen gelten können.

A) Didaktische Aspekte zur Gegenstandsanalyse negativer Ideologien:

Mittelbare oder unmittelbare Herausstellung des Gegenstandes;
Aufzeigen der offenen und versteckten Wirkungsintentionen;
Nennung der gezielten Verstümmelungen durch verklausulierte Verbalisierungen, allgemeine Feststellungen und Aussageformeln als Kennzeichen der Undurchschaubarkeit, als Kennzeichen vorzuenthaltender Informationen oder als Kennzeichen von Herrschaftsansprüchen;
Darlegung der indirekten Interessen, die Abhängigkeit aufrechterhalten;
Zusammenfassende Abgrenzung des Gegenstandes einschließlich einer Bestimmung der Ausgangspunkte.

B) Zur Analyse der Kennzeichnung eines negativen Ideologietyps:

Für die Gewinnung des negativen ideologischen Fundaments können folgende Kriterien herangezogen werden:
Nennung der Formen und Merkmale der Ausschließlichkeit (zum Beispiel: Verabsolutierungen, Unumstößlichkeiten, Dogma-Setzungen, Status-quo-Merkmale, Unbeweglichkeiten, Rechtfertigungsmomente, unkritische Selbsteinschätzungen, Erklärungen oder Befunde zur zeitlosen Gültigkeit);
Aufhellung der Anteile der Praxisferne;
Ermittlung der Übertragbarkeit und Anwendungsfähigkeit der mit der Ideologie verfolgten Ziele auf verwandte oder ergänzende Bereiche, Ebenen und Interessen, Absender und Adressaten;
Bestimmung der Gehalte von eventuellen Schutzbehauptungen;
Erklärung der Intentionen einer Behauptung oder Vergröberung;
Verdeutlichung von einseitigen und/oder gegenseitigen Isolationen;
Kennzeichnung von (neu) aufgebauten Tabus;
Überprüfung von Erhärtungen der Tabus infolge traditionslastiger Einstellungen;

Vergleich der ideologischen Aussagen auf formale, inhaltliche und methodologische Widersprüche;
Ermittlung der Differenzen am Moment einer doppelten Moral;
Bestimmung der Bedingungen der Strukturen der Wertigkeit zwischen Absender und Ideologieempfänger.

C) Hintergrundfaktoren einer negativen Ideologie:

Kennzeichnung des Gebotscharakters der zu untersuchenden Ideologie;
Erfassung und Einordnung von Verbotsmomenten;
Ermittelbare Verzerrungen in der Interessensdarstellung;
Strukturierbare Verkürzungen und Verdummungen;
Gezielte Pauschalierungen, Nivellierungen, Lässigkeiten (Indolenzen);
Entstellungen durch Übertreibung, Diffamierung (rücksichtslose Intoleranz und Bevormundung).

D) Eingrenzung der Interessenträger einer negativen Ideologie:

Bestimmung der Beteiligung (etwa von Interessen oder Trägern von Institutionen, Verbänden, überregional/regional systemimmanent gültigen Traditionen);
Einordnung der ideologischen Infrastrukturen, bezogen auf Kommunikationsfelder;
Aufhellung der Bedingungen von überholten Normen als institutionelle Zwänge;
Eingrenzung des Begründungszusammenhanges bei Ruhe- und Ordnungs-Strategien (als ideologische Abschirmung und Stabilisierung der strukturellen Gewalt);
Erfassung des Stellenwerts bei Verhaltenserwartungen (als Sollens-Postulate).

E) Statuspositionen und Rangstufen einer negativen Ideologie:

Begründung der Motive zu konkret-inhaltlichen Wertsetzungen;
Darlegung von schichtspezifischen Zielsetzungen;
Aufweis der Rangfolge der Prioritätensetzung;
Analyse von Statussymbolen (als Vernebelungsinstrumente);

Ermittlung der Pragmatismusmaxime und Nützlichkeitsgrundsätze; Ergründung von Scheinheiligkeiten (Wahrheitsanspruch !), Glorifizierungen, Täuschungen.

F) Zu Kompetenzansprüchen einer negativen Ideologie:

Einige Kompetenzansprüche lassen sich schon aus Punkt E) ableiten. Sie sind gleichzeitig im inhaltlichen Bedingungszusammenhang angedeutet (siehe Punkt C);
Kompetenzen sind weiter am Beispiel einer historischen Gültigkeit der Amtsautorität und in der öffentlichen Erziehung zu prüfen und weiter auch auf die Legitimierung eines als unabdingbar für notwendig befundenen erzieherischen Verhältnisses zwischen Lehrer und Schüler zu beziehen. Hierbei wären auch keine fragwürdigen ideologischen Sicherungen zu übersehen, die das Prinzip der Hierarchisierung von Erziehung in Form von Kompetenzverteilungen und Abhängigkeitsabstufungen abstützen.[5)]

G) Wirkungen und Folgen der negativen Ideologie:

Anteile von Gewaltfaktoren als ideologisierte Mechanismen;
Vorurteilsverstärkende Handlungsanweisungen;
Kommunikationsbedingte Angstverbreitung;
Entfaltungsbremsen;
Wirkungen von unreflektiertem Konsumententraining;
Förderung (und Grundlegung) von Selbstentfremdung;
Klima für die Aufrechterhaltung von Unterdrückungsmechanismen (als friedenskonträres Moment);
Feststellung von gezielten (oder verklammerten) Aspekten der Ausbeutung;
Erfassung von anti-emanzipativen Fremdentscheidungen (als Instrumente der Wahrung von erklärter und festgeschriebener Unfähigkeit und ihrer Erhaltung, aber auch als mögliches Mittel der Kontrolle zur Verhinderung der Herauslösung aus Ohnmachtsfatalismen);

---

5) Vgl. hierzu etwa S. 179ff; 185ff; 209ff; 227ff.

Anhäufung von Verweigerungsmomenten, die kreatives Denken und Handeln nicht zur Entfaltung kommen lassen;
bewußte beziehungsweise unbewußte Irreführungen von Individuen und Gruppen durch autoritäre Diktate;
Faktoren, die Lebensinteressen in ihrer Entfaltung unterdrücken.

Diese Aufgliederung und Skizzierung von ideologie-kritischen Aspekten zielt auf eine Realisierung in der Erziehungs- und Unterrichtspraxis. An der konkreten negativen Ideologie, an ihren Phänomenen und Setzungen, Postulaten oder ideologischen Verfügungsansprüchen können dabei friedenshemmende Barrieren nach Interessen und Vermögen sondiert werden.

Der Modellversuch hebt die Erarbeitung von negativen Momenten einer Ideologie heraus; jedoch bedeutet das nicht, es käme in der Erziehung nur auf diesen Aspekt allein an. So ist auch notwendig zu berücksichtigen, daß zum Beispiel bei der erziehungsrelevanten Analyse von Ideologien Normen, Zielentscheidungen, Bedürfnisse, Interessen auf ambivalenten Bezügen gründen. Je nach Epoche, je nach Region, institutioneller Trägerschaft oder gesellschaftlichen Mechanismen entfallen auf funktionierende Systeme, Lebensverhältnisse, Erziehungswerte und -ziele oder Erziehungshierarchien mehrdeutige Interdependenzen wie etwa innere und äußere Verschränkungen und Überlagerungen.

Das ausgefächerte Konzept zur Aufklärung über ideologische Hintergründe orientiert sich an einer Ermittlung von antihumanen und antagonistischen gesellschaftlich bedingten Defiziten. Außer dieser Perspektive muß aber auch noch ein positiver und konstruktiver Stellenwert der Ideologie hinterfragt werden, und zwar im Sinne einer aufbauenden - und nicht destruktiven - Interessens- und Zielintention für Friedensbedingungen.

Eine kritische Analyse von Ideologien sollte in der Praxis deshalb nicht auf die Darstellung von positiven und negativen Ursachen und Folgen verzichten. Dies ist von Bedeutung, weil in der Gegenüberstellung der negativen und positiven Aspekte einer Ideologie für die Erziehung Alternativen als konstruktive Konsequenz sichtbar gemacht werden können.

Es wird hier aber die Überlegung wieder einfließen müssen, daß in der konkreten Untersuchung besonders zu klären ist, welche negativ ideologischen Verhaftungen Details offenbaren, die sich gegen eine interpersonale Selbstbestimmung wenden. Die komplexe Analyse innerhalb einer friedensorientierten Erziehung kann und muß in der Schule dieses weitreichende Problem bei einer didaktischen Umsetzung erschließen.

5. Die konkret-utopische Komponente

Eine Erziehung, die ihren allgemein zukunftsbezogenen Bezug verkürzt oder ausklammert, tendiert zum perspektivlosen und kurzgebundenen pädagogischen Aktionismus.
Eine Friedenspädagogik, die ihren zukunftsorientierten Bezug als konkret-utopischen ausblendet, unterschlägt, daß sie als Erziehung gegen gesellschaftlichen Unfrieden bereits in der Gegenwart an aktuellen Verhältnissen und Bedingungen von zuviel an Abhängigkeiten, Ungleichheiten und überflüssiger Gewalt unverzichtbar partizipieren muß, soll sie überhaupt in der Lage sein, auf verbesserte, veränderte und teils alternative Zukunft einzuwirken. Denn die Verhältnisse der Gegenwart sind mit den Verhältnissen der Zukunft verkoppelt.
Diesen inneren Zusammenhang einer Friedenspädagogik etwa als wirklichkeitsfremd, illusionär oder als idealistisch negativ anzulasten, könnte das Problem aufwerfen, ob Erziehung zum Frieden überhaupt gegenwärtig eine politische und gesellschaftsrelevante Funktion ausfüllen soll. Dem aber ist entgegenzuhalten, daß diese Frage heutzutage aufgrund erziehungsoffener Aufgaben überhaupt nicht opportun ist, da die konkret-utopischen Grundlinien einer Erziehung zum Frieden keine individuellen Wunschträume oder unkritische und unrealistische Positionen darstellen.

Im Grundlegungsprozeß einer Friedenspädagogik wird zu berücksichtigen sein, daß eine derartige Argumentationslinie durchaus auch durch eine Verabsolutierung oder durch eine gewisse Erstarrung am "realistischen" Denken und Urteilen begründet ist. Gerade hier muß im wissenschaftlichen Interesse gefragt werden, welche Bedingungen, Fakten, ermittelbaren und anonymen gesellschaftlichen Einflüsse und politischen Zwänge sogenannte realistische Forderungen und Zielintentionen als realistisch erklären, beziehungsweise als realistisch akzeptieren. Hier liegt sicherlich eine Problematik vor, durch die wertorientierte wissenschaftliche Auseinandersetzungen - wie die zu einer Friedenspädagogik - nicht nur belastet werden, sondern wodurch sich auch neue Entfaltungsmaßstäbe und erziehungsrelevante Kriterien und Zielsetzungen anbieten können.

Friedenspädagogik muß sich deshalb in einer kritischen Friedenstheorie darauf konzentrieren, daß als konstitutives Moment auch die Dimension des Noch-nicht-Vorhandenen, des Noch-nicht-Strukturierten, des Noch-nicht-Praktizierten in die Auseinandersetzungen stärker eingeht. Angesichts dieser der Erziehung aufgetragenen Bemühungen um Friedensbedingungen zielt das Denken, Wissen und Handeln für Frieden in Erziehungsprozessen auf konkrete Zukunft: [1)]

---

1) Friedenspädagogik kann den Zukunftsbezug allein für sich nicht besetzen. Vgl. dazu aus der Bildungs- und Erziehungsgeschichte, etwa zur Einschätzung der Zukunftsbedeutung im Bildungsverständnis, Herman NOHL: Die pädagogische Bewegung in Deutschland und ihre Theorie. Frankfurt 1963[6]. S. 89f;
zum Begriff der "Vorwegnahme" siehe bei Erich WENIGER: Didaktik als Bildungslehre. Teil 1: Theorie der Bildungsinhalte und des Lehrplans. Weinheim 1963[5]. S. 72f.
Trotz zum Teil erheblicher Unterschiede im wissenschaftlichen und gesellschaftspolitischen Ansatz beanspruchen und strukturieren auch gegenwärtig den Zukunftsbezug für die Erziehung zum Beispiel:
Ernst BLOCH: Das Prinzip Hoffnung. Gesamtausgabe Bd. 5. Frankfurt 1959. Z.B. S. 132ff; 161 - 188;
siehe auch Ders.: Politische Messungen, Pestzeit, Vormärz. Gesamtausgabe Bd. 11. Darin: Widerstand und Friede. S. 375 - 483;
Dieter-Jürgen LÖWISCH: Erziehung und Kritische Theorie. Kritische Pädagogik zwischen theoretischem Anspruch und gesellschaftlicher Realität (darin: "Frieden: Herausforderung an eine kritische Vernunftserziehung". S. 9 - 21). München 1974;
Erhard MEUELER (Hrsg.): Lernbereich Dritte Welt. Evaluation der curricularen Arbeitshilfe "Soziale Gerechtigkeit". Düsseldorf 1972;
Walter DIRKS: Der Friede und die Unruhestifter. In: Hans Jürgen SCHULTZ (Hrsg.): Der Friede und die Unruhestifter. Herausforderungen deutschsprachiger Schriftsteller im 20. Jahrhundert. Frankfurt 1973. S. 7 - 17;
(Fortsetzung S. 163.)

dieser Ansatz gilt aber nicht als Ausweichmanöver; er gründet nicht auf Resignation oder Mißerfolg, sondern darauf, daß Erziehung für den Frieden als charakteristisches Element das Noch-nicht-Erreichte bewußtmacht und so die Defizite benennt. Gesellschaftskonforme Erziehungsmaßstäbe oder Leitbilder wie generelle Anpassung oder gehorsame Einordnung sind hier kaum in der Lage, friedenshemmende Faktoren aufzuarbeiten.

Deshalb müssen hier verstärkt auch solche fragwürdigen politischen Auffassungen überprüft werden, die davon ausgehen, daß nur das für Erziehungsinstitutionen und Erziehungsorganisationen realistisch ist und Gewicht haben kann, was praktisch, politisch nützlich, finanziell tragbar und gesamtgesellschaftlich verantwortlich erscheint. Was bezahlt werden kann, [2] soll also tauglich sein für eine "Veränderung".

Dies nun ist unmittelbar mit folgender Position verbunden: Dasjenige, was nicht bezahlt werden kann, ist automatisch idealistisch und utopisch. Das praktisch-pragmatische und kurzfristig Nützliche setzt hier den Maßstab; es erhärtet aber weiter den Status quo in Strukturen, Formen und Normen; es vereitelt auch etwa langfristig zu finanzierende Initiativen für eine friedensorientierte Erziehung. In pragmatischer Absicherung kann dann das Utopische, als das Noch-nicht-Ortsansässige, als das Noch-nicht-in-der-Erziehungspraxis-Bewährte, verworfen werden.

Fortsetzung Anmerkung 1):
Johan GALTUNG: Pluralismus und die Zukunft der menschlichen Gesellschaft. In: Dieter SENGHAAS (Hrsg.): Kritische Friedensforschung. S. 180ff;
Wolfgang BREZINKA: Der Erzieher und seine Aufgaben. Reden und Aufsätze zur Erziehungslehre und Erziehungspolitik. Stuttgart 1966. S. 135ff; Klaus SCHALLER: Die politische Pädagogik des J.A. Comenius. S. 14f; K.-H. SCHÄFER/K. SCHALLER: Kritische Erziehungswissenschaft und kommunikative Didaktik (1. Aufl.). S. 13f.

2) Ein deutlicher Beleg für bedenkliche bildungs- und gesellschaftspolitische Verhaltens- und Zukunftseinstellungen in der Gegenwart ist dafür auch ein dpa-Bericht: "Bildungsträume scheitern an der Finanzwirklichkeit. Länderminister berieten in Stuttgart". In: BONNER RUNDSCHAU. Nr. 102. 3.5.1974.

Die noch erfahrungsoffene (weil noch nicht realisierte) Friedensproblematik steht hier mit konkret Utopischem in Rivalität; utopisches Entwerfen ist eben nicht total in Abhängigkeit zu pekuniären und fiskalischen Interessen als einzig gültige Maßstäbe zu setzen, weil Erziehungswissenschaft die Frage des Friedens nicht von Etatprioritäten und Etatbedingungen abhängig machen kann; auch dann nicht, wenn etwa von der öffentlichen Meinung abhängige Politiker, Parteien, Bildungsfunktionäre diese politischen und strategisch-ideologischen Interessen verfolgen und aufrechterhalten, wobei auch wissenschaftliche Maßstäbe beeinflußt werden können. Bedingungen für eine Realisierung beziehungsweise die Verweigerung einer anteiligen Friedensorientierung durch Erziehung sind deshalb auch auf politische und ökonomische Interessen zu beziehen, die als Barriere eine Differenz zwischen Friedensdefiziten und Friedensmöglichkeiten bestimmen können.

Die Entwertung utopischen Denkens und Konzipierens sowie ihre Diffamierung hat hier ihr entscheidendes Fundament.

Aber die Zukunft selbst hat auch in der erziehungswissenschaftlichen Diskussion noch wenig Raum. In der Erziehungs- und Unterrichtspraxis wird sie als Zielproblem kaum entfaltet. Diese auffällige Distanz ist abzulesen an gültigen Richtlinien für Grundschule oder Hauptschule. Dabei ist zu erkennen, daß konkrete Orientierungen zur Zukunft hin auch nicht als relevant eingestuft werden.[3)]

Innerhalb einer Erziehung zum Frieden muß die Zukunft jedoch primären Stellenwert erhalten. Die dargestellte Friedensnotwendigkeit,[4)] der Ansatz der Friedenspartizipation[5)] und das Problem der Friedens-

---

3) Siehe hierzu Grundsätze, Richtlinien, Lehrpläne für die Hauptschule in Nordrhein-Westfalen. Heft 30. Ratingen 1968.
Richtlinien und Lehrpläne für die Grundschule. Schulversuch in Nordrhein-Westfalen. Heft 40. Ratingen 1969.
Richtlinien und Lehrpläne für die Grundschule in Nordrhein-Westfalen. Heft 42. Ratingen 1973.

4) Vgl. S. 15ff.

5) Vgl. S. 133ff.

planung durch anteilige Erziehung [6] sind nicht nur an historische oder gegenwärtige Defizite gebunden, sondern sie greifen antizipierend den Bedingungen und transferierbaren Strukturen friedensorientierter Erziehung der Zukunft voraus. Insofern ist auch darauf zu achten, daß nicht ein Angehen von Friedensstrukturen gerade durch wirtschaftliche Interessen und politische Kalkulationen aufgehalten wird. Hier besteht unbedingt das Problem, daß verstärkt gegenwärtige Bedingungen und Fakten des Noch-nicht-Friedens festgeschrieben werden; und außerdem auch noch eigengesellschaftliche und internationale Verhältnisse [7] die Situation begünstigen, daß eine allgemeine Entwicklung des Friedens über politische Verbalisierungen nicht hinauskommt und sich Unfrieden daher weiter durch uferloses Profitdenken und Profithandeln etablieren kann. In der scheinbaren Konsequenz erscheint dann utopisches Denken und Planen für wirtschaftspolitische Friedensvoraussetzungen "notwendig" als untauglich und sinnlos; es wird als irrelevant erklärt und abgewertet. Dabei ist konkret-utopisches Denken eben unbedingt auch im pädagogischen Feld ein kritischer Ansatz zur Bewußtmachung, um das Vorgreifende zu suchen, zu nennen, zu erfassen.

Dieser Zusammenhang ist aber nicht damit zu verknüpfen, daß unbewältigte Defizite übersprungen werden sollen, sondern utopisches Fragen artikuliert Bemühungen um neue Konzeptionen; es strukturiert die entscheidende Chance, damit Friedensbedingungen realisierbar und konkret werden können. [8]

---

6) Vgl. die Darlegungen S. 140ff.
7) Hier ist etwa der politisch-wirtschaftliche Problemdruck nicht zu übersehen, der sich gerade für Länder der Dritten Welt ergibt, die wegen fehlender industrieller Entwicklung immer mehr in internationale Abhängigkeiten hineinfallen. Siehe dazu Ausführungen bei Jan Pieter PRONK: Entwicklungshilfe und Ölkrise. In: MATERIALIEN. Nr. 44. Hrsg. v. Bundesministerium für wirtschaftliche Zusammenarbeit. Bonn 1974. S. 1 - 9.
8) Vgl. Georg PICHT: Ist Erziehung zum Frieden möglich ? In: DIE ZEIT. Nr. 46. 9.11.1973. S. 52.

Auch schließt dies eine politische Perspektive ein, weil Zielsetzungen konkret-utopischer Aspekte in der Lage sind, Vorstrukturen des Friedens von Fakten des Unfriedens mit der Verbindlichkeit des Handelns, antizipierend abzugrenzen.[9)]

Damit wird offenbar: Die Utopie des Friedens stellt keinen Unwert dar, sie enthält einen konkreten und realen Sinn für die Erziehung. Utopischem Denken, Entwickeln und Handeln kommt so eine entscheidende Bedeutung zu, die durchaus eine Zumutung enthält, da sie "eine Umwertung der bisher gängigen Wertvorstellungen"[10)] einleiten und unterstützen kann, eben dies auch für die Weiterentfaltung der Erziehung in Unterricht, Ausbildung und Erwachsenenbildungsstätte.

Die einer positiv-utopischen Dimension der Erziehung zugrunde liegenden didaktischen Fragen lauten dann: Durch welche konkret-utopischen Inhalte, Ziele, Methoden und Modelle kann sich Erziehung an der Gewinnung von Friedensstrukturen alternativ und langfristig beteiligen?
Sind moralische Anstrengungen für Frieden[11)] als Anstrengungen um Erkenntnisse für Frieden überhaupt noch auf der Basis gültig, daß in der Erziehung unkritisch "der Mensch die Gebote und Verbote annimmt oder (noch deutlicher gesagt) einverseelt"?[12)]

---

9) Der Artikel "Pädagogische Utopie" (vgl. Lexikon der Pädagogik. Bd. 4. Freiburg 1971. S. 280f) läßt diesen konstruktiven Gesichtspunkt vermissen.
Darüber hinaus ist auch in der erziehungswissenschaftlichen Forschung bisher die Dimension der positiv-konkreten und alternativen Intention einer Utopie kaum aufgegriffen.
10) Vgl. C.F. von WEIZSÄCKER: Fortschritt für den Frieden. In: EVANGELISCHE KOMMENTARE. 5.Jg. 1972. S. 740.
11) Vgl. ebd. S. 738.
12) Heinz-Rolf LÜCKERT: Struktur und Dynamik des Gewissens. In: Andreas FLITNER/Heinz-Rolf LÜCKERT/Helmuth PLESSNER: Wirklichkeit und Maß des Menschen. Eine Vortragsfolge. München 1967. S. 37.

Soll das Gekonnte und Gekannte als anthropologische Grunderfahrung wegen seiner Utilität unaufgebbar und utopisch-konstruktiven Erziehungsprozessen betont vorgezogen werden ? [13)]

In welchem Umfang erfordern neue Denkpositionen für Friedensbedingungen auch generell neue pädagogische Maßstäbe ?

Sicherlich sind hier auch die Folgen konkret didaktisch utopischer Entfaltung [14)] unbedingt weiter auszuleuchten, um herauszufinden, was etwa eine pädagogische Intention 'neuer Wein in alte Schläuche' als Konzept überhaupt noch leisten kann, wenn Frieden als Richtwert eingesetzt wird.

Die Notwendigkeit von Frieden und Friedenserziehung, wie sie diskutiert werden mußte, [15)] macht deutlich, daß bereits einfaches Überleben und Existieren in Zukunft problematisch wird. Wenn zur Überwindung der internationalen Probleme und humanen Defizite eine regional und provinziell angesiedelte Erziehung bestehen bleibt, ist sie zur Wirkungslosigkeit abgestempelt und kann sich noch dazu als Ballast erweisen. Vielmehr muß es gelingen, die umfassende Friedensdimension durch Erziehungskonzepte und Erziehungsinstitutionen zu stützen, sollen zu den genannten Problemen anteilig mögliche Lösungen sondiert werden.

'Friedlichkeit' des Einzelnen garantiert hier noch keine wirksame Gewinnung von überregionalen Friedensstrukturen, deren Errichtung hier auf erfahrungslosem Denken und Handeln in Form von utopischem Denken und Handeln gründet. Das ungelöste Problem einer funktionierenden Kooperation wird dann relevant; besonders, wenn ein Anspruch der Friedenspädagogik wahrgenommen werden soll. [16)]

---

13) Vgl. hierzu die Argumentation und die Abwertungsbemühungen utopischen Denkens bei Wolfgang BREZINKA: Die Pädagogik der Neuen Linken. Analyse und Kritik. Stuttgart 1972. S. 15 - 18.

14) Immerhin muß es beim Gegenstand Frieden gerade darum gehen, "den Spielraum der Möglichkeiten und Notwendigkeiten für künftiges menschliches Leben zu verdeutlichen" (Wolfgang HUBER: Frieden als Problem der Theologie. In: Jörg BOPP/Hans BOSSE/Wolfgang HUBER: Die Angst vor dem Frieden. Stuttgart 1970. S. 114).

15) Vgl. in dieser Arbeit S. 15ff.

16) Vgl. weiter in dieser Arbeit S. 247ff.

Das heißt: Nicht nur auf vorhersehbare gesellschaftliche Verhältnisse hin sind Individuen in Gruppen zu erziehen,[17] sondern in zunehmendem Maße auch auf "unvorhersehbare";[18] das aber erfordert geprüftes und austrainiertes Reflexionsvermögen sowie eine belastbare Flexibilität in Krisensituationen, in die einzelne, Gruppen und Generationen verwickelt werden. Insofern impliziert utopisches Handeln im pädagogischen Feld gerade auch Bewährungsintentionen, die nicht mehr allein den erzieherischen Schwerpunkt auf eine generelle Bewahrung, verstärkte Erhaltung, Schonung, Abkapselung und Privatisierung legen.[19]

Utopisches Denken und Handeln für Frieden als das Noch-nicht-Eingetroffene, aber schon Konturenhaft-Transparente, zielt - wissenschafts-theoretisch wie praktisch - auf rationale Erfahrungen, ohne mögliche ideologische Überzeichnungen außer acht zu lassen. Darin liegt ein wichtiger Kern für die kritische Einschätzung des Utopischen, daß nicht irrealistisch utopistische Überzeichnungen verzerrt werden und ausufern.

Somit klingt an: Das utopische Denken für Frieden enthält eine realistische Komponente, wenn es auf wissenschaftliche und praktische Suchbewegungen für Erfahrungen mit Frieden innerhalb der Erziehung basiert.[20] Es unterstützt die Suche nach neuen Teilstrecken und Zwischenzielen für friedensrelevante Erziehung.

Unkritisch angesetzter Fortschrittsglaube erscheint in diesem Zusammenhang ungeeignet. Um es noch einmal zu betonen: Konkret-utopische Ansätze zur Friedenspädagogik müssen modernistisch-kurzfristige Interessen zu vermeiden wissen, um sich nicht dem Verdacht

---

17) Vgl. Jerome BRUNER: Über das Problem, heute eine junge Generation auf das Erwachsenenleben vorzubereiten. In: WESTERMANNS PÄDAGOGISCHE BEITRÄGE. 25. Jg. Heft 1. Januar 1973. S. 9 - 16.

18) Ebd. S. 9f.

19) Eine Arbeit mit eben diesem Konzept legt beispielsweise Hellmut STOFFER vor. Die Erörterung greift auf breiter Basis eine umfassende Anpassung als Primär-Ziel der Erziehung auf. Vgl. H. STOFFER: Die Bedeutung der Kindlichkeit in der modernen Welt. München 1964.

20) Vgl. Jürgen HENNINGSEN: Utopie und Erfahrung. In: BILDUNG UND ERZIEHUNG. 23. Jg. 1970. S. 82 - 86.

auszusetzen, beliebig mißbraucht werden zu können. Der innere und äußere Bedingungszusammenhang zu konkret-utopischen Ansätzen bildet hier eine Grundlage für ausgewiesene Maßstäbe der Zulässigkeit und Angemessenheit. Wird dies übersehen, kann die konkret-utopische Dimension etwa auf kaum noch diskutierbare Spekulation zurückfallen.

Die konkret-utopische Perspektive für Frieden bleibt mit ihrem äußeren Bezug in einem gesellschaftlichen Bedingungszusammenhang, der zwischen den äußersten Stellen eine Spannung der Erwartungen aufbaut, die sich durch folgende inhaltliche Fragen kennzeichnen läßt:

Wann ist eine Planung und Gewinnung von Friedensstrukturen durch Erziehung möglich ?

Welche Erziehungswirklichkeit etwa als gesellschaftliche Vorgabe, vereitelt anteilig eine Realisierung von Frieden, und zwar durch Erziehungsverhältnisse und/oder Erziehungsmaßnahmen ?

Die konkret-utopische Friedenssicht ist hier sowohl ein Zeitproblem als auch ein gegenstandsabhängiges Problem. Spätestens an dieser Stelle wird offenbar, daß sie zum Teil an der Vergangenheit und primär an der Gegenwart gesellschaftliche Bedingungen für Unfrieden verändern muß, und zwar weder romantisch noch unrealistisch. Aber zugewiesene Spielregeln wie 'was Erziehung zu tun und zu lassen hat' könnten hier die Barrieren der Isolation der Erziehung weiter aufstocken.

Erziehung zum Frieden unterliegt der dynamischen Veränderung und keineswegs der Unveränderbarkeit. Die "Vorstellung von der Zukunft wirkt sich dadurch, daß sie unsere gegenwärtigen Ängste, Gedanken und Handlungen beeinflußt, auf die Zukunft selbst aus, denn sie wird zum Teil von unserer Erwartung dessen, was einmal sein wird, bestimmt." [21] Für die Erziehung kommt es darauf an, daß Individuen

---

21) Diese Erkenntnis geht auf Robert K. MERTON zurück. Vgl. auch Amitai ETZIONI: Der harte Weg zum Frieden. Eine neue Strategie. Göttingen 1968. S. 147.

wie Gruppen das je eigene Verhältnis zur Realität nicht allein kritisch überprüfen, sondern Blickweite und Wirklichkeitsdimensionen erweitern lernen und differenzieren. Das hat vorrangig Bedeutung für die Bewußtmachung der Einwirkungsinstrumente und zielkonzentrierten negativen Beeinflussungsmechanismen, denen Jugendliche und Erwachsene ausgesetzt sind.

Friedenspädagogik hat als Kontrahent des Bestehenden ein ausdrückliches Interesse, Zukunft zu artikulieren, wobei der einzelne mit der Gruppe isolierende Strukturen alter Bindungen erfaßt. Auch steht hierbei der Friedenspädagogik in einer konstruktiven Utopie-Perspektive eine kaum ausgefüllte Warnungsfunktion zu, die bloße Konfrontation, vereinfachende Freund-Feind-Schematisierung oder folgenlose Verallgemeinerungen als wirkungslose Intention übersteigt. Konkret-utopische Erziehungsinteressen müssen diese Leitsicht erhalten.

Konkret-utopische Erziehungsintentionen stellen ferner keinen internen Widerspruch dar. Sie sind nicht das Ergebnis irrealistischer Postulate. Denn "was als Utopie gelten will, muß als solches realisierbar sein; es muß die Bedingungen unserer Wirklichkeit einbeziehen." [22] "Ein Weiterdenken der bestehenden Ordnungen ist im besten Falle Reform. Utopie ist ein Neuanfangen des Denkens, ein Neuentwurf". [23] Diese Grundsätzlichkeit ist bei einem Leitziel Frieden durch anteilige Erziehung anzusteuern.

Zunehmendes Bewußtsein aber des Einzelnen und der Gruppe, noch-utopische Verhältnisse zu realisieren, schließt die Frage nach dem Sinn ein. Hier ist zu berücksichtigen, daß der Sinn der Umwandlung

- erstens durch nicht für umwandlungsfähig erklärte und also hinzunehmende inhumane gesellschaftliche Verhältnisse und friedensfeindliche Bedingungen gegeben ist, die bis heute zu fatalistischer Grundeinstellung erziehen und Frieden unerreichbar machen;

---

22) Gerhard SILBERER: Erziehung und Utopie. Überlegungen zum teleologischen Horizont erziehlichen Handelns. In: PÄDAGOGISCHE RUNDSCHAU. 25. Jg. 1971. S. 273 - 284; hier S. 273.
23) Ebd. S. 273; siehe dort auch S. 280ff (Hervorhebung im Original).

- zweitens kann der Sinn in der Aufdeckung historisch relevanter und gesellschaftlicher Widersprüche zum Frieden liegen;
- drittens leitet sich der Sinn der Realisierung einer konkreten Utopie für Friedensvoraussetzungen aus der inhaltlichen Bestimmung dessen ab, was für den Menschen Zukunft und Friedenspädagogik intentional implizieren können. Darüber hinaus begründet
- viertens soziales Interesse in überregionalen Ausmaßen die konkrete Realisierung des NOCH-nicht;[24)] und
- fünftens ist der Sinn in einer positiven Friedensutopie nicht an unverbindlichen Planspielen der Erziehung für die Zukunft zu messen,[25)] auch nicht an abgetrennten visionären Zukunftsbildern.

Das konkret-utopische Denken und Handeln für Frieden mit dem Etikett der Sinnlosigkeit zu versehen, sollte allerdings eines deutlich machen: Nicht die Unbekannten des Friedens sind durch bekannte Fakten der Friedlosigkeit dafür ein Beweis, daß es sich bei den Aufgaben für Frieden um Illusionen handelt, die aufzugeben wären,[26)] sondern

---

24) Vgl. Michael DAXNER: Utopische Pädagogik. Systematische Überlegungen zum Ansatz Blochs. Wien 1971.(Diss.).
Gerda-Karla SAUER: Kindliche Utopien. Weinheim 1954.
Josef GUTER: Pädagogik in Utopia. Neuwied 1968.
Ferner Karl SAUER: Der utopische Zug in der Pädagogik. Weinheim 1964. Hier wird eine ausführliche Darstellung zur Genese des utopischen Denkens vorgelegt.
Karl SCHLEICHER: Die pädagogische Funktion der Utopie und die utopische Dimension in der Pädagogik. In: BILDUNG UND ERZIEHUNG. 23. Jg. 1970. S. 86 - 103.
Robert HEISS: Utopie und Revolution. Ein Beitrag zur Geschichte des fortschrittlichen Denkens. München 1973.
25) Vgl. die Beiträge bei O. SCHATZ (Hrsg.): Der Friede im nuklearen Zeitalter.
26) Eine grundlegende und umfassende Umorientierung ist angesichts der technischen und sozialen Weltprobleme unverzichtbar.
Vgl. hierzu die noch zurückhaltenden Positionen im Artikel "Zukunft". In: Neues Pädagogisches Lexikon. Sp. 1297ff.
Ein Artikel "Utopie" ist hier noch nicht aufgenommen.
Vgl. weiter den Artikel "Utopie" in: Pädagogisches Lexikon. Bd. 2.
(Fortsetzung S. 172.)

Erziehung im allgemeinen und Friedenspädagogik im besonderen sind auf positiv-konkrete Utopien, die immer auch vorausgreifende Erziehungsziele implizieren, angewiesen. Sonst wird ein Hintergrund der Veränderung unkritisch und leichtfertig verspielt. Damit ist dann sicherlich eine Dimensionsverkürzung verbunden. Die Verschränkung zwischen konkret-utopischen Intentionen für Frieden und dem Ansatz, daß die Umwandlung der Utopie in konkrete Praxis an eine vielschichtige Partizipation gebunden ist, bliebe unbeachtet. Denn die Struktur des Friedens existiert nicht allein von der zielabhängigen Idee des Friedens; die Utopie des Friedens existiert dadurch konkret im Erziehungsfeld, daß sie von Trägern und Adressaten reflektiert, artikuliert und didaktisch in ihren Auswirkungen aufgezeigt werden kann. Tragweite, Folgen und Selbstverständnis einer Erziehung zum Frieden hängen dabei nicht zu einem geringen Maß davon ab, wie ein konkret-utopischer Ansatz die konkret-didaktisch-methodische Praxis für Frieden realisiert.

Die Gegenwart erscheint sinnlos ohne Zukunft; das ist eine unverrückbare Klammer, der auch die Zieldimension einer Friedenspädagogik untersteht. Hierbei kann aber nicht mehr Gültigkeit behalten: "Ein Kind lebt mit seiner Zeit, ohne sie zu verstehen."[27] Diese Distanz zur Wirklichkeit hat eine zukunftsorientierte Friedenspädagogik unbedingt in der Erziehung zur Veränderung aufzuarbeiten;[28] sie kann darauf nicht verzichten: Denn

---

Fortsetzung Anmerkung 26):
Hrsg. von Walter HORNEY/Johann Peter RUPPERT/Walter SCHULTZE. Gütersloh 1970. Sp. 1282 - 1284; insbesondere Sp. 1284.
Ein Artikel "Zukunft" fehlt in dem vom WILLMANN-Institut herausgegebenen Lexikon der Pädagogik. Bd. IV.

27) Eduard SPRANGER: Der Sinn der Voraussetzungslosigkeit in den Geisteswissenschaften. Darmstadt 1929. S. 16.

28) Eine Distanz dazu wird durchaus auch in der Gegenwart aufrechterhalten und gefördert; siehe etwa in diesem Abschnitt Anmerkung 2. S. 163.

Kontinuität im friedensbedeutsamen Anspruch auf die Zukunft ist gerade von der Erziehung her unaufgebbar. Analysen jetziger Wirklichkeiten und die Antizipation künftiger Wirklichkeiten stehen dabei im Schnittpunkt der friedensrelevanten kritischen Utopie: Sie münden ein in Alternativentwürfe und haben die Funktion, sich nicht mehr mit einer "Unvorhersehbarkeit der Zukunft" [29)] abzufinden, ohne antizipierend und planend auf sie einzuwirken.

Die Wirklichkeit der Zukunft ist schon an Elementen der aktuellen Wirklichkeit der Gegenwart zu erkennen; in der sogenannten COLLEY-Theorie wird diese Aussage bestätigt: "Im gegenwärtigen gesellschaftlichen System ist das der Zukunft schon enthalten; die ersten Anzeichen von dem, was letztlich dominieren wird, sind mit genügend großem Scharfsinn schon jetzt erkennbar." [30)]
Die Wirklichkeit der Zukunft ist also wesentlich differenzierter zu betrachten als dies bisher in den Erziehungsfeldern geschieht. Die Erfahrung mit der Entwicklung des Friedens, durch anteilige Erziehung als generelle Zielsetzung für die Zukunft des Friedens, wird mit der Selbstbestimmung des einzelnen sowie mit dem Abbau von Hierarchie und einem Zuviel an Herrschaft zusammenfallen. Friedenspädagogik kann dazu dann an der Zukunft des Friedens teilhaben, wenn sie Fähigkeiten und Verhaltensmuster für die Überwindung von friedenshemmenden gesellschaftlichen Problemen vermittelt und die damit verbundenen Aktivitäten über den privaten Bereich hinaus anwendet. Denn die Zukunft des Friedens ist nicht mehr auf die intra-individuelle Ebene einzuengen. [31)]

---

29) W. SCHLOZ: Über die Nichtplanbarkeit der Erziehung. S. 90 (Hervorhebung im Original).
30) Robert C. ANGELL: Auf dem Weg zum Frieden. In: E. KRIPPENDORF (Hrsg.): Friedensforschung. S. 542.
31) "Ruhe ist des Bürgers erste Pflicht. An sich ist jeder ein friedlicher Mensch ..." Siehe dazu die Ausführungen bei Herbert MITTAG-LENKHEYM: Werbepsychologische Aspekte der Friedensarbeit. In: R. WEILER/V. ZSIFKOVITS (Hrsg.): Unterwegs zum Frieden. S. 531 - 544; hier S. 533. - Siehe ferner: Lothar ROOS: Friedensrelevante Haltungen: Gerechtigkeit - Wahrhaftigkeit - Toleranz - Vertrauen. In: R. WEILER/V. ZSIFKOVITS: Unterwegs zum Frieden. S. 545 - 564.

Soviel wird deutlich: Die positiv-konkrete Utopie des Friedens erfordert mentales Umdenken und tiefgreifende Änderungen im Erziehungskanon. "Sie weist auf Möglichkeiten hin, die mit der Rationalität gegeben sind, sie bringt die Entwicklung des Denkens von der sich abschließenden Involution zur progressiven Evolution ..." [32)]

---

32) P. HEITKEMPER: Können Technik und Wissenschaft den Frieden sichern ? Konsequenzen für eine Friedenspädagogik. In: H.O. Franco REST (Hrsg.): Waffenlos zwischen den Fronten. S. 107.
Zum ansatzweise erläuterten "Weg zur utopischen Ethik des Friedens" siehe hier S. 108ff.
Vgl. weiter Georg PICHT: Mut zur Utopie. Die großen Zukunftsaufgaben. München 1969. S. 36: "Wir müssen aus dem unbestimmten Bereich alles dessen, was in Zukunft möglich ist, die Elemente ausgrenzen, die unausweichlich sind und deshalb heute schon als Realitäten gelten können. Aus diesen Realitäten der zukünftigen Welt müssen wir dann die Direktiven für das gegenwärtige politische Handeln ableiten."
Zur didaktischen Praxis siehe einführende Hinweise bei Frank-Thomas GAULIN: Politische Motivation durch Kreativitätsweckung. In: MATERIALIEN ZUR POLITISCHEN BILDUNG. Analysen, Berichte. Dokumente. 1. Jg. Heft 2/1973. S. 10ff.

IV. GEGENWÄRTIGE ERZIEHUNGSBEDINGUNGEN UND STRUKTURELLE GEWALT

Die Ausführungen im vorangegangenen Teil der Arbeit erfordern ergänzende Untersuchungen zur Erziehungswirklichkeit.
Eine Überprüfung von ineinandergreifenden Außenverhältnissen und Innenverhältnissen, die öffentliche Erziehung im Bereich der Schule kennzeichnen, wird deutlich machen müssen, auf welche Bedingungen Friedenspädagogik in der Schule stößt.
Historische Bedingungen und Organisationsstrukturen wie gegenwärtige Bedingungen öffentlicher Erziehung lassen allerdings Zweifel aufkommen, ob überhaupt konstruktive Intentionen für Friedensvoraussetzungen von ihr intendiert sind. Gerade deshalb muß Friedenspädagogik im Interesse von Individuum und Gesellschaft nach Unfriedensbedingungen und Friedensvoraussetzungen nachfragen. [1]

Hier setzt nun eine Analyse an, bei der in einem exemplarischen Schwerpunkt friedenshinderliche Gewaltbedingungen im öffentlichen Erziehungssystem untersucht werden sollen. Das aber setzt einen Ansatz voraus, [2] der auf die Formel zu bringen ist:

---

1) Vgl. die erweiterte Friedensumschreibung, die vom Standpunkt der Erziehung aus hierfür in Betracht kommt (Teil II. Abschnitt 2. S. 50 - 52).

2) Die inzwischen in einem friedenspädagogischen Beitrag aufgestellte These, daß "Frieden im Erziehungsfeld Schule nicht realisierbar" sei, erfordert eine erweiterte Diskussion, die verstärkt zu leisten ist.
Vgl. A. KUHN: Friedenserziehung in der bestehenden Schulorganisation. In: MATERIALIEN ZUR POLITISCHEN BILDUNG. Heft 2. 2. Quartal 1974. S. 61 - 70 (Hervorhebung im Original. S. 61).
Zur Alternative dazu siehe außer den folgenden Ausführungen auch S. 244ff.

Friedenspädagogik muß sich an der Schule, an der Organisationsstruktur [3] öffentlicher Erziehung entfalten.

Ein durch Außenverhältnisse und Innenstrukturen der Schule entstandener und überflüssig gewordener Unfrieden muß hier in seiner pädagogischen Belastung bewußtgemacht werden und kritische Berücksichtigung finden, damit Konzepte realistisch angelegt werden können. Dazu ist dies hier ein konzeptioneller Versuch, dem andere hinzugefügt werden müssen.

Der Problemkomplex, Unfriedensverhältnisse aufgrund von Organisationsstrukturen im öffentlichen Erziehungssystem, dürfte einen herausragenden und grundlegenden Stellenwert für den Erziehungsbereich erhalten, wenn für das einzelne Individuum wie für Gruppen im Unterricht Selbstverwirklichungsbedingungen anteilig verfügbar werden sollen; wenn dem ernsthaft nachgegangen wird und sich Erziehung und Unterricht für Frieden in der Schule als eine ständige und intensive Auseinandersetzung artikuliert, dann ist die Qualität der Selbstverwirklichungsprozesse herausragend abhängig von dem Ausmaß der zu überwindenden überflüssigen Abhängigkeiten, von dem Ausmaß der ermittelten überflüssigen Ungleichheiten sowie von dem Ausmaß der aufzuzeigenden, verklausuliert-verdeckten und überflüssigen Kontrollen und Beaufsichtigungsintentionen als Bevormundungsformen, die sich in öffentlicher Erziehung inzwischen verselbständigt haben.

---

3) Zu einer ergänzenden Grundintention vgl. H. v. HENTIG: Systemzwang und Selbstbestimmung. Forderung 20. S. 19.
Zum Begriff der Organisation als geplantes und zweckbestimmtes Sozialgefüge siehe neben anderen Winfried RISSE: Begriff der Organisation. In: E. GROCHLA (Hrsg.): Handwörterbuch der Organisation. Stuttgart 1969. Sp. 1091 - 1094; ferner Renate MAYNTZ: Soziologie der Organisation. Reinbek 1963. S. 147f; dies.: Organisation. In: Wilhelm BERNSDORF (Hrsg.): Wörterbuch der Soziologie. Bd. 2. Frankfurt 1972. S. 587ff; Rolf ZIEGLER: Organisation. In: R. KÖNIG (Hrsg.): Soziologie. Neue Ausgabe. Frankfurt 1968. S. 234ff; Jakobus WÖSSNER: Soziologie. Einführung und Grundlegung. Graz 1970^2. S. 115ff.

Dabei ist öffentliche Erziehung [4] hier und im folgenden verstanden als umgreifend organisierte und institutionalisierte Erziehung, die durch Gesetze, Rechtsverordnungen, Staats- und/oder Landesaufsicht, Behörden, weisungsberechtigte Organe, Personen und Erziehungsbeauftragte getragen und ausgeführt wird.

Das Bedingungsgeflecht dazu gibt erziehungsrelevante Problemkomplexe frei, welche in die pädagogischen Bemühungen zur Abgrenzung und Hinterfragung von Erziehungswirklichkeit unbedingt aufgenommen werden müssen.

Mit welcher Intensität nun Innen- und Außenverhältnisse öffentlicher Erziehung gerade solchen pädagogischen Intentionen zuwiderlaufen, die eine Selbstbestimmung und Selbstverwirklichung anzielen, ist ein entscheidendes Problem. Bei der Klärung dieser Problematik wird deutlich werden, daß ein sich darin manifestierendes Unfriedensphänomen aufgrund öffentlicher Erziehungsorganisation strukturelle Gewalt enthält, die im folgenden weiter abgegrenzt wird, und die von Erziehung und Unterricht in der Schule angesichts verbindlichen Handelns gegen Unfrieden und auf Frieden hin nicht mehr zu umgehen ist und durch Erziehungsprozesse permanent aufgearbeitet werden muß.

Strukturelle Gewalt [5] artikuliert sich innerhalb der öffentlichen Erziehung durch eine Überbetonung und durch ein Zuviel von Aufsicht, Kontrolle und Abhängigkeit. Sie ist weiter zu kennzeichnen durch individuelle und gruppenspezifische Ohnmacht. Strukturelle Gewalt im öffentlichen Erziehungssystem kann dabei so selbstverständlich geworden sein, daß sie beispielsweise für den Bereich der Schule sogar als unbedingt notwendig erscheint.

Der Abgrenzungsversuch kann noch erweitert werden:

---

4) Der Begriff 'öffentliche Erziehung' ist im pädagogischen Raum kaum abgeklärt. Zu allgemeinen Voraussetzungen, zur Ableitung und zum Bedeutungsfächer von 'öffentlich' und 'Öffentlichkeit' siehe etwa Jürgen HABERMAS: Strukturwandel der Öffentlichkeit. Frankfurt 1968[3].

5) Zum Grundverständnis mit nicht ausdrücklich erziehungsbezogenem Ansatz siehe GALTUNG in Teil II. Abschnitt 4. S. 77ff.

Es dürfte naheliegend sein, daß selbstverständlich gewordene strukturelle Gewalt, die ihren antihumanen Charakter verdecken kann, bisher als unbedeutend für pädagogische Prozesse eingestuft ist, so daß sie erst noch als pädagogisches und gesellschaftliches Problem offenbar gemacht werden muß. Strukturelle Gewalt deshalb aber zu verharmlosen, weil sie ein Gewaltverständnis nicht unbedingt oder nicht unmittelbar bestätigt, das sonst der Begriff der Gewalt in der Regel assoziiert, eben dies begünstigt Einstellungen, die subjektive oder gruppenspezifische Ohnmacht, überflüssige Abhängigkeit, überflüssige Kontrolle und Aufsicht gerade nicht als veränderungsnotwendige Problemkomplexe anzeigen.

Wenn nun derartige traditionslastige Verhältnisse bereits als unverrückbar akzeptiert sind oder werden (je nach subjektiver/gruppenbedingter Betroffenheit oder aufgrund von handlungsunfähigen Vorerfahrungen) und als unabänderlich und ohne Widerspruch gelten, kann kaum auch "nur" hinterfragt werden, was unabdingbar angesetzte strukturelle Gewalt, die als Hebel des Unfriedens zu verstehen ist, eigentlich an Folgewirkungen mit sich bringt; und es kommt noch hinzu, daß nicht als erziehungshinderlich erfaßte strukturelle Gewalt weiterhin in ihrer beeinflussenden Wirkung auf pädagogische Erkenntnis- und Bewußtmachungsprozesse unterschätzt bleibt. Strukturelle Gewalt ist dann aber nicht ihres entfaltungsfeindlichen Charakters entblößt. Sie könnte weiter eine bis in die Bildungs- und Erziehungsgeschichte zurückzuverfolgende Funktion der Entschuldigung stabilisieren, 'daß es nicht anders sein kann'.

1. Aspekte historischer Erziehungsbedingungen [1] einer öffentlichen Erziehung

Ein Text aus dem Jahre 1826 kann die hier anstehende Problematik verdeutlichen. Zur Stellung und Funktion des Lehrers heißt es: "Allerdings hat der Lehrer etwas hinter sich, die physische Gewalt des Gemeinwesens; der Erzieher kann darauf vertrauen; aber im Bewußtsein eines Kindes liegt dies nicht, das Kind kennt das Gemeinwesen höchstens nur vom Hörensagen. Die Übereinstimmung zwischen dem Zögling und diesem Verhältnis der öffentlichen Erziehung ist keine ursprüngliche. Deshalb muß ein Supplement eintreten. Weil der Zögling in ein ihm ursprünglich fremdes Gemeinwesen eingeht, so ist es natürlich, daß er manche Neigungen mitbringt, die sich mit dieser Form des Lebens nicht vertragen. Die Übereinstimmung soll erst produziert werden. (...) Es müssen (...) den Ausbrüchen solcher Neigungen Hemmungen entgegengestellt werden, damit die störenden Handlungen das gemeinsame Leben nicht hemmen ... ." [2] Hierdurch "entsteht die Notwendigkeit, daß der Staat Gesetze und Strafen aufstellt und eingreift durch die öffentliche Erziehung in die häusliche, weil sich der Staat mit seinem Interesse nicht auf die Familie verlassen kann." [3] So hat nach SCHLEIERMACHER in der öffentlichen Erziehung "Gesetz und Strafe eine Stelle". [4] Diese Aussage, die nahezu 150 Jahre zurückliegt, kennzeichnet unmißverständlich eine von Erziehern und Lehrern zu garantierende Einpassung und Anpassung der Kinder und Jugendlichen an die abverlangten Normen und Pflichten der Erwachsenenwelt. Eine Eigenwelt, die den Kindern

---

1) Der gesellschaftspolitische Kontext zu den herangezogenen Quellen soll hier nicht diskutiert werden.
2) Friedrich SCHLEIERMACHER: Pädagogische Schriften. Bd. 1. Die Vorlesungen aus dem Jahre 1826. Hrsg. von Erich WENIGER. Düsseldorf 1957. S. 97.
3) Ebd. S. 98.
4) Ebd. S. 98 (Hervorhebung im Original).

bis zum Schuleintritt noch zugestanden werden konnte, [5] muß nun zugunsten staatlicher Interessen zurückgedrängt werden. Als Basis wird festgeschrieben: Trotz bereits eingebrachter und nicht abzuwehrender Individualität durch relative Entscheidungssicherheit des einzelnen Kindes gemäß seinen Lebensbedingungen, seinen Lebensinteressen und Neigungen, hat der Schüler für ihn kaum einsehbare Verfügungen öffentlicher Erziehung, die kaum einmal seine konkrete Lebenserfahrung berücksichtigen, bedingungslos hinzunehmen, damit "Übereinstimmung" mit den Staatsinteressen "produziert" wird.

Ohne Überzeichnung muß dies aber als pädagogische Führung unter Pflichten, Leistung, Geboten, Verboten, Gehorsam und Rechten des Kindes, die den Interessen der Schulaufsicht nicht zuwiderlaufen, angesehen werden, wobei der SCHLEIERMACHER-Text vor knapp 1 1/2 Jahrhunderten bereits expressis verbis hervorhebt, daß der Lehrer in seinen pädagogischen Bemühungen durch "die physische Gewalt des Gemeinwesens" [6] Unterstützung findet.

Die zitierte Passage verweist ferner auf eine vertikale Rangfolge der Kompetenzenaufteilung - hier als Interessensgewichtung des dominierenden Staates gegenüber Lehrer und Schüler. Damit verschränkt ist eine Abhängigkeitskette in ebenfalls vertikaler Linie, die gleichzeitig Hierarchieelemente der Erziehung abgrenzt: Grundformen, Grundnormen, Anpassungs- und Pflichtenmaximen setzt der Staat. Der Lehrer unterrichtet im Bewußtsein, daß ihn 'physische Gewalt des Gemeinwesens' stützt; sein ahnungsloser Schüler hat konzeptionell

---

5) Schon innerhalb der Vorurteilsproblematik wurde dieses Problem angesprochen. Siehe dazu S. 94 und S. 98.
Auch die historische Bewegung der "Pädagogik vom Kinde aus", auf die hier nicht näher eingegangen wird, ist ebenso zu erwähnen. Theo DIETRICH (Hrsg.): Die pädagogische Bewegung "vom Kinde aus". Bad Heilbrunn 1973[2] hat dazu entsprechende Quellentexte vorgelegt. Die derzeit laufende Kampagne "Macht Kindern nicht das Leben schwer. Was Erwachsene tun können, um unsere Welt kinderfreundlicher zu machen" (durch die Aktion Gemeinsinn e.V., Bonn-Bad Godesberg) fällt weiter in diesen Problemkomplex.
6) F. SCHLEIERMACHER: Pädagogische Schriften. S. 97.

diese Momente öffentlicher Erziehung, die sein Ohnmachtsbewußtsein nur verstärken können, nicht zu hinterfragen. Damit kann sich aber Abhängigkeitsbewußtsein nur festigen.

Ob über SCHLEIERMACHER hinaus weitere historische Quellen herangezogen werden können, um innerhalb der Bildungs- und Erziehungsgeschichte strukturelle Gewalt in der Erziehung zu überführen, ist noch weiter zu prüfen.
Abgesehen von einigen Repräsentanten, die öffentliche Erziehung kritisch einschätzen, wie etwa ROUSSEAU oder GURLITT, MONTESSORI,[7] OTTO oder auch SCHARRELMANN ("die Schule ist durch und durch dogmatisch ...") [8] oder KEY ("Solange die Schule eine Idee repräsentieren, einen abstrakten Begriff bilden soll, so wie die "Familie", der "Staat" usw., solange wird sie - ganz wie die Familie und der Staat - die denselben angehörigen Individuen unterdrücken"),[9] lassen sich gerade an historischen Schulordnungen weitere Details ermitteln, die Aspekte strukturellerGewalt in der Erziehungsorganisation erläutern.
Die Hessische Schulordnung von 1537 bestimmt: "Die Schulen soll man mit tüglichen, frommen, gelerten, Gotßförchtigen leuten bestellen, vnd die selbigen in ihres leibs narung vnnd notturfft versorgen, damit sie nicht in irer arbeit vnd dienst ablessig, faul, vnd vnfleissig sonder trew vnd willig behalten werden." [10]

Im Abschnitt "Von der Disciplin vnd Zucht" legt die "Schulordnung aus der Würtembergischen Kirchenordnung" von 1559 an "Statuta"

---

7) Siehe bei Th. DIETRICH (Hrsg.): Die pädagogische Bewegung 'vom Kinde aus'. S. 36ff; 60f; 73ff; 80f.
8) Ebd. S. 102 (SCHARRELMANN lebte 1871 - 1941).
9) Ebd. S. 21 (Ellen KEY lebte 1849 - 1926. Die Aussage liegt über 70 Jahre zurück). - Weitere Quellennachweise bei Th. DIETRICH. S. 144ff.
10) Hessische Ordnung. Von den Schulen. In: Reinhold VORMBAUM (Hrsg.): Evangelische Schulordnung. Erster Band. Die evangelischen Schulordnungen des sechszehnten Jahrhunderts. Gütersloh 1860 (Bertelsmann Verlag). S. 33.

7 Punkte fest. Darin werden alle Knaben angehalten, "das sie jren Eltern, Vormündern, Pfarrherrn vnd Schülmeistern gehorsam seien, vnnd alle die jhenige, denen Ehr gebürt, in ehren halten.
Sie sollen (...) fürnämlich auch gute fleissige fürsehung thun, das einer mit dem andern fridsam vnd fridfertig sey (...).
Es sollen auch die Kinder nit one Röck weder zur Schul oder in die Kirchen gehn ... (Und sie sollen, J.E.) nit auß der Schul lauffen dörffen, oder sich sonst absentiern." [11]

Eine Ordnung von 1563 betont auch die Notwendigkeit der Kontrolle, die für die Schulen anzusetzen ist: "In Städten sollen zween Rathsherren zu der Schule verordnet werden, die alle Viertel = Jahr mit den Pastoribus und Patronen die Schulen visitieren, Examen lassen halten, mit Erkundigung, wie es um die Lectiones (...), Disciplin und um der Schul = Diener Leben, Wandel und alle Nothdurft beschaffen sei ..." [12]

Während hier eine Kontrolle der Erziehungsbedingungen, der Erziehungsmittel und der Erziehungsträger verfügt ist, verdeutlicht die Hessische Schulordnung von 1537 den Tugendkatalog von Anpassungseinstellungen und Verhaltenserwartungen für Lehrer, die fleißig, treu und "willig" ihren Dienst gegenüber der Schulaufsicht zu erfüllen haben, sollen keine Disziplinarmaßnahmen gegen sie eingeleitet werden. Erfüllungsgehorsam wird hier ebenso abgefordert wie in der Württembergischen Ordnung von 1559; Erfüllungsgehorsam aber ist weit gefaßt: Die Schüler sollen "fridsam vnd fridfertig" sein.
Das Hinnehmen von Anordnungen und Maßnahmen als Anpassungskomponente intendiert Erziehung zum Gegebenen, zum Abfinden mit dem Vorhandenen, zum Verfügenlassen, was allerdings kritisches Hinterfragen im Sinne einer Friedenspädagogik zurückdrängt.

Schulordnungen legen so bereits vor fast 400 Jahren fest: "Wie sich ein jeder Knabe in seiner Kammer verhalten soll", "Wie sie sich über

---

11) Ebd. S. 93f.
12) Schulordnung aus der Pommerschen Kirchenordnung von 1563. In: R. VORMBAUM: Evangelische Schulordnungen. S. 166.

dem Tische verhalten sollen", "Wie sie sich in der Schule verhalten sollen", "Wie sie sich im Reden verhalten sollen". [13]

Analoge Verhaltensweisen werden auch von Lehrern gegenüber der "Obrigkeit" erwartet. So zeigt es die o.a. Schulordnung aus dem Jahre 1563, so zeigt es eine Quelle fast 350 Jahre später zum Amt des Schullehrers: "Ich bin Schullehrer; das heißt also: Ich habe ein Amt, welches eines der ehrwürdigsten und wichtigsten auf Erden ist ...". "Was habe ich (als Schullehrer) zu erwarten, wenn ich mein Amt schlecht verwalte ?" [14] "Wer (...) seiner Obrigkeit ungehorsam ist, (...) was kann der anders zu erwarten haben als Trübsal und Angst im Leben ..." [15]

So aber wird Ungleichheit etabliert, Abhängigkeit festgeschrieben, Kontrolle und Aufsicht kritiklos und ergeben gegenüber der Obrigkeit akzeptiert und gutgeheißen. [16] "Gehorsam ist die Grundlage aller Tugenden" und "alles rechtmäßig Befohlene, auch das sonst Unangenehme, fertig und willig tun", [17] dies ist die Stabilisierung des Status quo als öffentliche Erziehungsstrukturen der Ziele, Interessen und Werte. "Unordnungen und Unruhen" [18] erhalten den Stellenwert einer Verwirrung und Störung. Anzustreben und zu beachten sind stattdessen von den Schülern "Fleiß", "Reinlichkeit", "Schamhaftigkeit", "Gefälligkeit und Dienstfertigkeit", "Höflichkeit"; sie sollen nicht "Lügen", nicht "allerlei Neuigkeiten" erzählen, nicht angeben, "Kein Anmaßen besonderer Vorrechte", "Kein lautes Überlernen der Lektionen" [19] ("Das betäubt den Lehrer (...) und macht den Kopf schwindlig"). [20] Dazu soll sich der Lehrer zu den Schülern "väterlich ernsthaft" [21] verhalten, und die Schüler sollen den Lehrer "als ein Muster betrachten, welches sie schwerlich erreichen werden." [22]

---

13) Schulordnung aus der Kursächsischen Kirchenordnung. 1580. In: R. VORMBAUM: Evangelische Schulordnungen. S. 288 - 290.
14) Bernhard OVERBERG: Anweisung zum zweckmäßigen Schulunterricht. Paderborn 1902. S. 22f.
15) Ebd. S. 25.
16) Zum weiteren Verhaltens- und Pflichtenkanon siehe bei OVERBERG. S. 38ff.
17) Ebd. S. 60.
18) Ebd. S. 64.
19) Ebd. S. 64 - 75.
20) Ebd. S. 75.
21 und 22) Ebd. S. 79 (Hervorhebung im Original). Weiter informativ sind: Felix MOLMANN oder das Leben und Wirken eines christlichen Mustererziehers vor hundert Jahren. Bearbeitet von Joseph PIEPER. Paderborn 1905[4].

Die vorgestellten historischen Beispiele, die als Akzente aus der Geschichte der Erziehung und Erziehungsorganisation anzusetzen sind, können zusammengenommen bewußtmachen, daß über Jahrhunderte auf die Betonierung der generellen Bejahung von Obrigkeit Wert gelegt wird. Mit herrschaftsstabilisierenden Organisationsprinzipien kann Anpassung und Hörigkeit erreicht werden. Dazu dienen als Träger nicht ausgewechselte Erziehungsmittel wie Zucht und Ordnung, Disziplin und Gehorsam, Befehl und Unterwerfung. Von der Intention wie vom Gehalt her vermitteln diese Organisationsprinzipien öffentlicher Erziehung in der Bildungs- und Erziehungsgeschichte beispielsweise dem Schüler eine ausgeuferte Erfahrung mit Ohnmacht und Abhängigkeit, die als nicht zu verkürzende Tradition Bestand haben soll.

Mittels derartiger Erziehungselemente ist aber ein zweifelhafter Funktionsmechanismus, eine zweifelhafte Erziehungskonzeption durchgehalten: An Ungleichheiten - etwa in der Kompetenz - erfaßt der Schüler, daß Befehlsgewalt des Vorgesetzten nicht atypisch, sondern typisch und selbstverständlich ist, daß eine kommunikative Distanz, daß Fremdsteuerung unausweichlich bleibt, daß organisationsbedingte Isolierung, daß Fremdbestimmung ohne Mitsprache des Schülers nicht notgedrungen, sondern unabänderlich gilt. Eine sich so kontinuierlich darstellende öffentliche Erziehung begründet, erhält und stützt sich auf versteckte Gewalt. Sie ist eingebaut als völlige Lenkung, als übergeordnet gültige Unterordnung, als Ein- und Anpassung, und zwar nach Kriterien und Interessen, die nicht vom einzelnen Individuum bestimmt werden. Außensteuerung ist also das herausragendste Moment, das den Entscheidungsspielraum des einzelnen Subjekts und die Verhaltensnormen festschreibt. Dies aber erlaubt eine Eigenbestimmung lediglich im Rahmen der Vorgaben und Gebote von öffentlicher Erziehung, die ständig auf Kontrolle und Gegenkontrolle, auf Aufsicht und Gegenaufsicht durch die rangstufenhöhere Instanz setzt und die im Erziehungsbereich die Grundeinstellung einschließt und vermittelt: Erziehungsobrigkeit ist von Jugendlichen uneinholbar.

2. Aspekte gegenwärtiger Erziehungsbedingungen einer öffentlichen Erziehung

Nach dem historischen Exkurs zur öffentlichen Erziehung sind nunmehr gegenwärtige Erziehungsbedingungen auf die Anwesenheit struktureller Gewalt innerhalb der öffentlichen Erziehung zu untersuchen.

Öffentliche Erziehung ist legitimiert und abgesichert durch Grundgesetz und Landesverfassung: "Das gesamte Schulwesen steht unter der Aufsicht des Staates". [1)]

"(1) Jedes Kind hat Anspruch auf Erziehung und Bildung. Das natürliche Recht der Eltern, die Erziehung und Bildung ihrer Kinder zu bestimmen, bildet die Grundlage des Erziehungs- und Schulwesens. Die staatliche Gemeinschaft hat Sorge zu tragen, daß das Schulwesen den kulturellen und sozialen Bedürfnissen des Landes entspricht.

(2) Es besteht allgemeine Schulpflicht; ihrer Erfüllung dienen grundsätzlich die Volksschule und die Berufsschule.

(3) Land und Gemeinden haben die Pflicht, Schulen zu errichten und zu fördern. Das gesamte Schulwesen steht unter der Aufsicht des Landes. Die Schulaufsicht wird durch hauptamtlich tätige, fachlich vorgebildete Beamte ausgeübt". [2)]

Darüber hinaus ist eine öffentliche Erziehung in der Bundesrepublik weiter durchorganisiert durch Schulverwaltungsgesetze der einzelnen Bundesländer, die auch in Nordrhein-Westfalen weitere verbindliche und bindende Aussagen machen, im Überblick zum Beispiel zum Stellenwert der Schule, zu Schulträger, Schulaufsicht und Schulverwaltung, zur Funktion der Leitung einer Schule, zu den Rechten und Pflichten von Lehrer und Schüler, zum "Schulgesundheitswesen" sowie

---

1) Grundgesetz für die Bundesrepublik Deutschland. Artikel 7. Absatz 1.

2) Verfassung von Nordrhein-Westfalen. Artikel 8. Absatz 1, 2 und 3.

zu "Schulanlage und Schulgebäude".[3]

Vom Anspruch öffentlicher Erziehung her sind Schulen im Schulverwaltungsgesetz definiert als "Bildungsstätten, in denen Unterricht unabhängig vom Wechsel der Lehrer und Schüler nach einem von der Schulaufsichtsbehörde unter Anführung dieser Vorschrift festgesetzten oder genehmigten Lehrplan erteilt wird."[4]

Der behördliche Charakter der Schule wird weiter dadurch transparent, daß an "jeder Schule ... folgende Tabellen, Listen und Pläne geführt werden (müssen):

1. Schülerverzeichnis (Grundliste, Stammrolle),
2. Schulversäumnisliste (Schulbesuchsliste),
3. Schulchronik,
4. Fortschrittstagebuch (Lehrbericht),
5. Lehrplan (für die Gesamtschule),
6. Pensenverteilung (Stoffverteilungsplan) für die einzelnen Klassen (1 - 6 nach den Allgem. Best. vom 15.10.1872 (!, J.E.)),
7. Inventarverzeichnis,
8. Gesamtstundenplan für die Schule und Einzelstundenpläne für jede Klasse,
9. Schülerbeobachtungsbogen,
10. Zeugnisliste der einzelnen Klassen,
11. Zeugnisliste für alle Schüler, die nach Beendigung der Schulpflicht aus der betr. Schule entlassen sind,

---

3) Siehe hierzu im einzelnen das Schulverwaltungsgesetz (SchVG) vom 3.6.1958. In: Franz DOMHOF/Wilhelm HEYERS/Peter SCHUMACHER/Thomas STOLZE/Siegfried TIEBEL (Hrsg.): Die Amtsführung des Lehrers. Eine Sammlung von Vorschriften für die Lehrer und Leiter an Volksschulen (Grund- und Hauptschulen). Bd. I. Stand 31.12.1966. Düsseldorf 1967. S. 156 - 168; ferner S. 208f. Weitere Ausführungsbestimmungen zum SchVG siehe S. 169ff; vgl. ebenso eine Geschäftsordnung zu Aufgaben des Schulamtes. S. 195ff.
Zu "Vorschriften" und Bestimmungen zur Unterrichtsabwicklung siehe S. 220 - 229.

4) SchVG für Nordrhein-Westfalen. § 1: Schulbegriff. In: F. DOMHOF u.a. (Hrsg.): Die Amtsführung des Lehrers. S. 156.

12. Gesundheitsbogen, soweit sie geführt werden,
13. Strafverzeichnis." [5)]

Die strenge Organisation öffentlicher Erziehung für Nordrhein-Westfalen verdeutlichen auch gültige Bestimmungen, die hier veranschaulichend genannt sind. So gibt es auch Anordnungen über:

- "Dauer des Samstagunterrichts" (225) [6)]
- "Aussetzen des Unterrichts bei großer Hitze" (225)
- "Schulschluß am Ferienbeginn" (226)
- "Aushändigung von Druckstücken des Grundgesetzes und der Landesverfassung bei der Schulentlassung" (228)
- Zum Verhältnis von "Schule und Bundeswehr" (228)
- "Behandlung der jüngsten Vergangenheit im geschichts- und gemeinschaftskundlichen Unterricht" (229)
- "Anrede im Behördenverkehr" (259)
- "Richtlinien für das Verhalten in Schulen bei Bränden" (267)
- "Maßnahmen der Schule gegen die Gefährdung der Jugend durch Schrifttum" (275).

Die eine Schule als öffentliche Anstalt des Staates umgreifenden rechtlichen Voraussetzungen und Bedingungen, die mit Infra-Strukturen typischer Verwaltungsorganisation verkoppelt sind, [7)] müssen ferner auch ergänzt werden durch eine Rangfolge der Entscheidungsbefugnisse und Kompetenzenaufteilung, und zwar im Rahmen der Schulaufsichtsbehörden, Schularten, Schulformen, Ausbildungs- und Erziehungsbereiche.
So ist die Oberste Schulaufsichtsbehörde gegenüber der Oberen Schulaufsichtsbehörde weisungsberechtigt, also der Kultusminister beispielsweise gegenüber dem Regierungspräsidenten. Der Regierungs-

---

5) Schulverwaltungsgesetz für Nordrhein-Westfalen. § 1: Schulbegriff. In: F. DOMHOF u.a. (Hrsg.):Die Amtsführung des Lehrers. S. 257.
6) Ebd.; die Zahlen zu den einzelnen Überschriften der Bestimmungen geben die Seitenzahlen bei DOMHOF an.
7) Siehe die 13 Verwaltungskomplexe, die bis in die einzelne Schulklasse, bis in die einzelne Unterrichtsstunde hineinreichen und die sich dort auswirken (S. 186f).

präsident hat wiederum die höhere Kompetenz und Entscheidungsgewalt gegenüber dem Schulamt, der Unteren Schulaufsichtsbehörde, die wiederum besitzt die Aufsichtskompetenz gegenüber den Grundschulen, Hauptschulen und Sonderschulen in einer bestimmten Region. Ein nachfolgendes Schema kann dies weiter erklären.[8)]

---

8) Ferner informieren:
Bildungswege an den Schulen des Landes Nordrhein-Westfalen. Eine Schriftenreihe des Kultusministers. Heft 10. Ratingen 1971[5].
Bildungsberater. Informationen über die Schulen in Bonn. Hrsg. durch die Stadt Bonn. Bonn 1970;
Franz DOMHOF/Wilhelm HEYERS/Konrad K. PÖNDL/Kurt WACKER: Schulpraxis. Ein pädagogischer und schul-rechtlicher Ratgeber. Ausgabe für Nordrhein-Westfalen. Stuttgart 1968. S. 111ff.
Zu "Schulaufsicht, Schulaufsichtsbehörden, Schulkollegien, Beteiligung an der Ausübung der Schulaufsicht, Schulamt als untere Schulaufsichtsbehörde für die Volksschulen, beauftragte Schulaufsichtsbeamte" siehe § 14 - § 19. In: Kommentar zum Schulverwaltungsgesetz Nordrhein-Westfalen. Hrsg. von Werner HAUGG. Wiesbaden-Dotzheim 1966. S. 8 - 11.
Zum historischen Kontext siehe Ernst DEUERLEIN: Föderalismus. Die historischen und philosophischen Grundlagen des föderativen Prinzips. Schriftenreihe der Bundeszentrale für politische Bildung. Heft 94. Bonn 1972. S. 230ff.

DER AUFBAU DER SCHULAUFSICHTSBEHÖRDEN IN NORDRHEIN-WESTFALEN

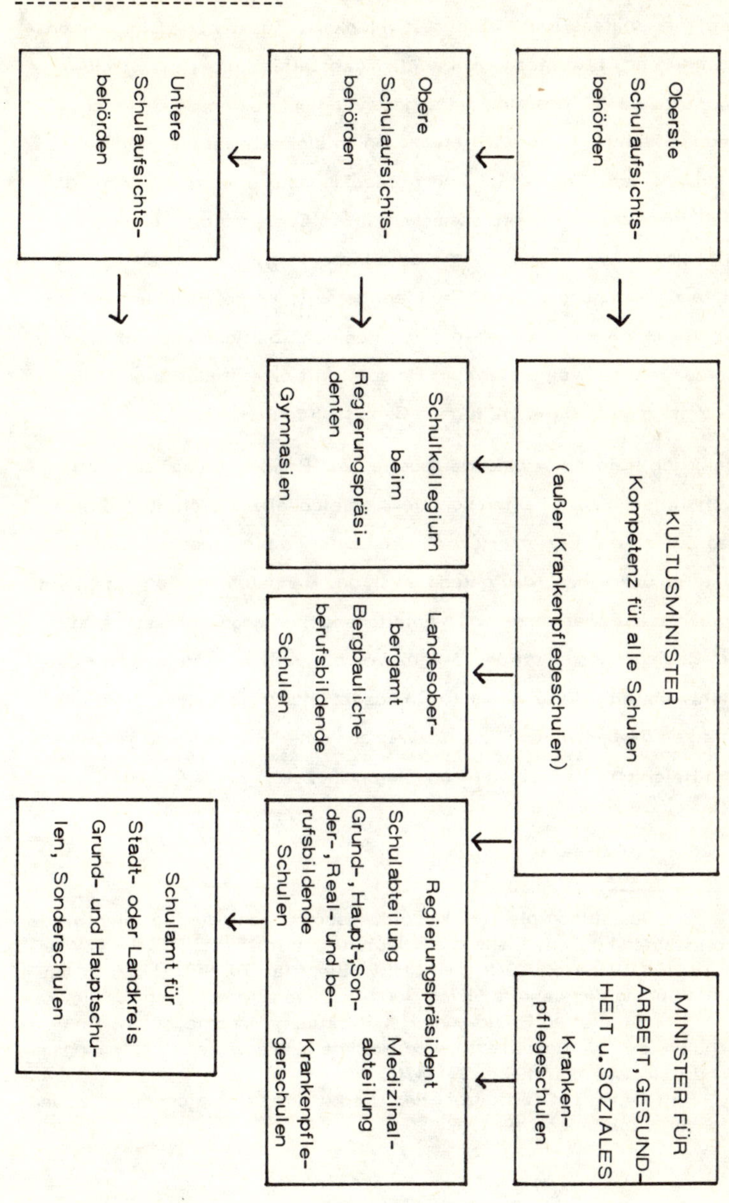

Ein weiteres Kennzeichen der Institutionalisierung der öffentlichen Erziehung ist in der Gegenwart an der Einkommensstruktur auszumachen. Durch den Anschluß an entsprechende Besoldungsordnungen [9)] wird eine materielle Abhängigkeit verankert. Zusätzliche Einkommensabstufungen, abzulesen etwa an der Dienstaltersstufe 1 der Besoldungsgruppe A - das sind die sogenannten aufsteigenden Gehälter -, verstärken eine soziale Differenz. Beispielsweise ist schon in der Eingangsstufe 1 an der folgenden Besoldungstabelle zu erkennen, daß die Einkommensdifferenz zwischen einem Oberschulrat, der nach A 16 bezahlt wird, und einem Sozialinspektor, der A 9 bezieht, über eintausendeinhundert Deutsche Mark beträgt. Vorgeschriebene Aufsichts- und Kontrollaufgaben, die in beiden Positionen ausgeführt werden müssen, sind hier zum Beispiel mit einer materiellen Differenz gekoppelt, die sich in neun Gehaltsstufen äußert.

Natürlich liefert die folgende Tabelle "Zur Rangfolge der Einkommensverhältnisse" auch Fakten sozialer Ungleichheit, wie sie im Bereich des Schul- und Erziehungswesens anzutreffen sind; dabei ist vor allem nicht zu übersehen, daß gerade durch das Rangstufensystem, dem entsprechende Erwartungs- und Verhaltensnormen angeschlossen sind, ein Bedingungssystem und Gefälle von bedenklicher Ungleichheit entsteht, die als Status quo zum Grundsatz und Prinzip erhoben ist und in einer "Nebenwirkung" dazu auch noch eine "Rangordnung von Ehre und Reichtum" [10)] aufstellt und verankert.

---

9) Zum Gesamtkomplex der Besoldungsordnungen, die hier nicht referiert werden können, siehe die Erläuterungen in: Franz DOMHOF/Wilhelm HEYERS/Peter SCHUMACHER/Siegfried TIEBEL (Hrsg.): Die Amtsführung des Lehrers. Eine Sammlung von Vorschriften für die Lehrer und Leiter an Grund- und Hauptschulen, Sonderschulen, Realschulen und Gymnasien im Lande Nordrhein-Westfalen. Ergänzungsband II. Düsseldorf 1972. S. 347ff.

10) Ralf DAHRENDORF: Über den Ursprung der Ungleichheit unter den Menschen. Tübingen 1961. S. 23.

Zur Rangfolge der Einkommensverhältnisse [11)]

Bes. Gruppe	Status/Kompetenzbereich	Grundgehaltssätze Dienstaltersstufe 1	Dienstalterszulage
A 16	Oberschulrat im Schulaufsichtsamt für Gymnasien, berufsbildende Schulen u. Institute zur Erlangung der Hochschulreife: Oberstudiendirektor (Leiter einer berufsbildenden Schule, einer Höheren Wirtschaftsfachschule oder eines Gymnasiums mit mindestens 18 Klassen)	2 177,00	125,80
A 15	Studiendirektor (für staatl. Prüfungsamt, Bezirksamt, Bezirksseminar oder päd. Fachleiter am Gymnasium)	1 958,58	108,78
A 14	Direktorstellvertreter an Realschulen (6-11 Klassen), Bezirksseminar; Realschulleiter + Zulage DM 175 bei 12 Klassen; Schulrat + Zulage DM 175; Sonderschuldirektor, ab 10 Klassen + Zulage DM 175; Volksschulrektor, ab 12 Klassen	1 736,89	98,96
A 13a	Direktorstellv. Realschule (6 - 11 Kl.) Realschuldirektor bis 6 Kl.; Sonderschulrektor bis 6 Kl.; Volksschulrektor, 7 - 11 Kl.	1 731,64	86,13
A 13	Realschullehrer, Sonderschullehrer; Studienrat + Zulage; Volksschulkonrektor bei 12 Kl.; Volksschullehrer an einem Aufbauzug einer Volksschule; Volksschulrektor, Leiter einer Schule bis 6 Kl.	1 687,52	76,32
A 12a	Volksschulkonkretor; Fachschuloberlehrer	1 591,14	73,70
A 12	Volksschullehrer	1 489,29	70,69
A 11	Oberlehrer; Oberlehrer für Sozialarbeit, Technischer Oberlehrer (alle an der Fachhochschule)	1 367,37	59,29
A 10	Fachlehrer einer allgemeinbildenden Schule; Fachoberlehrer und Lehrer an Fachhochschule; Werkstattoberlehrer an Fachhochschule	1 117,70	57,86
A 9	Fachlehrer, Werkstattlehrer an Fachhochschule; Sozialinspektor	1 069,34	41,98

11) Auszug aus der "Besoldungstabelle", die die Gewerkschaft Erziehung und Wissenschaft, Landesverband Nordrhein-Westfalen, veröffentlicht. Die Angaben gelten ab 1. Januar 1974.

Die sich an den bisherigen Darlegungen zur Grob- und Feinstruktur öffentlicher Erziehung ergebenden materiellen Differenzen, Rangstufen und Abhängigkeiten, Abstufungen der Aufsichtskompetenzen, unterschiedlichen behördlichen Entscheidungsbefugnisse, organisatorischen Aufgabenverteilungen, in die wiederum wechselseitige Kontrollmechanismen eingebaut sind, all diese Ergebnisse kennzeichnen tragende Innenverhältnisse und Außenverhältnisse öffentlicher Erziehung; aber sie bilden auch den Hintergrund für die weitere Aufhellung, wie eine öffentliche Erziehung, die in der Verantwortung von Staat und Land liegt, durch einen überinstitutionalisierten Verwaltungscharakter der Schule bedenklich geworden ist.

Um dies näherhin zu klären, müssen organisations-soziologische, sozialpsychologische und pädagogische Gesichtspunkte herangezogen werden.

2 a) Organisationssoziologische Überlegungen zur Struktur öffentlicher Erziehung

Öffentliche Erziehung ist wesentlich durch ein inneres und äußeres Hierarchiesystem bestimmt. Eine hierarchische Gliederung ermöglicht die entscheidende "Voraussetzung für das zeitliche Überdauern sozialer Systeme". [12] Hierarchie bezeichnet ein "System aus mindestens zwei Rängen, die in einem Über- und Unterordnungsverhältnis stehen. Der Rang ist Ausdruck der Macht, Autoritäts- und Prestige-Beurteilung einer Stelle relativ zur Beurteilung anderer Stellen.

12) Oskar GRÜN: Hierarchie. In: Erwin GROCHLA (Hrsg.): Handwörterbuch der Organisation. Stuttgart 1969. Sp. 677.

Die Rangordnung gliedert die Stellen unter dem Kriterium der Leitungsgewalt vertikal in einen Instanzenzug, der von der ranghöchsten bis zur rangniedrigsten Stelle läuft". [13)]

Eine Institution wie die der Schule, die auf Prinzipien und Bedingungen der Hierarchie aufgebaut ist, kennzeichnet ihre Interessen und gesellschaftlichen Aufgaben durch Verwaltungsakte, die nahelegen (siehe hier auch das weiter oben vorgelegte Hintergrund-Material), daß Eltern, Lehrer und Schüler in ihren pädagogischen Zielsetzungen behindert werden können.
In dieser Beziehung kommt Hellmut BECKER schon vor 20 Jahren zu dem Ergebnis: "Unsere Schule ist eine "verwaltete Schule"; während die moderne Schule, die ihre geistige Grundlegung in der Aufklärung erfuhr, zunächst noch ein Lebenszusammenhang selbständiger Menschen war, die vom Staat nur überwacht wurde, hat sie sich immer mehr zur untersten Verwaltungshierarchie entwickelt. Sie steht heute auf einer ähnlichen Stufe des Verwaltungsaufbaus wie das Finanzamt, das Arbeitsamt, die Ortspolizei und in einem deutlichen Gegensatz zur Selbstverwaltung der Ortsgemeinde. Die Lehrer entwickeln sich zu Funktionären, und die Schule ist in Gefahr, nur noch Funktionäre zu bilden. Das Bildungsergebnis der modernen Schule wird langsam der konformistische, einfallslose, mühelos gleichschaltbare Mensch, dessen Kenntnisse zwar zum Teil vielseitig, aber qualitativ nicht hochwertig, dafür leicht nachprüfbar sind". [14)]

---

13) Ebd. Sp. 677.
14) Hellmut BECKER: Die verwaltete Schule. In: Ders.: Quantität und Qualität. Grundfragen der Bildungspolitik. Freiburg 1968^2. S. 147 - 174; zit. S. 148.
Die Problematik haben im Anschluß an BECKER auch noch aufgegriffen und in Ansätzen diskutiert, ohne allerdings den für eine Friedenspädagogik in Betracht kommenden Bezug zur direkten und/oder strukturellen Gewalt herauszuarbeiten:
(Fortsetzung. S. 194).

Diese sicherlich auch heute nicht überholte Grob-Einschätzung ist aber noch weiter zu differenzieren, um noch mehr den Charakter der öffentlichen Strukturen zu erhellen.

Fortsetzung Anmerkung 14):
Walter L. BÜHL: Schule und gesellschaftlicher Wandel. Stuttgart 1968. S. 161f;
DEUTSCHER BILDUNGSRAT. Empfehlungen der Bildungskommission. Zur Reform von Organisation und Verwaltung im Bildungswesen. Teil I: Verstärkte Selbständigkeit der Schule und Partizipation der Lehrer, Schüler und Eltern. Stuttgart 1973;
zum Teil auch in: DEUTSCHER BILDUNGSRAT. Empfehlungen der Bildungskommission. Strukturplan für das Bildungswesen. Stuttgart 1970². S. 257ff; S. 270ff;
Klaus W. DÖRING: Lehrerverhalten und Lehrerberuf. Zur Professionalisierung erzieherischen Verhaltens. Eine Einführung. Weinheim 1971². S. 25ff;
Karlheinz FINGERLE: Funktionen und Probleme der Schule. Didaktische und systemtheoretische Beiträge zu einer Theorie der Schule. München 1973. S. 43ff;
Wolfgang FISCHER: Schule und kritische Pädagogik. Fünf Studien zu einer pädagogischen Theorie der Schule. Unter Mitarbeit von J. RUHLOFF, W. ULRICH, M. ESCHLER. Heidelberg 1972. S. 7ff; S. 55f (!); 134ff; ferner hier: "Materialien zum parapädagogischen Charakter der Schule" (S. 133 - 152);
siehe auch Jörg RUHLOFF: Ein Schulkonflikt wird durchgespielt. Beschreibung und Analyse. Heidelberg 1970. S. 100ff: "Schule - eine "parapädagogische" Institution ?".
Peter FÜRSTENAU: Zur Psychoanalyse der Schule als Institution. In: DAS ARGUMENT. Berliner Hefte für Probleme der Gesellschaft. 6. Jg. Heft 2. Mai 1964. S. 65 - 78;
Ders.: Neuere Entwicklungen der Bürokratieforschung und das Schulwesen. In: NEUE SAMMLUNG. 7. Jg. 1967. S. 511 - 525;
Erneut publiziert - neben sich ergänzenden Arbeiten von C.-L. FURCK, C.W. MÜLLER, W. SCHULZ, F. WELLENDORF. In: Zur Theorie der Schule. Hrsg. durch PÄDAGOGISCHES ZENTRUM. Reihe: B. Diskussionsbeiträge. Bd. 10. Weinheim 1972². S. 9 - 25 und 47 - 66;
Günter HARTFIEL (Hrsg.): Die autoritäre Gesellschaft. Köln 1970. S. 43f; 105ff; 163ff u.a.;
Hartmut von HENTIG: Cuernavaca oder: Alternativen zur Schule ? Stuttgart 1971. S. 105ff;
Ders.: Wie hoch ist die höhere Schule ? Eine Kritik. Stuttgart 1962;
Hermann HOLSTEIN: Die Schule als Institution. Zur Bedeutung von Schulorganisation und Schulverwaltung. Ratingen 1972;
Wolfgang KLAFKI u.a.: Erziehungswissenschaft 1. Eine Einführung (Funk-Kolleg). Frankfurt 1970. S. 154ff; 173ff;
(Fortsetzung S. 195).

GROOTHOFF stellt fest: "Als grundlegend hat sich erwiesen, daß unsere Schule eine "Veranstaltung des Staates" und unser Lehrer dementsprechend ein "Beamter" des öffentlichen Dienstes ist. Unsere Schule ist vor 150 bis 200 Jahren als unmittelbares Instrument der Staatspolitik konstruiert und im Sinne der Staatsräson - zu Zwecken einer "staatsbürgerlichen Erziehung" oder auch "nationalpolitischen Bildung" - eingesetzt worden. Sie bildet in weit höherem Maße, als man im allgemeinen wahrhaben möchte, eine Analogie zur "Kaserne" (als dem Ort zur soldatischen Erziehung und militärischen Ausbildung)." [15)]

Die Umstrukturierung der Schule [16)] ist nach GROOTHOFF notwendig; sie ist in der Weise einzuleiten, daß eine "Schule öffentlich über ihre Arbeit berichtet". [17)] Allerdings könnte dieser Veränderungsprozeß "gewissen Interessen der Bürokratie und der Staatspolitik" [18)] hinderlich sein.

Fortsetzung Anmerkung 14):
Michael KLEIN: Wissenschaftstheoretische Aspekte einer problemorientierten Pädagogik. Ein kritischer Exkurs. Köln 1971 (Diss.). S. 32ff;
Wolfgang KRAMP: Studien zur Theorie der Schule. München 1973. S. 173 - 181;
Renate MAYNTZ: Soziologie der Organisation. Reinbek 1967²;
Dies. (Hrsg.): Bürokratische Organisation. Köln 1968;
Helge-Ulrike PETER: Die Schule als soziale Organisation. Mit einer Einleitung von Wolfgang KLAFKI. Weinheim 1973;
Franz PÖGGELER: Der pädagogische Fortschritt und die verwaltete Schule. Freiburg 1960;
Horst RUMPF: Schule gesucht. Tagebuch eines Studienrates. Braunschweig 1968. S. 175 - 181;
Dieter ULICH/Wolfgang MERTENS: Urteile über Schüler. Zur Sozialpsychologie pädagogischer Diagnostik. Weinheim 1973. S. 48ff;
in einigen Ansätzen bei Eduard SPRANGER: Die wissenschaftlichen Grundlagen der Schulverfassungslehre und Schulpolitik. Bad Heilbrunn 1963.

15) Hans-Hermann GROOTHOFF: Funktion und Rolle des Erziehers. München 1972. S. 173 (Hervorhebung im Original).

16) Vgl. hierzu etwa die Arbeit von Christa BERG: Die Okkupation der Schule. S. 189ff.

17) H.-H. GROOTHOFF: Funktion und Rolle des Erziehers. S. 173.

18) Ebd. S. 173.

"Die Schule wird seit langem zunehmend bürokratisiert, wodurch ein System aufgebaut wird, dessen Arbeitsweise durch Gesetze, Verordnungen und Richtlinien festgelegt, außerdem überwacht werden kann".[19]

ELLWEIN stellt fest: "Alternativ betrachtet ist die verwaltete Schule das Gegenstück zur Erziehungsschule. Diese Gegenüberstellung ist mühelos durch eine Vielzahl von erläuternden Begriffspaaren anschaulich zu machen. Es steht dann der regelhafte Gesetzesvollzug dem persönlichen Einsatz des Pädagogen gegenüber; die Routine dem Experiment; die Normierung der Individualisierung; der angeordnete Lehrstoff der schöpferischen Freiheit; die Beamtenqualität dem Künstlertum; der risikolose Durchschnitt dem offenen Wagnis, in dem man scheitern, aber eben auch den großen Erfolg erzielen kann. Oder anders: Pädagogisch geht die verwaltete Schule von einem imaginären Durchschnittsschüler aus, während die Erziehungsschule offen für jeden einzelnen Schüler sein soll - wie er ihr auch immer entgegentreten mag. In ihren Leistungsanforderungen geht die verwaltete Schule entsprechend vom Durchschnittstyp aus, wie ihn die Gesellschaft zu benötigen scheint, um so zu bleiben, wie sie ist, während die Erziehungsschule die Schule sein soll, welche für die "Gesellschaft im Wandel" angemessen ist. Grauer Alltag also hier - das ideale Konzept dort.

Diesem Alltag entsprechen die institutionellen Gegebenheiten der verwalteten Schule. Sie ist unterste Verwaltungsinstanz, vorschriftsgebunden, dauerbeaufsichtigt, von ihren Vorgesetzten vorformuliert und entsprechend unbeweglich, der Initiative entbehrend, jedem Sonderfall gegenüber hilflos - schlechthin also abhängig von dem, was ihr aufgetragen wird."[20]

Die hierarchische und streng bürokratisierte Konzeptualisierung der öffentlichen Erziehung bewirkt Abhängigkeitsverhältnisse und Ab-

---

19) Ebd. S. 174.

20) Thomas ELLWEIN: Die verwaltete Schule. In: DAS ARGUMENT. Berliner Hefte für Probleme der Gesellschaft. 6. Jg. 1964. S. 209 - 220; hier S. 212.

hängigkeitsbedingungen, die an eine "Ausnützung der Unerfahrenheit, der Ohnmacht, der Besitz- und Rechtlosigkeit der Kinder" [21] heranreichen. Deshalb liegt nahe, daß Kinder, Jugendliche und Schüler diese Abhängigkeit in der Schule als Schicksal hinnehmen. Denn Schüler können ein durchorganisiertes System erfahren, das auf elementaren Strukturen aufgebaut ist, die Vorschriften, Nivellierung von Erziehungsbedingungen, Kompetenzaufgliederung als Machtverteilung, Ordnungsmechanismen, Kontrollmechanismen, uneinholbare, für den Schüler kaum transparente Erziehungs-, Unterrichts- und Leistungsnormen sowie eine Abtrennung der Schulatmosphäre von der Privatatmosphäre einschließen. [22]

Diese Bedingungen legen die Frage nahe, ob nicht inzwischen die bürokratisch-hierarchische Verwaltungsorganisation Schule eine sehr problematische "Verformung" [23] durchgemacht hat, die pädagogischen Intentionen zuwiderläuft und die nur noch als "pädagogische Scheinfreiheit" [24] zu kennzeichnen ist, was aber entscheidend pädagogische Bemühungen erstickt, um erfolgssicher "die gesellschaftlichen Widersprüche zur Sprache zu bringen und zum Prinzip der Veränderung und Besserung des gesellschaftlichen Status quo zu erheben." [25]

---

21) Hartmut von HENTIG: Der ungleiche Krieg zwischen Erwachsenen und Kindern. Janusz KORCZAK oder Erziehung in einer friedlosen Welt. In: FRANKFURTER ALLGEMEINE ZEITUNG. Nr. 228. 2.10. 1972. S. 18.
22) Vgl. zur Struktur der Bürokratie auch Amitai ETZIONI: Soziologie der Organisationen. München 1967. S. 87ff.
Siehe ferner die Ansätze bei Arno COMBE: Kritik der Lehrerrolle. Gesellschaftliche Voraussetzungen und soziale Folgen des Lehrerbewußtseins. München 1971. S. 116ff.
23) Horst RUMPF: Die administrative Verstörung der Schule. Drei Kapitel über den beamteten Erzieher und die verwaltete Schule. Essen 1966. S. 68; vgl. weiter die Hinweise und Zusammenfassungen von Wolfgang KRAMP: Theorie der Schule. In: J. SPECK/G. WEHLE (Hrsg.): Handbuch pädagogischer Grundbegriffe. Bd. II. S. 560; 573f; 581f.
24) H. RUMPF: Die administrative Verstörung der Schule. S. 69.
25) Klaus SCHALLER: Die Schule muß wieder erziehen. S. 203; zum Prozeß subjektiver Selbständigkeit siehe Ders.: Reflexion und Engagement - die Grundaufgaben der Erziehung. In: K.-H. SCHÄFER/K. SCHALLER: Kritische Erziehungswissenschaft und kommunikative Didaktik. S. 105 (2. Aufl.).

Für die Friedenspädagogik in der Schule, die gesellschaftliche und pädagogische Wirklichkeiten auf Ursachen, Bedingungen, Folgen und Fakten struktureller, aber auch direkt-wahrnehmbarer Gewalt zu untersuchen hat, ist hier eine Auseinandersetzung unerläßlich. Diese schließt die sorgfältige Hinterfragung der für erforderlich gehaltenen Rechtsauffassungen zur Schulaufsicht und zur öffentlichen Erziehungskontrolle ebenso ein wie die Prüfung der damit zusammenhängenden institutionellen Zwänge, Reglementierungen, Bevormundungen, die als Details der allgemeinen Erziehungs- und Schulhierarchie diese zu verewigen suchen. Gerade durch diese nämlich werden tragfähige Erziehungsaspekte für Friedensbedingungen abgewiesen; das Bewußtsein für die Unveränderlichkeit der hierarchischen Erziehungsverhältnisse kann sich so weiter formieren und fortwährend verlängern.

Dem aber ist ein horizontal und egalitär angesetztes Denken, Wissen, Lernen, Handeln und Verändern gegenüberzustellen. Das bedeutet im Ansatz: Staatliche Einschränkung kann nicht für alle Zeiten unumstößliche Gültigkeit behalten, wenn feststeht, daß Hierarchie-Gewalt als Hierarchie-Hörigkeit nur Freund-Feind-Schemata produziert, nicht aber Verhalten für pädagogische Prozesse des Friedens.

In einem Aufsatz zu Urteilen von Oberverwaltungsgerichten ist immer wieder der andauernde konservative (d.h. hier der bewahrende, hierarchisch funktionierende Aufsichts- und Kontrollmechanismus in der aktuellen Erziehung) Charakter der Hierarchie-Gläubigkeit bestätigt: "Staatliche Lehr- und Bildungspläne schränken kraft der grundgesetzlich vorgesehenen staatlichen Schulaufsicht (Art. 7 Abs. 1 GG) die Meinungsäußerungsfreiheit des Lehrers in zulässiger und notwendiger Weise ein. Deshalb muß der Lehrer sich bei der Behandlung politischer und religiöser Fragen diejenige Mäßigung und Zurückhaltung auferlegen, die sich aus seiner Stellung gegenüber der Gesamtheit und aus den Rücksichten auf die Pflichten seines Amtes ergeben." [26)]

---

26) Fritz OSSENBÜHL: Erziehung und Bildung. Ein Bericht über die Bedeutung und Interpretation kultureller Grundrechte in der Rechtsprechung der Oberverwaltungsgerichte. In: ARCHIV DES ÖFFENTLICHEN RECHTS. 98. Bd. Heft 3. September 1973. S. 361-404; hier S. 381.

Als selbstverständlich und generell notwendig einen Konsensus mit öffentlicher Erziehung in allen Innenverhältnissen und Außenverhältnissen vorauszusetzen und Erziehung so abzusichern, dürfte einen bedenklichen Ansatz darstellen, weil strukturelle Gewalt im öffentlichen Erziehungsbereich nicht auf ihre Fragwürdigkeit hinterfragt würde. Und dies so zu belassen, würde in der Tat die Notwendigkeit einer Erziehung zum Frieden unterlaufen.

Bei der Gewaltanalyse, bei der Analyse von gesellschaftlich bedingter Friedlosigkeit, bei der Analyse von Unfrieden, der durch öffentliche Erziehungsstrukturen hervorgerufen ist, sind aber gerade

> das Zuviel an Aufsicht, das Zuwenig an eigenständigen Entscheidungsmöglichkeiten, das Zuviel an Kontrolle, das Zuwenig an selbständiger und selbstverantworteter Entfaltung, das Zuviel an Abhängigkeit und das Zuwenig an risikoorientierter Entsicherter Erziehung

richtungsweisende Erziehungsaspekte problemorientierter Friedenspädagogik in der Schule.

Hierbei wird auch die ganze Spannweite der Problematik offenkundig, die sich in der Aussage andeutet: "Die Gegenwart ist von dem Widerspruch formaler Zusicherungen demokratischer Freiheiten und der Befestigung fundamentaler Abhängigkeiten bestimmt." [27)]

Diese gewissermaßen leitende Problematik muß verstärkt diskutiert werden. Sozialpsychologische Analysen über Folgen öffentlicher Erziehungsstrukturen können hierzu relevante Bewußtmachungsprozesse strukturieren.

---

27) Annette KUHN: Einführung in die Didaktik der Geschichte. S. 24. Die Aussage wird auf eine skizzierte "Gegenwartsanalyse unter den besonderen Bedingungen der Schüler" bezogen. Zum Problemkomplex Bürokratie und Abhängigkeit, der in der erziehungswissenschaftlichen Auseinandersetzung für eine friedensorientierte Theorie der Schule noch wenig Beachtung findet, siehe auch die überwiegend angelsächsischen "Neuere Beiträge zur Theorie bürokratischer Organisation". In: Renate MAYNTZ (Hrsg.): Bürokratische Organisation. Köln 1968. S. 27 - 248; 265ff; 359ff. Konstruktiv ist hier auch der Vergleich

2 b) Öffentliche Erziehungsstrukturen und sozialpsychologische Auswirkungen am Problem der Angst

Die Strukturen öffentlicher Erziehung, wie sie unter organisationssoziologischen Gesichtspunkten aufzuhellen sind, bedingen und bewirken "Schule als primäre, entscheidende und nahezu einzige soziale Dirigierungsstelle für Rang, Stellung und Lebens-Chancen des einzelnen in unserer Gesellschaft".[28] Darüber hinaus besetzt Schule hier die Funktion und "den Rang einer bürokratischen Entscheidungsapparatur ..."[29] SCHELSKY hat neben BECKER[30] bereits 1957 diese Problematik aufgedeckt. Solche Innen- und Außenverhältnisse der Schule haben durch ihren kontinuierlichen und unveränderten Zustand bei den an der Verwaltung und Erziehung in der Schule Beteiligten

---

Fortsetzung Anmerkung 27):
über Bürokratiemerkmale, die einer öffentlichen Erziehung zugeordnet werden können: "Autoritätshierarchie/Arbeitsteilung/Fachliche Kompetenz/Arbeitsverfahren/Regeln für das Verhalten der Positionsinhaber/Begrenzte Amtsautorität:Nach der Position abgestufte Belohnungen/Unpersönlichkeit/Trennung von Verwaltung und Eigentum/Betonung schriftlicher Kommunikation/Rationale Disziplin" (S. 71). Allein von diesem zusammenfassenden Aspekt aus ließen sich wertvolle didaktische Impulse für die Unterrichtspraxis in der Sekundarstufe ansetzen.

28) Helmut SCHELSKY: Schule und Erziehung in der industriellen Gesellschaft. Würzburg 1961[3]. S. 18.

29) Ebd. S. 18. - Zu Struktur und Intention des Bürokratiebegriffs, der zu dem der Erziehung im Widerspruch steht, vgl. u.a. René KÖNIG: Bürokratisierung. In: Ders. (Hrsg.): Soziologie. Neuausgabe. Frankfurt 1965. S. 53ff;
Bernd JANOWSKY: Bürokratie. In: E. GROCHLA (Hrsg.): Handwörterbuch der Organisation. Sp. 324 - 328 (mit weiterführenden Lit.-Angaben);
Otto STAMMER: Bürokratie. In: W. BERNSDORF (Hrsg.): Wörterbuch der Soziologie. Bd. 1. Frankfurt 1972. S. 134 - 138;
Jakobus WÖSSNER: Soziologie. Einführung und Grundlegung. Graz 1970[2]. S. 115ff.

30) Vgl. Anmerkung 14; siehe weiter Rainer E. KIRSTEN: Lehrerverhalten. Untersuchungen und Interpretationen. Stuttgart 1973. S. 33f.

nicht zu unterschätzende und zu verharmlosende Folgen in sozialpsychologischer Hinsicht. In diese Problematik ist die Frage eingeschlossen, inwieweit eine bis in die letzten Winkel hinein durchorganisierte öffentliche Erziehung bei Individuen und Gruppen eine widerstandslose und konsequente Anpassung erzeugt, ohne daß ihre Legitimität fortwährend an der jeweiligen Erziehungssituation und permanent im Erziehungsprozeß geprüft wird. Und halten nicht in entscheidendem Maße gerade Strukturen öffentlicher Erziehung mit ihren zentralen Punkten Aufsicht, Kontrolle und Bevormundung eine fortlaufende Selbstverwirklichung auf ?

Öffentliche Erziehung, die sich im Bereich der Schule als geschlossenes System erweist, repräsentiert für den einzelnen Schüler wie für Referendare der Primar- und Sekundarstufen eine "institutionalisierte Macht des Faktischen, die jeden Widerstand, jede Widerrede, ja eigentlich schon jeden kritischen Gedanken von vornherein unterbindet. Jeder Studienreferendar macht eine Erfahrung, die ähnlich der eines Hilfsarbeiters oder Anlernlings am Bau ist. Ihm steht nicht an, sich kritische Gedanken über die Organisation der Arbeit, den Sinn oder den Unsinn einzelner Beschäftigungen, die Qualität seines Chefs zu machen oder sie gar zu äußern - Sache des Anlernlings wie des Studienreferendars ist es vielmehr, zur Kenntnis zu nehmen, wie es gemacht wird, und sich einzufügen in den vorgegebenen Arbeitsablauf".[31] Damit aber ist das Problem individueller/gruppenspezifischer Angst zu verknüpfen, die neben einem intra-individuellen Bezug gerade auch einen gesellschaftlichen Kontext hat, wobei innerhalb der hier anstehenden Fragestellung eingeführt werden muß, daß die vor- und durchorganisierten Kompetenz-, Verfügungs- und gene-

---

31) Horst RUMPF: Anpassung ohne Widerstand. Über die wirkungslose Wissenschaftlichkeit der Gymnasiallehrer-Ausbildung. In: DIE DEUTSCHE SCHULE. 58. Jg. 1966. S. 730 - 738; Zitat und Hervorhebungen S. 736.

rellen Entscheidungsbefugnisse öffentlicher Erziehungsbehörden insgesamt Angstbedingungen nicht nur hervorrufen, sondern fördern und erhalten, gewissermaßen als eine schon "etablierte Wirklichkeit"[32] der Erziehung. Hintergrund und Basis sind die in öffentlicher Erziehung eingerichteten Abhängigkeitsketten, die einen erheblichen institutionellen Druck und Zwang auf Individuen ausüben.[33]

Individuelle/gruppenspezifische Angst muß im gesellschaftlichen Kontext als ein Bedingungsphänomen struktureller Gewalt angesehen werden. So verstandene Angst wird begründet und verlängert durch Überbetonung und durch ein Zuviel an Abhängigkeit und Fremdkontrolle, die den Handlungsraum der Individuen reduziert und die Möglichkeit der eigenständigen Entscheidung lähmt.

Zusammenfassend kann der Typus einer gesellschaftlich vermittelten Angst auch mit dem Begriff Unfriedensangst verwendet werden.[34]

Und diese Unfriedensangst ist - durch öffentliche Erziehungsstrukturen

---

32) Ebd. S. 736.

33) Untersuchungen können das belegen. Siehe hierzu P. FÜRSTENAU, auf den auch GROOTHOFF zurückgreift. Vgl. seine Arbeit "Funktion und Rolle des Erziehers". S. 176ff;
darüber hinaus auch eine Arbeit von P. FÜRSTENAU: Zur Psychoanalyse der Schule als Institution. In: DAS ARGUMENT. S. 75ff;
der Aufsatz ist auch aufgenommen in Berthold GERNER (Hrsg.): Der Lehrer und Erzieher. Reihe: Klinkhardts Pädagogische Quellentexte. Bad Heilbrunn 1972. S. 72ff.

34) Ein strittiger biologischer, ein intra-individueller und ein pathologischer Bezug der Angst bleiben hier ausgeklammert.
Am Grundbegriff Angst wird auch (in Abhebung zum Begriff Furcht) festgehalten, weil Unfriedensangst sowohl konkrete als auch anonyme gesellschaftliche und für die Erziehung relevante Bezüge hat.
Siehe K. GIEL und R. FISCH zum philosophischen, pädagogischen und psychologischen Aspekt der Angst. In: Lexikon der Pädagogik. Neue Ausgabe. Bd. 1. S. 46ff;
ferner: J. WOLPE: Angst. In: Lexikon der Psychologie. Bd. 1. Freiburg 1971. S. 103ff;
(Fortsetzung S. 203)

begünstigt - "erlernbar". Unfriedensangst, durch strukturelle Gewalt verursacht, trägt dabei jedoch einen speziell inhumanen Charakter. Durch die Bedingungen von jeweils Zuviel an Aufsicht, Kontrolle und Abhängigkeit wird sie nicht a-typisch, sondern sie gilt typisch für gesellschaftliche Organisationssysteme wie etwa öffentliche Schulen mit ihrer einschneidenden Verwaltungsstruktur.

Unfriedensangst, die Individuen instabil machen und verunsichern kann, ist zu konkretisieren an Innenverhältnissen öffentlicher Erziehung. Mit einer nicht zu unterschätzenden "Neben"-Wirkung leitet sie Verhaltenserwartungen ein, ohne daß unbedingt einem Subjekt der damit verbundene Verhaltensdruck und Verhaltenszwang bewußt wird. Gerade aber eingeführte und bewährte Binnenverhältnisse oder fragwürdige Erziehungsintentionen sind hier kritisch zu beleuchten und einzuschätzen, um bisher selbstverständlich hingenommener Unfriedensangst entgegenzuwirken. Wie erforderlich dies ist, dürften die folgenden Ausführungen veranschaulichen.

Durch die erklärten Bedingungen struktureller Gewalt entwickelt sich bei Schülern (bezogen auf den Bereich der Schulklasse) "Angst vor Schulaufgaben, vor überraschend gegebenen Proben, vor einem plötzlichen Aufgerufen- und Bloßgestellt-werden; Angst, vor der Klasse blamiert, mit einer mißglückten Leistung lächerlich gemacht zu werden; Angst vor der öffentlichen Bekanntgabe von

---

Fortsetzung Anmerkung 34):
"Furcht, Angst, Ängstlichkeit". In: C.F. GRAUMANN: Einführung in die Psychologie. Bd. 1: Motivation. Frankfurt 1969. S. 59 - 73; K. HORN: Über den Zusammenhang zwischen Angst und politischer Apathie. In: H. MARCUSE/A. RAPOPORT/A. MITSCHERLICH u.a.: Aggression und Anpassung in der Industriegesellschaft. Frankfurt 1968. S. 59ff; vgl. auch Rolf DENKER: Angst und Aggression. Stuttgart 1974; Walter von BAEYER/Wanda von BAEYER-KATTE: Angst. Frankfurt 1973; Gerd HENNENHOFER/Klaus D. HEIL: Angst überwinden. Selbstbefreiung durch Verhaltenstraining. Stuttgart 1973.

Zensuren; Angst vor dem Notenbüchlein des Lehrers. Der sogenannte "heilsame Schrecken", den manche Lehrer den Schülern einjagen wollen, dieser heilsame Schrecken ist sehr oft "heillos".
Wenn wir also danach fragen, ob unsere Schulen das Lernen hemmen, dann können wir sagen: Mit Sicherheit tun sie das dort, wo eine Atmosphäre vorherrscht, in der Kinder nicht angstfrei arbeiten können." [35]

Eine im Mai 1974 an zwei Grundschulen durchgeführte Vergleichs-Stichprobe scheint bereits das von SINGER Angesprochene zu bestätigen und zu verstärken. [36] 35 Kinder eines 4. Schuljahres in Willich b. Krefeld und 38 Kinder eines 4. Schuljahres in Mönchengladbach konnten die an sie gerichtete Doppelfrage "Hattest Du schon einmal Angst ?" "Warum hast Du Angst gehabt ?" in 15 Minuten innerhalb einer Unterrichtsstunde schriftlich beantworten. Bis auf insgesamt 7 Kinder (3 aus der Willicher Klasse und 4 aus der Mönchengladbacher Klasse) machten Schülerinnen und Schüler - hier auf Binnenverhältnisse der eigenen Schule eingegrenzte - charakteristische Angaben, die in einer Auswahl vorgestellt werden:

Schulklasse in Willich	Schulklasse in Mönchengladbach
Warum hast Du Angst gehabt ?	Warum hast Du Angst gehabt ?
- "weil ich einen schlechten Traum hatte"; - "weil ich in der Schule Unsinn gemacht habe".	- "Wenn ich aufzeige und etwas falsch sage, denke ich immer, die Klasse lacht mich aus. Deshalb zeige ich nur selten auf".

---

35) Kurt SINGER: Verhindert die Schule das Lernen ? Psychoanalytische Erkenntnisse als Hilfe für Erziehung und Unterricht. München 1973. S. 12;
siehe auch Horst NICKEL/Peter SCHLÜTER/Hans-Jörg FENNER: Angstwerte, Intelligenztest- und Schulleistungen sowie der Einfluß der Lehrerpersönlichkeit bei Schülern verschiedener Schularten. In: PSYCHOLOGIE IN ERZIEHUNG UND UNTERRICHT. 20. Jg. 1973. S. 1 - 13.
36) Selbstverständlich können die folgenden Ergebnisse keinen exakten repräsentativen Querschnitt angeben. Immerhin aber handelt es sich hier um verschiedene Grundschulen, von denen die eine in der Großstadt und die andere in der Kleinstadt liegt.
Die Aussagen der Schülerinnen und Schüler sind nicht korrigiert, um die Direktheit der Stellungnahmen nicht zu verändern.

Schulklasse in Willich

- "Einmal war an meiner Jacke in der Pause der Reißverschluß kaputtgegangen, da hatte ich Angst, daß meine Mutter schimpfen würde".
- "Ich habe Angst vor ein Diktat mit den schweren Aufgaben. Wenn man die Aufgaben nicht weiß ist das ganze Diktat im Eimer und ich bekome eine sechz";
- "weil ich einmal gelogen habe; ich wollte keine Prügel kriegen in der Klasse";
- "weil mich ein großer Junge immer verklopt";
- "weil ich eine vier auf dem Zeugnis hatte".
- "Ich hatte Angst, das ich eine schlechte Arbeit geschrieben habe".
- "Ich habe Angst, wenn ich eine 6 geschrieben habe, dann habe ich meistens Stubenarest. Ich habe Angst vor einer Rechenarbeit und vor dem Lehrer".
- "Ich habe Angst wenn die Diektate ausgeteilt werden. Ich bekomme Angst, wenn ich keine Hausaufgaben habe".
- "Ich habe Angst vor der Zukunft".

Schulklasse in Mönchengladbach

- "Ich habe Angst wegen schlechter Rechen- oder Schreibarbeit".
- "Angst kriege ich, wenn ich von Lehrer Z... angeschrieen werde".
- "Wenn wir eine Arbeit schreiben, die ich nicht geübt hab; oder wenn ich eine schlechte Note (3,4) geschrieben habe".
- "Vor einer Sachunterrichtsarbeit, weil die vorige Arbeit so schlecht ausgefallen ist. Vor Lehrer Z.(...) weil er über jeden Fehler meckern muß";
- "wenn man eine Arbeit schreibt; wenn ich eine schlechte Note bekomme";
- "vor die Tür gestellt werden, strafarbeiten, in die Ecke stehen, allein auf dem Spielplatz sein".

Die Angstproblematik begünstigt darüber hinaus aber nicht nur eine Kommunikationsbarriere, die von Lehrern und Schülern auch als Unfriedensangst "erlernt" werden kann, wenn sie als lastender Druck und Zwang etwa durch institutionalisierte Klassenarbeiten, Ergebnis- und Leistungskontrollen zum Vorschein kommt.

Unfrieden als umfassendes Problem organisierter Erziehung ergibt sich auch aus fehlenden Intentionen der öffentlichen Schulen,

- die "die seelische Gesundheit der Schüler zu wenig berücksichtigen
- weil sie kaum Folgerungen daraus ziehen, daß Lernen nur in einem gefühlsmäßig entspannten Klima erfolgreich verlaufen kann - also angstmachende, verkrampfende Momente vermieden werden müßten
- weil sie psychische Konflikte des Schülers oft gleichsetzen mit bösem Willen - so als müßte sich der Schüler nur "zusammennehmen"
- weil man aus der tiefenpsychologischen Tatsache, daß unbewußte Konflikte des Lehrers das Lernen hemmen, noch kaum Konsequenzen für Lehrerausbildung und -weiterbildung zog
- weil die Schule als Einrichtung selbst krankhafte Züge an sich trägt - etwa die Überbetonung von Ruhe, Ordnung, Sauberkeit". [37)]

Die von SINGER gezogenen Konsequenzen bezieht und konzentriert BROCHER auf den entscheidenden Hintergrund: "... Schulen stehen vor der Pflicht zu einer Befreiung des Denkens. Unterwerfung ist verhängnisvoll, weil damit die Chance der Freiheit verspielt wird zugunsten der Bequemlichkeit ... Die Erzeugung von Abhängigkeit (mittels zuviel an Aufsicht und Kontrolle im öffentlichen Erziehungswesen, J.E.) ist ein Vergehen gegen den Frieden ... Das schwache, in Abhängigkeit

---

37) K. SINGER: Verhindert die Schule das Lernen? S. 17f. Das zusammenfassende Zitat ist begründet und differenziert durch Ausführungen und Belege aus Literatur und Praxis. Siehe weiter: "Hemmen die Schulen das Lernen?"; "Lernunlust durch Überfütterung"; "Die behinderte Spontaneität"; "Die Zwangsneurose der Schule"; "Gehemmte Bewegung - gehemmtes Lernen"; "Das zurückgewiesene Interesse - Die Behinderung von Neugier und Wißbegierde"; "Schülerkonflikte als Lernbehinderung"; "Lehrer-Konflikte als Lernhindernis"; "Zur Problematik der Lehrerpersönlichkeit"; "Die Aggression als Problem der Schule"; "Gestörtes Lernen durch Prüfungsdruck" (SINGER, S. 9ff).

gehaltene, kindlich gebliebene Ich wird sich nicht nur unterwerfen, sondern sich stets mit der Macht passiv identifizieren, ohne die Realität dieser (öffentlichen Erziehungs-, J.E.) Macht kritisch zu prüfen".[38]

Wenn hierzu nun offene und anonyme Angststrukturen öffentlicher Erziehungsbedingungen zu hinterfragen sind, einmal, um ihre aktuellen Bezüge und Folgen für Erziehung und Unterricht zu ermitteln, zum anderen, um friedensbezogene Erziehungspraxis gegenwartsnah weiter zu orientieren, könnten Leitfragen eine didaktische Orientierung sondieren. Dabei sind zur Erfassung und Bewußtmachung angstbewirkender öffentlicher Erziehungsbedingungen, die lokal und regional vorliegen, kaum generalisierende und dirigistische Maßnahmen heranzuziehen.[39] Dazu ist didaktisch und sozial-psychologisch gerade nicht zu unterschätzen, wenn die von Angstdruck und institutionellen Zwängen Betroffenen den Handlungsraum erhalten, ihre eigenen Erfahrungen und Bedingungen zur Analyse mit einzubringen. Was berücksichtigt werden könnte, sollen die folgenden 10 leitenden Problemkreise, die als Grobintentionen zu fassen sind, anzeigen:

- Sind Träger friedenshinderlicher Angst auszumachen ? Nur kurzfristig ? Oder langfristig ?
- Gibt es offene oder anonyme "Absender" der Angst ?
- Können die Adressaten lokalisiert werden ? Sind bestimmte Zielgruppen angesprochen ?
- Ist die Unfriedensangst unbewußt/bewußt durch Erziehungshandlungen und/oder öffentliche Erziehungsinstrumente angesetzt ?

---

38) T. BROCHER: Psychologische Aspekte des Friedens. In: Ders. u.a.: Der Zwang zum Frieden. S. 28.
Vgl. weiter: Ders. zu "gesellschaftliche Institutionen und soziale Abhängigkeit" im Rahmen des Aufsatzes "Anpassung und Aggression in Gruppen." In: Alexander MITSCHERLICH (Hrsg.): Bis hierher und nicht weiter. Ist die menschliche Aggression unbefriedbar ? München 1969. S. 152 - 206; für die anstehende Fragestellung hier besonders S. 196f.
39) Vgl. Anmerkung 12. Teil V. Abschnitt 1. S. 252.

- Was soll eingesetzte Angst erreichen ?
- Impliziert sie Schutz- und/oder Verteidigungsinteressen ?
- Hat die an konkreten/nicht bewußten Situationen auszumachende Unfriedensangst eine Breitenwirkung, die eingegrenzt, abgestoppt oder der entgegengewirkt werden kann ?
- Ist die zur Diskussion stehende Unfriedensangst zeitlich, räumlich, personal, strukturell oder instrumental austauschbar ?
- Ist von ihr eine Gegenwirkung abzuleiten und/oder eine Folgenwirkung zu erwarten ?
- Was kann konkret am Erziehungs-, Unterrichts- und Lernort geschehen, um Unfriedensangst bei Schülern/Eltern/Lehrern/Schulleitern/Ausbildungsleitern/Schulräten/Angestellten/Politikern und/oder Beamten in Kultusbehörden abzubauen, beziehungsweise welche Hilfen, Mittel und Möglichkeiten gibt es für Schüler und Lehrer etwa, sich von Unfriedensangst zu befreien und diese schrittweise durch Erziehungs- und Unterrichtsprozesse abzubauen, um Unfriedensangst nicht mehr "lernen" zu müssen.[40]

Angesichts der beschriebenen Implikationen zu Frieden und Gewalt[41] müßten diese Leitfragen vom pädagogischen Standpunkt aus langfristig didaktisches Gewicht erhalten. Denn sie können einerseits Fakten gesellschaftlichen Unfriedens erhellen und andererseits zur fortwährenden Auseinandersetzung anleiten, was ein in der Erziehung bestehendes und zur Anwendung kommendes Herrschaftsverhältnis[42] unbedingt aufgibt. Nicht zuletzt können die angeführten Leitfragen

---

40) Zum Erlernen von Angst siehe auch amerikanische Forschungsergebnisse. Vgl. Herbert A. CARROLL: Die Dynamik der Anpassung. Weinheim 1972. S. 154 - 166 (Orig.Tit.: Mental Hygiene. The Dynamics of Adjustment. New Jersey 1969[5]).
Zur Angstproblematik im Primarbereich siehe auch Seymour B. SARASON u.a.: Angst bei Schulkindern. Ein Forschungsbericht. Stuttgart 1971 (Orig.Tit.: Anxiety in elementary school children - A report of research. New York 1960).

41) Vgl. die Ausführungen S. 50ff; 77ff und 177ff.

42) Vgl. in dieser Arbeit S. 110f und S. 179f; siehe weiter Hermann GIESECKE: Einführung in die Pädagogik. München 1971[3]. S. 68ff.

die bisher von der Erziehung stark vernachlässigte Problemstellung deutlich machen, daß sich friedensorientierte Erziehung nicht mehr aus dem Zeitproblem Angst heraushalten darf, weil Erziehung zum Frieden unbedingt die Erziehung zur Ent-Ängstigung impliziert, was sich in der pädagogischen Praxis besonders als gezieltes Verlernen der gesellschaftlich vermittelten Ängste darstellt.

2 c) Schülerohnmacht und Gewaltanwendung

Wenn öffentliche Erziehung auf Bedingungen und Inhalte struktureller Gewalt zu untersuchen ist, schließt das verstärkt die Schüler-Ebene ein. Denn hierbei handelt es sich um eine schweigende Mehrheit,[43] die öffentliche Erziehungsintentionen und -verhältnisse unmittelbar zu spüren bekommt.

Es wird hier aber nichtdie Diskussion der umstrittenen Schülermitverwaltung referiert,[44] sondern der verzweigte Zusammenhang von

43) Vgl. etwa Konrad WÜNSCHE: Die Wirklichkeit des Hauptschülers. Berichte von Kindern der Schweigenden Mehrheit. Köln 1972.
44) Zum Problem der Schülermitverwaltung einerseits sowie der Demokratisierung der Schule andererseits, die einander zugeordnet sind, könnte eine Literaturanalyse folgende neuere und neueste Veröffentlichungen berücksichtigen:
Georg AUERNHEIMER/Martin DOEHLEMANN: Mitbestimmung in der Schule. München 1971.
Demokratisierung der Schule. Die Stellung des Schülers in der Schule und die Rolle der Schülermitverantwortung. SCHRIFTENREIHE der Bundeszentrale für politische Bildung. Heft 81. Bonn 1969.
Hans Jürgen HAUGG/Hubert MAESSEN: Was wollen die Schüler? Politik im Klassenzimmer. Frankfurt 1969.
Horst HEINEMANN: Können Schüler mitbestimmen? Eine Projektidee für die Mittelstufe (7. - 10. Schuljahr). In: INFORMATIONEN ZUM RELIGIONSUNTERRICHT. 5. Jg. 1973. Heft 4. S. 14 - 38.
(Fortsetzung S. 210).

Gewaltstrukturen und konkreter Schülerohnmacht wird beleuchtet, weil dies weiterführende Gesichtspunkte freilegen kann. Vorrang haben dabei Überlegungen, die Einzelelemente der angewendeten Gewalt und typische Schülerohnmacht charakterisieren.[45)]

Fortsetzung Anmerkung 44):
Antonius HOLTMANN: Politisierung der Schüler und Schulreform. Voraussetzungen für eine wirksame Schülervertretung und Schülermitbestimmung. In: DIE DEUTSCHE SCHULE. 60. Jg. 1968. S. 727 - 740.
Antonius HOLTMANN: Literatur zur Diskussion um die SMV 1966 - 1969 mit einem Bericht "SMV-Literatur 1968/69". Berlin 1969.
Antonius HOLTMANN/Sibylle REINHARDT: Schülermitverantwortung. Geschichte und Ende einer Ideologie. Weinheim 1971 (mit weiterführenden Literaturhinweisen).
Wolfgang HÖRNER/Friedrich KUEBART: Neuere Literatur zur Schulverfassung und Mitbestimmung in der Schule. In: BILDUNG UND ERZIEHUNG. 26. Jg. 1973. S. 332 - 339.
Ernest JOUHY: Demokratisierung der Schule, ein widerspruchsvoller Prozeß. In: GESELLSCHAFT - STAAT - ERZIEHUNG. 15. Jg. 1970. S. 83 - 93.
Heinrich KUPFFER: Die "Demokratisierung" der Schule unter erzieherischem Aspekt. In: DIE DEUTSCHE SCHULE. 60. Jg. 1968. S. 719 - 726.
Manfred LIEBEL/Franz WELLENDORF: Schülerselbstbefreiung. Voraussetzungen und Chancen der Schülerrebellion. Frankfurt 1969.
C. Wolfgang MÜLLER: Die Stellung des Schülers an unseren Schulen. In: WESTERMANNS PÄDAGOGISCHE BEITRÄGE. 20. Jg. 1968. S. 515 - 521; wieder abgedruckt in: Zur Theorie der Schule. Hrsg. vom Pädagogischen Zentrum. S. 67 - 85.
Wolfgang PERSCHEL: Die Rechtslage der Schülermitverwaltung. Neuwied 1966.
Martin STOCK: Pädagogische Freiheit und politischer Auftrag der Schule. Heidelberg 1971.
Ders.: Schulverfassungsreform - Demokratisierung der Schule ? In: ZEITSCHRIFT FÜR PÄDAGOGIK. 19. Jg. 1973. S. 1001 - 1011.
Helmut TSCHAMPA: Demokratisierung im Schulwesen. Tendenzen in Hessen. Weinheim 1972.
Fritz VILMAR: Die Mitbestimmung der Schüler. Grundlagen und Umriß einer Schulbetriebsverfassung. In: BLÄTTER FÜR DEUTSCHE UND INTERNATIONALE POLITIK. 14. Jg. 1969. S. 62 - 70.
Ders.: Strategien der Demokratisierung. Bd. II. Neuwied 1973. S. 81ff.
Franz WELLENDORF: Schulische Sozialisation und Identität. Zur Sozialpsychologie der Schule als Institution. Weinheim 1973. S. 89ff;94ff.

45) Siehe in diesem Zusammenhang die Ansätze zu Funktionen von schulischen Ritualen und Zeremonien bei F. WELLENDORF: Der institutionelle Rahmen der Darstellung von Identität: schulische Rituale und Zeremonien als typische Szenen. S. 63 - 93.

Bisher zeigte sich, daß eine gewaltbestimmte öffentliche Erziehung ihren Grund hat in historisch vermittelten und auch noch gegenwärtigen Abhängigkeiten. Hieraus aber bezieht öffentliche Erziehung ihre Stabilität, hiervon kann auch eine Amtsautorität Intentionen ableiten,[46)] und zwar sowohl durch Subjekte als auch durch Initiativen mit anonymem Charakter.

Schüler, die an Friedensvoraussetzungen und -bedingungen prozeßhaft partizipieren wollen, stoßen allerdings auf Außen- und Innenstrukturen, die einer Friedensrealisierung im Wege stehen. Dieser kontrollierbare Kontext ist nicht unkritisch zu übersehen. So ist für den Bereich der Erziehung folgenschwer, daß öffentliche Erziehung weder personale noch strukturelle Gewalt ausklammert.

Bei der Erhellung dieser Gewaltbedingungen sollte sich auch herausstellen, ob nicht Interessen an einem sogenannten Schulfrieden konkrete Unfriedensverhältnisse enthüllen. Subtile Gewaltfaktoren der Erziehungspraxis, die verharmlost werden, deuten darauf hin.

Beispiel 1 kann das Gesagte weiter erklären:

Franz, 14 Jahre, sieht im Januar 1974 an seiner Neußer Hauptschule den Schulalltag so:[47)]

> "... Ich möchte die Freiheit haben, daß ich in der Schule Platten hören kann, Karten spielen kann, wann ich will oder während des Unterrichts andere Schüler besuchen gehen. Das darf ich nicht. In den Freistunden, die öfters wegen der fehlenden Lehrer vorkommen, möchte ich nach Hause gehen

---

46) Vgl. dazu den folgenden Abschnitt 2 d. S. 227.
47) Die Stellungnahme entstand bei einer Schülerbefragung, die im Rahmen eines Unterrichtsprojektes durchgeführt wurde. Einige Rechtschreibkorrekturen sind an diesem Beispiel vorgenommen.

können. Mehr Schulfeten sind auch nötig. Wenn die Schule aus ist, werden die Türen abgeschlossen. Es ist komisch, daß unsere Schule von Mauern umgeben ist. Oft fühle ich mich in einem Gefängnis, so wird herumkommandiert: Hefte rausnehmen, Schulbücher weglegen, immer wieder Ermahnungen, Aufpassen, Klassenarbeiten schreiben, Disziplin, ruhig sein. Wenn einmal einer aus der Klasse etwas verbrochen hat, wird zwar vom Lehrer nachher gesagt, daß darüber kein Wort mehr verloren wird; aber ein paar Tage später wird es einem dann doch wieder unter die Nase gehalten. Es soll alles echt ordentlich sein. Es ist an unserer Schule nichts los. Und unsere Schülermitverwaltung tut auch nichts. Der Rektor, die Lehrer sind froh, daß das so ist."

Diese Situationsbeschreibung weist vordergründig nicht auf Gewalt hin. Direkte Gewalt ist in diesem Beispiel nicht sichtbar.

Das Beispiel kann jedoch auf einen anderen, tiefer liegenden Zusammenhang verweisen:
Sofern ein Erziehungsprozeß so konzipiert ist, daß hauptsächlich eine subjektive Selbstentfaltung, eine eigene Selbstlenkung in persönlicher Verantwortung, in kollektiver Kooperation, auf horizontaleren und horizontalen Ebenen anzustreben ist, wird am angeführten Schülerbeispiel ein Zuviel an struktureller Gewalt erfaßbar. Im Beispiel bestimmen Hierarchieintentionen der öffentlichen Erziehung traditionslastige und überfällige Erziehungsgewohnheiten. Schülern wird Bewegungsraum vorgegeben; zeitlicher Rhythmus ist vorprogrammiert. Die einen "Schulfrieden" anvisierende Erziehung (Schüler: "Es ist an unserer Schule nichts los") <u>setzt</u> Richtbedingungen, etwa Erwartungsnormen und Leistungsverhalten, die

Schülern unveränderlich erscheinen und die deshalb hinzunehmen sind.

Der Schüler kann zwar in dieser verästelten Erziehungs- und Unterrichtsprozedur Vorteile der Apathie und der Unempfindlichkeit kennenlernen, ohne unmittelbar zu erfassen, daß Erziehungsgewohnheiten als Lerntempo ein Erfahrungsausmaß hierarchisch bestimmen. Weil hierdurch allerdings zuviel an Ungleichheit, Abstand, Kontrolle impliziert ist, etabliert und verlängert sich strukturelle Gewalt. Denn die Vorgabe und Vermittlung der Erziehungsgewohnheiten erwirkt eine Gewalt, die Verhalten erzwingt. Dies realisiert den interessenbestimmten Ewigkeitswert Abhängigkeit und läßt sie ausufern. Umfassende Selbstverwirklichung des Schülers dadurch aber ist blockiert. Die Schülerohnmacht hat hier eine ihrer fundamentalen Bedingungen und Voraussetzungen, die als konkrete Hindernisse des Friedens festzuhalten sind.[48] Öffentliche Erziehung verkleidet und verankert hier Gewohnheiten des Unterrichts als intentionale Inhalte der Anpassung und Einordnung. Erziehungsgewohnheiten bekräftigen so anhaltende Ungleichheit - trotz nicht ausgeklammerter positiver Einstellungen von Lehrern oder Vertretern von Erziehungsbehörden. Strukturelle Gewalt wirkt hier auf Erziehungsbedingungen ein und belastet das Bewußtsein derer, die ihr ausgeliefert sind, selbst wenn Betroffene ihre Erziehungsbedingungen als von struktureller Gewalt abgestützte kaum wahrnehmen können.

Beispiel 2 kann einen weiteren Gesichtspunkt der Ohnmacht von Schülern gegenüber angewendeter Gewalt in Erziehungsverhältnissen aufhellen, zumal nicht zuletzt die Institutionalisierung der Erziehung durch Verwaltung und durch Bürokratie aktuelle Voraussetzungen und Vorbedingungen zur Gewaltanwendung stabilisiert.

---

48) Innerhalb der hierarchischen Abhängigkeitsleiter ist dieser Kontext nach oben hin austauschbar und analog gültig, so etwa auch auf der Ebene Lehrer-Rektor.

Im Februar 1974 beschreiben 5 Pädagogik-Studenten der Pädagogischen Hochschule in Neuß im Rahmen ihrer schulpraktischen Ausbildung an einer Gemeinschaftsgrundschule im Düsseldorfer Raum folgende Unterrichtssituation:

"Die Schüler des 4. Schuljahres, Klasse 4a/38 Kinder, beschließen mit ihrem Lehrer einen Ausflug. Dafür ist seitens der Schule ein besonderer Schultag, der sog. Wandertag, vorgesehen. Das Ziel des Ausflugs steht noch nicht fest.
Die Klasse kommt nach einer Diskussion zum Ergebnis, am Ausflugstag in den Zoo zu fahren. Anschließend versuchen die Schüler der Klasse 4a, ihren Klassenlehrer ebenfalls für das Ausflugsziel zu gewinnen.
Doch dieser lehnt ab. Er will stattdessen den bevorstehenden Ausflug mit seinem Pflanzenkundeunterricht verbinden. Die Schüler sollten deshalb nach seiner Ansicht die Gelegenheit wahrnehmen, ausgewählte Pflanzen in der Natur zu verfolgen und ihre Beobachtungen am folgenden Tag im Unterricht auswerten.
Dieses Lehrervorhaben wird jedoch von der Klasse abgelehnt. Die Schüler wollen den Wandertag nicht für den Schulunterricht opfern.
Es kommt zur Kontroverse. Dabei stellt sich heraus, daß der Klassenlehrer für den bevorstehenden Ausflug bereits die Fahrkarten gekauft hat. Die Schüler fühlen sich übergangen, weil der Lehrer das Ausflugsziel eigenmächtig und ohne Rückfrage bestimmte.
Die Klasse 4a besteht darauf, nachträglich noch in den Zoo zu fahren oder am Wandertag nicht zur Schule zu kommen. Der Klassenlehrer hält dem entgegen, daß der Klassenausflug entweder mit dem von ihm ausgewählten Ziel durchgeführt wird oder die Schüler müßten am Wandertag am Unterricht teilnehmen, was den Bestimmungen entsprechen würde.

Die Klasse hat am Wandertag die vorgesehenen Pflanzenbeobachtungen mit dem Klassenlehrer durchgeführt."

Das Beispiel illustriert entgegengerichtete Interessen, die in konkrete Gewalt aufgrund von Abstand und Gefälle umschlagen.[49)] Daß sich direkte Gewalt herauskristallisiert, dürfte offensichtlich sein. Nur kommt hier hinzu, daß der Erzwingungsmechanismus auf psychischen Druck und Zwang aufbaut.
Selbst wenn der Klassenlehrer weitere Argumente anführt, die seine Entscheidung noch mehr erhellen würden, besteht die vollzogene Gewalt in der Wirkung fort. Selbstverwirklichung - hier im Detail: eine Zielwahl, die sich nach Neigung und Interesse richtet - kommt wegen der Zielverweigerung zu kurz. Denn die Ohnmacht der Schüler löst sich nicht auf; sie resultiert aus dem Erziehungsdruck einer offenen Disziplinierung, die aber reflektiert werden muß, weil affektiv erlebte Ohnmachtserfahrung zur Resignation verleitet und sich als Sammelerfahrung ausweiten kann.

Beispiel 2 zeigt zusätzlich Grenzen des pädagogischen Bezuges als Herrschaftsverhältnis.[50)] Denn Erziehung versagt, wenn eine Lehrerentscheidung für 10 - 12jährige Schülerinnen und Schüler uneinholbar und autonom bleibt; ihre Intention ist in der Tat unvernünftig, weil sie eine mögliche Selbstverfügung durch Interessenserfüllung der Schüler übergeht.
Auf den ersten Blick mag dies nicht als Gewalt erscheinen, zumal öffentliche Erziehung selbst dazu beiträgt, Gewalt nur dann als Gewalt an-

---

49) a) Vgl. auch die erweiterte Beschreibung zur strukturellen Gewalt (S. 177f).
b) Es wird nicht berücksichtigt, daß der Klassenlehrer Gründe anbringen könnte, um die Zielwahl zu "rechtfertigen"; ferner ist von hier aus nicht einzusehen, ob die Lehrerentscheidung eine "berechtigte" Maßnahme darstellt.
50) Die Diskussion zu diesem Problem hat vor allem Hans-Jochen GAMM: Kritische Schule. Eine Streitschrift für die Emanzipation von Lehrer und Schüler. München 1970. S. 27ff angeführt.
Siehe weiter Klaus BARTELS: Pädagogischer Bezug. In: Handbuch pädagogischer Grundbegriffe. Bd. II. S. 268 - 287; K.W. DÖRING: Schulpädagogik und Ideologiekritik. In: Ders./ H. KUPFFER: Die eindimensionale Schule. S. 54 - 57.

zusehen, wenn sie personalisiert und physisch ausgeübt wird.[51] Daß aber Vor-sorge, Vor-entscheiden, Vor-verfügen "tiefgründige" Gewalt darstellen, die kaum 'meßbar' ist, daß diese angelegte Gewalt als strukturelle Gewalt im Erziehungssystem selbst verankert ist, dieses wird offensichtlich. Immerhin läßt die hierarchische Stellung des Lehrers gerade zu, daß Kinder entgegen ihren Interessen ihren Wandertag abgesprochen bekommen.

In welchem Ausmaß demgegenüber aber das Bewußtsein über ausgeuferte Systemgewalt in der erziehungswissenschaftlichen Diskussion Lücken hat, zeigt auch eine Feststellung aus der pädagogischen Basisliteratur, nach der "die alltäglichen Vorgänge in der Schule der Rechtskontrolle und des Rechtsschutzes nicht bedürfen, weil sie die Rechtsstellung der Schüler (...) ernstlich nicht berühren".[52] Neben dem ist selbst eine unbewußte Verharmlosung der Schülerohnmacht nicht zu akzeptieren, weil sie eine Festschreibung der Bedingungen öffentlicher Erziehungsgewalt[53] nicht nur begünstigt, sondern diese auch noch unterstützt und weil sie außerdem eine Verharmlosung veranlassen und dazu anregen kann, daß Infra-Gewalt-Faktoren und Strukturen im öffentlichen Erziehungssystem kaum mehr hinterfragt und geprüft werden, obwohl diese inzwischen durch praktizierte Kontroll- und Überwachungsmechanismen überaus bedenklich einzuschätzen sind. So ist stabilisierte Schülerohnmacht etwa verschränkt mit funktionierenden Disziplinierungsabfolgen und Reglementierungsmechanismen in hierarchischer Abstufung.

---

51) Für Nordrhein-Westfalen ist zwar die körperliche Züchtigung in der Schule durch Rd.Erl. des Kultusministers vom 22.6.1971 - II A 6.36. - 80/0 Nr. 2716/71 aufgehoben; sie ist bisher gesetzlich aber nicht verboten. Die damit verbundene legale Differenz zwischen einer Verwaltungsanordnung und einer entsprechenden Rechtsverordnung hat ein aufsehenerregendes Rechtsurteil des Oberlandesgerichts Zweibrücken (5 U 95/73 - 4 0 36/73) vom 12.3.1974 aufgegriffen, in dem ausgesagt ist, daß trotz Kultusminister-Erlaß wegen fehlender gesetzlicher Verankerungen für das Land Rheinland-Pfalz "das Züchtigungsrecht (...) kraft (des) Gewohnheitsrechts" nach wie vor gültig ist.
52) H. HECKEL: Rechtsgrundlagen der Schule. In: Handbuch pädagogischer Grundbegriffe. Bd. II. S. 367 (Hervorhebung J.E.).
53) Vgl. die Ausführungen S. 224ff und 227ff.

Zur Erläuterung des Zusammenhangs dient Beispiel 3. Es zeigt Ausmaß und Gewichtigkeit der Präsenz behördlich eingefügter Gewalt in Erziehungsmaßnahmen, die allerdings Erziehungsverhältnisse auf den versteckten Gewalthintergrund hin beleuchten. Auch kann hiermit angezeigt sein, daß ein erziehungswissenschaftlicher Optimismus in Form der Konzipierung von Modellen zu einer Erziehung zur Mündigkeit und zur Emanzipation längst und einzig nicht durch programmatische Sollens- und Zielformeln legitim erscheint.

Der folgende Disziplinierungskatalog einer Schulaufsichtsbehörde richtet sich an Gymnasien: [54)]

"1. Ordnungsmaßnahmen:	zuständig:
a) Warnung - formlos, auch mündlich -	Lehrer
b) Rüge - unter Eintragung in das Klassenbuch -	Lehrer
c) Tadel - mit schriftlicher Mitteilung an die Eltern -	Lehrer
d) Arrest (nicht bei Mädchen):	
1 Std. (vor der Verbüßung den Eltern schriftlich mitzuteilen)	Lehrer
2 Std. (vor der Verbüßung den Eltern schriftlich mitzuteilen)	Lehrer mit Zustimmung des Direktors
e) Verweis: in der von der Klassenkonferenz beschlossenen Form vom Direktor den Eltern mitzuteilen	Klassenkonferenz
f) Arrest über 2 Std.: (nicht bei Mädchen) vom Direktor den Eltern mitzuteilen	Klassenkonferenz
2. Schulstrafen:	
a) Androhung der Verweisung: vom Direktor den Eltern mitzuteilen	Gesamtkonferenz

---

54) Rundverfügung des Schulkollegiums beim Regierungspräsidenten in Münster vom 16.3.1971 - 6/III - 5 - 1/1. (Hervorhebung entsprechend dem Text; hrsg. vom Arbeitskreis für Mitverantwortung in der Schule e.V. Gütersloh. o.J.).

b) Entlassung: vom Direktor den Eltern mitzuteilen — Gesamtkonferenz

c) Verweisung: vom Direktor den Eltern mitzuteilen — Gesamtkonferenz

3. Entlassung auf dem Verwaltungswege — Gesamtkonferenz

Sie kommt in Frage, wenn die Erziehungsberechtigten durch ihr Verhalten die Ordnung der Schule erheblich beeinträchtigen oder das Wohl der Schüler ernstlich gefährden.

Alle unter 2.) und 3.) aufgeführten Maßnahmen werden erst nach Zustimmung durch die Aufsichtsbehörde und nach Eintritt der Rechtskraft wirksam, es sei denn, daß im öffentlichen Interesse[55] die sofortige Vollziehung notwendig und angeordnet worden ist."

Das angeführte Beispiel kann der Verharmlosung von Erziehungsgewalt veranschaulichend entgegenwirken. Damit ist nicht unterstellt, daß Erziehung in Unterricht und Schule allein mit positiven und konstruktiven Einstellungen der Lehrer und Eltern auszukommen vermag. Dieses Selbstverständnis verschleiert nur noch weiter eigentliche Fakten und Verschränkungen gewaltgeprägter öffentlicher Erziehung.

Ein derartiges Zwischenergebnis kann nicht als ungewöhnlich eingestuft werden; es beruft sich auf Verhältnisse, die analytisch herauszustellen und weiter als Unfrieden konkret zu machen sind.

Insofern ist die Bagatellisierung der anwesenden Gewalt in Erziehungsstrukturen und die gezielte Reduzierung der Erziehungsprozesse auf den Bereich des erzieherischen Verhältnisses (der wegen der auf den Lehrern und Erziehern lastenden institutionellen Zwänge die Gefahr in

---

55) Hervorhebung J.E. Im übrigen ist diese Passage als "Schülerdisziplinarrecht" der Ergänzungssammlung aufgeführt. Titel der Sammlung: "Schülerrecht in Nordrhein-Westfalen". Gütersloh o.J.

sich birgt, auch nicht gewaltfrei zu sein) selbst ein Gewaltmoment. Hierarchieverhältnisse öffentlicher Erziehung als nicht abgetrennte Bedingungen verfestigen auf diese Weise Beziehungen der Differenz und Ungleichheit, die Grundlagen der Gewalt bilden.[56)] Von daher ist auch zu erkennen, daß der pädagogische Bezug, Grundlage der Erziehung und Erziehungsträger in Schule und Unterricht, nicht aus der Systemgewalt ausgeklammert ist. Die Konzeptualisierung der öffentlichen Erziehung ist hiermit verkoppelt, intendiert hier Prägung nach Vorlage, Muster, Erfahrung, ist hier gekennzeichnet durch ein ausgeweitetes und ausgeufertes Zuviel an Hierarchie, die ohne Gewaltanwendung - direkte wie strukturelle - nicht bestehen kann. Sie gibt eine Garantie dafür, daß veränderungsorientierte Erziehung (nicht durch idealistisch-weltfremde Erziehungsziele) wie sukzessive und anteilige Herbeiführung von Friedensvoraussetzungen immer dann scheitern kann, wenn auf sie sogenannte Erziehungsgewalt angesetzt wird. Sie kommt zur Geltung, wenn dem öffentlichen Erziehungsschema Anpassung im System widersprochen wird. Strukturelle Gewalt im Erziehungsprozeß, die bis dahin verborgen bleiben kann, tritt dann offen heraus.

"Da kann man nichts machen", sagt Frau B. im folgenden Beispiel 4:

Mireya, 11 Jahre, Schülerin der 5. Klasse einer Hauptschule im Kölner Raum, wird mit diesem Bedingungszusammenhang konfrontiert (das Vorkommnis datiert vom Dezember 1973):[57)]

"Einige Schüler stören den Englischunterricht wiederholt durch Pfeifen. Frau B., Englischlehrerin, gibt nach mehrmaligem Ermahnen der gesamten Klasse eine Strafarbeit auf. Mireya ist nicht bereit, die Strafarbeit zu machen, denn sie selbst hat nicht gestört. Sie kennt die

---

56) Hier ist natürlich kein generelles Unvermögen und Mißtrauen personalisierend unterlegt. Das ist nicht der Problempunkt.
57) Im Rahmen einer Seminararbeit an der Pädagogischen Hochschule in Neuss zu "Grundlagen gesellschaftskritischer Erziehung in der Schule" wird von einer Arbeitsgruppe dieses Beispiel angeführt.

Pfeifer, petzt aber nicht, das ist nicht üblich. Nachdem sie am nächsten Tag die Arbeit nicht abgeliefert hat, erklärt sie nach der Unterrichtsstunde ihren Standpunkt. Mireya muß jedoch mit allen anderen Schülern der Klasse, die die Strafarbeit nicht gemacht haben, nachsitzen. Frau B.: "Da kann man nichts machen!"
Mireya nimmt sich vor, beim Nachsitzen nicht die geforderte Abschreibarbeit zu leisten, sondern mit gekreuzten Armen dazusitzen.
Das Nachsitzen findet während einer Lehrerbesprechung statt, die sich bis weit in den Nachmittag hinzieht. Die Klassenlehrerin, Frau G., führt Aufsicht: "Ich habe viel Zeit, ich kann warten, bis alle den Text fehlerfrei abgeschrieben haben".
Mireya ist es zu dumm, den ganzen Nachmittag still dazusitzen. Sie schreibt den Text schnell ab. Fehlerfrei. Sie darf gehen. Sie zerreißt das Blatt vor Frau G. und wirft die Fetzen in den Papierkorb.
Am folgenden Tag wirft Mireya einen Brief in den 'Motzkasten' der Klasse. Sie wünscht die Klärung der Frage, ob es nötig ist, daß die Klasse pauschal bestraft wird."

Aufsicht, Kontrolle, Gehorsam [58] erklären die Grundpfeiler der Hörigkeitserziehung.

---

58) Zum Begründungszusammenhang im Bereich der Familie und der dort uneingeschränkt gültigen Leitorientierungen "Gehorsam, Respekt, Fleiß, Prestige, Ordnung, Anpassung und Ehrgeiz" siehe das empirische Material bei H.P. BLEUEL: Kinder in Deutschland. S. 153 - 162; hier S. 157.
"Disziplin gehört zu den Wesensmerkmalen der Schule. Damit Unterricht entstehen kann, müssen sich die Schüler diszipliniert verhalten. Da die Disziplin der Schüler aber nicht ohne weiteres gegeben ist, muß die Schule sie erst schaffen". Diese ersten Sätze einer Einleitung enthält die Arbeit von Ursula HAGEMEISTER: Die Schuldisziplin. Reihe: Pädagogische Studien. Bd. 15. Hrsg. v. Georg GEISSLER. Weinheim 1968. S. 9 (Hervorhebung J.E.).
Klaus HORN: Dressur oder Erziehung. Schlagrituale und ihre gesellschaftliche Funktion. Frankfurt 1967: "Eine Erziehung, die die bedingungslose Unterwerfung als oberstes Gebot aufstellt, paßt bedingungslos an die gerade herrschenden Zustände an; sie sabotiert die Aufgabe, welche die Erziehung hat: Menschen zur Autonomie zu führen..."
(S. 58f).

Dieses Beispiel repräsentiert sie. Mireya hat lediglich im Nachhinein - das ist keine Regel, sondern ein verhältnismäßig günstiger Umstand, dem allerdings die vollzogene Ohnmacht bereits vorausgeht - die Chance, über eine Alternativen setzende Diskussion angewendete Erziehungsgewalt abzubauen, sofern sich die Fachlehrerin mit diesen Handlungsinteressen identifiziert. Es wird hier aber zu erkennen sein, daß Schüler nicht zu 'behandeln' oder [59] in Angst und Schrecken zu versetzen sind.

"Die Lehrer müssen wissen, daß diese Hier- und- Jetzt - Erfahrungen so wic tig, nein, wichtiger sind als das, was sie als die Lebensprobleme der Schüler antizipieren. Weder das Pensum noch die Masse der Mitschüler noch die Vorurteile und Ordnungen der Gesellschaft dürfen diese Erfahrungen unterdrücken". [60] "Den Kindern wie den Lehrern

---

Fortsetzung Anmerkung 58):
Der damit verbundene Erziehungs- und Verhaltensdruck, der Subjekten an der Schule zugemutet wird, zeigt Horst RUMPF auf. In: Walter HORNSTEIN: Kindheit und Jugend in der Gesellschaft. Dokumentation des 4. Deutschen Jugendhilfetages. Hrsg. im Auftrag der Arbeitsgemeinschaft für Jugendpflege und Jugendfürsorge. München 1970. S. 132ff.
Daß Gewalt im Erziehungsprozeß auch innerhalb gegenwärtiger erziehungswissenschaftlicher Theoriediskussion als Erfordernis unterlegt ist, kann eine weitere Bemerkung veranschaulichen: "Die Strafe z.B. ist ihrem pädagogischen Wesen nach eine solche Leistungsantwort, die dem Zögling vom Erzieher als Sühne für schuldhaftes Versagen auferlegt wird" ... "Die pädagogische Zuchtarbeit (...) reicht in ihrer Eigenschaft als Dressur bis in die vorgeistigen Sphären des animalischen Lebens hinunter" (S. 147). "Was die Erziehungsmaßnahmen Ermahnung, Tadel, Warnung, Drohung, Strafe bzw. Ermunterung, Appell, Lob und Anerkennung usw. betrifft, so können sie entweder pädagogische Akte für sich selber darstellen, in denen bestimmte Anstrengungen und Leistungen vom Educandus gefordert werden, welche seiner pädagogischen Gesamtentfaltung dienen, sie können aber auch als relativ periphere Momente innerhalb jener Disziplinierung auftreten, die nur als haltungsmäßiger Zaun um die Bildungsarbeit errichtet wird, damit diese möglichst störungsfrei verlaufen kann". (Josef DERBOLAV: Systematische Perspektiven der Pädagogik. Heidelberg 1971. S. 146f) (Hervorhebung im Original); zur Definition des Gehorsams siehe hier bei DERBOLAV S. 59.

59) Siehe Hartmut v. HENTIG: Cuernavaca oder: Alternativen zur Schule? S. 93.

60) Ebd. S. 114.

muß die Zumutung der Freiheit gemacht werden".[61] Hierarchieorientierte Erziehung als gegenwärtige Erziehungswirklichkeit ist hiervon jedoch noch weit entfernt; die Erziehungsstrukturen unterdrücken und verbauen hier die Zumutung der Freiheit.

Beispiel 5, Januar 1974, Realschule im Sauerland:[62]

Zum Klassenabend der 9. Klasse werden heimlich von einigen 15/16-jährigen Schülern alkoholische Getränke mitgebracht. Nach dem Klassenabend bleiben die leeren Flaschen auf dem Schulhof zurück.

Der Lehrer, der Aufsicht führt, findet am anderen Morgen die leeren Flaschen. Einige Schüler der betreffenden Klasse werden zum Direktor gerufen.

Die Schüler werden nacheinander und einzeln ins Direktorzimmer geführt, in dem sich der Direktor der Schule sowie der Klassenlehrer befinden. Die einzelnen Schüler werden intensiv und abwechselnd hin und her befragt, "daß man nicht mehr wußte, wo einem der Kopf stand".[63]
Fünf Schüler geraten bei der Befragung in Verdacht.
In der folgenden Verfügungsstunde der Klasse wird beschlossen, daß sich die Schüler, die die Getränke mitbrachten, beim Klassenlehrer melden sollten, um die verdächtigen Schüler zu entlasten. Das geschieht.
In der ersten Gesamtkonferenz der Lehrer nach diesem Vorfall werden folgende Strafen beschlossen:
4 Schüler erhalten je 2 Stunden Arrest,
1 Schüler erhält die Androhung der Verweisung von der Schule.[64]

---

61) Ebd. S. 115 (Hervorhebung im Original); vgl. ferner das Beispiel 1 in diesem Abschnitt. Franz sagt: "Ich möchte (mehr) Freizeit haben ..."
62) Mitglieder der Schülermitverwaltung dieser Schule berichten darüber im Frühjahr 1974 auf einer Wochenendveranstaltung für Vertreter der Schülermitverwaltung an berufsbildenden und allgemeinbildenden Schulen. An der Tagung sind 40 Schulen aus Nordrhein-Westfalen vertreten.
63) So ein Schüler dieser Realschule auf der Wochenendtagung (vgl. Anmerkung 62).
64) Siehe dazu den Disziplinierungskatalog (Beispiel 3. S. 217ff).

Diese Beschlüsse werden am schwarzen Brett der Realschule ausgehängt. Sämtliche Schüler der Schule erhalten so die Möglichkeit der Kenntnisnahme. Außerdem dürfen die Schüler an der geplanten Klassenfahrt in drei Monaten nicht mehr teilnehmen.

Daß die betroffenen Schüler aufgrund der Reaktion der Erziehungsbeauftragten, die direkte Gewalt zur Disziplinierung wählen, längerhin belastbar Respekt und Loyalität zeigen, ist nicht unbedingt einzusehen. Hinzu kommt, daß gegen die Schüler auch eine Verweigerung als Gewaltform verwendet wird, indem ihnen die Teilnahme an der bevorstehenden Klassenfahrt versagt ist.
Und noch eine weitere Gewaltvariante wird gegen die Schüler eingesetzt: Die Öffentlichkeit im Umkreis der Schule wird unterrichtet, wie die Disziplinierung der Schüler aussieht, Gewalt ist dadurch potenziert.

Diese Strenge deutet eine gewisse Maßlosigkeit an. Sie illustriert auch Abhängigkeit als Ausgeliefertsein, wenn ein Subjekt festgefügte Normen in öffentlichen Erziehungsfeldern übergeht. Die hier hervortretende Gegensatzspannung zeigt sich an der Person des Lehrers, der seine amtliche Funktion mit Postulaten öffentlicher Erziehung dadurch in Kongruenz bringt, daß er in Erfüllung hierarchisch angelegter Regeln und Erwartungsnormen den Verstoß seinem Direktor anzeigt, so daß Schüler als normenübertretende "Täter" überführt werden können. Sicherlich können hiermit Charakteristika struktureller Gewalt im öffentlichen Erziehungsprozeß weiter transparent werden.

Und noch ein anderes Moment trifft hier zu. Die disziplinierten Schüler erfahren wegen ihres Verstoßes gesellschaftliche Gewalt als einen umfassend gültig gesetzten und nicht weiter hinterfragten (ritualisierten) Unterordnungszwang, der in seinem Stellenwert als Unterwerfungszwang ein gesellschaftliches Paradigma ist für lokale Mechanismen der überlokalen und überregionalen Erhaltung von Fremdverfügung und Beherrschung durch hierarchischen Abstand. Dieser

Gewalthintergrund richtet subjektive Ohnmacht ein. Für Unterricht und Schule aber wird eine Stabilisierung der öffentlichen Erziehung nicht untergraben.

Und ein erzwungener Zeugnisbeweis, auf den zum Teil Subjekte im Interesse der Absicherung und Funktionsfähigkeit vereidigt werden, kann im Grunde nur eine pervertierte Loyalität illustrieren. Diese "Loyalität" ist innerhalb eines Hierarchie-Systems bar jeder Alternative, was ihre innere Flexibilität und Dynamik aufhebt.
Unter diesen Perspektiven dürfte ersichtlich werden, wenn beispielsweise der Schülermitverwaltung (SMV) systemkonforme Aufgaben durch Träger der öffentlichen Erziehung (Ministerien, Erlasse etc.) zugewiesen sind, daß derartige Bedingungen Schülerohnmacht sogar ausgeufert vertiefen.

Beispiel 6:

"Die SMV soll an Organisationsaufgaben der Schule, insbesondere an der Planung, Vorbereitung und Durchführung von schulischen Veranstaltungen mitwirken (z.B. Schulwanderungen, Schulfahrten, Klassen- und Schulfeiern, Sportfeste). Sie soll sich an Ordnungs- und Aufsichtsaufgaben beteiligen (z.B. Pausenaufsicht, Schülerlotsendienst, Betreuung von Lehr- und Arbeitsmitteln sowie Sammlungen, Mitwirkung bei der Einrichtung, Verwaltung und Ergänzung der Schülerbücherei)". [65)]

Bereits diese Aufgabenbeschreibung zeigt, daß eine Selbstverwirklichung der Schüler von einer Identifikation mit der Hierarchiestruktur öffentlicher Erziehung abhängig ist. Das aber ist gesetzt. Alternativen etwa zur Ordnungsbeteiligung, zur Organisation, zu Aufsicht und Schulfeiern sind nicht vorausgesetzt.
Immerhin könnte vertreten werden, daß allein diese Bedingungen und

---

65) Einführungserlaß (SMV-Erlaß) des Kultusministers von Nordrhein-Westfalen vom 18.10.1968. - 1 B 5.50 - 0/0 - Nr. 2344/68; siehe auch Erläuterungen zum SMV-Erlaß, Punkt 3.3.; auch RdErl. des Kultusministers des Landes Nordrhein-Westfalen vom 22.5.1969; ferner ABl. KM NW. Jg. 1968. S. 303; ebenso S. 304ff; Schülermitverwaltung (SMV)-Durchführungsbestimmungen zu § 25 SchVG.

Kriterien mittelbar Friedensaspekte auf der Grundlage eines Erziehungsfriedens im Sinne von Konfliktlosigkeit und Ruhe herbeiführen. Daß dann aber historisch wie gegenwärtig vermittelte Gewalt impliziert ist und erhalten bleibt, würde nicht erfaßt.

Die SMV stellt so trotz der kultusbehördlichen Intention kein Bewährungsfeld für politische und friedensrelevante Entscheidungsprozesse dar; stattdessen dient sie als Alibi-Funktion öffentlicher Erziehung und fördert die Verschleierung von gewaltträchtigen Erziehungsmechanismen, die eingebaut und verzahnt sind in eine ausgeweitete Rechte- und-Pflichten-Hierarchie, die strukturell Friedensvoraussetzungen verhindern muß. "Mündigkeitsspielereien" [66)]jedoch verwischen, daß angesichts der nicht wegzuleugnenden Friedensnotwendigkeit gerade friedensorientierte Erziehungskonzepte eine Erziehung zum Widerspruch und zum Widerstand" [67)] gegen Gewalt verfolgen. Das ist keine Erziehungsparole oder unverbindliche Leerformel, es verdeutlicht keine flotte Absage - etwa gerichtet auf das eigene Gesellschaftssystem. Dies ist nicht der Punkt. Es ist stattdessen zu verstehen, daß Schülerohnmacht eben kein zufälliges Schicksal ist, [68)] das sich nicht kurzfristig, sondern erst langfristig abbauen läßt (ohne hier einem Veränderungspessimismus das Wort zu reden).

---

66) Th. W. ADORNO: Erziehung zur Mündigkeit. S. 152.
67) Ebd. S. 153.
68) Die "Stellung des Schülers in der Schule" erläutert ein Grundsatzpapier, das im Juni 1973 von den Kultusministern der Länder auf der Kultusministerkonferenz verabschiedet worden ist. Die wesentlichen Passagen dazu in: FRANKFURTER RUNDSCHAU. Nr. 131. 7.6.1973. S. 9: "Alle pädagogischen und rechtlichen Entscheidungen im Rahmen des Schullebens müssen sich an der Aufgabe der Schule orientieren und vor ihr rechtfertigen" (Hervorhebung J.E.).
Siehe jetzt auch: Zur Stellung des Schülers in der Schule. In: BILDUNG UND ERZIEHUNG. 27. Jg. Heft 1. Januar/Februar 1974. S. 77 - 85.
Siehe weiter Bayer. Staatsministerium für Unterricht und Kultus: Allgemeine Schulordnung. München 1973. S. 58ff.
Vgl. für den Bereich Nordrhein-Westfalen das geltende Schulverfassungsgesetz in der geänderten Fassung vom 24.6.1969; hier vor allem die Ausführungen zur Stellung des Schülers. Abschnitt VI. § 25ff; § 26,3 stellt heraus: "Die Schulordnung nach Absatz 1 ist Anstaltsordnung. Sie ist für die (...) Schüler verbindlich".

Wenn Schülern ausschließlich nur Aufgaben in der Schulverwaltung, in der Betreuung und Beaufsichtigung zugewiesen werden, artikuliert das konkrete Abdrängung auf Ebenen folgenloser Erziehungsverwaltung. Eine "Aufsicht in den Schülertoiletten" als "Erziehung der Mitschüler zur Sauberkeit", im "Fahrradstand" das "Überwachen der Räder, Ausgabe von Marken zur Verhütung einer unberechtigten Benutzung", "Gießen der Topfgewächse in den Gemeinschaftsräumen und auf den Fluren, Einpflanzen der Ableger, Versehen der Standvasen in der Eingangshalle" fällt ebenso darunter wie in Schulveranstaltungen die "Beteiligung an organisatorischen Aufgaben; Herrichten und Ausschmücken der Räume", "Mithilfe im Geschäftszimmer: Sortieren und Abstempeln der Formulare, Anlage von Karteiblättern, Einordnen von Schriftstücken nach dem Aktenplan, Abschreiben der Stundenpläne, Vervielfältigung von Formblättern und Programmen, Besorgen der Umlaufschreiben, Ausfertigung von Listen, Wettkampfkarten usw." [69] Im letzteren liegt dabei nicht nur Kinderarbeit vor, die als Schüleraufgabe verkleidet ist, sondern es handelt sich auch um Übungen zur Status-quo-Anpassung. [70] So werden eigene Erziehungsbedingungen nicht mehr geprüft. Behördliche Erziehungsverwaltung leitet so zu Betätigungen an, die einen pädagogischen Fatalismus fördern oder zur politischen Apathie anregen und gleichermaßen Ruhe- und Ordnungsintentionen verlängern, wobei allerdings Schülerohnmacht vertieft wird, die der Entwicklung von Friedensvoraussetzungen im Wege steht.

---

69) Kurt DIETRICH: Leitung und Verwaltung einer Schule in pädagogischer Sicht. Arbeitshilfen für Schulleiter und Lehrer zur sinnvollen Erfüllung und neuzeitlichen Gestaltung ihrer Verwaltungsaufgaben. Neuwied 1965[4]. S. 164ff.
70) Vgl. G. AUERNHEIMER/M. DOEHLEMANN: Mitbestimmung in der Schule. S. 68ff; 84ff; 94f; 166ff; 174.

2 d) Amtsautorität als konkretes Gewaltverhältnis

Erziehung zum Frieden in der Schule schließt zum gegenwärtigen Zeitpunkt gerade eine Aufklärung über Ursachen, Bedingungen und Fakten des Unfriedens ein. Dieses Konzept begründet und stützt eine entscheidende Basis für friedensrelevante Erziehungsprozesse und Konzeptualisierungsansätze, die sich von Unfriedensverhältnissen abheben und dabei auch auf Schule und Unterricht bezogene Friedensvorstellungen artikulieren. Vor allem ist hier zu berücksichtigen, daß sich Frieden kaum als ein Besitz darstellt, sondern ausschließlich prozeßbedingten Veränderungen unterliegt. Denn sowohl auf Unfrieden als auch auf Friedensvoraussetzungen und Friedensfaktoren wirken permanent eigengesellschaftliche und internationale Verhältnisse und Bedingungen ein, die innergesellschaftlich Unfrieden entwickeln beziehungsweise erhalten oder erweitern können.

Das trifft nicht zuletzt im Bereich der Bundesrepublik für Anordnung, Stellenwert und Funktion der Amtsautorität im öffentlichen Erziehungssystem zu. Amtsautorität im öffentlichen Erziehungssystem hat hier eine herausragende Schlüsselstellung, die an Schulen direkt beziehungsweise mittelbar zur Geltung kommt und dadurch auch den gesamten Erziehungsprozeß beeinflussen und regulieren kann. Damit ist das Problem angesprochen - und darum geht es hier -, daß durch Amtsautorität im Erziehungsprozeß friedenshinderliche Strukturen und Bedingungen betoniert werden, weil sie ein Zuviel an Aufsicht, Kontrolle und Abhängigkeit im öffentlichen Erziehungswesen festschreiben und abstützen.

Amtsautorität im öffentlichen Erziehungssystem ist durch einen juristischen, politischen und hierarchischen Hintergrund abgesichert. Amtsautorität hat aber unbedingt dann eine äußerst bedenkliche Funktion, wenn gegen eine unmittelbare und widerspruchslose Erziehung zur Anpassung keine Bedenken und Einwände erhoben werden beziehungsweise darin keine Gefahren erkannt werden, weil nicht unterstellt ist, daß ein Zuviel an Aufsicht, Kontrolle und Abhängigkeit eine Erziehung im Bereich der Schule erheblich fragwürdig machen.

In der einschlägigen Literatur wird Amtsautorität[71] bezogen auf "eine übergeordnete Autorität (...), der man verantwortlich ist; ohne eine solche Instanz hätte "Verantwortlichkeit" keinen Sinn".[72] Als Kontrollorgan sowie als Entscheidungs- und Handlungsinstrument gründet Amtsautorität auf eingeteilte Ordnung, "die den Menschen nicht als neben sich - egalitär -, sondern als unter sich - autoritär - versteht".[73] Amtsautorität, eine erfolgsabsichernde Grundlage und Durchsetzungsbedingung, kann so unumstößliche und bindende Verhaltensvorschriften für den Bereich der Schule festlegen, korrigieren, erneuern und/oder erweitern; und dies ist je nach öffentlichen und politischen Interessen und Intentionen möglich, die ein bildungspolitischer Kontext initiiert. Von daher ist auch der Schritt nicht weit zu der Auffassung, daß Schule als Unterrichtsveranstaltung, Behörde und Anstalt öffentlichen Rechts, sich nur entwickeln kann, wenn sie aufgrund ihres Selbstverständnisses individuelle und/oder kollektive Selbstverwirklichung zu beeinflussen sucht und hier auch in der Lage ist, diese einzuschränken. Das ist insofern erforderlich, als sich sonst öffentliche Erziehung als Schulbürokratie und Instrument politischer Kräfte verleugnen würde.

"Amtsautorität schwindet bei Entzug des Amtes durch die höhere Instanz".[74] Auch das deutet den besonderen Sinn einer Amtsautorität im öffentlichen Erziehungssystem: Sie soll eine hierarchisch angelegte

---

71) Die Definitionen werden noch nicht unter dem Aspekt der strukturellen Gewalt gesehen. Unter diesem Blickwinkel sind Wirkungen der Amtsautorität bisher unterschätzt. Vgl. etwa den Artikel "Autorität". In: Lexikon der Pädagogik. Bd. 1. S. 109.
72) Richard STROHAL: Wesen und Sinn der Autorität - berechtigte und verfehlte Ansprüche. In: Günther LEHNER (Hrsg.): Autorität - was ist das heute ?. Umstrittene Machtansprüche in Staat, Gesellschaft und Kultur. München 1965. S. 8.
73) Gotthard WUNBERG: Autorität und Schule. Stuttgart 1966. S. 56.
74) R. STROHAL: Wesen und Sinn der Autorität. S. 9.

öffentliche Erziehung funktionsbereit halten. Unter dem Anspruch des Gehorsams kann sie das gesetzlich verbriefte Recht einsetzen: "Zwangsmittel wie Strafen und dergleichen anzudrohen und evtl. anzuwenden, um sich die Befolgung ihrer Anordnungen zu verschaffen." [75]

Damit wird offensichtlich, daß Amtsautorität - oder auch "institutionelle Autorität" [76] - unter einem Führungsanspruch hervortritt, der Intentionen, Voraussetzungen und Bedingungen einer persönlichen Autorität beziehungsweise einer Sachautorität entgegengerichtet ist, weil vorrangig Amtsautorität mit öffentlich-politischen Interessen und Macht- und Herrschaftsverhältnissen in Verbindung gesetzt werden muß. [77]

Pädagogische Autorität ist dagegen primär angelegt auf die Einrichtung und Absicherung von individuellen und kollektiven Entfaltungsbedingungen, ohne Kontrolle, oder auf Freiräume, die öffentlich-politische Intentionen und Zielinteressen im öffentlichen Erziehungssystem nur dann gewähren können, wenn sie einsehbar, transparent sind und Aufsicht und Kontrolle zulassen.

In diese Binnenverhältnisse öffentlicher Erziehung greift das Problem der strukturellen Gewalt. Es ist in einem langfristigen Prozeß bis in die gegenwärtige öffentliche Erziehung nicht gelöst worden. Strukturelle Gewalt, die sich hier durch eine Differenz zwischen dem ausgeuferten Mangel an Selbstbestimmung und offenen Feldern einer ausgeweiteten Selbstverwirklichung eingrenzen und beschreiben läßt, [78] bestimmt in einem bedeutenden Maße die Infrastruktur öffentlicher Erziehung, was gerade eine Friedenspädagogik, die Gewalt als Unfrieden aufzeigt, immer wieder variieren muß. Deshalb wird im folgenden ein synoptisches Schema vorgestellt, das wesentliche Differenzierungen und Unterschiede

---

75) Ebd. S. 9.
76) G. WUNBERG: Autorität und Schule. S. 23.
77) Vgl. Willy STRZELEWICZ: Herrschaft ohne Zwang ? Systeme und Interpretationen der Autorität heute. In: Günter HARTFIEL (Hrsg.): Die autoritäre Gesellschaft. Köln 1969. S. 21 - 53;
siehe auch "Autoritätsideologie und pädagogisches Selbstverständnis" bei K.W. DÖRING: Lehrerverhalten und Lehrerberuf. S. 18 - 23; S.45ff.
78) Vgl. hierzu auch die Ausführungen in Teil II. S. 83f; Teil IV. S. 177f sowie Teil IV. S. 199.

zwischen persönlicher Autorität (pA), Sachautorität (Sa) sowie der Amtsautorität (Aa) mit ihren Gewaltstrukturen aufnimmt, wobei der besondere Schwerpunkt gerade hierbei liegt.
Auch ist hier unterlegt, daß eine Amtsautorität im öffentlichen Erziehungssystem ihre Verwirklichung und Anwendung durch kleine Schritte und Prozeduren aufgliedert, die sich nicht unbedingt als Gewaltformen ausmachen lassen, sondern die sich durchaus auch entstellt oder verborgen darstellen oder mit traditionellen Erziehungsmechanismen kombiniert sein können, die eine Gewohnheit betonen und Gewalt nicht vermuten lassen.

Synoptischer Differenzierungsversuch in Bezug auf interpersonale Bedingungen durch Autoritätsanspruch

persönliche Autorität (pA)	Sachautorität (Sa)	Amtsautorität (Aa) und Gewaltstrukturen
INTENTION: keine Normenbindung	INTENTION: beschränkte Normenbindung aufgrund von Sachstrukturen, die gegenstandsbezogen sind.	INTENTION: strenge Normenbindung zur Erreichung von Anpassung und Einordnung (z.B. Verhaltensnormen)
Ungleichheit nicht als Ziel- und Kommunikationsträger	Ungleichheit besteht in der Sachüberlegenheit; nach Zeit einholbar; Sa hat aber keinen Ewigkeitswert.	Ungleichheit ist der entscheidende Träger der Aa (ohne Ungleichheit keine Aa möglich).
pA gründet und erneuert sich durch Selbstkontrolle; sie hat intraindividuelle Kompetenz.	Sa erweist sich an überprüfbarem Sach- und/oder Fachwissen als gleichzeitiger Indikator einer Sachkompetenz.	Aa steht und fällt mit der Verfügungsgewalt über die ihr Zugewiesenen.
Entstehung und Formierung durch Entwicklungsprozeß	Entstehung und Formierung durch Lernen; Sa ist gezielt zu erwerben.	Aa wird verliehen; sie ist nicht erlernbar, sondern Basiselement der Erziehungshierarchie.
Keine Abhängigkeit gegenüber Subjekten im Entfaltungsbereich der pA; Politische Abhängigkeit ist nicht zu unterstellen.	Keine Abhängigkeit innerhalb des Begründungszusammenhangs; Politische Abhängigkeit ist nicht unbedingt zu unterstellen.	Abhängigkeiten der Aa bestehen sowohl innerhalb der hierarchischen Rangstufen als auch gegenüber Zugewiesenen; Politische Abhängigkeit liegt nahe.
Freie Gestaltung und nicht normierte Ausübung sind möglich, aber auch Entfaltungshilfe für Interessierte.	Freiwillige Ausübung auf Anforderung; Entfaltungshilfe, aber auch Informationsquelle für Interessierte, gilt als wesentliches Element.	Ausführung durch detaillierte Vorschriften, Regeln, Gebote, Erlasse, Gesetze in entsprechend festgesetzten Abläufen (Disziplinarverfahren, Pflichtenkanon des Beamten, Beförderungsstufen etc.).

persönliche Autorität	Sachautorität	Amtsautorität und Gewaltstrukturen
Interessen sind nicht auf Ausnutzung des Unerfahrenen oder des Schwächeren oder des Jüngeren zugunsten eigener Profite gerichtet.	Interessen sind sachgebunden und von diesen eingrenzend bestimmt.	Interessen sind begründet im Macht- und Herrschaftsvorsprung, der sich durch hierarchische Leiter als uneinholbar ausgibt.
pA ist nicht austauschbar; pA an konkreten Träger gebunden; Der Anspruch der pA hat den Charakter eines Angebotes.	Nicht austauschbar, obwohl Sa als Fachautorität unterschiedliche Beratungsergebnisse zuläßt; Sa hat Angebotscharakter.	Aa ist austauschbar, je nach institutionellen Zielen, Problemen, Durchsetzungsstrategien, Zeit- und Erfolgszwang.
Status nicht bedeutsam.	Status- und imagefördernd.	Entscheidend für Status und Image.
Nicht der Einhaltung von Traditionsrastern verpflichtet.	Nicht unbedingt der Tradition verpflichtet.	Einhaltung von Traditionsrastern stellt Grundpfeiler dar und stützt Hierarchie und Rangfolge ab.
Autonomes Feld zur ausschließlichen Anwendung des Gewaltverzichts:	Gewaltverzicht steht im Vordergrund.	Gewaltverzicht ist blockiert durch Ungleichheit und Abhängigkeit der Zugewiesenen.
Ruhe und Ordnung sind als Kommunikationsprinzipien ohne nennenswerte Bedeutung.	Ruhe und Ordnung sind als Kommunikationsprinzipien nicht bedeutsam.	Ruhe und Ordnung bleiben zur Aufrechterhaltung hierarchischer Erhaltung der Ansprüche entscheidend.
Aufsicht und Kontrolle entfallen.	Aufsicht und Kontrolle entfallen.	Aufsicht und Kontrolle sind entscheidend.
pA ist nicht für Wahrnehmende verbindlich.	Sa ist nicht für Adressaten verbindlich.	Aa ist verbindlich und verpflichtet die Adressaten ohne Alternative.

Das vorgelegte Vergleichsschema erhellt im Bereich der Amtsautorität insgesamt Bedingungen, Faktoren und Intentionen offener und/oder verdeckter Gewalt, die als solche nicht bewußt und daher selbstverständlich und naturnotwendig erscheinen. Die entsprechenden Konsequenzen erfordern allerdings eine weitere Differenzierung der im Schema komprimiert dargelegten Aspekte.

Deshalb sollen im folgenden vier Beispiele herangezogen werden, die die anfallende Problemstellung praxisbezogen konkretisieren und analysieren helfen.[79] Dabei ist einmal eine besondere Kontinuität der Gewaltstrukturen zwischen Bildungs- und Erziehungsgeschichte einerseits und der Gegenwart andererseits zu beachten; zum anderen kann die Fragwürdigkeit der Amtsautorität im öffentlichen Erziehungssystem weiter deutlich werden, wenn Amtsautorität in Vermittlungsprozessen mit einer pädagogischen Autorität - etwa als persönliche Autorität oder als Sachautorität - rivalisiert oder qua Funktion oder Interessen rivalisieren muß,[80] zumal Amtsautorität im öffentlichen Erziehungssystem gerade mehr auf systembedingte Fremdbestimmung angelegt und ausgerichtet ist als auf eine ausgefächerte und behördlich nicht mehr kontrollierte Selbstbestimmung der Individuen wie Schüler oder Lehrer.

Beispiel 1:

Amtsautorität, beschrieben in der Gothaischen Schulordnung von 1672, auf der Ebene Lehrer-Schüler:[81]

---

79) Hier wird primär der Schwerpunkt auf das Problem der Amtsautorität gelegt. Fragestellungen zur persönlichen Autorität und/oder zur Sachautorität, die beide durchaus in Amtsautorität hineingreifen können, sind nicht direkt diskutiert.

80) Selbst dann, wenn es sich um eine intendierte "Fürsorge" von Staat und Erziehungsbehörde handeln kann.

81) Der Text ist einer Quellensammlung entnommen, die Erziehungsgeschichte vom 16. bis 18. Jahrhundert belegt:
Theo DIETRICH/Job-Günter KLINK (Hrsg.): Zur Geschichte der Volksschule. Bd. I. Bad Heilbrunn 1972[2]. S. 97 und 99ff;
zum historischen Hintergrund siehe Th. BALLAUFF/K. SCHALLER: Pädagogik. Darin: "Schule im 17. Jahrhundert". Bd. II. S. 263ff.

"Von der Schuldigkeit und Gebühr der Kinder"

11. In der Schule soll sich alsbald ein jeglicher Knabe oder Mägdlein in seine Klasse und gehörigen Ort setzen und sich anderswo nicht antreffen lassen.

12. Sie sollen auch darin nicht (...) zischen, lachen, spielen, sich schlagen oder anderen Mutwillen treiben ....

18. Ohne Erlaubnis des Praeceptoris soll niemand aus der Lehrstunde wegzugehen sich gelüsten lassen.

19. Wenn der Schulmeister unter der Schule etwa abgefordert wird, sollen sie sich alles Polterns und unruhigen Wesens enthalten und seiner Wiederkunft in aller Stille erwarten.

20. Wenn sie vom Praeceptore gestraft und gezüchtigt werden, sollen sie sich keineswegs gelüsten lassen, demselben zu widersprechen, sich mit Worten oder Gebärden trotzig zu erweisen (...), sondern bedenken, daß (...) die Züchtigung ihnen zum besten gereiche ... .

Beispiel 2:

Amtsautorität zum Schülerverhalten, beschrieben in der "Hausordnung" eines Gymnasiums im Raum Gemünd/Eifel, Stand: Anfang 1974:

I. "Verhalten des Schülers in der Schule"

1.) Ankunft

Der Schüler betritt das Schulgebäude spätestens fünf Minuten vor Unterrichtsbeginn. Nach seiner Ankunft begibt er sich ruhig zu seinem Klassenraum.

Radfahrer steigen vor dem Schulhof am Haupteingang ab und führen ihre Räder zum Fahrradständer. Dort werden die Fahrräder in geeigneter Weise gegen Diebstahl oder unbefugte Benutzung gesichert.

2.) Verhalten im Klassenraum

a) Jeder Schüler verhält sich im Klassenraum ruhig und ordentlich. Insbesondere soll er sich auf seinem Platz aufhalten und Raufereien oder wildes Umherrennen vermeiden.

b) Das Schuleigentum ist pfleglich zu behandeln. Für Sachbeschädigungen muß grundsätzlich der Schuldige verantwortlich gemacht werden. In besonderen Fällen kann die ganze Klasse zur Rechenschaft gezogen werden. Schäden am Schuleigentum sind dem Klassensprecher zu melden, der dann den Klassenleiter verständigt.

c) Die Klassen sollen stets ordentlich aussehen. Jeder sorgt daher für Ordnung auf seinem Platz. Nach Unterrichtsschluß werden die Stühle in die Haltevorrichtungen an den Platz eingeschoben. Abfälle (Papier, Essenreste etc.) dürfen nicht zurückbleiben.

d) Betritt oder verläßt ein Lehrer oder ein Besucher den Klassenraum, erheben sich die Schüler zur Begrüßung von ihren Plätzen. Dies geschieht nicht bei Klassenarbeiten.

3.) Klassenordnung

a) Nach jeder Unterrichtsstunde wird die Tafel von dem hierfür eingeteilten Ordnungsdienst sorgfältig gesäubert.
Der Tafellappen darf nicht zum Fenster oder an den Wänden des Schulgebäudes entstaubt werden.

4.) Große Pause

a) Bei trockenem Wetter halten sich die Schüler auf dem Schulhof auf. Sie unterlassen dabei alles Lärmen und alle Spiele, durch die sie sich oder andere gefährden könnten. Die gärtnerischen Anlagen sollen geschont und dürfen nicht betreten werden.

b) Bei schlechtem Wetter verbleiben die Schüler in den Klassen. In diesem Falle ist in besonderem Maße Ruhe geboten. Laufen und Spiele aller Art müssen unterbleiben.

c) Kein Schüler darf das Schulgrundstück eigenmächtig verlassen. Zur Erledigung von Besorgungen ist eine Erlaubnis des Aufsicht führenden Lehrers erforderlich.

d) Nach der großen Pause stellen sich die Schüler klassenweise auf und erwarten das Zeichen der Aufsicht zum Einrücken.

e) Das Einrücken erfolgt in größter Ruhe.

7.) Toiletten

Die Toiletten sind kein Daueraufenthaltsort. Jeder Schüler möge dazu beitragen, daß diese Räumlichkeiten stets peinlich sauber sind.

8.) Allgemeines

Die Schule erwartet von ihren Schülern, daß sie in ordentlicher und reinlicher Kleidung zum Unterricht erscheinen. Vernachlässigung der Körperpflege sollte eines Schülers nicht würdig sein.
Der gepflegten Erscheinung eines Schülers sollte die Sauberkeit seiner Bücher und Hefte entsprechen.

II. "Verhalten des Schülers in der Öffentlichkeit"

Das Bestreben eines jeden Schülers ist es, sich in der Öffentlichkeit zurückhaltend, höflich und zuvorkommend zu benehmen. Mit einem solchen Verhalten macht er seinem Elternhaus und der Schule Ehre. Auf der Straße und in den Verkehrsmitteln unterläßt der Schüler alles Lärmen und lautstarke Gezänk.
In den Verkehrsmitteln bietet er selbstverständlich älteren oder behinderten Personen seinen Platz an. Im Zug läuft er nicht durch die Gänge, hält sich nicht auf Trittbrettern und Plattformen auf und gibt weder Mitreisenden noch dem Fahrpersonal Grund zur Klage. Seine Lehrer grüßt der Schüler rechtzeitig und deutlich erkennbar und gibt ihnen auch Gelegenheit, den Gruß zu erwidern.
Jeder Schüler muß sich bewußt sein, daß er in der Öffentlichkeit durch sein Betragen seine Erziehung im Elternhaus und in der Schule kundgibt. Als Schüler einer höheren Lehranstalt weiß er sich in besonderem Maße zu vorbildhaftem Benehmen verpflichtet.

Neben der "Hausordnung" gilt an dieser Schule eine "Schulordnung", Stand: Anfang 1974, die besonders unter Punkt 22 charakteristisch festlegt:

"Wenn ein Schüler glaubt, daß ihm seitens eines Lehrers in irgend einer Beziehung Unrecht geschehen ist, so hat er das Recht, seinen Standpunkt zu vertreten. Das darf jedoch nicht in der Unterrichtsstunde geschehen und muß selbstverständlich in bescheidener Weise zum Ausdruck kommen. In schwierigen Fällen wendet er sich auch an seinen Klassenleiter."

Beispiel 3:

Zur Amtsautorität in den neuesten "Richtlinien für die Sexualerziehung in den Schulen des Landes Nordrhein-Westfalen", gültig ab 1. August 1974:[82]

Die "Richtlinien für die Sexualerziehung" schränken "die persönliche Verantwortung des Lehrers" nicht ein.[83]

"Stellung und Aufgabe des Lehrers"

Der Lehrer ist - auch nach der Rechtsprechung - berechtigt, die Sexualerziehung in den Unterricht einzubeziehen (...). Der Lehrer jedoch ist verpflichtet, im Rahmen seines Erziehungsauftrages auch diese Aufgabe wahrzunehmen. (...) Ggfs. muß der Lehrer die Eltern darüber informieren, daß ein Anspruch auf Befreiung der Kinder vom sexualkundlichen Unterricht nicht besteht. (...)

Der Lehrer muß unterscheiden zwischen der Wahrnehmung amtlicher Aufgaben und der Verbreitung seiner persönlichen Überzeugung. (...)[84]

Der Lehrer ist verpflichtet, sofern die von ihm vertretenen Fächer von ihrer Sachstruktur her einen Beitrag zur Sexualerziehung leisten können,

---

82) Veröffentlicht in "Gemeinsames Amtsblatt des Kultusministeriums und des Ministeriums für Wissenschaft und Forschung des Landes Nordrhein-Westfalen. Ausgabe A. Nr. 6. 26. Jg. 1974. S. 318 - 324.
83) Ebd. S. 318.
84) Ebd. S. 319; auf Spannungen und Widersprüche im Schulalltag, die zwischen amtlichen Aufgaben sowie subjektiven und didaktischen Maßstäben möglich sind, wird in dieser Verfügung nicht eingegangen.

im Rahmen seines Unterrichts- und Erziehungsauftrages den Sexualkundeunterricht zu erteilen. Sollte ein Lehrer in seiner Person liegende berechtigte Bedenken geltend machen, kann dieser Unterricht nach Beratung in der Lehrerkonferenz einem anderen als dem zuständigen Lehrer übertragen werden.[85)]

Beispiel 4:

Eingesetzte Amtsautorität in der Erziehungspraxis auf der Lehrer-Schüler-Ebene:[86)]

Situationsbeschreibung:

Franz, 15 Jahre, 9. Klasse, wird wegen politischer Aktivitäten von seiner Schule verwiesen und auf Probe von einer anderen Realschule wieder aufgenommen.
Während dieser Probezeit findet eine Sitzung der Schülermitverwaltung statt. Franz hatte von sich aus keine Bedenken und glaubt, an der Sitzung teilnehmen zu können, weil auch die Sitzungen der Schülermitverwaltung an seiner früheren Schule öffentlich gewesen sind. An der neuen Schule ist dies jedoch nicht der Fall.
Franz, von SMV-Vertretern auf seinen Irrtum aufmerksam gemacht, wird von seinen Mitschülern aufgefordert, nicht an der Sitzung, sondern dafür am Unterricht teilzunehmen.
Zwischenzeitlich dauerte der Unterricht aber bereits 1/4 Stunde und Franz hatte Angst, in der Klasse aufzufallen, zumal seine Probezeit an der neuen Schule noch nicht abgelaufen war. Er nahm deshalb weiter an der SMV-Sitzung in der Hoffnung teil, daß sein Fehlen nicht bemerkt würde. Der unterrichtende Lehrer hatte aber das Fehlen von Franz festgestellt und dies daraufhin dem Direktor der Schule angezeigt. Der Direktor verwies Franz nun unversehens von der Schule,

---

85) Ebd. S. 319; nicht wegzuschieben ist auch hier, daß der einzelne Lehrer, sofern er einen Sexualkundeunterricht ablehnt, durch die Öffentlichkeit der Lehrerkonferenz "bestraft" wird, weil er eine amtlich gesetzte Norm nicht erfüllt. Damit aber sind Zwang und Druck als Formen angewendeter Gewalt eingesetzt.
86) Das angeführte Beispiel ereignete sich im Mai 1973 an einer Realschule im Düsseldorfer Raum.

und zwar ohne Konferenzbeschluß. Als die Mitschüler von Franz diese Maßnahme des Direktors erfahren, bestreiken sie spontan 2 Stunden lang den Unterricht.
Daraufhin verschickte die Leitung der Realschule an die Eltern derjenigen Schüler, die gestreikt hatten, folgendes Schreiben:

"Die Klassen 9 streikten am (...) nach der (...) und (...) Stunde, was Schülern verboten ist.
Der dreimaligen Aufforderung des Fachlehrers und der sich anschließenden Aufforderung durch den Schulleiter kamen die Klassen nicht nach. Deshalb faßte die Gesamtkonferenz vom (...) folgenden Beschluß:

1. Allen beteiligten Schülern wird die Verhaltensnote im nächsten Zeugnis um eine Zensur herabgesetzt.
2. Alle Beteiligten erhalten an zwei Nachmittagen je zwei Stunden Arrest. Der genaue Termin wird noch bekanntgegeben.

Außerdem verweigere ich die Zustimmung zu allen Klassenfahrten in diesem und im nächsten Jahr.

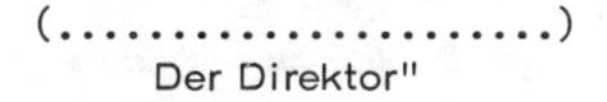

Der Direktor"

Obwohl zwischen Beispiel 1 und Beispiel 2, davon ließen sich die Beispiele vermehren, über dreihundert Jahre Erziehungsgeschichte liegen, sind Übereinstimmungen zur Struktur der Amtsautorität im hierarchisch-autokratisch[87)] angelegten System öffentlicher Erziehung frappierend. Schon im 17. Jahrhundert werden Schüler an Verhaltensnormen gebunden, die noch im 20. Jahrhundert kontrolliert und geahndet werden.
Sicherlich ist hier nicht zu generalisieren. Trotzdem bleibt stehen, daß öffentliche Erziehung Bedingungen zur Gewalt fördert. Eine auf An-

---

87) Zum Begriff autokratisch vgl. die Ausführungen bei Wolfgang KLAFKI: Erziehungswissenschaft 1. Eine Einführung (Funk-Kolleg) Frankfurt 1970. S. 86 - 91.
Siehe auch: Reinhard TAUSCH/Anne-Marie TAUSCH: Erziehungspsychologie. Psychologische Prozesse in Erziehung und Unterrichtung. Göttingen 1971[6]. S. 175ff., 204ff.

passung abzielende Strategie unterläuft bedenklich die herausragende Erziehungsaufgabe der Fähigkeit zur begründeten Kritik und kanalisiert Kommunikation und Veränderungsinteressen mittels subtiler Regelungen in gewünschte Bahnen. Individuen werden zuwenig für sozialere Verhältnisse durch Eigeninitiativen vorbereitet. Stattdessen kann sich das Zuviel an Amtsautorität weiter entfalten; sie wird zum grundlegenden und weitgespannten Regler und Verteidiger organisierter Ungleichheit und Abhängigkeit, die traditionslastig im öffentlichen Erziehungssystem kaum Friedensinteressen und Friedenspartizipation unterstützen können; so lange sich aber ein Zuviel an Amtsautorität als feingliedriges Kontroll- und Aufsichtssystem mit Weisungsrecht, als ein Moment von Macht und angewendeter Herrschaft [88] ausweist, ist durch sie ein konkretes friedenshemmendes Moment gegenwärtig: Denn aufgeblähte oder überhandnehmende Amtsautorität legalisiert offene, versteckte, psychische Gewalt; dies allein schon durch Drohungen, die ineinandergreifen.

Das Dilemma oder auch die ausgeuferte Problematik besteht weiter darin: Amtsautorität fordert nicht nur zur Identifikation auf; sie zwingt den Abhängigen gerade, Identifikation mit aufgestellten Regeln oder

---

88) Die gerade mit einer Erziehung zum Frieden rivalisierenden Implikationen von Macht und Herrschaft werden deutlich, wenn Macht verstanden wird "als eine (aufgrund von Abhängigkeit zustande kommende) Überlegenheit über andere mit der Möglichkeit, erfolgreich ein bestimmtes Verhalten zu verlangen" (Jakobus WÖSSNER: Soziologie. Einführung und Grundlegung. Wien 1971. S. 49).
Institutionelle Macht gründet "auf einem System von sozialen Normen, die gegenüber denjenigen, die spezifische soziale Positionen einnehmen, eine Pflicht zum Gehorsam erzwingen" (J. WÖSSNER: Soziologie. S. 247).
Herrschaft muß verstanden werden als "eine relativ fixierte Ordnung zwischen Menschen und Menschengruppen (...), in der die Ausübung von Macht institutionalisiert ist" (Franz HEINISCH: Herrschaft. In: Lexikon der Pädagogik. Bd. II. S. 224).
Allerdings ist gerade ein hervorzuhebender Aspekt bei der hier diskutierten Problematik nicht zu unterschlagen: "Herrschaft heißt nicht immer gewaltsame Versklavung anderer, Herrschaft heißt meistens das listige Aufrechterhalten von Privilegien und Abhängigkeiten, heißt oft einfach status quo ..." (H. v. HENTIG: Systemzwang und Selbstbestimmung. S. 70f; Hervorhebung im Original).

vom einzelnen nicht unmittelbar zu beeinflussenden Prinzipien nachzuweisen, um sich seiner zu vergewissern.

Auf diesem Hintergrund aber artikuliert Amtsautorität Erziehungsmethode in ein uniformes Verhalten. Das zieht nach sich: Amtsautorität im öffentlichen Erziehungssystem ist wegen ihrer vielfältigen Fein- und Grobmechanismen nicht mehr als bedeutungslos hinzustellen. Sie kann innerhalb einer friedensorientierten und gesellschaftskritischen Erziehung wegen ihrer Gewaltimplikationen nicht mehr ohne Bedenken und fraglos hingenommen werden. Denn Amtsautorität, die in Erziehungswirklichkeit und Schulalltag ausufert, kann sich als Droh- und Erzwingungsinstrument verselbständigen und hier Angsthaltungen hervorrufen. Sie erscheint dabei zuweilen gegenüber persönlicher Autorität und/oder Sachautorität unverzichtbar, was sie unbedingt nicht ist, weil ihre Gewaltimplikationen eine a-soziale Struktur haben.

Es muß deshalb an der Amtsautorität im öffentlichen Erziehungssystem innerhalb eines didaktischen Konzepts gerade auch der Widersinn von angewendeter Gewalt in der Erziehung aufgezeigt werden können: Amtsautorität als Ursache-Wirkungsschema von struktureller Gewalt ist hier dann ebenso aufzuhellen wie die Ermittlung des Stellenwerts von Amtsautorität bei konkreten und/oder allgemeinen Erzwingungssituationen (siehe etwa Beispiel 4); auch fallen hierunter Analysen von Amtsautorität und psychischen Folge-Belastungen, wobei gerade die Zweck-Mittel-Relation der Amtsautorität in den Vordergrund zu stellen wäre.

Eine Abhängigkeitsanalyse von Amtsautorität und ihre Verschränkung mit stufenbezogenen Gewaltverhältnissen kann ebenso nicht auf die Bewußtmachung von Gehorsamsritualen und ihre Hintergründe verzichten. Dies sollte auch die Erkenntnis fördern können, daß derzeitige Amtsautorität zwar ein legales und allgemein anerkanntes Erziehungsinstrument ist, das mit struktureller Gewalt "kultiviert" wird, was aber nur ihre Brutalität abbaut; auch, indem sie in Portionen zur Anwendung kommt.

Auf diese Weise wird nämlich auf die Dauer möglich, daß Amtsautorität sich während der Schul- und Ausbildungszeit aufzwingt, vor allem zur Übernahme eines Verhaltensschemas, das von Abhängigen verinnerlicht und kaum mehr später abgelegt werden kann, wobei auch nicht mehr hinterfragt ist, beziehungsweise geprüft werden kann, welche Elemente und Bedingungen notwendig erscheinen und welche Inhalte und Postulate nicht, welche Details, die selbstverständlich gelten, nicht mehr selbstverständlich nach der Prüfung bleiben können und fragwürdig und veränderungsnotwendig geworden sind.
Wenn Beispiel 3 diese Außen- und Innenverhältnisse auf den ersten Blick erst grob nachweist, so kann Beispiel 4 sicherlich um so eindeutiger illustrieren, was tragende Momente angewendeter Amtsautorität innerhalb einer öffentlichen Erziehung ausmachen können und auszugsweise freilegen.[89] Damit aber kann sichtbar werden, auf welchem Fundament ein Zuviel an Amtsautorität steht, beziehungsweise in

---

89) Die angeführten vier Beispiele sollen das Problem verdeutlichen, wenn hierbei auch nicht vertreten werden kann, daß die Fragestellung damit ausgelotet ist. Aber die Beispiele lassen sich ohne Mühe vermehren. Sie können gleichzeitig das breite Spektrum von einem Zuviel an Amtsautorität aufgliedern und dabei ihre Fragwürdigkeit intensivieren und erweitern.
Für die permanent durch ein Zuviel an Amtsautorität begründeten Widersprüche kann auch ein neuer Erlaß für die Schulen in Nordrhein-Westfalen herangezogen werden, der noch verfügt und für notwendig erklärt, was wissenschaftlich-empirische Untersuchungen bereits vor 10 Jahren teilweise als nicht mehr notwendig und in sozialer Hinsicht bedenklich herausarbeiten.
Vgl. dazu: "Hausaufgaben für die Klassen 1 bis 10 aller Schulformen." RdErl. d. Kultusministers v. 2.3.1974 - III C 1.36 - 63/0 - 4758/73: I C, II A, II B-; veröffentlicht in AMTLICHES SCHULBLATT für den Regierungsbezirk Köln. 65. Jg. Nr. 9. 20.6.1974. S. 142f.
Von den wissenschaftlichen Untersuchungen ist zum Vergleich vor allem zu nennen: Bernhard WITTMANN: Vom Sinn und Unsinn der Hausaufgaben. Empirische Untersuchungen über ihre Durchführung und ihren Nutzen. Neuwied 1964; 1972[2]. S. 86ff: Die "Abschaffung der Hausaufgaben im ersten und zweiten Schuljahr" ist erforderlich.
Auch die neuesten "Richtlinien für Schulwanderungen und Schulfahrten." RdErl. d. Kultusministers vom 18.7.1974; veröffentlicht durch GEMEINSAMES AMTSBLATT des Kultusministeriums und des Ministeriums (Fortsetzung S. 243).

welchem Ausmaß sie pädagogischer Autorität in Form von Sachautorität und/oder persönlicher Autorität entgegenwirken muß, weil sie nicht auf Implikationen angewendeter struktureller/versteckter oder direkter/offener Gewalt verzichtet.

Aufgrund dieser Bedingungsverhältnisse sollte für die Erziehungspraxis festgehalten werden:
Ein Zuviel an Amtsautorität, vertreten durch Trägerfunktionen wie Aufsicht, Kontrolle und Abhängigkeit, ist entscheidend förderlich für die Betonierung und Stabilisierung von Unfrieden und bedarf der intensiven langfristigen pädagogischen Auseinandersetzung in Erziehung und Unterricht.
Die völlige Ausklammerung und Verweigerung von Amtsautorität erscheint zwar zum gegenwärtigen Zeitpunkt als zu sprunghaft und utopistisch (was nicht mit den aufgezeigten Perspektiven konkret-utopischer Erziehungsmomente verwechselt werden kann).[90] Gänzliche Einordnung, Unterordnung und Widerspruchslosigkeit gegenüber staatlichen und behördlichen Erziehungsdirektiven kraft ausgeübter Amtsautorität sind aber auch nicht akzeptabel; denn sie unterlaufen jede belastbare "Mündigkeit im Konflikt",[91] erhalten und erweitern Unfrieden, verschütten den relevanten Ansatz, daß Erziehung zum Frieden alles andere ist als Kritiklosigkeit, als Anpassung zugunsten eigener Profite auf Kosten sowohl anderer wie der Verweigerung alternativen und risikoreichen Handelns zugunsten Benachteiligter und ohnmächtiger Individuen. Anders ausgedrückt: Erziehung zum Frieden hat im didaktischen Rahmen kaum eine andere Wahl als konstruktive und Alternativen setzende Kritik an der Überbetonung von Amtsautorität, die Kontrolle und Abhängigkeit festschreibt.

Fortsetzung Anmerkung 89):
für Wissenschaft und Forschung des Landes Nordrhein-Westfalen. Ausgabe A. 26. Jg. Nr. 8. Düsseldorf: 19.8.1974. S. 419 - 431 illustrieren überdeutlich Elemente von Überverwaltung, Überorganisation, reglementierte Formalien bis ins letzte Detail. Die Richtlinien nehmen insgesamt 179 Gliederungspunkte auf, die etwa von einem Junglehrer studiert werden müssen, der mit Schülern eine entsprechende Veranstaltung durchführen möchte, die von Klassenraum und Schulhof wegführt.
90) Vgl. dazu Teil III. Abschnitt 5. S. 161ff.
91) J. ESSER: Zur Theorie und Praxis der Friedenspädagogik. S. 50ff.

3. Erziehung zum Frieden im öffentlichen Erziehungssystem

Nach den bisherigen Untersuchungen zu Gewaltbedingungen im Erziehungsbereich, die einen exemplarischen Stellenwert haben, ist hier noch einmal zu betonen, daß Erziehung zum Frieden in der Schule an gesellschaftlichen Bedingungen erforderlich und möglich ist. Positionen im gegenwärtigen Stadium der Friedenspädagogik in der Bundesrepublik begegnen dem zwar mit einer gewissen Zurückhaltung, zum Teil wird auch ohne Umschweife entschieden, Friedenspädagogik sei in der Schule nicht möglich.[1]

Die Ausführungen in Teil III und vor allem in Teil IV dieser Arbeit stehen einer solchen Auffassung allerdings entgegen; denn Friedenspädagogik in der Schule ist eine drängende[2] Aufgabe, die gerade durch analytische Kritik und alternative Handlungsschritte anzugehen ist, um Innovationen mit pädagogisch und gesellschaftlich richtungsweisendem Stellenwert in Gang zu setzen. Und der Unterricht hierzu über vielfältige offene und versteckte Formen von Unfrieden und Gewalt wird deshalb so bedeutsam, weil Erziehung zum Frieden in der Schule eben auch als gesellschaftlicher Träger und Multiplikator eingestuft werden muß.

Mit schulfächertransparenten Konzepten ist dies durch fünf leitende Orientierungen und didaktische Schwerpunkte zu unterstützen, die, insgesamt gleichrangig, regionale, eigengesellschaftliche und internationale Problemhorizonte berücksichtigen. Es gilt dann auch weder als ein unerfüllbarer noch als ein pädagogisch unbedeutender Ansatz, wenn sich Erziehung zum Frieden in der Schule langfristig konzentriert auf die Strukturierung von

- Unfriedensbewußtsein,
- Gewaltbewußtsein,
- Friedensinteressen,
- Friedensaktionen,
- Friedensdienste.

---

1) H.-J. GAMM/A. COMBE: Friedensforschung - Friedenspädagogik. In: J. BECK/L. SCHMIDT (Hrsg.): Schulreform. S. 103 - 107.
2) Vgl. Teil II. Abschnitt 1. S. 15ff.

Dabei zielt Erziehung zum Frieden intentional auf eine Gewinnung von anteilig möglichen Friedensvoraussetzungen und Friedensbedingungen, um erstens die Überwindung von Status-quo-Verhältnissen einzuleiten, sofern sie Unfriedens- und/oder Gewaltträger sind, um zweitens bestehende zugedeckte oder aufgebrochene Konflikte nicht um der Konflikte willen anzugehen, sondern um legitime Bedürfnisse und Interessen erfüllen zu können, die drittens - damit verbunden - solidarisches Verhalten und Handeln bedingen und erfassen, das Erziehung und gegenwärtiger Unterricht weder bisher kaum als notwendig erachten noch als Unterrichtsgegenstand und lebenswichtiges Handlungsfeld strukturieren und mit zunehmender Erfahrung entfalten.[3)]
Insgesamt wird so aber deutlich, daß sowohl eine Erziehung zum Frieden in der Schule als auch die Schule selbst nicht abgeschafft werden können.

Friedenspädagogik in der Schule wird allerdings unbedingt für den herkömmlichen Unterricht eine neue Praxis der Schwerpunkte und Prioritäten setzen müssen, um offene und versteckte Friedensdefizite in eigengesellschaftlichen Bereichen und Systemen und in internationalen Bezügen und Perspektiven bewußtzumachen. Dazu gehört zum Beispiel im Bereich Erziehung und Gesellschaft, daß

- im Infra-Klima der Lernprozesse durch Lehrer und Schüler die konkrete Angstproblematik, die wegen ihrer gesellschaftlichen Relevanz nicht zu verkürzende Ausmaße hat, an den Schulen als ein bedeutsamer und ständig wiederkehrender Unterrichtsgegenstand aufgenommen wird;

---

3) Zu Inhalt und Intention von Solidarität und solidarischem Verhalten und Handeln siehe den folgenden Teil V, der sich als ein einführender Versuch versteht. Dabei muß hier auch wegen evtl. Kommunikationsschwierigkeiten gegenüber inhaltlich-ideologischen Vorverständnissen und politischen Verkrustungen näherhin abgegrenzt werden.

- untersucht und aufgearbeitet wird, ob nicht sogenannte Disziplinarprobleme Schüler selbständig kontinuierlich lösen können (und dies - als Zielperspektive - ohne Hilfe von Erwachsenen vollzogen wird);
- überflüssige Formen angewendeter oder versteckter Amtsautorität zugunsten notwendiger Autorität sondiert und abgebaut werden und dazu praktizierte Alternativen so angelegt sind, daß sie nicht folgenlos bleiben können;
- Konflikte mit Schülern, Konflikte mit Erwachsenen, Konflikte mit Institutionen etc. aktiviert angegangen werden, um gerade eine Reduzierung und Abwehr von Schülerohnmacht und Lehrerresignation aufzubauen, die verdrängt oder übergangen werden;
- grundsätzlich gesellschaftlicher Unfrieden als "Außen"-Bedingung mit der Zielsetzung einer Veranschaulichung für Handlungsbereitschaften auf Friedenshandeln hin strukturiert wird; dabei gelten nicht isolierte Schulen, sondern soziale Brennpunkte im eigenen Dorf, in Kreis- und Großstadt kontinuierlich als primäre Lernorte und richtungsweisende Plattform des "Unterrichts", um Unfrieden in seinen Ursachen und Folgen kennenzulernen und um die Aufarbeitung und Verhinderung konkret mitzutragen.[4)]

Die Verwirklichung derartiger Perspektiven aber ist abhängig von realisierbaren Grundlagen, die im nächsten Teil der Arbeit diskutiert werden sollen. Dabei ist unter dem Aspekt möglicher Friedensvoraussetzungen und Friedensstrukturen kaum noch zu übergehen, daß es sich bei der öffentlichen Erziehung gerade um eine politische Instanz handelt, die bezüglich der Friedensentfaltung einen nicht mehr zu unterschätzenden Stellenwert hat, der verstärkt zu hinterfragen ist.

---

4) Die Beispiele können kaum als unrealistisch abgewertet werden. Es sei denn, Friedensbedingungen werden zwar institutionell, behördlich und politisch verbal für notwendig erachtet, aber beim politischen und bildungspolitischen Handeln gesellschaftlicher Interessensträger doch nicht unterstützt.

V. MÖGLICHKEITEN UND GRUNDLAGEN ZUR FRIEDENSPRAXIS

1. Aspekte zur Solidarität in einem gewaltabbauenden Erziehungsprozeß

Abwehr, Verminderung und Überwindung von Ohnmacht und Gewalt im Erziehungsprozeß sind nun zu diskutieren.

Um aber Ohnmacht und Gewalt als konkrete Friedenshindernisse bewußtmachen zu können, sind für den Erziehungsbereich ihr entgegenwirkende Intentionen und Maßnahmen notwendig, die diese Hindernisse durchdringen. Wirkungsvolle Friedenspraxis ist deshalb auf belastbare Handlungsträger angewiesen, die nicht nur Friedensidentifikationen anzielen, sondern die auch stabile Handlungsinteressen verfolgen, um in der Auseinandersetzung mit Ohnmachts- und Gewaltformen alternative Bedingungen aufzubauen. Für den Erziehungsbereich gehört dazu solidarisches Verhalten und Handeln gegen Ohnmacht und Gewalt.

Wenn sich Friedensvoraussetzungen und -bedingungen durch anteilige Erziehungsprozesse verwirklichen sollen, ist dies der Bezugsrahmen, kann das eine auf Veränderung gerichtete Konzeption entfalten, an die Friedensrealisierungsansätze und Durchsetzungsstrategien zu orientieren sind. Dem ist auch der folgende Ansatz anzuschließen:

> Solidarität stellt einen leitenden Inhalt der Friedenspädagogik dar. Solidarität als Friedensrealisierungsprinzip ist verschränkt mit einem belastbaren solidarischen VERHALTEN und HANDELN, das Friedensformen und Friedensbedingungen antizipierend strukturieren kann.
> Solidarisches Verhalten und Handeln, im Sinne sich prozeßhaft verwirklichender Solidarität, leitet und stützt bei friedensorientierten Erziehungsprozessen folgenwirksam eine notwendige

Alternative zu Bedingungen und Strukturen öffentlicher Erziehung. Als Instrument des Widerspruchs gegen offene und versteckte Gewalt,als Maßnahme zur Ohnmachtsbefreiung, ist solidarisches Verhalten und Handeln in der Lage, eine neue pädagogische Autorität für Friedensprozesse auf horizontaler Ebene zu artikulieren.

Der bisher politisch und weltanschaulich belastete Begriff der Solidarität [1] ist unter dem Anspruch friedensorientierter Erziehung längst nicht ausgeschöpft, wenn darunter Forderungen, Appelle, Bereitschaftserklärungen, öffentliche Unterstützungs- und Beistandszusagen verstanden sind. Dies sind zwar in formaler Hinsicht Solidaritätsaspekte. Sie reichen aber zum Verständnis friedenspädagogischer Solidarität noch nicht aus, wenn nur bloße Zielformeln oder verbale Notwendigkeitserklärungen angegeben werden. [2]

Vielmehr kommt es bei der Überwindung der Theorie-Praxis-Spanne darauf an, gerade solche Perspektiven zur Solidarität zu entwickeln, die eine Friedenspraxis in Erziehung und Unterricht entfalten und erweitern können.

---

1) Vgl. S. 245; siehe auch S. 255 und S. 262.
2) An pädagogischer Literatur ist dies ohne Mühe nachzuweisen:
Vgl. Heinrich ROTH: Pädagogische Anthropologie. Bd. II. S. 505; 507; 585.
Walter RÜEGG: Soziologie. Funk-Kolleg zum Verständnis der modernen Gesellschaft. Frankfurt 1971. S. 121; 137f;
Karl-Christoph LINGELBACH: Kategorien des politischen Handelns. In: W. KLAFKI u.a.: Erziehungswissenschaft 2. S. 118;
W. KLAFKI: Sinn und Unsinn des Leistungsprinzips in der Erziehung. S. 92f;
Jürgen MARKSTAHLER/Volker WAGNER/Dieter SENGHAAS: Schule und Dritte Welt. Texte und Materialien für den Unterricht. Nr. 43. Hrsg. vom Bundesministerium für wirtschaftliche Zusammenarbeit. Bonn 1973. S. 34; 59;
Rolf SCHÖRKEN (Hrsg.): Curriculum "Politik". Von der Curriculumtheorie zur Unterrichtspraxis. Opladen 1974. S. 202; 210f;
Friedrich MINSSEN: Die Schule als Sozialisationsfeld. In: J. BECK/ L. SCHMIDT (Hrsg.): Schulreform. S. 76ff;
Theodor WILHELM: Theorie der Schule. Hauptschule und Gymnasium im Zeitalter der Wissenschaften. Stuttgart 1967. S. 33; 325.

Einschlägige Definitionen geben einige Anhaltspunkte.

In der Literatur wird Solidarität auf einen soziologischen Hintergrund bezogen. Sie ist das Fazit "von sozialen Interaktionen, das einen auf relativer Dauer beruhenden Zustand menschlicher Verbundenheiten zum Ausdruck bringt".[3] Zur Infrastruktur der Solidarität gehört in der zwischenmenschlichen Ebene unter den Solidaritätsträgern "ein kampfloses Zu- und Miteinander in der Weise der Kollegialität, Kooperation und Koordination";[4] und anwendungsbezogen wird ihr der Stellenwert zugewiesen: "Der einzelne kann nur mit Hilfe anderer Menschen, die die gleichen Interessen vertreten wie er selbst, seine Wünsche in der politischen Wirklichkeit durchsetzen".[5]

Bei der Typisierung wird auch unterschieden zwischen einer Solidarität "der Gesinnung" und einer Solidarität "des Handelns", die auf "gegenseitige Hilfsbereitschaft" aufgebaut ist, während sich Gesinnungssolidarität dort "bekundet (...), wo (...) Menschen einer Gruppe gegenüber störenden äußeren Einwirkungen, die einem einzelnen oder einigen von ihnen widerfahren, sich eins fühlen".[6] Schließlich

---

3) Hans WINKMANN: Solidarität, Solidaritätsprinzip. In: LEXIKON DER PÄDAGOGIK. Bd. IV. S. 94.

4) Irene von REITZENSTEIN: Solidarität und Gleichheit. Ordnungsvorstellungen im deutschen Gewerkschaftsdenken nach 1945. Berlin 1961. S. 196.
Zur Binnenstruktur der Solidarität siehe weiter auch Jakobus WÖSSNER: Mensch und Gesellschaft. "Kollektivierung" und "Sozialisierung". Ein Beitrag zum Phänomen der Vergesellschaftung im Aufstieg und in der sozialen Problematik des gegenwärtigen Zeitalters. Berlin 1963. S. 243ff; 417ff; 425ff.
Zur Solidarität als "Haltung" vgl. Franz STEINBACHER: Der Solidaritätsgrundsatz in der sozialen Idee des demokratischen Sozialismus, des Neoliberalismus und der katholischen Soziallehre. Heidelberg 1960. S. 8. (Diss.).

5) Hermann GIESECKE: Didaktik der politischen Bildung. Neue Ausgabe. München 1972^7. S. 180; ferner S. 166ff.

6) A. VIERKANDT: Solidarität. In: Wilh. BERNSDORF (Hrsg.): Wörterbuch der Soziologie. Bd. 3. Frankfurt 1972. S. 704.
Vgl. auch A. VIERKANDT: Solidarität. In: Wilh. BERNSDORF (Hrsg.): Wörterbuch der Soziologie. Stuttgart 1969. S. 944ff.

ist noch die Interessen-Solidarität beschrieben. Sie "liegt vor, wenn zwei Unternehmungen oder Konzerne, zwei politische Parteien oder sonstige Vereine sich für bestimmte Zwecke zusammenschließen und ihre Interessen gemeinsam, als ein und dasselbe Interesse, betreiben. Diese Art Vereinigung beruht lediglich auf der Sachlichkeit. Das einzige Band, das sie verbindet, ist das gemeinsame Interesse".[7] Ob hier nicht zur näheren Erläuterung und zur Abwehr der Vereinseitigung begrifflicher Abgrenzung noch zumindest anzufügen wäre, daß eine Solidarität der Interessen auch innerhalb unterprivilegierter Bevölkerungsgruppen nicht nur denkbar, sondern gerade erforderlich ist ? Als ein Beispiel sei an die Interessen-Solidarität ausländischer Arbeitnehmer gegen Wohnungsverhältnisse und/oder Mietwucher erinnert.

Der Solidaritätsbegriff ist mit den angeführten Definitionen jedoch kaum ausgelotet, wenn etwa eine Interdependenz nicht entwickelt wird.[8] Einzelelemente der Solidarität aufzuzeigen, wie "Zusammengehörigkeitsgefühl, Gemeinsinn, enge Verbundenheit",[9] reichen dann allein nicht aus, zumal der Bezug ausgesperrt bleibt, daß Solidarität als wirkendes Gegengewicht und Handlungsinstrument unter dem Aspekt der Gewaltbekämpfung erklärt und ihre intentionale

---

7) Ebd. S. 706 (Hervorhebung im Original).
8) H.-J. GAMM: Kritische Schule. S. 199ff macht zwar einen Versuch, nur wird hier "Solidarisierung" politisch dogmatisiert: "Massenhaftes Handeln im sozialistischen Sinne" (224) hat ausschließlich Gültigkeit.
9) Der große Duden. Etymologie. Herkunftswörterbuch der deutschen Sprache. Bd. 7. Mannheim-Wien-Zürich 1963. S. 649.
Weitere Definitionen zum Begriff der Solidarität siehe bei:
Walter HORNEY: Solidarität. In: W. HORNEY/Johann Peter RUPPERT/ Walter SCHULTZE (Hrsg.): Pädagogisches Lexikon. Bd. II. Gütersloh 1970. Sp. 1024f;
A. BECKEL: Solidaritätsprinzip. In: KATHOLISCHES SOZIALLEXIKON. Innsbruck 1964. Sp. 998ff;
Ernst BORNEMANN/Gustav v. MANN-TIECHLER (Hrsg.): Handbuch der Sozialerziehung. Bd. I: Grundlegung der Sozialerziehung. Freiburg 1963. S. 240f; 260f;
Wolfgang SCHULZ: Die Didaktik der "Berliner Schule" - revidiert. In: betrifft: erziehung. 5. Jg. Heft 6. Juni 1972. S. 19-32; hier zur Solidarität S. 24.

Relevanz für die Erziehung herausgestellt wird. Das aber ist einer Solidarität unbedingt zuzuordnen; auch darf weder ausgeklammert noch übergangen werden, daß Solidarität erst ihre Impulse und Wirkmächtigkeit durch vorhergehende Bedingungen erhält, etwa als früherliegende individuelle/kollektive Ohnmacht, Bevormundung, Unterdrückung; selbst dann, wenn dies nicht offensichtlich ist.

Immerhin ist insgesamt gegenüber institutionellen und politischen Interessen einer öffentlichen Erziehungshierarchie nicht zu verbergen, daß sie durchaus betroffene Subjekte irreführt, ihre Selbstverwirklichung bremst oder verhindert und nicht minder dadurch manipuliert, daß Informationen gar nicht, nur verkürzt oder unvollständig gegeben werden.

Aus dem ergibt sich: Solidarität ist als Erkenntnisprinzip und Handlungsinstrument fortwährend zu begründen, um ihre Notwendigkeit im Anwendungsprozeß, am Detail und in der jeweiligen Situation, zu erfassen.

Leitend können dazu solche Aspekte ein Fundament für friedensorientierte Erziehung unterstützen, [10] die auf die Abwehr von Gewalt oder ihre Überwindung und Reduzierung zielen.

Pragmatische und pädagogisch bedeutsame Solidarität gründet auf der rational-kontrollierbaren und/oder kontrollierten Interessenssondierung, die von defiziten und veränderungsnotwendigen Erziehungsbedingungen geleitet ist. Individuen oder Gruppen können dies zum Anlaß nehmen, erstens um lokalen/regionalen/überregionalen Gewaltverhältnissen entgegenzutreten, die in der Analyse sichtbar werden, zweitens, um ihren Widerspruch in artikulierten Alternativen [11] zu äußern, drittens, um intensiv eine Beseitigung von subjektiver/kollektiver Ohnmacht anzugehen.

---

10) Vgl. in dieser Arbeit S. 50ff und 83ff.
11) Die Bedeutung von Alternativen in Schulreform und Erziehungsprozeß beschreibt und stellt H. von HENTIG besonders heraus. Siehe Ders.: Cuernavaca oder: Alternativen zur Schule ? S. 105ff.

Innerhalb einer Friedensvoraussetzungen antizipierenden Solidarität müssen sich Subjekte und/oder Gruppen allerdings an der Grundintention orientieren, gemeinsam alternatives Handeln als langfristiges Verhalten zu entfalten, und zwar aus der Einsicht heraus, daß subjektiv intensivierende positive Veränderungen im Bereich von Familie, Schule, Unterricht und Ausbildung auch die Interessen der anderen Beteiligten berücksichtigen und nicht übergehen. Antizipierend angelegte Solidarität ergänzt hierzu den friedensrelevanten Erziehungswert, daß eine Gewaltüberwindung mittels solidarischen Verhaltens und Handelns auch eine positive Änderung der Entfaltungsbedingungen für Subjekte/Gruppen darstellen kann. Didaktische Orientierungs- und Umsetzungsfragen sind hier zum Beispiel im Bereich Schule:

Wodurch ist der Schüler der Primar-/Sekundarstufe in die Lage zu versetzen, seine Motive und Interessen in gruppenorientierte und gruppengebundene Motive und Interessen zu überführen sowie verbindliche Gruppenziele prozeßhaft auch für sich selbst und als Aspekt der Lebensrealisierung anderer zu erfassen und zu unterstützen ? [12]

Inwieweit bestehen zwischen Schüler und Lehrer Übereinstimmungen ? Sind eventuelle Divergenzen in kongruente Einstellungen und Interessen zu überführen ?

Welche Ausgangspunkte blockieren eine Schüler-Lehrer-Solidarität ?

Welche Fakten fördern eine Schüler-Schüler-Solidarität ?

Welche Verhältnisse begünstigen eine Schüler-Lehrer-Solidarität ?

Wann und wann nicht, woran und woran nicht sind Schüler und/oder Lehrer legitime Handlungsträger alternativer Solidarität gegen angewendete Gewalt ?

Das Problem von Kompetenz und Zuständigkeit wird hier trotz der je verschiedenen Aufträge und trotz Erfahrungsdifferenzen neu zu hinter-

---

12) Die hier, wenig später sowie weiter unten (Teil V. Abschnitt 2 d, 3 und 4) formulierten Orientierungsfragen deuten an, daß weder an dieser Stelle noch überhaupt Friedenspädagogik irgendwie für die didaktische Praxis Patentrezepte für Frieden zur Verfügung stellen kann. Sie würden nur verkürzt schematisieren. Stattdessen sollen und können Fragebündel noch weiter konkretisieren, an Bewußtmachungsprozesse heranführen und Möglichkeiten in Erziehung und Ausbildung aufzeigen.

fragen sein. Erforderlich ist dann die Auseinandersetzung:
Durch welche Erziehungsmaßnahmen und Verhaltensformen und wann können die Beziehungen zwischen Lehrer-Lehrer, Lehrer-Schüler, Schüler-Schüler, Schüler-Lehrer mittels alternativer Innovationen eine wechselseitig akzeptierte Gleichwertigkeit und Gleichrangigkeit bewerkstelligen ?
Wann fördern öffentliche Erziehungsträger Solidarität zum Abbau von Gewalt ?
Wann werden in institutionalisierten Erziehungsprozessen Solidaritätsinteressen langfristig unterbunden, direkt verhindert, indirekt unterlaufen ?
Welcher Stellenwert wird der Solidarität als Lebensrealisierung zugemessen ?

Im Rahmen einer konzeptionellen Differenzierung ist nun festzustellen:
Bei einer punktuell angelegten Solidarität können sich Lehrer/Lehrer, Schüler/Schüler, Schüler/Lehrer aufgrund gemeinsamer Interessen solidarisieren. Unvermindert konzentrierter Außendruck leitet etwa eine punktuelle Solidarität zur Drucküberwindung ein, während antizipierend angelegte Solidarität auf Dauer eine Strukturveränderung der Erziehungsorganisation, Erziehungsmaßnahmen und Erziehungsmittel herbeiführen kann, wenn sich Alternativen setzende Solidarisierungen permanent fortsetzen.

Eine punktuelle Solidarität dürfte ferner für den einzelnen durch unmittelbar erfahrbare Zwangssituationen einsichtig und erforderlich werden, um beispielsweise sukzessiv in der Gruppe einem punktuell wirkenden Gewaltzwang entgegenzutreten. Natürlich bedingt dies ebenso einen Erkenntnisprozeß wie die Erfahrung, daß der einzelne Schüler und/oder Lehrer gegenüber benachteiligenden Entfaltungsinteressen, wenn sie hierarchisch abgestützt sind, ohnmächtig ist und bleibt, falls eine Veränderung diesen Behinderungsmechanismus nicht mittels einer Gruppensolidarität abbaut. Im Bereich der Schule sind dazu Zwänge, und Außendruck mit einengender und bevormundender Wirkung wahrzunehmen, und zwar im

Bezugsfeld Schüler	Bezugsfeld Lehrer
durch:	durch:
Schulordnungen	Pflichten des Beamten
Hausordnungen	Aufgaben des Beamten
Leistungszwang [13]	Leistungszwang
Notengebung	Materielle Abhängigkeit
Erziehungsstrafenmechanismus	Disziplinierungsverfahren

Leitende Problemfragen zu einer punktuellen Solidarität ergänzen hierzu notwendig didaktische Schwerpunkte, wenn als Frageraster strukturiert ist:

Wie zeigen sich am konkreten Erziehungs- und Lernort die analysierten Erziehungsbedingungen ?

Wie sind Schritte anzusetzen, um praxisbezogen etwa in der Schule die Überbetonung und das Zuviel an Fremdbestimmung, Außendruck und Außenzwänge anzugehen und zu überwinden ?

Welche Subjekte und/oder Gruppeninteressen unterstützen grundsätzlich keine Solidarisierung ?

Welche Subjekte/Gruppen scheiden nur vorübergehend als Solidaritätsträger aus ?

Ist der Solidaritätsprozeß stufenweise und/oder direkt anzusetzen ?

Welche Solidaritätsziele sollen erreicht werden ?

Dient eine entwickelte Überwindungsstrategie tatsächlich der Änderung der Verhältnisse, oder ist etwa eine Außendrucksituation nur vorübergehend aufzulösen ?

---

13) Vgl. Klaus OEHLMANN: Leistungsbeurteilung in der Schule als Problem der Eltern. In: NEUE SAMMLUNG. Göttinger Zeitschrift für Erziehung und Gesellschaft. 13. Jg. 1973. S. 182 - 200 (mit Lit.). Weitere 12 Arbeiten, die verschiedenste Aspekte der Leistung beleuchten. In: WESTERMANNS PÄDAGOGISCHE BEITRÄGE. 25. Jg. 1973. S. 249 - 293; darin Beiträge von HEIPKE, BECKMANN, LÜTTGE, AUST, KASTNER, BOHNE, HÜBSCH, STAUFENBERG, ROSENTHAL, HEIDE. Die Arbeiten orientieren sich am Leitthema: "Das Problem der Leistung in der Schule"; siehe ferner F. WELLENDORF: Schulische Sozialisation und Identität. S. 103ff; Karlheinz INGENKAMP (Hrsg.): Die Fragwürdigkeit der Zensurengebung. Texte und Untersuchungsberichte. Weinheim 1971.

Ist eine punktuelle Solidarität als alternativer Handlungsversuch zu der vorliegenden Situation in der Lage, den eigenen Entfaltungsraum für weniger fremdbestimmte Lehr- und Lernbedingungen zu vergrößern ? Kann eine Solidarisierung von Schülern überhaupt erfolgen, wenn Zwänge oder Außendruck für unabänderlich oder notwendig gehalten werden ?
Ist eine Schülersolidarisierung gegen Erziehungszwang auch dann noch möglich, wenn Lehrer wahrnehmbaren Außendruck für nicht bedeutend einstufen oder ignorieren ?

Die angeführten Leitfragen können grundlegende Einzelfaktoren zur Solidarität veranschaulichen und sondieren. Sie verdeutlichen aber auch den Hintergrund einer in Lernprozessen aufzugliedernden und auszugestaltenden Verbindlichkeit des Handelns. Nicht zuletzt erklären die Leitfragen Voraussetzungsaspekte einer Solidarität als Gegengewicht und Instrument der Alternative. Sie machen die näheren Implikationen bewußt, wie sich solidarisches Handeln als eine neue pädagogische Autorität artikulieren könnte.

Auf dieser Linie liegt die Intention, Solidarität als relevanter Erziehungswert und Erziehungsinhalt der Friedenspädagogik einzuordnen. Sie ist dabei ebenso von Assoziierungen und Vorurteilen zu entlasten, indem sie sich erkenntnistheoretisch und erziehungspraktisch als Erziehungsautorität für Frieden und gegen offene Gewalt und/oder strukturelle Gewaltanwendung verläßlich erweist. Allein mit unverbindlichen Vokabeln ist es dann nicht mehr getan, mit Aufrufen zu Propagandaaktionen ebensowenig.

Wenn das Bewußtsein von der Friedensnotwendigkeit als Erkenntnisprozeß aber in eine unumstößlich erforderliche und drängende Gewaltbekämpfung zu überführen ist, dann verlangt eine derartige Erziehungskonzeption das beträchtliche Ausmaß neuer Prioritätensetzung, um in der entscheidend "anstößigen Wirklichkeit" [14] den weitge-

---

14) Formel von K. SCHALLER: Verbindlichkeiten des Handelns. In: Ders./K.H. SCHÄFER: Kritische Erziehungswissenschaft und kommunikative Didaktik. (2. Aufl.), S. 100.

spannten organisierten Unfriedensverhältnissen entgegentreten zu können, die auf gegenwärtige Erziehung einwirken.

Solidarisches Handeln wie solidarisches Verhalten fallen dann jedoch auch zusammen mit der Entwicklung der Solidaritätsfähigkeit, die in der Schüler-Lehrer-Ebene besonders herausragen sollte. Hier gilt dann die leitende Frage:
Was könnte begünstigende Faktoren zur Förderung einer Solidaritätsfähigkeit zwischen Schüler-Schüler, Lehrer-Lehrer, Schüler-Lehrer herbeiführen ?
Mit Ermittlungen und Analysen beispielsweise einsehbarer Entfaltungsräume beziehungsweise gesperrter Entfaltungsprozesse für Lehrer und/oder Schüler wäre in der Praxis ein wichtiger erster Schritt anzustreben. Die Erweiterung könnte vertieft werden, indem zum Beispiel in einem zweiten Schritt verglichen wird, ob und welche Abhängigkeitsformen als Arbeitsbedingungen identisch sind, in analogem Verhältnis stehen oder divergieren.
Diese Ergebnisse skizzieren Ausgangspunkte der Erziehungssituation am konkreten Schulort. Erfahrungen über Ohnmachtsausmaß und Defizite der Überwindung könnten auch eine anzustrebende Solidaritätsfähigkeit fixieren. Hinzu kommt, daß eine verfolgte Stabilisierung der Solidarität nicht nur praxisverändernd angesetzt sein müßte, sondern auch belastbar zu entwickeln ist. Einer der Eckpunkte ist hierzu die Sondierung und Abgrenzung der Interessenslage, um zu ermitteln, wann, wie, womit, wodurch, zu welchem Zweck solidarisches Verhalten und Handeln Alternativen entfalten kann.
Folgende Gliederung könnte in der Lehrerebene der Sekundarstufe Möglichkeiten verdeutlichen, erste strategische Ansätze zu Solidarisierungsintentionen wie zur Frage der Solidaritätsträger abzuklären. Dabei dürften zum Vergleich zusammengetragene Ergebnisse mit einer von Schülern aufgestellten Liste weitere Perspektiven freilegen.

Interessensaspekte	Lehrer A	Lehrer B
Berufsmotivationen und -interessen:	Soziales Prestige	Selbsterfahrung in Erziehungsprozessen als Selbstverwirklichung
	Karrieremotive	Desinteresse gegenüber Karriere
	Sozialer Erfolg	subjektive Erfolgsbedürfnisse
	Materieller Wohlstand	Politisches Bewußtsein der Schüler
Einstellungen und pädagogische Zielinteressen:	Unvoreingenommene Akzeptierung der Anforderungen durch Erziehungsorganisation	Akzeptierung der Anforderungen, soweit sie mit subjektiven Vorstellungen übereinstimmen
	Erziehung der Schüler nach festgesetzten Verhaltensnormen der Erziehungsbehörden	Ablehnung vorgegebener Normen; Anleitung der Schüler nach Zielen, die Schüler selbst im Interesse einer größeren Selbstdarstellung aufstellen
	Schematisierung des Unterrichtsablaufs, um subjektive Mißerfolge im Erziehungsalltag zu reduzieren	Unterrichtsablauf unter Mitverantwortung und Eigenverantwortung der Schüler
Durchsetzungsinteressen und -mittel:	Rückgriff auf Amtsautorität bei Konflikten	Fortwährender Versuch, eine Gleichberechtigung zwischen Schüler und Lehrer durchzugestalten, und zwar als jeweilige didaktische und kommunikative Schuljahresaufgabe
	Autoritätsgläubigkeit gegenüber Schulleitung	Mißtrauen gegenüber Amtsautorität
	Forderung eines erhöhten Leistungsniveaus im Interesse der Leistungswilligen	Leistungsniveau wird von den Schülerfähigkeiten bestimmt
	Disziplin und Ordnung zugunsten störungsfrei verlaufenen Unterrichts, also konfliktunterbindend	Ungehorsam und Ordnung der Schüler nach Schüler-Ermessen, also Konflikte bejahend und austragend
	Eigenständige Auswahl der Lehrstoffe und Bestimmung des Lerntempos	Stoffauswahl und Lerntempo bestimmen Schüler gleichrangig mit
	Stoffkanon (Rahmenplan) wird eingehalten	Stoffkanon (Rahmenplan) wird von den Schülern nach eigenen Interessen und Lebensverwirklichungsbedürfnissen als Alternative konkretisiert

Schon an dieser Auflistung von Interessensaspekten werden wesentliche Verästelungen offenbar, die eine Erziehung zur Solidarität aufzuarbeiten hat. Daß intensiv und ausschließlich verfolgte Interessen des Lehrers beim Schüler Verhaltensdruck und Angstdruck bewirken, kann selbst dann ohne Mühe als Gewalt herausgefiltert werden, wenn in der vorgestellten Aufgliederung von Interessen eine durchgängige Differenz zwischen Lehrer A und Lehrer B nicht so deutlich wäre.

Solidarität als Gegengewicht zu subjektiver Ohnmacht und struktureller Gewalt in Erziehung und Gesellschaft baut stets auf Interessenskonsens auf. Gerade deshalb sind untereinander verbundene rationale Einsichten bei Solidarisierungsprozessen geeignet, Defizite punktuell abzustellen.

Die angestrebte Solidarisierung zum Abbau von defizitären Bedingungen zur Überwindung einer gewaltträchtigen Situation bedarf jedoch bei der Durchsetzung Konzeptualisierungsphasen und selbständiger Entscheidungsprozesse, die den Solidaritätsträger zu Handlungsakten führen. Das bedeutet, Solidarität kann weder aufgezwungen werden noch bleibt sie als Kontra-Instrument der Amtsautorität öffentlicher Erziehung anonym, sondern sie zeichnet sich gerade durch Direktheit, Offenheit und konzeptgebundenes Handeln aus. Die Entwicklung der Solidarisierungsfähigkeit ist dann aber abhängig von denjenigen Trägern und Handlungsbedingungen, die die jeweiligen Solidarisierungsprozesse initiieren, begleiten, stützen und erweitern.

Aber in der Zielverfolgung, im Feld der Versuche und Auseinandersetzungen zur Gewinnung von gewaltferneren Friedensbedingungen muß nicht, angesichts der Solidaritätsimplikationen, der einzelne Schüler länger noch darauf festgebunden sein, in der hierarchischen Einstufung und Reihenfolge der Abhängigen, Geführten und Ohnmächtigen weiterhin als Subjekt der Abhängigste, Geführteste und Ohnmächtigste zu bleiben. Solidarisierungen sind in der Lage, hier Abhilfe zu schaffen. Um Schüler wie Lehrer direkt oder indirekt von traditionslastiger Hierarchie-Gläubigkeit, die von struktureller Gewalt im Erziehungssystem erhalten und gefördert wird, abtrennen zu können, kann nicht länger unaufgebrochen stehen bleiben, daß Schülern und Jugendlichen in Erziehung und Unterricht eine Veränderungskompetenz nur minimal zugestanden wird. Damit wird nämlich erreicht, daß ein umfassend kontrollierendes Erziehungssystem konsequent eine Verantwortungsfähigkeit im Erziehungsprozeß unterschwellig austrocknet.[15] Bezogen auf Friedensintentionen folgt daraus, daß dieser Status-quo-Mechanismus institutioneller Verankerung als ursächliches Bedingungsverhältnis und als Friedenshindernis aufzugreifen ist. Ohne Zweifel haben hier berechtigte pädagogische Ansätze weitgefächerte Bewußtmachungsaufgaben noch vor sich.

Der Zusammenhang von institutionalisierter Ohnmacht durch öffentliche Erziehung einerseits und aufgetragener Solidarität andererseits benötigt deshalb eine Entsicherte Erziehung für die Solidaritätspraxis, die eben auch eine grundsätzlich umfassende Selbsterprobung ermöglicht. Falls angesetzt würde, für Schüler sei dieser Handlungsraum nicht anzusetzen, weil die Folgen nicht abgesehen werden könnten, gilt für diese Position wie für analoge Auffassungen: Eine Friedensdiskussion hat vom Standpunkt der Erziehung aus kaum eine andere Wahl als die, Erziehung zum Frieden verbindlich (das heißt Umorientierungen und Veränderungen bisheriger Erziehungsorganisation, Wertvorstellungen, Erziehungsziele und Erziehungsmaßnahmen in gewaltdistanzierte Konzeptionen) anzuregen und anzugehen.
Eine Erziehung zur subjektiven Friedlichkeit und zum individuellen Rückzug auf die eigenen Interessen dürfte eine Friedenspädagogik nicht mehr folgenwirksam machen, obwohl sich Erziehung zum Frieden ihrer

---

15) Vgl. Teil IV. Abschnitt 2 b. S. 200ff und Abschnitt 2 c. S. 209ff.

Grenzen bewußt bleiben muß, die aber gegenwärtig noch kaum zu fassen sind. Denn es scheint nicht konstruktiv, Grenzen der Friedenspädagogik an gesellschaftsanlehnenden Maßstäben und Konzeptionen der Erziehungsgeschichte zu messen; und das nicht nur allein, weil das pädagogische Denken über Frieden Perspektiven notwendig macht, die kaum an eine traditionslastige Bewahrungs- und Ordnungserziehung anknüpfen. Gewiß ist auch, daß eine angestrebte Solidarisierung gegen öffentliche und gesellschaftliche Gewalt, wenn sie konsequent bleiben will, aus ihren Bedingungen und Folgerungen [16] nicht mehr aussteigen kann.

Solidaritätsbewußtsein und Solidaritätsfähigkeit werden dann aber als angewendetes solidarisches Verhalten und Handeln, aufgrund eigengesellschaftlicher und internationaler Verhältnisse, punktuell und langfristig unverzichtbar. Dieser Ansatz beinhaltet einen bedeutenden gesellschaftlichen und wissenschaftlichen Auftrag, der auch das erziehungswissenschaftliche Selbstverständnis, vor allem infolge eines wachsenden internationalen Problemdrucks, korrigieren und erweitern kann.
An folgenden Gesichtspunkten ist das für Erziehung, Unterricht und Ausbildung weiter zu erläutern:

a) Die Einleitung und Strukturierung der Grundlagen zur Solidaritätsfähigkeit sind kein verkürzter und einengender, kein dumpfer und stumpfer Aufklärungsprozeß, wenn etwa aufgesplitterte Schüler und Lehrer Hintergründe dieser Aufsplitterung oder Bedingungen und Funktionen der Ohnmacht erfahren.

b) Gerade auch eine Hierarchie-Erziehung "operiert sozusagen zweispurig: Einmal durch Beugung und Formung des Erziehungsobjektes mittels äußerer Überredung und äußeren Zwanges, zum anderen durch Ermutigung der Verinnerlichung und Automatisierung der von außen aufgezwungenen Modelle und Handlungsabläufe. Nur jene Wertvorstellungen, die sich durch praktische Nützlichkeit und moralische Rechtfertigung zur Internalisierung eignen, gehen in die

16) Vgl. die Ausführungen in Teil II. S. 15ff; ferner Teil III. S. 140ff sowie Teil IV. S. 244ff.

Tradition der Erziehung und in die Erziehung der Tradition ein".[17]
Das gilt exemplarisch und ist austauschbar. Es hat einen eigengesellschaftlichen und internationalen Bezugsrahmen, der einer Erziehung zum Frieden die Entwicklung von Formen und Strategien zum alternativen Widerspruch gegen angewendete und verdeckte Gewalt aufdrängt.

c) Solidarisches Lernen - zum Beispiel als gemeinsames Sammeln von Erfahrungen über offenen und versteckten Unfrieden - schließt dann ein, nicht zu lernen, um besser zu sein als der Nachbar, sondern um kooperativ Probleme zu lösen, die vom einzelnen allein und isoliert nicht zu lösen sind. Es versteht sich von selbst, daß dabei partizipierende Verantwortung übernommen werden muß und nicht verweigert werden kann.

d) In Solidarisierungsprozessen gilt als entscheidender und tragender Grundsatz, daß Individuen nicht für die eigengesellschaftlichen und internationalen Lebensbedingungen und Erziehungsbedingungen leben, sondern vor allem Lebensbedingungen und Lebenserwartungen an den vorgegebenen gesellschaftlichen Bedingungen daraufhin hinterfragen, ob sie in zunehmendem Umfang Fremdbestimmungen und Fremdkontrollen abbauen und Selbstverwirklichungsprozesse fördern. Hiervon ist auch der Anspruch abzuleiten, der aufgrund von problematischen Defiziten[18] mittels aktiver Solidarisierungen notwendige Änderungen intendiert.

e) Unter diesen Hinsichten besteht eine besondere Aufgabe darin, für Gewalt im eigenen und in internationalen Gesellschaftssystemen zu sensibilisieren. Subjektive Schüler-Ohnmacht muß hier etwa nicht mehr eine gegenwärtige Gültigkeit auch noch ins nächste Jahrhundert öffentlicher Erziehung verlängern, als wenn organisatorisch nur Erziehung hierarchisch denkbar wäre, als wenn die Absicherung der "Fähigkeit", in vertikalen Abhängigkeitsstrukturen Individuen primär

---

17) Friedrich HACKER: Aggression. S. 203.
18) Vgl. die Ausführungen S. 130ff.

verharren zu lassen und dies unumstößlich gültig vorauszusetzen, sozial-kritisch, politisch und pädagogisch nicht fragwürdig genug erschiene; vor allem, wenn fatalistisches und/oder resignatives Verhalten zu überwinden und abzuwenden ist.

Eine grundlegende Entmythologisierung offener wie versteckter Ohnmacht und Gewalt dürfte die angeführten fünf Aspekte berücksichtigen können und darauf einwirken, daß jenes Klischee-Verhalten des Freund-Feind-Denkens im Erziehungsprozeß als nicht friedensrelevant und als nicht ergiebig bewußt wird. Denn alternatives Denken, Verhalten und Handeln beeinflußt durch seine Innovationen-Setzung Friedensstrukturen und fördert ihre Begründung; hier gerade dann, wenn nicht einzelne Individuen, sondern größere Interessensgruppen am innovatorischen Prozeß beteiligt sind, um in Solidarisierungsprozessen vorrangig Benachteiligungen und gesellschaftliche Ungerechtigkeiten zu reduzieren.

Für eine Friedenspädagogik bedeutet unter diesen Bezügen solidarisches Verhalten und Handeln, die als Bedingungen einer konkreten Solidarität gelten, eine neue pädagogische Erkenntnis- und Handlungsqualität, die nicht mehr nur ein verbaler Aufhänger bleibt, sondern die sich vielmehr als ein artikulierter Veränderungswille und Veränderungsträger erweist, dem insgesamt ein dynamisches Friedensverständnis zugrunde gelegt ist, das gerade die Vorstellung abwehren muß, Friede sei ein Zustand, sei ein unteilbarer und statischer Besitz.

In dieser Perspektive muß der Solidarität auch ein Stellenwert zugewiesen werden, der sie als <u>Instrument</u> zur Herausstellung und Gewinnung sozialer Strukturen und Verhältnisse kennzeichnet. Mit diesem Instrument sind Individuen und Gruppen auch in der Lage, die konkrete Bewältigung von vielfältigem Unfrieden anzustreben, der durch anonyme Mechanismen und traditionslastige Verflechtungen etabliert ist. Verabsolutiertes Rivalitätsdenken, verabsolutierte Prinzipien der Konkurrenz, der Beaufsichtigungen oder der Leistungszwänge spielen hier ebenso eine bedeutende Rolle wie überflüssig gewordene und fragwürdige Formen von Abhängigkeit, die mehr verunsichern, als daß sie Individuen für eigenständige und interessengeleitete Initiativen ermuntern.

Solidarität als Friedensrealisierungsprinzip eröffnet insgesamt bei solcher Sichtweise neue Möglichkeiten und Perspektiven einer gesellschaftskritischen pädagogischen Autorität, die die Stabilisierung friedensorientierter Strukturen und Verhältnisse in Gang setzen und fördern kann.

2. Die Konflikterziehung als Erfahrungsfeld für friedensorientiertes Handeln

a) Der Stellenwert im Erziehungsprozeß

Die anschließenden Überlegungen sollen Entwurfsaspekte zu einer Konfliktdidaktik für Schule und Unterricht kennzeichnen.[1)]

Von Anfang an ist dabei keine Verkleisterung offener Defizite und Widersprüche, keine Erziehung zur Zufriedenheit oder zur Friedlichkeit, keine Erziehung zur unbefragten Eintracht oder zum Veränderungsstillstand unterlegt, sondern es wird angesetzt, daß sich Machtstrukturen, Herrschafts- und Gewaltverhältnisse im eigenen Erziehungssystem wie in der Gesellschaft ohne aufklärende und entgegenwirkende Handlungsaktivitäten nicht abbauen lassen.

Die Entwicklung und Durchstrukturierung von Handlungsaktivitäten macht für den Erziehungsbereich jedoch die Auseinandersetzung mit vorgegebenen, verschleierten, heraufbeschworenen und/oder initiierten Konflikten notwendig.

Träger der Konflikterziehung, die eine konkrete Form von Friedenspraxis im Erziehungs- und Gesellschaftsbereich darstellt, ist einmal die umfassende Konfliktanalyse. Der andere Hauptträger einer konstruktiven Konflikterziehung ist gerade für den Erziehungsbereich die Konfliktstrategie, die eine Sondierung und Aktivitätensetzung zur Bewältigung und Überwindung von Konflikten verfolgt.

Dies ist insgesamt auf folgendem Hintergrund, gerade auch im Interesse der Erfassung der Erziehungswirklichkeit und der Praxis einer Konfliktüberwindung, abzugrenzen:
Konflikterziehung ist unter den nachgewiesenen Friedensdefiziten in

---

1) Im Rahmen einer weiteren curricularen Grundlegung der Konflikterziehung sind ebenso Bedingungen und Möglichkeiten zu ermitteln, die für Berufsausbildung, Eltern- und Erwachsenenbildung anzusetzen wären, wobei hier auch eine breite Literaturanalyse Ergebnisse liefern kann.

Erziehung, Unterricht und Gesellschaft weder als modische Zeitströmung zu charakterisieren noch ist sie vorschnell abzuqualifizieren als eine bildungspolitisch hochstilisierte oder einseitig ideologische Polit-Strategie, die Kinder, Schüler, Jugendliche, Erwachsene, Eltern, Lehrer ideologisch manipuliert. Sie kann ferner nicht als Erziehungskonzept einer auf den Kopf gestellten Erziehung eingeordnet werden, die dazu geeignet wäre, das eigene Gesellschaftssystem zum Umsturz zu bringen. Konflikterziehung impliziert ebensowenig eine generelle "Verunsicherung" der Subjekte, wie es neuerdings befürchtet wird. [2] Schließlich kann sie auch nicht destruktiv konzipiert sein, weil sie dem Prinzip der Gewaltlosigkeit verpflichtet ist.

Diese Kritik an der Konflikterziehung ist nicht nur im Rahmen der Auseinandersetzungen um die hessischen und nordrhein-westfälischen Richtlinien für Gesellschaftslehre und Politik laut geworden. Sie zielt auch darauf, [3] daß in einer Konflikterziehung Subjekte eine belastbare Konfliktstabilität anstreben, mit der sie Konflikte beherrschen lernen, um sich einer Unterprivilegierung und Benachteiligung zu widersetzen. Die Kritik gründet weiter auf der Befürchtung, in der Schule die Schonraum- und Aufbewahrungserziehung, [4] die Gesetze, Verordnungen,

---

2) Vgl. Wolfgang MANZ: Konflikt. In: G. WEHLE (Hrsg.): Pädagogik aktuell. Bd. 1. S. 109f;
H. von HENTIG bemerkt in diesem Zusammenhang: "Der Einwand, es sei barbarisch, Kindern die notwendige Geborgenheit ihrer Existenz durch die Erfahrung von Macht und Konflikt zu zerstören, zeugt von der fast mutwilligen Blindheit vieler Pädagogen für die Macht und die Konflikte, die dauernd schon im Leben der Kinder walten ..." Unvermindert "lassen wir die Kinder im Stich: wir halten sie an dem "artig/unartig"-Schema der frühen Jahre fest und verhelfen ihnen nicht systematisch zu einer politischen Moral, d.h. dazu, dieses Schema auf die anderen indirekten Konflikte der gesellschaftlichen Existenz hin zu erweitern". In: Systemzwang und Selbstbestimmung. S. 113f;
Zur Häufigkeit von Konflikten im Unterricht siehe R. TAUSCH/A.-M. TAUSCH: Erziehungspsychologie. S. 184ff; 295ff.

3) Vgl. H. von HENTIG: Konflikt um den "Konflikt". In: G. KÖHLER/ E. REUTER (Hrsg.): Was sollen die Schüler lernen ? S. 106.

4) Ein Beispiel dazu ist eine aus dem Regierungsbezirk Köln stammende Verfügung vom 1. August 1973 (Aktenzeichen 20/5/068. Aufsichtsbezirk I. II. III): Zur Frage der Unterrichtswege bei Grundschülern (Fortsetzung S. 266).

Leistungs- und Kontrollmechanismen absichern, durch eine konfliktaktivierende Erziehung abzulösen.

Wie aber ist der Rahmen einer friedensbezogenen Konflikterziehung [5] im gesellschaftlichen Kontext zu strukturieren ? Das sollen nun näherhin zehn Gesichtspunkte aufgreifen:

Erstens: Konflikterziehung, so wie sie hier verstanden wird, schließt an den Bedingungszusammenhang kritischer Friedenstheorie an. Dabei leitet und führt sie Individuen zum Erkennen der Notwendigkeit solidarischen Verhaltens und Handelns generell gegen subjektive/kollektive Ohnmacht, gegen ein Zuviel an Abhängigkeit und gegen offene und/oder versteckte Gewalt. Bei diesen Leitintentionen zielt Konflikterziehung auf die Stabilisierung möglicher Handlungsträger und Handlungsakteure.

Zweitens: Konflikterziehung verfolgt dabei eine Analyse und Aufklärung von Interessensgegensätzen, Widersprüchen sowie die Ausleuchtung von falschen Harmonievorstellungen, die (etwa im Erziehungsfeld) eine Erziehungswirklichkeit verdecken und die in der Konfliktfeindlichkeit ihren Ursprung haben.

Drittens: Im interpersonalen Bereich sucht Konflikterziehung neue Formen und pädagogisch relevante Inhalte zu entfalten.

Viertens: Hier ist eine isolierende Individualisierung ebenso kritisch anzugehen wie das Problem der Isolation der Individuen durch Außenzwänge.

Fünftens: Wenn Konflikterziehung wirkungsvoll sein soll, ist die Einstellung aufzugeben, Interessensgegensätze, gesellschaftliche Widersprüche und interpersonaler Dissens als Störfaktoren der Erziehung einzuschätzen und entsprechend intentional zu vermeiden.

Fortsetzung Anmerkung 4):
heißt es: "Schüler, die keine Erlaubnis der Eltern zum vorzeitigen Verlassen der Schule haben, müssen bis zum regulären Unterrichtsabschluß in anderen Klassen still beschäftigt werden" (Hervorhebung J.E.).
5) Siehe die Friedensumschreibung in Teil II. S. 50 - 52. Vgl. weiter in dieser Arbeit S. 150.

Sechstens: Mit den angesprochenen Perspektiven kritischer Friedenstheorie ist grundsätzlich der Konflikt bejaht. Das bedeutet in der Konzeption: Jeder Konflikt stellt einen unverzichtbaren und lernintensiven Erziehungswert dar.

Siebtens: Konflikterziehung kann nicht an die Peripherie des Erziehungsfeldes abgedrängt werden; auch ist sie kein beiläufiges Nebenprodukt der Erziehung, sondern sie muß als ein Zentrum friedensorientierter Erziehung eingestuft werden. Konflikterziehung entfaltet dabei gegen Unfrieden in der Praxis den Grundansatz der Gewaltlosigkeit.

Achtens: Aus dieser Blickperspektive ist eine Konflikterziehung umfassend für den Bereich der Schule zu praktizieren. Als wesentlich gilt hierbei die rationale Auseinandersetzung mit Systemstrukturen, Kommunikationsbedingungen, Entfaltungsbarrieren in Erziehung und Gesellschaft. Konflikterziehung soll und kann so Handlungsalternativen freisetzen.

Neuntens: Dies impliziert jedoch Konflikterziehung als Gesellschaftskritik, die den Abbau von Unfriedensbedingungen vorstrukturiert und als grundsätzlich veränderbar erfahrbar macht.

Zehntens: Wenn eine Konflikterziehung auf dieser Grundlage Erfahrungen über Veränderungen im kalkulierbaren Ausmaß sammelt, kann sie dynamisch Friedenspraxis initiieren und unterstützen, was ihr herausragender Sinn darstellt.[6] Konfliktanalysen und Konfliktbewältigung tragen auf diese Weise insgesamt dazu bei, daß Schüler, Lehrer, Eltern Erfahrungen mit Unfriedensbedingungen und Friedensaspekten machen können, aber auch, daß Schüler, Lehrer, Eltern Hintergründe und Absichten von Konfliktvernebelungen und Konfliktunterdrückungen erfahren können.

---

6) Zur gegenwärtigen Konfliktfeindlichkeit der Schule vgl. etwa K.-H. SCHÄFER: Didaktik zwischen Autorität und Emanzipation. In: Ders./K. SCHALLER: Kritische Erziehungswissenschaft und kommunikative Didaktik. S. 107ff (1. Aufl.); zur "Öffnung der Schule" bezüglich der Konflikterziehung siehe hier auch Christoph WULF: Kritische Friedenserziehung. S. 12ff.

b) Der interpersonale Konfliktbegriff

Wenn auch Friedensforschung, Organisations-Soziologie, Sozialpsychologie, Psychoanalyse, Politikwissenschaft [7] und Geschichtswissenschaft von jeweils verschiedenen, sich ergänzenden Ansätzen die Konfliktproblematik angehen, wobei nicht zuletzt auch die zu analysierende Dimension oder der wirtschaftliche, gesellschaftliche und historische Bedingungskontext eine Rolle spielen, so bleibt dennoch festzuhalten, Konflikt ist allgemein zu definieren als "Eigenschaft eines Systems, in dem es miteinander unvereinbare Zielvorstellungen gibt, so daß das Erreichen des einen Zieles das Erreichen des anderen ausschließen würde." [8] Auf den interpersonalen Konflikt bezogen bedeutet das:

Der interpersonale Konflikt ist durch rivalisierende Bedürfnisse, konkurrierende Interessen, durch sich ausschließende Ziele und/oder entgegengesetzte Werte und Normenhintergründe einzufassen.

Interpersonale Konflikte sind darüber hinaus verschränkt - gerade für den Erziehungsbereich ist das von Bedeutung - mit "symmetrischen, also gleichgewichtigen, und asymmetrischen, also ungleichgewichtigen, Konflikten", [9] wobei diese Unterteilungen entsprechenden Gewaltunterscheidungen zugeordnet werden können: Symmetrische Konflikte können im Kontext der direkten, personalen Gewalt stehen, asymme-

---

7) Vgl. Beiträge zur Konfliktforschung. Psycho-politische Aspekte. Heft 1 und 2. Hrsg. durch die Markus-Verlagsgesellschaft. Köln 1971 (mit Bibl.);
siehe auch die empirischen Ergebnisse zur Konfliktproblematik bei H. FILLMORE/E. SANDFORD/E. John CAPALDI (Hrsg.): Wahrnehmung, Lernen und Konflikt. Moderne psychologische Forschung. Bd. 2. Weinheim 1971. S. 123 - 205;
Walter L. BÜHL (Hrsg.): Konflikt und Konfliktstrategie. Ansätze einer soziologischen Konflikttheorie. München 1972;
Klaus Jürgen GANTZEL/Gisela KRESS/Volker RITTBERGER: Konflikt - Eskalation - Krise. Sozialwissenschaftliche Studien zum Ausbruch des Ersten Weltkrieges. Düsseldorf 1972;
Michael NICHOLSON: Konfliktanalyse. Einführungen in Probleme und Methoden. Düsseldorf 1973.

8) J. GALTUNG: Theorien des Friedens. In: D. SENGHAAS (Hrsg.): Kritische Friedensforschung. S. 235.

9) Ebd. S. 235.

trische Konflikte sind dann mit indirekter oder struktureller Gewalt [10] in Verbindung zu setzen.

Dieser Doppel-Aspekt ist an zwei Friedensstrategien gekoppelt. In der dissoziativen Intention der Konfliktregulierung wird das Trennende zwischen den beteiligten Parteien hervorgehoben, und zwar im Interesse einer "totalen Isolation". [11] Bei der assoziativen Auffassung liegt der Wert auf Elementen, die auf eine gänzliche "Integration" [12] zielen.

Tendenz-Beispiel: In der dissoziativen Schule gilt Distanz durch Abstand und Abhängigkeit. Die assoziative Schule verfolgt, um Konflikte regulieren zu können, hauptsächlich Integration durch Ausgleich.

Symmetrische oder asymmetrische Konflikte können nicht ohne weiteres eine positive beziehungsweise eine negative Bewertung erhalten, weil dies von den jeweiligen Umständen und der entsprechenden Strategiewahl abhängt. Mitunter wird zwar eine dissoziative Konfliktstrategie Kontakte reduzieren. "Aber diese beiderseitige Trennung kann auch die Grundlagen für völlige Autonomie legen: je weniger Kontakt und Abhängigkeit desto mehr Selbstvertrauen usw. Dieser Vorgang sollte dann aber gleichzeitig die Grundlage für einen erneuten Kontakt bilden - diesmal auf egalitärer Basis". [13]

c) Konfliktarten in Familie, Schule und Unterricht

Neben der gesellschaftlich-pädagogischen Stellenwertsondierung der Konflikterziehung und der Begriffsklärung ist zum interpersonalen Konflikt für die Bereiche Familie, Schule und Unterricht ein Katalog von Konfliktarten vorzustrukturieren.
Dies kann einmal die Reflexion über Modell-Analysen vorbereiten; zum anderen dürften Lösungsschritte und Lösungsgesichtspunkte innerhalb einer Konfliktbewältigungsstrategie transparenter werden. Denn immerhin ist eine nachvollziehbare, überprüfbare und anleitende Praxis

---

10) Vgl. ebd. S. 235.
11) Ebd. S. 237.
12) Ebd. S. 137.
13) Ebd. S. 245.

erforderlich, was Entwurfsprozesse bedingt, die wiederholter Korrektur und Erweiterung bedürfen. Von daher wird folgender Versuch unternommen, der exemplarische Aspekte anlegt:

o Konfliktfeld: F a m i l i e

Konfliktebenen: Kind-Eltern/Eltern-Kind-Verhältnis

Konfliktbedingung: Autoritätsdefizite zeigen sich durch:

- Unterdrückungskonflikte [14]
- Distanzkonflikte
- Abhängigkeitskonflikte
- Pedanteriekonflikte
- Moralisierkonflikte
- Verunsicherungskonflikte
- Überlastungskonflikte
- Mißtrauenskonflikte
- Bevormundungskonflikte
- Angstkonflikte
- Vorurteilskonflikte
- Belohnungs-/Strafkonflikte
- Forderungskonflikte
- Anpassungskonflikte
- Traditionskonflikte
- Kultkonflikte (Sauberkeitsanspruch und -vorstellungen)
- Erwartungsnormkonflikte
- Selbstbefreiungskonflikte

o Konfliktfeld: S c h u l e

Konfliktebenen: Schüler-Schule/Schule-Schüler (Organisation und Lehrstruktur)

Konfliktbedingung: Ungleichheit und Abhängigkeit bewerkstelligen:

- Beaufsichtigungskonflikte (Verfügungsrecht und Beherrschung)

---

14) Der Konfliktterminus ist an den Konfliktursachen orientiert.

- Kontrollkonflikte
- Erwartungskonflikte
- Privilegkonflikte
- Barrierekonflikte (Berufsumschulung etc.)
- Anpassungskonflikte als Verhaltensnormkonflikte
- Angstkonflikte
- Widerstandskonflikte durch Solidarisierungswirkungen
- Beschwichtigungskonflikte
- Lehrstoffbestimmungskonflikte
- Schul- und Hausordnungskonflikte (Disziplinprobleme)
- Mißerfolgskonflikte
- Konflikte durch Erziehungsfatalismus (Desinteresse, Apathie, Resignation als Ohnmachtsformeln)
- Mißtrauenskonflikte
- Bevorzugungskonflikte
- Führungskonflikte (Probleme um Anspruch und Realität)
- Bürokratisierungs- und Verwaltungskonflikte (Überverwaltung)

o <u>Konfliktfeld:</u> U n t e r r i c h t

<u>Konfliktebene:</u> Schüler-Schüler/Lehrer-Lehrer/
Schüler-Lehrer/Lehrer-Schüler

<u>Konfliktbedingung:</u> Druck und Zwang bedingen und fördern:

- Überforderungskonflikte
- Anpassungskonflikte
- Leistungsnormenkonflikte
- Rivalitätskonflikte
- Konkurrenzkonflikte
- Bevorzugungs-/Benachteiligungskonflikte
- Motivierungskonflikte
- Zeitdruckkonflikte als Verhaltensnormkonflikte
- Erziehungsstilkonflikte
- Unterrichtsstilkonflikte
- Klassenklimakonflikte

- Aktivierungskonflikte
- Ökonomische Konflikte (durch mangelnde bis umfassende materielle Bedingungen, etwa in der Familie)
- Schichtenspezifischer Verhaltensdruckkonflikt
- Kommunikationskonflikte durch widersprüchliche oder kontroverse Wertauffassungen und Verhalteneinstellungen
- Befreiungskonflikte durch Überwindungsversuche aus Abhängigkeiten
- Lebenseinstellungskonflikte als Verhaltensanstoß und Generationsauseinandersetzung (um Normen, Prioritäten, Werte, positive/negative Ideologien, um Interessensgestaltung und Interessenserfüllung; zum Beispiel: Wertehierarchie, Glaubenstradition und -überzeugungen, Ehrfurcht und Ehrfurchtsablehnung, Verzichteinstellungen wider Profitdenken)
- Alternativenkonflikte durch Gewohnheitsbarrieren
- Identifikationskonflikte (Subjekte, Sachgegenstände)
- Statuskonflikte (aufgrund äußerer oder innerer Differenzierung der Lernorganisation)
- Einordnungs- oder Unterordnungskonflikte (in Lerngruppen/ Arbeitsgruppen etc.)
- Rollenkonflikte (Gruppe, Schüler, Probeschüler, Schülermitverwaltungsvertreter, Klassensprecher, Schulsprecher) durch Aufgabendruck und Erfolgszwang
- Interrollenkonflikte (Lehrer/Schulleitung, Klasse/Schulleitung, Lehrerkonferenz/Schülergruppe etc.; durch Erzwingungsintentionen und Abwendung der Aushöhlung von Amtsautorität in öffentlicher Erziehungsorganisation; wegen fachlicher, organisatorischer oder politischer Einstellungs- oder Verhaltensverschiedenheiten oder vollzogenen Handlungen)
- Außenseiterkonflikte durch kommunikative Isolierung oder Leistungsinstabilität
- Mißerfolgskonflikte durch Überforderung oder Unterforderung.

Der orientierende Katalog von Konfliktarten im Bereich von Familie, Schule und Unterricht vermittelt einen Einblick in das Ausmaß interpersonaler Konflikte, die sämtlich nicht aus einer friedensbezogenen Konflikterziehungspraxis herauszunehmen sind.
Zusätzlich kann deutlich werden, wie eng eine permanent erforderliche schulische Konflikterziehung inhaltlich und intentional mit subjektbedeutsamer gesellschaftlicher Kritik zusammenfällt, die gerade an organisierten Unfriedensverhältnissen und Friedensdefiziten zu fundieren ist. Und dieser Kontext stellt insgesamt einen gewichtigen Bezugshintergrund dar für emanzipatorische Prozesse der Subjekte, die die Chancen für Friedensvoraussetzungen fördern und absichern können. Nicht zuletzt dürften analysierte Unfriedenshintergründe auch Spiegelbilder gesellschaftlichen Unfriedens wiedergeben, die Erziehungspraxis damit angeht:
Leitende Trägermomente einer Konflikterziehung mit dem Schwerpunkt interpersonaler Konflikte sind hier für den Lernbereich Schule und Unterricht, neben den im folgenden beschriebenen Grundlinien zur Konfliktanalyse, vier Intentionen:

- eine differenzierte und belastbare Einsicht in die Notwendigkeit der konstruktiven Gesellschaftskritik
- eine subjektkonzentrierte Konfliktstabilität
- Erfahrungen im umfassenden Sinne über die unbestreitbar notwendige und nicht abzuwehrende Veränderbarkeit von Unfriedensfakten in gesellschaftlichen Systemen
- nachvollziehbare Praxis, daß Konflikte durch interpersonales Handeln zu kontrollieren und zu bewältigen sind.

d) Grundlinien der Konfliktanalyse

Die voraufgegangene, nicht hierarchisch-angelegte Katalogisierung von Konfliktarten verdeutlicht an den Beispielen Familie, Schule und Unterricht konkrete Erziehungswirklichkeit. Eines der entscheidenden

pädagogisch-didaktischen Probleme bleibt aber die Erfassung, Durchgliederung und Weitervermittlung von Konfliktelementen und -bedingungen im Hinblick auf das angestrebte Trägermoment Konfliktbewußtsein, das als realisierbares und realisiertes Erziehungs- und Unterrichtsziel für eine subjektive/kollektive Konfliktstabilität verfolgt werden muß.
Dabei ist wichtig, in welchen Schritten und mit welchem didaktischen Instrumentarium, durch welche Verfahrensformen eine Konflikterziehung Konfliktanalysen und Konfliktrekonstruktionen bewußtmacht und durch konkrete Handlungsanregungen begleitet.

Grundlage dieses Problems ist in der ersten Phase die Aufarbeitung möglicher konfliktfeindlicher Einstellungen sowie eine Hintergrundbeleuchtung, die fortlaufend von den Betroffenen in eine generelle Einstellung der Konfliktbejahung umgewandelt und vertieft werden kann. Eine solche Konflikterziehungspraxis zu interpersonalen Konflikten setzt bei der Entfaltung von Bedingungsanalysen an. Dazu gehören:

- Hintergrundanalyse und Eingrenzung des Konflikts
- Ursachenanalyse und Entstehungsanalyse
- Ermittlung der punktuellen Folgen (auch für die Konfliktträger)
- Sondierung der allgemeinen Konfliktfolgen (auch unter dem Aspekt der offenen und versteckten Verschränkungen)
- Vorstrukturierung der Alternativen, etwa mit dem Ziel:
  - o Konfliktkonsens als Konfliktausgleich (oder)
  - o Konfliktkonfrontation (Konflikteskalation) (oder)
  - o Konfliktverharmlosung (oder)
  - o Konfliktignorierung (oder)
  - o Konfliktüberwindung (mittels Konflikt-Erweiterung und Gegenkonzeption)

Eine Konflikterziehungspraxis realisiert sich im Prozeß geplanter und vollzogener Alternativen. Dazu gehören in der Grobstruktur fünf Perspektiven:

- Handlungselemente
- Handlungsschritte
- Zwischenkontrollen, um Ziel-Erfolg oder Mißerfolg von eingesetzten Alternativen zu überprüfen
- überarbeitete (erweiterte) Ziele und Schritte zur Feinstrukturierung der entschiedenen Handlungsalternativen
- Erfolgskontrolle und Artikulierung der Konsequenzen.

Für die Konflikterziehungspraxis können auch zur Aufgliederung von interpersonalen Erziehungskonflikten in Schule und Unterricht und zur Ermittlung der Strukturen der gesellschaftlich vermittelten Konfliktbedingungen solche Raster herangezogen werden, die besonders nach der erfahrenen Situation durch die Betroffenen problemorientiert und lösungspraktisch weiter noch konkretisiert werden.[15)]
Dazu kann das anschließende Schema Basisdaten [16)] liefern. Für die Ermittlung und Beurteilung des Konflikthintergrunds sollte allerdings berücksichtigt werden, daß mit der Analyse gerade die einzelnen Verflechtungen der Verhältnisse, Systeme, Interessen und Normen bewußtzumachen sind, wobei Personen als Konflikt-Träger - wenn lediglich nur mit ihnen eine Auseinandersetzung stattfindet - durchaus von der eigentlichen Infrastruktur ablenken können (oder, je nach Auftrag oder Interessensstrategie, ablenken müssen).
Eine kritische Analyse muß also in Rechnung stellen, daß allein personorientiertes Analysieren interpersonale Konfliktbedingungen längst nicht hinreichend ausschöpft. Ohnmacht, Abhängigkeit und Gewalt haben strukturelle Erziehungs- und Gesellschaftshintergründe. Gerade diese so weit wie möglich auszuloten, ist als das eigentliche Anliegen einer Konfliktdidaktik anzusehen.

---

15) Auch in der Grundschule kann das vorausgesetzt werden, weil gerade hier Unterforderung und Unterschätzung von Schülerkreativität und -fähigkeiten naheliegen. Siehe die Ausführungen von Anatol PIKAS: Zur Förderung operationaler Ziele in der Friedenserziehung. In: Chr. WULF (Hrsg.): Friedenserziehung in der Diskussion. S. 110ff.
16) Die offenen Felder des Grobrasters können durch Zusammentragen von analysierten Ergebnissen besetzt werden.

Synoptischer Grobraster zur Analyse von Bedingungsstrukturen in interpersonalen Konflikten

Konfliktelemente und Konfliktanteile	Konfliktebene	Konfliktverhältnisse	Konfliktausdehnung (Konfliktverschränkung(en))	
			sofort zu analysierende unmittelbare Wirkung(en) gegen/auf/für	langfristig erst zu analysierende Wirkung(en) gegen/auf/für
Betroffene (Subjekte, Gruppen etc.)				
Konfliktträger (Institutionen, offene, anonyme Initiatoren und/oder Bedingungen, Außenseiter, Randgruppen, zentrale Figuren, politische, gesellschaftliche Träger)				
offene Ziele				
versteckte Ziele				
Interessensintentionen				
Widersprüche				
Gegensätze (z.B. in der Sache)				
Normen (z.B. aus Traditionsverklammerungen der Erzieung, Politik, Wirtschaft)				

Konfliktelemente und Konfliktanteile	Konfliktebene	Konfliktverhältnisse	Konfliktausdehnung (Konfliktverschränkung(en))	
			sofort zu analysierende unmittelbare Wirkung(en) gegen/auf/für	langfristig erst zu analysierende Wirkung(en) gegen/auf/für
offensichtlich wertgebundenes Handeln				
versteckt wertgebundenes Handeln				
Formen von Abhängigkeiten				
Formen der Verweigerung für Selbstbestimmungen				
Gewaltrechtfertigungen				
Gewaltindikatoren				
Gewaltintensität				
positive Ansätze des Konflikts				
Machtstrukturen				
Vorurteilsimplikationen				
Aggressive Momente				
Mechanismen zur Identifikationserzwingung				
Herrschaftsträger				
Herrschaftsstile				
offene Ordnungshierarchien				
versteckte Ordnungshierarchien				
Profitträger				
Status quo - Strukturen (Etablierungen, Verstärkungen)				
Veränderungsansätze (Verunsicherungsmomente, Unsicherheiten, Unabwägbarkeiten; Erfolgsphasen)				

Das synoptisch einzusetzende Grobraster verdeutlicht im Überblick mögliche Bedingungshintergründe zum interpersonalen Konflikt. Wenn Erziehung zum Frieden Veränderungsintentionen nicht aus den Augen verlieren soll, dann sind infolge der inneren und äußeren Dynamik des Konflikts in Systemen von Kommunikation und Gesellschaft etwa konfliktkritische Ursachenanalysen in der Lage, Konfliktbedingungen und -anteile im einzelnen, in Schwerpunkten oder unter exemplarischem Aspekt bewußtzumachen. Folgende Fragen können dazu weiter berücksichtigt werden:

- Sind unerträgliche Verhältnisse zu erfassen ?
- Werden Bevormundungen erkennbar ?
- Sind Benachteiligungen durch Erziehungshierarchie, Gewaltanwendung, Abhängigkeit etc. festgeschrieben ?
- Liegen direkte/indirekte Diffamierungen vor ?
- Liegen Formen von ökonomischer (psychischer, physischer, sozialer) Not zugrunde ?
- Ergeben sich Zwänge durch Weltanschauungen ?
- Sind Angst- (Furcht-, Drohungs-, Repressions-) intentionen impliziert ?
- Gründet der Konflikt auf gültigen und/oder überholten Tabus ?
- Ist der Sinn der Tabus (noch) einsehbar ?
- Läßt sich Indoktrination (ideologische Beeinflussung) herauskristallisieren ?
- Sind Verhaltensrituale äußere und/oder innere Konfliktträger ?
- Können fundierte Ordnungen eines Beeinflussungssystems ermittelt werden ?
- Stellen eventuelle Gehorsams- und Disziplinmaßnahmen offensichtliche/verschleierte Anpassungsübungen dar ?

- Ermöglicht der Konflikt allgemeine und/oder spezielle Anregungen zur Lebensverbesserung, wenn eine Konfliktlösungsstrategie angesetzt werden kann ?
- Welche Konfliktlösungsmomente sind von den Betroffenen selbst einzuführen ?
- Erfordert eine Konfliktlösung Handlungsträger außerhalb der Betroffenen ?
- Erfaßt der Konflikt ein Verhältnis von Selbstanspruch und Fremdanspruch, das beseitigt werden muß ?
- Äußert sich im Konflikt eine Verschränkung zwischen vorausgesetzter Widerspruchslosigkeit und erwartetem Stillhalten als Unterwerfung ?
- Können Konfliktfakten für pädagogische Konfliktlösungen eingesetzt werden ?
- Sind Grenzen für Konfliktlösungswege vorzustrukturieren ?

Die zwanzig ergänzenden Leitfragen zur Ursachenanalyse von interpersonalen Konflikten, die nicht von der Bedingungsanalyse, wie sie oben schematisiert ist, abgetrennt werden sollten, dürften weiter eine Konfliktanalyse in ihrer didaktischen Konzeption kennzeichen (ohne allerdings interpersonale Konflikte ausschließlich auf die Lehrer-Schüler-Ebene zu beziehen. Dies würde nur eine unzulässige Eingrenzung und Verengung bewirken).

e) Zielbedingungen der Konflikterziehung

Konflikterziehungsziele sind kaum unverbunden aufzureihen, ohne sie einem Kontext für anzustrebende konkrete Friedensstrukturen zuzuordnen. So ist noch nicht zu erkennen, wie die folgende Auflistung von Lernzielen das didaktische Gerüst der Konflikterziehungspraxis weiterbringen kann:

"Lernen, die Ursachen von gesellschaftlichen Konflikten zu erkennen.

Lernen, daß sich in gesellschaftlichen Konflikten gesellschaftliche Antagonismen artikulieren.
Lernen, die Interessenspositionen zu erkennen, die sich in den Konfliktfronten zeigen.
Lernen, die Verschleierungs- und Rechtfertigungsideologien bei den Konfliktpartnern zu erkennen.
Lernen, Konflikte auf ihr Emanzipationspotential hin zu befragen.
Lernen, Konflikte auf mögliche Lösungsstrategien hin zu analysieren.
Lernen, die Interessen zu erkennen, die an der Verschleierung und Harmonisierung von Konflikten interessiert sind." [17)]
Es ist hier zu fragen, inwiefern die Globalziele dazu beitragen, über Grundstrukturen der Konflikterziehung aufzuklären, worauf es in der Begründungsphase gegenwärtig besonders für die Konflikterziehungs*praxis* ankommt.

Wenn schon eine Lernzielliste zur Konflikterziehung aufgestellt werden muß, sollte sie dann nicht zumindest näherhin für Konfliktanalysen und Konfliktbewältigungsstrategie - gerade auch wegen der Ansprüche der Unterrichtspraxis -

Lernziele für affektive Bedürfnisse,

Lernziele für kognitive Interessen,

Lernziele der psychomotorischen Dimension,

Lernziele für politisch-gesellschaftliche Friedensinitiativen

abgrenzen ? Gerade Zieldifferenzierungen können verbindlicher unterstützen,

- daß eine Konflikterziehungspraxis im Unterricht der Grundschule und der Sekundarstufen realisiert werden kann;

---

17) H. NICKLAS/Ä. OSTERMANN: Friedensrelevante Lernziele aus dem Stand der kritischen Friedensforschung. S. 232.
Zu differenzierteren Lernzielpaketen siehe neben anderen: Hans SÜSSMUTH: Politische Implikationen bei der Begründung von Lernzielen. In: Ders. (Hrsg.): Historisch-politischer Unterricht. Planung und Organisation. Stuttgart 1973. S. 20ff;
Gerold BECKER: 40 Aufgaben für das Soziale Lernen. In: Walter SCHÄFER/Wolfgang EDELSTEIN/G. BECKER: Probleme der Schule im gesellschaftlichen Wandel. Das Beispiel Odenwaldschule. Frankfurt 1971. S. 123ff;
H. von HENTIG: Systemzwang und Selbstbestimmung. S. 15ff; 75ff.

- daß der Grundsatz der Gewaltlosigkeit während des Prozesses der Konfliktüberwindung neue Lernerfahrungen vermittelt;
- daß sich Subjekte/Gruppen als Träger von Alternativen, auch und gerade gegen unberechtigte Maßnahmen, gegen Druck und Zwang behaupten und stabilisieren können und so nicht weiterhin ein Ohnmachtsverhalten vorzuziehen brauchen.

Hierzu dürfte schließlich auch weiter herauszuarbeiten sein, von welchem Standpunkt aus welche Verbindlichkeit, welcher Umfang in Erziehungsfeldern eine Veränderung rechtfertigen, um Konflikterziehungspraxis abzusichern und mit einer äußeren und inneren Wertstruktur zu verbinden, die darauf insbesondere bezogen ist, daß dem Lebensrealisierungswert Frieden [18] der Machtinteressens- und Herrschaftsinteressenswert Gewalt gegenübersteht.

---

18) Natürlich kann dies kein Frieden der Konfliktlosigkeit oder der Ruhe leisten. Vgl. die Friedensumschreibung S. 50ff.

3. Aspekte der Konflikterziehung in der Grundschule

Die Konflikterziehungspraxis kann angesichts von Unfriedensbedingungen und -strukturen, die als Friedensdefizite auf Schüler dieser Altersstufe einwirken, in der Primarstufe nicht ausgeklammert werden. Von daher kann auch von der Notwendigkeit einer Konflikterziehung in der Grundschule nicht abgerückt werden, um an die aufgetragenen Handlungsverbindlichkeiten für Friedensvoraussetzungen schon früh heranzuführen. So erscheint es konsequent, wenn hier neue Maßstäbe des pädagogischen Handelns verstärkt anzusetzen sind.

In diesem Zusammenhang wird eine gesellschaftskritische Erziehung als konfliktaktivierende Entsicherte Erziehung dann einen wertvollen Beitrag leisten, wenn sie Friedensdefizite und Unfriedensstrukturen aufzeigt und diese mit den in der Primarstufe zur Verfügung stehenden und neu erarbeiteten Mitteln angeht. Sie könnte auch dabei auf eine Erziehung mit weitestgehender Kreativität [19)] für alternative Handlungskonzepte zurückgehen, um Veränderungsfähigkeiten zu entwickeln.
Dabei sollte Konflikterziehung in der Grundschule herausarbeiten, welche Folgen etwa tradierte Harmonisierungsbestrebungen im Erziehungssystem selbst haben oder welche Lebensbedingungen im weitesten Sinne Schüler in anderen Ländern, in Randgruppen, in der Nachbarschaft, in der eigenen Schulklasse vorfinden.

---

19) Um den Bedeutungshintergrund der Konflikterziehung für die Grundschule zu ermessen, sei daran erinnert, daß gerade hier eine Konflikterziehungspraxis ein herausragendes Gewicht erhält, weil diese Schulform Kinder aus allen Bevölkerungsgruppen und Bevölkerungsschichten zusammenführt.
Vgl. zur inhaltlichen Struktur der Kreativität im Rahmen einer Konflikterziehung auch J. ESSER: Zur Theorie und Praxis der Friedenspädagogik. S. 59ff.

Ebenfalls kann sich eine Konflikterziehung in der Grundschule mit der Interessensanalyse von Lehrern einerseits und Schülern andererseits ausführlich befassen; vor allem bezüglich Aufgabenverteilung, Pflichten, Rechten,Arbeitsbedingungen, Gegenwartseinschätzung, Zukunftsbeurteilung. Grundansätze dieser Intentionen zur Abstützung kritischen Handelns gegenüber Unfrieden, Gewalt und Abhängigkeit liegen in diesen Perspektiven:

- Entscheidungsanalyse und Entscheidungstraining sind im intra-individuellen wie im interpersonalen Bereich sowohl für Lehrer als auch für Schüler der Primarstufe von besonderem Gewicht.[20)]
- Damit verbunden sind Konfliktstrategien, die kreativ gewonnene Alternativen auf die Probe stellen.
- In diesem Strukturierungsprozeß wird in gleichem Maße die Differenzierung des Rollenverhaltens, eine Sensibilisierung für die Interessen, die Gefühle, die Ziele anderer bedeutsam wie die Aufarbeitung der Selbstwerteinschätzungen von Schüler und Lehrer.
- Damit geht zusammen die Artikulierung der subjektiven wie kollektiven Veränderungskonzepte, nicht nur, um allen die Veränderungschancen in der Gruppe/in einem Klassenverband offenkundig zu machen, sondern es geht auch darum, daß sich die Träger von möglichen Veränderungen auch als die Träger von Gegenhandlungen verstehen lernen, ohne auf eine Handlungsverantwortung und Handlungsverbindlichkeit zu verzichten. Deshalb erhalten Binnenbeziehungen für eine Alternative durch kooperierendes Wahrnehmen, Denken und Handeln der Schüler für Schüler in dieser Altersstufe ein herausragendes Gewicht.

---

20) Daß diese Intentionen auch auf die Sekundarstufen übertragen werden, ist intendiert.
Siehe auch: Fanny R. SHAFTEL/George SHAFTEL: Rollenspiel als soziales Entscheidungstraining. München 1973; Franz-Josef KAISER: Entscheidungstraining. Die Methoden der Entscheidungsfindung. Bad Heilbrunn 1973.

Weitere Überlegungen sind deshalb erforderlich, um stützend und ergänzend konfliktaufarbeitende pädagogische Innovationen zur Förderung von Handlungsschritten zu strukturieren. Problemkomplexe Konflikte und Konfliktprozesse spielen hier schon in der Grundschule eine relevante Rolle. Sie sind auszumachen; beispielsweise auf den Ebenen von

Lehrer - Schüler/Schüler - Lehrer [21)]

Lehrer - Lehrerkollegium/Lehrerkollegium - Lehrer

Lehrer - Schulleitung/Schulleitung - Lehrer

Lehrer - Schülergruppe (Arbeitsgemeinschaft, Leistungsgruppe)

Schülergruppe - Lehrer

Lehrer - Schulklasse/Schulklasse - Lehrer

Lehrer - Eltern - Schüler (und umgekehrt)

Eltern - Schüler - Lehrer

Schüler - Schulklasse/ Schulklasse - Schüler

Schüler - außerschulische Bereiche

Leistungsgruppe - Leistungsgruppe

Leistungsgruppe - Schulklasse

Schulklasse - außerschulische Bereiche.

An Konflikten auf diesen Ebenen nun können Schüler der Grundschule im Verlauf einer sich entfaltenden Konflikterziehung in der Schulpraxis Bedingungen und Abhängigkeiten von Handlungsgrundlagen und Selbstverwirklichungsentwicklungen kennenlernen; dies auch mit dem Ziel-Anliegen, daß Schüler etwa ohne Fremdhilfen Erfahrungen sammeln können, [22)] um Konfliktstrukturen und -elemente zu erfassen und diese auf ihre persongebundenen und gesellschaftlichen Bezüge zu befragen. Auch diese Ansätze der Konflikterziehungspraxis in der Grundschule können mittels Frageraster und Detailfragen aufgegriffen werden.

---

21) Den Konfliktebenen sind jeweils mögliche Konfliktfaktoren zuzuordnen . Siehe hier auch Abschnitt 2 c.

22) Inwieweit Lehrer dazu noch pädagogische Hilfestellung leisten können und leisten müssen, ist hier nicht zu entscheiden. Sicherlich reicht dieses Problembündel auch in den Bereich der Lehrerausbildung hinein, sofern Lehrer mit Konflikterziehungsstrategien vertraut gemacht werden, weil

Derartige Detailfragen dürften Schüler zu interpersonalen Konflikten für den Bereich der Grundschule ab 2./3. Schuljahr bearbeiten können:

- Woran läßt sich der interpersonale Konflikt erkennen ?
- Welche hervorstechenden Merkmale zeigt der Konflikt ?
- Sind Konfliktmerkmale entstellt oder verborgen ?
- Welche Konfliktursachen sind zu ermitteln ?
- Wer beziehungsweise was sind Konfliktträger ?
- Wie verhalten sich die Konfliktträger zueinander ?
- Wie wirkt sich der Konflikt auf das Klima in der Schulklasse (auf den einzelnen, auf Schülergruppen, auf den Lehrer, auf den laufenden Unterricht, auf die Schule oder auf die Eltern) aus ?
- Sind aus dem Konflikt bereits Folgen zu erkennen ?
- Lassen sich Folgen des Konflikts (vermeiden, umwandeln) anhalten ?
- Was ist für die Betroffenen des Konflikts unbedeutend ?
- Wem vermittelt der Konflikt Vorteile ?
- Können diese Vorteile eingeholt werden ?
- Worin besteht der gesellschaftskritische Stellenwert des Konfliktbeispiels ?
- Wodurch, womit, wann, wozu kann der Konflikt überwunden werden ?

Die vorgestellten Fragen sind Beispiele. Dabei ist angesetzt, daß Schüler in der Grundschule mit einer konstruktiven, d.h. Alternativen

---

Fortsetzung Anmerkung 22):
in der Lehrerausbildung erkannt wird, daß gerade auch eine gruppendynamische Ausbildung für die Erziehungs- und Unterrichtspraxis praktiziert werden muß.
Vgl. Peter HOFSTÄTTER: Gruppendynamik. Reinbek 1971; Tobias BROCHER: Gruppendynamik und Erwachsenenbildung. Braunschweig 1967; Dieter ULICH: Gruppendynamik in der Schulklasse. Möglichkeiten und Grenzen sozialwissenschaftlicher Analysen. München 1971; Wolfgang SCHMIDBAUER: Sensitivitätstraining und analytische Gruppendynamik. München 1973; Klaus ANTONS: Praxis der Gruppendynamik. Übungen und Techniken. Göttingen 1973.

setzenden Konflikterziehung nicht überfordert sind, sondern bereits in dieser Altersstufe die Bedingungsstrukturen und Widerspruchsinstrumente zur Selbstbestimmung und zur eigenen und/oder gruppengebundenen Ohnmachtsbekämpfung in Grobformen kennenlernen können.

Daß dies auch über den Erziehungsbereich hinausweist, dürfte Konflikterziehungspraxis in der Grundschule zu erkennen geben. Eine Konflikterziehung dient dann im Unterricht kaum mehr nur als bloße Abwechselung anläßlich einer Unterrichtsvertretung. Auch ist eine Konflikterziehung in ihrer didaktischen Funktion unterschätzt, wenn sie nur im Rahmen einer erforderlichen Unterrichtsauflockerung berücksichtigt wird. Implikationen und Stellenwert der Konflikterziehung machen vielmehr bereits in der Grundschule eine kontinuierliche Praktizierung erforderlich, damit sich erstens Schüler im Verlauf einer permanenten Konfliktauseinandersetzung stabilisieren können, damit zweitens Schüler in der Grundschule interpersonale Konflikte nicht mehr nur als Entfaltungshindernis verstehen, sondern durch sie die Möglichkeit der Abwendung und Bewältigung subjektiver Ohnmacht und überbetonter Abhängigkeit erfahren.

4. Konfliktanalyse in der Sekundarstufe I

Eine didaktische Problemerhellung kann hier mit der Ausgangsfrage verknüpft werden: An welchem Punkt kann die Analyse einsetzen? Das sollte besonders gelten, wenn am Konflikt etwa

Schwerpunkte
Konfliktverbindungen
gesellschaftliche Hintergründe
Gewaltimplikationen

herauszuarbeiten sind. Natürlich ist die Analyse der Konflikte ebenso abhängig von den Erkenntnisinteressen sowie dem Bewußtseinsstand der Analysierenden. Ebenfalls ist zu sehen: Konfliktanalysen können an einzelnen Beispielen noch keine generalisierenden Daten liefern; sie vermitteln erst perspektivische Erkenntnisse, die der Erweiterung durch vergleichbare Konflikte bedürfen.

Erfahrungen über die innere und äußere Konfliktdynamik können auch Schüler der Sekundarstufe bei interpersonalen Konflikten sammeln, und zwar durch Ermittlung der

1) <u>Ursachen des Konflikts</u> [23]

Z.B. offene, unvereinbare Interessen; versteckte, unvereinbare Interessen; unvereinbare, entgegengerichtete Wertvorstellungen und/oder Werthandlungen, Verhaltensdispositionen und/oder pädagogische/gesellschaftliche/politische Zielsetzungen und Ordnungsvorstellungen.

2) <u>Alibi-Elemente des Konflikts</u>

Z.B. für die Aufrechterhaltung von tradierten Ordnungen, Wertsystemen, Ziel-, Verhaltens- und/oder Handlungsnormen; zur Zudeckung von Auseinandersetzungsfeind-

---

23) Vgl. das Schema in Teil V. Abschnitt 2 d.

lichkeiten; zur Überhöhung der ideologisierten[24] sozialen Hierarchien in Erziehung und Gesellschaft; zur Beschwichtigung, um Status-quo-Verhältnisse nicht zu entblößen; zur Erhärtung der traditionslastigen Maxime, daß öffentliche Erziehung durch einen Ziel-/Zeit-/Geld-Mechanismus verwaltet/bürokratisiert/organisiert ist; zur Absicherung von Aufsichts- und Kontrollfunktionen etc.

3) Konfliktverschärfungen und Konflikteskalationen

Das diesem Abschnitt folgende Beispiel vermag dies deutlich zu machen. Für die Analyse erscheint die Sondierung der Konfliktverschärfung deshalb relevant, weil daran nicht nur Gewaltaspekte erfahrbar werden, sondern ebenfalls nicht intendierte Differenzen zwischen einer vorausgesetzten, beibehaltenen Ohnmachtschaltung und der einkalkulierten Erzwingungswirkung.

4) Konfliktbedeutung

Z.B.: Welche Funktionen hat der Konflikt ? Muß der Konflikt eine größere Öffentlichkeit erhalten ? Für welche Defizite und Mißstände ist der Konflikt exemplarisch ?

5) Konfliktfronten/Konfliktgegner

Wann, wodurch und wie kommt es zu wechselseitigen Vorurteilen, zu polaren Beziehungen ? Sind die Konfliktabwicklungsbedingungen konfliktfördernd oder -hinderlich ?

6) Konfliktlösungsgesichtspunkte

Ist eine Beendigung des Konflikts möglich ? Was setzt dies voraus ? Können durch eine Beendigung des Konflikts eigene Bedürfnisse, Interessen erfüllt werden ? Umfassend oder nur minimal ?

Ist eine trennende Lösungsstrategie zu verfolgen, oder erweist sich ein kooperierender Weg als angemessener ?

---

24) Vgl. die Ausführungen zur Ideologiekritik. S. 151ff.

Wie lauten die Möglichkeiten einer Umstrukturierung mit dem Ziel, versteckte Brutalitäten und verschleierte Gewalt abzustellen ?
Von welchem Personenkreis sind Alternativen durchzuführen ?
Läßt sich dabei die Anwendung von Gegengewalt zuverlässig vermeiden ?
Ermöglicht ein alternativer Ansatz einen belastbaren neuen Weg ? Sind in ihm entscheidende Kontroverspunkte aufgenommen ?
Was verändert die Alternative gegenüber dem vorherigen Konfliktverhalten und Konfliktablauf ? Was ist unlösbar ? In welchem Zeitraum sind neue Lösungen möglich ? Wobei dient die Alternative der Stabilisierung aller Beteiligten ?

7) Konfliktlösungsmittel
Gibt es Instrumente/Mittel, um etwa Erziehungskonflikte und/oder Konflikte, die durch öffentliche Erziehungsorganisation entstehen, anzugehen ?
Welche Konfliktlösungsmittel eignen sich nicht ?
Müssen zur Konfliktüberwindung beziehungsweise zur Konfliktbewältigung bei den einzelnen Konfliktstufen verschiedene Konfliktlösungsmittel angewendet werden ?
Wie kann eine Differenzierung der Konfliktlösungsmittel didaktisch umgesetzt werden, wenn ein Konflikt vorliegt, der eindeutig und/oder in mehrfacher Hinsicht destruktive Intentionen artikuliert ?

An diesen Ausführungen, die auch auf das im folgenden beschriebene Beispiel aus dem Schuljahr 1973/74 bezogen werden können, dürfte bei der didaktischen Konzeptualisierung Konflikterziehung in der Sekundarstufe I einsetzen, sofern die vorgestellten sieben konfliktanalytischen Momente aufgenommen werden, um den Konflikthintergrund herauszuarbeiten und bewußtzumachen.

Dem Klassenlehrer einer 9. Klasse (28 Jungen, 13 Mädchen, Alter 13/14 Jahre) im Bonner Raum fällt nach zwei Tagen auf, daß das Klassenbuch fehlt. Auf Befragen der Schüler erhält er die Antwort, das Klassenbuch sei verlegt. Der Klassenlehrer beauftragt daraufhin den Klassenbuchführer, das Klassenbuch zur nächsten Klassenlehrerstunde vorzulegen, also zwei Tage später. Zu diesem Termin lautet der Bescheid: Das Buch ist nicht aufzufinden. Daraufhin recherchiert der Klassenlehrer mit der Klasse gemeinsam, in welcher Stunde oder bei welchem Fachunterricht das Klassenbuch abhandengekommen sein könnte. Es werden die entsprechenden Fachräume der Schule durchsucht; doch trotz aller Bemühungen - das Klassenbuch ist nicht aufzufinden.

Der Klassenlehrer stellt daraufhin dem Klassenbuchführer - nach vorheriger Absprache mit dem Schulleiter und dem pädagogischen Mittelstufenleiter des betreffenden Gymnasiums - das Ultimatum, binnen einer Woche den Verbleib des Klassenbuches zu ermitteln. Der Klassenlehrer will mit diesem Ultimatum erfahren, ob das Buch vernichtet worden ist, was er vermutet; denn im Vorjahr war schon einmal in dieser Klasse ein Klassenbuch weggekommen; allerdings unterrichtete der jetzige Klassenlehrer zu diesem Zeitpunkt noch nicht in dieser Klasse.
Bei der Setzung des Ultimatums versichert der Klassenlehrer, daß jede Meldung über den Verbleib des Klassenbuchs innerhalb einer Woche risikolos entgegengenommen und ohne persönliche Nachteile des/der Informanten zur Kenntnis genommen würde. Weiterhin gibt der Klassenlehrer an, daß eine ungenutzt verstrichene Frist die notwendigen Konsequenzen einleitet.

Der Klassenlehrer kann in der Fristwoche beobachten, daß einzelne Klassenmitglieder versuchen, das Klassenbuch ausfindig zu machen, beziehungsweise den oder die Täter durch Gespräche mit Mitschülern oder deren Eltern namhaft zu machen.

Auch der Klassenlehrer versucht, unterdessen in Elterngesprächen das Verschwinden des Klassenbuches zu klären, weil er annimmt, daß mögliche Täter ihre Eltern vom Verschwinden des Klassenbuches unterrichtet haben.

Die Frist des Ultimatums läuft ergebnislos ab. Die angekündigten Konsequenzen werden vollzogen:

1) Rechtsbelehrung durch den Schulleiter
2) Mündlicher Verweis durch den pädagogischen Mittelstufenleiter
3) Annullierung der im laufenden Schuljahr geplanten Klassenfahrt durch den Klassenlehrer (7 Tage-Fahrt in die Eifel)
   (Diese Maßnahme bedeutet für die Klasse eine besondere Härte, weil sie mit dem jetzigen Klassenlehrer bisher noch keine Klassenfahrt durchgeführt hat.)
   Der Klassenlehrer begründet die Annullierung der gemeinsamen Fahrt damit, daß die gemeinsame Fahrt mit 41 Schülern ein großes Maß an Vertrauen zwischen Lehrer und Schüler voraussetzt, dieses Vertrauen aber durch das Klassenbuchereignis aus der Sicht des Klassenlehrers nicht mehr gegeben ist.
   Nach etwa 3/4 Jahr kann der Klassenlehrer durch einen Zufall ermitteln, daß das Klassenbuch auf einem Waldgelände verbrannt wurde.

Einige Anmerkungen erscheinen zum Klassenbuchkonflikt angebracht, der je nach didaktischen Bedingungen und lokalen Unterrichtsverhältnissen erarbeitet werden kann. Deshalb sollen hier einige richtungsweisende und lösungskonstruktive Aspekte genannt sein.
In einer Minimum-Analyse könnten den Klassenbuchkonflikt fünfzehn Leitfragen aufgliedern und so in der Hintergrund-Struktur und in der Funktion zumindest teilweise ausloten:

- Wer und was sind Konfliktträger ?
- Welche Interessensgegensätze liegen vor ?

- Wo liegen die Hauptschwerpunkte des Konflikts ?
- Gibt es Konfliktverschränkungen ?
- Wodurch entsteht eine Konfliktausdehnung ?
- Sind erziehungsideologische Ordnungsvorstellungen zu erfassen ?
- Wie verhalten sich "erziehungspraktische" Handlungsabsichten und durchgeführte Handlungen zueinander ?
- Könnten diese Verhältnisse abgewendet werden ? Wodurch ist dies außer einer Anpassungsintention möglich ?
- In welchem Bezugsfeld stehen die durchgeführten Maßnahmen seitens der Schüler, seitens des Lehrers, seitens der Schulleitung ?
- Können Kriterien der Handlungsebene entgegengesetzte Wertauffassungen herausfiltern ?
- Welche Rollenerwartungen und Erziehungsnormen haben den Konflikt produziert ?
- Gibt es unüberwindliche Konfliktlösungspunkte ?
- Sind für eine Lösungsdiskussion zusätzlich Personen heranzuziehen ?
- Erfordert die Konfliktstrategie besondere Hilfsmittel ?
- Mit welchen Schritten kann dargelegt werden, wie der Klassenbuchkonflikt zu den angewendeten gewaltimmanenten Disziplinierungsmaßnahmen alternative Lösungen ermöglicht ?

5. Konflikterziehung in der Sekundarstufe II am Beispiel der Schülermitverwaltung (SMV)

Konflikterziehungspraxis in Form von Konfliktanalysen und Konfliktlösungsstrategien dürfte sicherlich in der Sekundarstufe II am intensivsten durchgeführt werden können.

Um aber "die gesellschaftliche Funktion von Konflikten zu erkennen, und die Bereitschaft, sich durch Wahl geeigneter Konzeptionen an der Austragung von Konflikten zu beteiligen",[25] zu entwickeln, müssen formelhafte Bekenntnisse zur Konflikterziehung[26] durch Erkenntnisschritte und Handlungsabfolgen ausgefüllt und ersetzt werden, um sicherzustellen, daß Konflikterziehung nicht nur theorisiert, sondern auch konkrete Handlungspraxis artikuliert, die den gesellschaftskritischen Bezug durch Auseinandersetzungen mit erziehungs- und gesellschaftsrelevanten Unfriedensverhältnissen konzentriert und vertieft.

Was könnte also eine Konflikterziehung in der Sekundarstufe II berücksichtigen, wenn sie im erziehungsorganisatorischen wie gesellschaftlichen Bedingungsfeld Konfliktanalysen angeht ?

Zur Auseinandersetzung mit Bedingungen der Schülerohnmacht[27] eignet sich die im erziehungsorganisatorisch-politisch-gesellschaftlichen Schnittpunkt stehende Schülermitverwaltung.[27a] Hierauf eine umfangreiche Analyse anzusetzen, empfiehlt sich einmal dann, wenn eine Mitbestimmung in der Schule in größerem Ausmaß nicht länger ein illusionärer Wunschtraum bleiben soll; zum anderen deshalb, weil die Situation besteht, daß eine Mitbestimmung nicht schon kraft Verfügungen und Minister-Erlasse gegenwärtig ist und praktiziert werden kann, sondern auch von den Schülern erarbeitet werden muß.

---

25) Rolf SCHÖRKEN (Hrsg.): Curriculum "Politik". S. 211 (Hervorhebung im Original).
26) Vgl. ebd. S. 213.
27) Vgl. dazu Teil IV. S. 209ff.
27a) Siehe in dieser Arbeit auch S. 224ff.

In der Schule wird in den Bereichen Lehrstoffmitbestimmung, Schülerpresse, Schulorganisation und Selbstbestimmung die Mitsprache- und Mitbestimmungsproblematik allerdings kaum konfliktlos ablaufen können. Denn das konkrete Interesse an der Aufhellung von regionalen und lokalen Erziehungsverhältnissen und Unterrichtsbedingungen schließt eine Konfliktaktivierung ein, weil sie mit eine Basis legt für Überwindungs- und Veränderungsstrategien, an denen Schüler partizipieren. Allerdings setzt dies zum Beispiel für den Bereich der Schülermitverwaltung eine sorgfältige Sondierung der Erziehungs- und Unterrichtsbedingungen voraus. Dabei könnte etwa wie folgt vorgegangen werden:

Didaktischer Zusammenhang	Fragestellungen
I. <u>Bestandsaufnahme 1 -</u> GROB - ANALYSE als Problematisierungsphase (Materialanalyse A)	Schülereinstellungen zur SMV Einstellungen der SMV-Vertreter zur SMV Lehrereinstellungen zur SMV Einstellungen von Eltern zur SMV Zur Praxis der Schulleitung mit der SMV Zusammenfassung
<u>Bestandsaufnahme 2 -</u> FEIN - ANALYSE als Phase der Schülerselbsteinschätzung (Materialanalyse B)	Praktizierte Ziele in der SMV (Erfahrungsaustausch) Mißerfolge und ihre Hintergründe Erfolge und ihre Bedingungen (Träger, Voraussetzungen, günstige Momente) Ermittlungsversuche zu Schülerängsten und Lehrerängsten Zusammenfassung
<u>Bestandsaufnahme 3 -</u> Strategiesondierung	Vergleich der Ergebnisse bezüglich der Materialanalyse A und B a) Positiva b) Negativa

Didaktischer Zusammenhang	Fragestellungen
II. Problembewältigung Phase 1: Vorstrukturierung von Handlungsmöglichkeiten	Gründe für fehlendes solidarisches Verhalten und Handeln, etwa auf der Lehrer/Schüler-Ebene, Überprüfung der Kommunikationsbedingungen, -intentionen und -formen - zwischen Schülern - zwischen Schulleitung und SMV Erfassung der Aufgaben der SMV, die praktiziert wurden Ermittlung von Gewohnheiten und Haltungen, durch die die SMV bzw. größere Schülergruppen Anpassungsmechanismen unterstützen
Phase 2: Alternativendiskussion	Alternative Ansätze: Ziele und Möglichkeiten der Handlungsträger und der Solidarisierungsbedingungen Intensive Beratungen und Diskussionen (Vgl. hierzu etwa die Ausführungen S.252-257; 287ff; 291f.)
Phase 3: unmittelbare Strukturierung von Initiativen	Formulierung von Leitintentionen Erstellung von alternativen Modellen Stichworte: Abbau versteckter Gewalt (Gewalt in der Schule; vgl. z.B. S. 84) Abstellung von individueller Resignation Abbau von a) Profitmaximierung b) individueller Ohnmacht gegenüber Vertretern/Trägern/Repräsentanten, oder aufgrund von Strukturen einer organisierten Abhängigkeit
Phase 4:[28] Weitere Handlungsinitiativen (langfristig)	Erziehungs- und Unterrichtsgehorsam im Schulalltag Erziehungskonflikte und ihre Ursachen Gründe für Defizite und Barrieren der Selbstorganisation Die Funktion der Schuldisziplin Folgen der Schul- und Hausordnung Alternativen zu fremdbestimmten Ordnungen

28) Hier ist daran zu erinnern, daß sich inzwischen der Stellenwert der Konflikterziehung innerhalb der Sekundarstufe II gerade auch dadurch heraushebt, daß Schülerinnen und Schüler nunmehr mit 18 Jahren wahlberechtigt sind, was nicht zuletzt neue Möglichkeiten für artikulierte gesellschaftliche Kritik und gesellschaftliche Mitverantwortung freisetzen kann (vgl. das Gesetz zur Neuregelung des Volljährigkeitsalters vom 31. Juli 1974, das am 1. Januar 1975 in Kraft tritt).

Für Handlungsstrategien in der Sekundarstufe II sollten auch noch diese Punkte bei der direkten Planung besonders berücksichtigt werden:

- die Abklärung, ob trennende und/oder verbindende Handlungsschritte grundgelegt werden sollen
- Fragen der Motivierung und Beteiligung an Alternativen
- Elemente, Typen, Formen, Ursachen, Einwirkungen, Träger, Ziele und Folgen erweiterter Fremdbestimmung
- Vertikale und horizontale Interaktionsschritte zur Stabilisierung von geplanten Aktionen und zu ihrer Abgrenzung
- Handlungszeiträume
- Handlungsbelastungen
- Handlungskontrollen (weitestgehende Sondierungen von zu erwartenden Gegenwirkungen, die mit an der Grundintention der Gewaltlosigkeit beantwortet werden).

Darüber hinaus fördern folgende Problemstellungen konflikterarbeitende Schritte:

o <u>Konzeptausschnitte zur Selbststabilisierung</u>
  - Bedingungsanalysen zum Abbau von Desinteresse gegenüber gesellschaftspolitischen und sozialkritischen Initiativen außerhalb der Schule
  - Handlungsschritte zur Beteiligung an fundierter Mitbestimmung von Unterrichtsinhalten
  - Gesichtspunkte gegen Leistungsdruck (Korrektur der Erziehungsbedingungen)
  - Überwindungsschritte zum erlebten autoritären Lehrerverhalten

o <u>Strategien und Veränderungsmodelle</u>
  - Alternativen zum Abbau von Lern<u>zwang</u> (Möglichkeiten und Alternativen an der eigenen Schule)

- Handlungsstrategie: Schüler und Lehrer entwickeln alternative Handlungsmuster gegen öffentliche Hierarchiestrukturen, die Unfriedensverhältnisse erhalten
- Strategien zur Überwindung von Entscheidungs- und Widerspruchsangst gegen beherrschende Haltungs- und Erwartungsnormen in Familie, Schule, Ausbildung und Berufsalltag.

6. Zusammenfassung und Ausblick

Die angesprochenen Aspekte zur Konflikterziehung zeigen bezüglich der Friedenspädagogik und im Rahmen einer Didaktik für Grundschule, Sekundarstufe I und II:

> Konflikterziehung gilt konzeptionell als ein Bewegungsinstrument und als ein Realisationsinstrument. Sie intendiert gleichermaßen eine Umwandlung beziehungsweise eine Auflösung von Unfriedensverhältnissen und Unfriedensstrukturen in friedenskonstruktive Bedingungen, indem dazu notwendige Aufklärungsprozesse und Veränderungsprozesse angegangen und artikuliert werden.

Die durchgeführten Untersuchungen können hierzu außerdem deutlich machen, daß Konfliktanalyse und Konfliktlösungsstrategie auf gesellschaftskritisches Handeln zielen, das sich auf aufgezeigte Erziehungsperspektiven kritischer Friedenstheorie beruft.

Jedoch muß über den vorgelegten Entwurf hinaus, der hier zu gesellschaftlichen Bedingungen des interpersonalen Konflikts Stellung bezieht, Friedenspädagogik nicht allein Konfliktstrukturen nur im eigenen Erziehungssystem und im eigenen Gesellschaftssystem untersuchen, sondern gerade auch in der internationalen Ebene, und zwar gerade für ein analytisches Bewußtsein gegen vollzogene und direkte oder versteckte/strukturelle Gewalt.
Bei den nicht kurzfristigen Aufklärungs- und Sensibilisierungsprozessen theoretischer und praxisbezogener Ansätze wird allerdings eine grundlegende und konzeptionelle Neuorientierung im Erziehungsdenken unausweichlich. Einmal kann das damit begründet werden, daß eigengesellschaftlich und international problematische und fragwürdige Widersprüche, Gegensätze und Interessensverflechtungen Erziehungswirklichkeiten verstärkt beeinflussen; zum anderen sind zwischen eigengesellschaftlichen und internationalen Lebensbedingungen und

Lebenserwartungen erhebliche ökonomische, politische und sozio-strukturelle Ungleichheiten und Abhängigkeiten zunehmend festzustellen, die einen nicht mehr wegzudiskutierenden politischen Verhaltensdruck erzeugen, der auf gegenwärtige wirtschaftliche und sozio-strukturelle Bedingungen und Interessensverhältnisse einwirkt.

Eine gewaltabwendende Erziehungsstrategie wird dies weder ignorieren noch absondern können, weil dieser Kontext nicht zuletzt das Theorie- und Praxis-Verständnis neu bestimmt und auch der Erziehungswissenschaft neue gesellschaftliche Aufgaben aufdrängt, die für Erziehung und Unterricht in Schule und Ausbildung neue friedensrelevante und erweiterte gesellschaftliche Funktionen freisetzen und die lebenswichtige neue Bezüge ausweisen, an denen bereits Schüler und Lehrer - entgegen bisheriger Maßstäbe - partizipieren müssen.

VI. LITERATURVERZEICHNIS [1]

Ackermann, Paul (Hrsg.): Erziehung und Friede. Materialien zur Diskussion. München 1971.

Ackermann, Paul: Politisches Lernen in der Grundschule. München 1973.

Adorno, Theodor W. u.a.: Der Positivismusstreit in der deutschen Soziologie. Frankfurt 1969.

Adorno, Theodor W.: Erziehung zur Mündigkeit. Vorträge und Gespräche mit Hellmut Becker. 1959 - 1969. Hrsg. von Gerd Kadelbach. Frankfurt 1970.

Adorno, Theodor W.: Studien zum autoritären Charakter. Ausgewählte Kapitel aus "The Authoritarian Personality". Hrsg. vom Institut für Sozialforschung an der Universität Frankfurt. Frankfurt 1973.

Afheldt, Horst/Potyka, Christian/Reich, Utz-Peter/Sonntag, Philipp/ Weizsäcker, Carl Friedrich von: Durch Kriegsverhütung zum Krieg ? Die politischen Aussagen der Weizsäcker-Studie "Kriegsfolgen und Kriegsverhütung". München 1972.

Afheldt, Horst: Frieden durch stabile Abschreckung - die große Illusion ? In: Merkur. Deutsche Zeitschrift für europäisches Denken. 26. Jg. 1972. S. 427 - 436.

Albrecht, Ulrich: Politik und Waffengeschäfte. Rüstungsexport in der BRD. München 1972.

Allport, Gordon Williard: Die Natur des Vorurteils. Hrsg. und kommentiert von Carl Friedrich Graumann (Original-Titel: The Nature of prijudice). Köln 1971.

Antes, Klaus (Hrsg.): Erziehung zum Gehorsam. Über die Dressur des Menschen. München 1973.

Antons, Klaus: Praxis der Gruppendynamik. Übungen und Techniken. Göttingen 1973.

Arbeitskreis für Mitverantwortung in der Schule e.V. Gütersloh o.J.

Ascher, Paul: Ideologiefreie Erziehungswissenschaft ? Zum Begriff der Ideologie in der Erziehungswissenschaft. In: Pädagogische Rundschau. 24. Jg. 1970. S. 182 - 186.

Assel, Hans-Günther: Friedrich Wilhelm Foerster als politischer Pädagoge und Gesinnungsethiker. In: Welt der Schule. Ausgabe Hauptschule. 22. Jg. 1969. S. 1 - 16.

Assel, Hans-Günther: Ideologisierung oder politische Bildung ? Zur Problematik der Parteilichkeitsthese. In: Gesellschaft - Staat - Erziehung. 17. Jg. 1972. S. 359 - 380.

Auernheimer, Georg/Doehlemann, Martin: Mitbestimmung in der Schule. München 1971.

---

1) Das Literaturverzeichnis nimmt die über den Rahmen dieser Arbeit hinausweisende Grundlagenliteratur nicht auf. Verwiesen ist deshalb auf die Angaben S. 87f, Anmerk. 6b; S. 102, Anmerk. 7; S. 153, Anmerk. 1c.

Bach, Arthur (Hrsg.): Dienst für Kirche und Schule. Festschrift für Edgar Boue. Dortmund 1968.

Baeyer, Walter von/Baeyer-Katte, Wanda: Angst. Frankfurt 1973.

Bahr, Hans-Eckehard (Hrsg.): Politisierung des Alltags - gesellschaftliche Bedingungen des Friedens. Berichte und Analysen. Darmstadt 1972.

Ballauff, Theodor: Pädagogik. Eine Geschichte der Bildung und Erziehung. Bd. I: Von der Antike bis zum Humanismus. Freiburg 1969.

Ballauff, Theodor: Systematische Pädagogik. Eine Grundlegung. Heidelberg 1970[3].

Ballauff, Theodor/Schaller, Klaus: Pädagogik. Eine Geschichte der Bildung und Erziehung.
Bd. II: Vom 16. bis 19. Jahrhundert. Freiburg 1970.
Bd. III: 19./20. Jahrhundert. Freiburg 1973.

Barres, Egon: Die Vorurteilsproblematik im politischen Unterricht - soziologische und sozialpsychologische Grundlagen, dargestellt am Beispiel des Rassenproblems. Opladen 1970.

Barres, Egon: Das Vorurteil in Theorie und Wirklichkeit. Ein didaktischer Leitfaden für Sozialkundeunterricht und politische Bildungsarbeit. Opladen 1974.

Bayerisches Staatsministerium für Unterricht und Kultus: Allgemeine Schulordnung. München 1973.

Beck, Johannes/Schmidt, Lothar (Hrsg.): Schulreform oder Der sogenannte Fortschritt. Frankfurt 1971.

Becker, Hellmut: Quantität und Qualität. Grundfragen der Bildungspolitik. Freiburg 1968[2].

Beiträge zur Konfliktforschung. Psycho-politische Aspekte. Heft 1/2. Hrsg. durch die Markus-Verlagsgesellschaft. Köln 1971 (mit Bibl.).

Berg, Christa: Die Okkupation der Schule. Eine Studie zur Aufhellung gegenwärtiger Schulprobleme an der Volksschule Preußens (1872 - 1900). Heidelberg 1973.

Bernsdorf, Wilhelm (Hrsg.): Wörterbuch der Soziologie. Bd. 2. Frankfurt 1972.

Bielfeldt, Carola: Das militärische Kräfteverhältnis NATO-Warschauer Vertrags-Organisation (WVO). In: Studiengruppe Militärpolitik: Ein Anti-Weißbuch. Materialien für eine alternative Militärpolitik. Reinbek 1974. S. 46 - 61.

Blankertz, Herwig: Theorien und Modelle der Didaktik. München 1970.

Blankertz, Herwig: Pädagogik unter wissenschaftstheoretischer Kritik. In: Erziehungswissenschaft 1971 zwischen Herkunft und Zukunft der Gesellschaft. Hrsg. von Siegfried Oppolzer. In memoriam Ernst Lichtenstein. Ratingen 1971.

Bleuel, Hans Peter: Kinder in Deutschland. München 1971.

Bloch, Ernst: Das Prinzip Hoffnung. Gesamtausgabe Bd. 5. Frankfurt 1959.

Bloch, Ernst: Politische Messungen. Pestzeit, Vormärz. Gesamtausgabe Bd. 11. Darin: Widerstand und Friede. Frankfurt 1970. S. 375 - 483.

Bönsch, Manfred: Die Vorurteilsproblematik in der Schule. Didaktische Ansätze. In: Welt der Schule. Zeitschrift für Lehrer. Ausgabe Grundschule. 26. Jg. 1973. S. 41 - 51.

Bönsch, Manfred: Aufklärung als Mittel des Abbaus von Vorurteilen. Unterricht als radikale Reflexion über Verhaltensweisen. In: Welt der Schule. Zeitschrift für Lehrer. Ausgabe Hauptschule. 26. Jg. 1973. S. 121 - 128.

Bohnsack, Fritz/Rückriem, Georg M.: Pädagogische Autonomie und gesellschaftlicher Fortschritt. Strukturen und Probleme der Zielsetzung und Eigenständigkeit der Erziehung. Weinheim 1969.

Bollnow, Otto Friedrich: Existenzphilosophie und Pädagogik. Versuch über unstetige Formen der Erziehung. Stuttgart 1959.

Bollnow, Otto Friedrich: Sicherheit und Frieden als Aufgabe der Erziehung. In: Bildung und Erziehung. 17. Jg. 1964. S. 157 - 170.

Bopp, Jörg/Bosse, Hans/Huber, Wolfgang: Die Angst vor dem Frieden. Stuttgart 1970.

Bosse, Hans/Hamburger, Franz: Friedenspädagogik und Dritte Welt. Voraussetzungen einer Didaktik des Konflikts. Stuttgart 1973.

Bossel, Hartmut: Unser Weg in die Zukunft bleibt unsicher. Auch von der Technologie sind keine Wunder zu erwarten. In: Frankfurter Allgemeine Zeitung. Nr. 297. 22.12.1972. S. 12.

Brezinka, Wolfgang: Der Erzieher und seine Aufgaben. Reden und Aufsätze zur Erziehungslehre und Erziehungspolitik. Stuttgart 1966.

Brezinka, Wolfgang: Über Erziehungsbegriffe. Eine kritische Analyse und ein Explikationsvorschlag. In: Zeitschrift für Pädagogik. 17. Jg. 1971. S. 567 - 615.

Brezinka, Wolfgang: Die Pädagogik der Neuen Linken. Analyse und Kritik. Stuttgart 1972.

Brinkmann, Günter: Geschlossene oder offene Curricula- eine falsche Alternative. In: Die Deutsche Schule. 66. Jg. 1974. Heft 6. S. 388 - 400.

Brinkmann, Johannes: Friedensforschung in Skandinavien. Literaturbericht und Bestandsaufnahme in wissenschaftssoziologischer Absicht. In: Soziale Welt. Zeitschrift für sozialwissenschaftliche Forschung und Praxis. 25. Jg. 1974. Heft 1. S. 118 - 142.

Brocher, Tobias, u.a.: Der Zwang zum Frieden. Stuttgart 1967.

Brocher, Tobias: Gruppendynamik und Erwachsenenbildung. Braunschweig 1967.

Bruner, Jerome: Über das Problem, heute eine junge Generation auf das Erwachsenenleben vorzubereiten. In: Westermanns Pädagogische Beiträge. 25. Jg. Heft 1. Januar 1973. S. 9 - 16.

Buchan, Alastair: Die Zukunft des Krieges. In: Die Zeit. Sonderserie: Das 198. Jahrzehnt. Nr. 46. 14.11.1969. S. 63ff.

Bühl, Walter L.: Schule und gesellschaftlicher Wandel. Stuttgart 1968.

Bühl, Walter L. (Hrsg.): Konflikt und Konfliktstrategie. Ansätze einer soziologischen Konflikttheorie. München 1972.

Carroll, Herbert A.: Die Dynamik der Anpassung. Weinheim 1972. (Orig.Titel: Mental Hygiene. The Dynamics of Adjustment. New Jersey 1969[5])

Colla, Herbert E./Stoltenberg, Ute: Armut in der Bundesrepublik Deutschland. In: Gegenwartskunde. Gesellschaft - Staat - Erziehung. 23. Jg. 1974. S. 35 - 48.

Combe, Arno: Kritik der Lehrerrolle. Gesellschaftliche Voraussetzungen und soziale Folgen des Lehrerbewußtseins. München 1971.

Coudenhove-Kalergi, Richard: Vom ewigen Krieg zum Großen Frieden. Göttingen 1956.

Dahmer, Ilse/Klafki, Wolfgang (Hrsg.): Geisteswissenschaftliche Pädagogik am Ausgang ihrer Epoche - Erich Weniger. Weinheim 1968.

Dahrendorf, Ralf: Über den Ursprung der Ungleichheit unter den Menschen. Tübingen 1961.

Dasgupta, Sugata: Erziehung für eine Gesellschaft der Gewaltlosigkeit. In: Zeitschrift für Pädagogik. 19. Jg. 1973. S. 201 - 212.

Das Problem der Leistung in der Schule. In: Westermanns Pädagogische Beiträge. 25. Jg. 1973. S. 249 - 293.

Daxner, Michael: Utopische Pädagogik. Systematische Überlegungen zum Ansatz Blochs. Wien 1971 (Diss.).

Demokratisierung der Schule. Die Stellung des Schülers in der Schule und die Rolle der Schülermitverantwortung. Schriftenreihe der Bundeszentrale für politische Bildung. Heft 81. Bonn 1969.

Denker, Rolf: Angst und Aggression. Stuttgart 1974.

Derbolav, Josef: Systematische Perspektiven der Pädagogik. Heidelberg 1971.

Der Bundesminister der Verteidigung (Hrsg.): Weißbuch 1971/72. Bonn 1971.

Der Bundesminister der Verteidigung (Hrsg.): Weißbuch 1973/74. Bonn 1974.

Der Hessische Kultusminister (Hrsg.): Rahmenrichtlinien. Gesellschaftslehre. Sekundarstufe I (Erste Fassung. 312 S.) o.J. (Zweite Fassung. 431 S.) Frankfurt 1973.

Der Hessische Sozialminister (Hrsg.): Reform der Heimerziehung in Hessen. Vorschläge und Materialien. Wiesbaden (November) 1972.

Der Kultusminister von Nordrhein-Westfalen (Hrsg.): Bildungswege an den Schulen des Landes Nordrhein-Westfalen. Heft 10. Ratingen 1971[5].

Der Pearson-Bericht: Bestandsaufnahme und Vorschläge zur Entwicklungspolitik. München 1969 (Original-Titel: Partners in Development. Report of the Commission on International Development. o.J.).

Deuerlein, Ernst: Föderalismus. Die historischen und philosophischen Grundlagen des föderativen Prinzips. Schriftenreihe der Bundeszentrale für politische Bildung. Heft 94. Bonn 1972.

Deutsch, Karl W./Senghaas, Dieter: Die Schritte zum Krieg. Eine Übersicht über Systemebenen, Entscheidungsstadien und einige Forschungsergebnisse. In: Aus Politik und Zeitgeschichte. Beilage zur Wochenzeitung Das Parlament. B 47/70. 21.11.1970.

Deutsch, Karl W.: Analyse internationaler Beziehungen. Konzeptionen und Probleme der Friedensforschung. Frankfurt 1971.

Deutsch, Karl W.: Der Stand der Kriegsursachenforschung. DGFK-Hefte Nr. 2. Hrsg. durch die Deutsche Gesellschaft für Friedens- und Konfliktforschung e.V. Bonn - Bad Godesberg 1973.

Deutscher Bildungsrat. Empfehlungen der Bildungskommission. Strukturplan für das Bildungswesen. Stuttgart 1970[2].

Deutscher Bildungsrat. Empfehlungen der Bildungskommission. Zur Reform von Organisation und Verwaltung im Bildungswesen. Teil I: Verstärkte Selbständigkeit der Schule und Partizipation der Lehrer, Schüler und Eltern. Stuttgart 1973.

Deutscher Bundestag: Jugendliche ohne Schulabschluß. Drucksache 7/2521. 4.9.1974.

Dickmann, Fritz: Friedensrecht und Friedenssicherung. Göttingen 1971.

Die Dritte Welt. Vierteljahresschrift zum wirtschaftlichen, kulturellen und politischen Wandel. 2. Jg. 1973.

Dietrich, Kurt: Leitung und Verwaltung einer Schule in pädagogischer Sicht. Arbeitshilfen für Schulleiter und Lehrer zur sinnvollen Erfüllung und neuzeitlichen Gestaltung ihrer Verwaltungsaufgaben. Neuwied 1965[4].

Dietrich, Theo/Klink, Job-Günter (Hrsg.): Zur Geschichte der Volksschule. Bd. I. Bad Heilbrunn 1972[2].

Dietrich, Theo (Hrsg.): Die pädagogische Bewegung "vom Kinde aus". Bad Heilbrunn 1973[2].

Dilthey, Wilhelm: Gesammelte Schriften. IX. Bd.: Pädagogik. Geschichte und Grundlinien des Systems. Stuttgart/Göttingen 1960[2].

Dilthey, Wilhelm: Schriften zur Pädagogik. Besorgt von Hans-Hermann Groothoff und Ulrich Herrmann. Hrsg. durch Theodor Rutt. Paderborn 1971.

Döring, Klaus W.: Lehrerverhalten und Lehrerberuf. Zur Professionalisierung erzieherischen Verhaltens. Eine Einführung. Weinheim 1971[2].

Döring, Klaus W./Kupffer, Heinrich: Die eindimensionale Schule. Schulpädagogik als Ideologiekritik. Weinheim 1972.

Domhof, Franz/Heyers, Wilhelm/Schumacher, Peter/Stolze, Thomas/ Tiebel, Siegfried (Hrsg.): Die Amtsführung des Lehrers. Eine Sammlung von Vorschriften für die Lehrer und Leiter an Volksschulen (Grund- und Hauptschulen). Bd. I. Stand 31.12.1966. Düsseldorf 1967.

Domhof, Franz/Heyers, Wilhelm/Pöndl, Konrad K./Wacker, Kurt: Schulpraxis. Ein pädagogischer und schul-rechtlicher Ratgeber. Ausgabe für Nordrhein-Westfalen. Stuttgart 1968.

Domhof, Franz/Heyers, Wilhelm/Schumacher, Peter/Tiebel, Siegfried (Hrsg.): Die Amtsführung des Lehrers. Eine Sammlung von Vorschriften für die Lehrer und Leiter an Grund- und Hauptschulen, Sonderschulen, Realschulen und Gymnasien im Lande Nordrhein-Westfalen. Ergänzungsband II. Düsseldorf 1972.

Dürr, Otto: Probleme einer Erziehung zum Frieden. In: Die Schulwarte. 24. Jg. Heft 3/4. März/April 1971. S. 24 - 36.

Dürr, Otto: Frieden - Herausforderung an die Erziehung. Probleme - Orientierungshilfen - Unterrichtsmaterialien. Stuttgart 1971.

Dürr, Otto: Friedfertiges Verhalten - allgemeines Lernziel einer zeitgemäßen Erziehung. In: Harry Hauke (Hrsg.): Aspekte des Lernens. Grundlagen, didaktische Auswirkungen und Folgerungen für das Verhalten. Heidenheim 1972. S. 141 - 160.

Ebert, Theodor: Gewaltfreier Aufstand. Alternative zum Bürgerkrieg. Frankfurt 1970.

Ehebald, Ulrich: Patient oder Verbrecher ? Strafvollzug provoziert Delinquenz. Reinbek 1971.

Einführungserlaß des Kultusministers von Nordrhein-Westfalen vom 18.10.1968 - 1 B 5.50 - 0/0 - Nr. 2344/68 (Zur Struktur der Schülermitverwaltung - SMV).

Ellwein, Thomas: Die verwaltete Schule. In: Das Argument. Berliner Hefte für Probleme der Gesellschaft. 6. Jg. 1964. S. 209 - 220.

Emeis, Dieter: Zum Frieden erziehen. Ein Arbeitsbuch. München 1968.

Engelhardt, Rudolf: Erkenntnisziel: Ideologie und Manipulation. In: Die Grundschule. 3. Jg. 1971. Heft 7. S. 35 - 40.

Entwicklungspolitik. Materialien Nr. 46: Weltbevölkerungskonferenz. Hrsg. vom Bundesministerium für wirtschaftliche Zusammenarbeit. Bonn 1974.

Eppler, Erhard: Im Elend der Slums. Kinder ohne Zukunft. In: Deutsches Allgemeines Sonntagsblatt. Nr. 25. 24.6.1973. S. 3.

Erziehungswissenschaft 1, 2 und 3. Eine Einführung (Funk-Kolleg). Hrsg. von Wolfgang Klafki u.a. Frankfurt 1971.

Esser, Johannes: Zur Theorie- und Praxisdiskussion der Friedenspädagogik. Ist die Friedensforschung und Friedenspädagogik "philosophiefeindlich, realitätsfremd und oftmals beinahe naiv-narzißtisch" ? In: Pädagogische Rundschau. 27. Jg. 1973. S. 732 - 748.

Esser, Johannes: Gesellschaftskritische Friedenserziehung in Familie und Erwachsenenbildung. In: Christoph Wulf (Hrsg.): Friedenserziehung in der Diskussion. München 1973. S. 87 - 91.

Esser, Johannes: Zur Theorie und Praxis der Friedenspädagogik. Kritische Konzepte für Schule und Erwachsenenbildung. Wuppertal 1973.

Esser, Johannes: Gesellschaftskritische Friedenserziehung in Familie und Erwachsenenbildung. In: Die Neue Gesellschaft. 20. Jg. 1973. S. 723 - 725.

Esser, Johannes: Welche Chancen hat eine Friedenserziehung durch Familie, Schule und Erwachsenenbildung ? In: Probleme des Friedens. 8. Jg. Heft 3 - 6/1973. S. 15 - 26.

Esser, Johannes: Überlegungen zu Leitzielen der Friedenspädagogik. In: Probleme des Friedens. 8. Jg. Heft 3 - 6/1973. S. 27 - 35.

Etzioni, Amitai: Soziologie der Organisation. München 1967.

Etzioni, Amitai: Der harte Weg zum Frieden. Eine neue Strategie. Göttingen 1968.

Eykmann, Walter/Schlereth, Albert: Friede - die notwendige Utopie. Reihe: Alternativen. München 1971

Feuerstein, Thomas: Emanzipation und Rationalität einer kritischen Erziehungswissenschaft. Methodologische Grundlagen im Anschluß an Habermas. München 1973.

Fillmore, H./Sandford, E./Capaldi, John E. (Hrsg.): Wahrnehmung, Lernen und Konflikt. Moderne psychologische Forschung. Bd. 2. Weinheim 1971.

Fingerle, Karlheinz: Funktionen und Probleme der Schule. Didaktische und systemtheoretische Beiträge zu einer Theorie der Schule. München 1973.

Fischer, Wolfgang: Schule und kritische Pädagogik. Fünf Studien zu einer pädagogischen Theorie der Schule. Unter Mitarbeit von J. Ruhloff, W. Ulrich, M. Eschler. Heidelberg 1972.

Flitner, Andreas/Lückert, Heinz-Rolf/Plessner, Helmuth: Wirklichkeit und Maß des Menschen. Eine Vortragsfolge. München 1967.

Flitner, Wilhelm: Kleine Beiträge zur Pädagogik. Besorgt und eingeleitet von Hans-Hermann Groothoff. Reihe: Grundlagen und Grundfragen der Erziehung. Bd. 23. Herausgegeben von Theodor Ballauff, Hans-Hermann Groothoff, Heinz Mühlmeyer und Karl Püllen. Heidelberg 1967.

Foerster, Friedrich Wilhelm: Politische Ethik und politische Pädagogik mit besonderer Berücksichtigung der kommenden Aufgaben. München 1918[3].

Forndran, Erhard: Abrüstung und Friedensforschung. Kritik an Krippendorff, Senghaas und Ebert. Düsseldorf 1971.

Freire, Paulo: Pädagogik der Unterdrückten. Stuttgart 1972[2].

Friedeburg, Ludwig von: Die Schule ist ein Teil der Gesellschaft. In: Die Zeit. Nr. 50. 7.12.1973. S. 20.

Fürstenau, Peter: Zur Psychoanalyse der Schule als Institution. In: Das Argument. Berliner Hefte für Probleme der Gesellschaft. 6. Jg. Heft 2. Mai 1964. S. 65 - 78.

Fürstenau, Peter: Neuere Entwicklungen der Bürokratieforschung und das Schulwesen. In: Neue Sammlung. 7. Jg. 1967. S. 511 - 525.

Gärtner-Harnach, Viola: Angst und Leistung. Weinheim 1972.

Galtung, Johan: Gewalt, Frieden und Friedensforschung. In: Dieter Senghaas (Hrsg.): Kritische Friedensforschung. Frankfurt 1971. S. 55 - 104.

Galtung, Johan: Modelle zum Frieden. Methoden und Ziele der Friedensforschung. Wuppertal 1972 (Original-Titel: Fredsforskning. Oslo 1967).

Galtung, Johan: Europa - bipolar, bizentrisch oder kooperativ ? In: Aus Politik und Zeitgeschichte. Beilage zur Wochenzeitung Das Parlament. B 41/72. 7.10.1972.

Galtung, Johan: Probleme der Friedenserziehung. In: Zeitschrift für Pädagogik. 19. Jg. 1973. S. 185 - 200.

Galtung, Johan: Haltestellen am Weg zum Frieden. In: Evangelische Kommentare. 6. Jg. 1973. S. 351 - 354.

Galtung, Johan: Kapitalistische Großmacht Europa oder Die Gemeinschaft der Konzerne ? "A Superpower in the Making". Reinbek 1973.

Gamm, Hans-Jochen: Aggression und Friedensfähigkeit in Deutschland. München 1968.

Gamm, Hans-Jochen: Kritische Schule. Eine Streitschrift für die Emanzipation von Lehrer und Schüler. München 1970.

Gamm, Hans-Jochen/Combe, Arno: Friedensforschung - Friedenspädagogik. In: Beck, Johannes/Schmidt, Lothar (Hrsg.): Schulreform oder Der sogenannte Fortschritt. Frankfurt 1971. S. 103 - 107.

Gamm, Hans-Jochen: Was heißt Friedenserziehung in der spätbürgerlichen Gesellschaft ? In: Schule & Nation. Die Zeitschrift für ein Demokratisches Bildungswesen. 18. Jg. 1972. Heft 1. S. 2 - 5.

Gamm, Hans-Jochen: Das Elend der spätbürgerlichen Pädagogik. Studien über den politischen Erkenntnisstand einer Sozialwissenschaft. München 1972.

Gamm, Hans-Jochen: Zur politisch-pädagogischen Kritik der Friedenserziehung. In: Die Deutsche Schule.65. Jg. 1973. S. 105 - 117.

Gantzel, Klaus Jürgen/Kress, Gisela/Rittberger, Volker: Konflikt - Eskalation - Krise. Sozialwissenschaftliche Studien zum Ausbruch des Ersten Weltkrieges. Düsseldorf 1972.

Gaulin, Frank-Thomas: Politische Motivation durch Kreativitätsweckung. In: Materialien zur politischen Bildung. 1. Jg. Heft 2/1973. S. 5 - 12.

Geckeler, Eckehart: Überlegungen zu einer Didaktik des Vorurteils. In: Unterricht heute. 23. Jg. 1972. S. 485 - 495.

Gerlach-Praetorius, Angelika: Das Vorurteil. Ein zentrales Erziehungsproblem. Hamburg 1969.

Gerner, Berthold (Hrsg.): Der Lehrer und Erzieher. Reihe: Klinkhardts pädagogische Quellentexte. Bad Heilbrunn 1972.

Gewalt, Gewaltlosigkeit und der Kampf um soziale Gerechtigkeit. Bericht von der Konsultation der Untereinheit "Kirche und Gesellschaft" des Zentralausschusses des Ökumenischen Rates der Kirchen in Cardiff (Wales). 3. - 7. September 1972. In: Gewaltfreie Aktion. Vierteljahreshefte für Frieden und Gerechtigkeit. 5. Jg. 2. Quartal 1973. Heft 16. S. 1 - 27.

Gewalt und Gewaltanwendung in der Gesellschaft. Studie der Kirchenkanzlei der Evangelischen Kirche. Gütersloh 1973.

Giesecke, Hermann: Einführung in die Pädagogik. München 1971[3].

Giesecke, Hermann: Didaktik der politischen Bildung. Neue Ausgabe. München 1972[7].

Glomm, Jo: Die moderne Apokalypse. Interview mit Prof. Carl Friedrich von Weizsäcker über die Friedensforschung. In: Rheinische Post (Düsseldorf). Nr. 138. 19.6.1971.

Gold, Volker/Wagner, Mignon/Ranftl, Wolfgang/Vogel, Marianne/Weber, Inge: Kinder spielen Konflikte. Zur Problematik von Simulationsverfahren für soziales Lernen. Neuwied 1973.

Goldschmidt, Dietrich/Händle, Christa/Lepsius, M. Rainer/Roeder, Peter Martin/Wellendorf, Franz: Erziehungswissenschaft als Gesellschaftswissenschaft. Probleme und Ansätze. Teil I. Hrsg. von Carl-Ludwig Furck/Dietrich Goldschmidt/Ingeborg Röbbelen. Heidelberg 1969.

Graumann, Carl Friedrich: Einführung in die Psychologie. Bd. 1: Motivation. Frankfurt 1970.

Groothoff, Hans-Hermann: Funktion und Rolle des Erziehers. München 1972.

Gross, Johannes: Absagen an die Zukunft. Frankfurt 1974[2].

Grossmann, Heinz (Hrsg.): Bürgerinitiativen. Schritte der Veränderung ? Frankfurt 1971.

Grossner, Claus (Hrsg.): Das 198. Jahrzehnt. Eine Teamprognose für 1970 - 1980. Frankfurt 1972.

Grundsätze, Richtlinien, Lehrpläne für die Hauptschule in Nordrhein-Westfalen. Heft 30. Ratingen 1968.

Guter, Josef: Pädagogik in Utopia. Neuwied 1968.

Haavelsrud, Magnus: Ansichten von Kindern und Jugendlichen über Krieg und Frieden. In: Bildung und Erziehung. 25. Jg. Heft 3. Mai/Juni 1972. S. 29 - 43.

Habermas, Jürgen: Strukturwandel der Öffentlichkeit. Frankfurt 1968[3].

Habermas, Jürgen: Technik und Wissenschaft als 'Ideologie'. Frankfurt 1968.

Habermas, Jürgen: Erkenntnis und Interesse. Frankfurt 1968.

Hacker, Friedrich: Aggression. Die Brutalisierung der modernen Welt. Wien 1971.

Hacker, Friedrich: Terror. Mythos - Realität - Analyse. Wien 1973.

Hagemeister, Ursula: Die Schuldisziplin. Reihe: Pädagogische Studien. Bd. 15. Hrsg. von Georg Geissler. Weinheim 1968.

Hagolani, Elhanan: Grenzen des Wachstums ? Kritik an der Studie des Club of Rome. In: Die neue Gesellschaft. 19. Jg. 1972. S. 876 - 882.

Handbuch der Empirischen Sozialforschung. Bd. II. Hrsg. von René König. Stuttgart 1969.

Handbuch der Sozialerziehung. Bd. I: Grundlegung der Sozialerziehung. Hrsg. von Ernst Bornemann und Gustav von Mann-Tiechler. Freiburg 1963.

Handbuch pädagogischer Grundbegriffe. 2. Bde. Hrsg. von Josef Speck und Gerhard Wehle. München 1970.

Handbuch philosophischer Grundbegriffe. Bd. 2. Hrsg. von Hermann Krings/Hans Michael Baumgartner/Christoph Wild. München 1973.

Handwörterbuch der Organisation. Hrsg. von Erwin Grochla. Stuttgart 1969.

Hartfiel, Günter (Hrsg.): Die autoritäre Gesellschaft. Köln 1970.

Haugg, Hans Jürgen/Maessen, Hubert: Was wollen die Schüler ? Politik im Klassenzimmer. Frankfurt 1969.

Haugg, Werner (Hrsg.): Kommentar zum Schulverwaltungsgesetz Nordrhein-Westfalen. Wiesbaden-Dotzheim 1966.

Hausaufgaben für die Klassen 1 bis 10 aller Schulformen. In: RdErl. d. Kultusministers vom 2.3.1974 - III C 1.36 - 63/0 - 4758/73 1 C, II A, II B -.

Heiland, Helmut: Schüler und Lehrer. Eine empirische Untersuchung. Ratingen 1971.

Heinemann, Horst: Können Schüler mitbestimmen ? Eine Projektidee für die Mittelstufe (7. - 10. Schuljahr). In: Informationen zum Religionsunterricht. 5. Jg. 1973. Heft 4. S. 14 - 38.

Heinerth, Klaus: Untersuchungen zur Vorurteilshaftigkeit im Verhalten deutscher gegenüber ausländischen Arbeitern. Tübingen 1968 (Diss.).

Heiss, Robert: Utopie und Revolution. Ein Beitrag zur Geschichte des fortschrittlichen Denkens. München 1973.

Heitkämper, Peter: Kategorien ideologischer Pädagogik. Wirkungsweise und Möglichkeiten einer Entideologisierung. In: Heinrich Kanz (Hrsg.): Ideologiekritik in der Erziehungswissenschaft. Frankfurt 1972.

Hennenhofer, Gerd/Heil, Klaus D.: Angst überwinden. Selbstbefreiung durch Verhaltenstraining. Stuttgart 1973.

Henningsen, Jürgen: Utopie und Erfahrung. In: Bildung und Erziehung. 23. Jg. 1970. S. 82 - 86.

Hentig, Hans von: Der Friedenschluß. Geist und Technik einer verlorenen Kunst. München 1965.

Hentig, Hartmut von: Wie hoch ist die höhere Schule ? Eine Kritik. Stuttgart 1962.

Hentig, Hartmut von: Systemzwang und Selbstbestimmung. Über die Bedingungen der Gesamtschule in der Industriegesellschaft. Stuttgart 1968.

Hentig, Hartmut von: Cuernavaca oder: Alternativen zur Schule? Stuttgart 1971.

Hentig, Hartmut von: Der ungleiche Krieg zwischen Erwachsenen und Kindern. Janusz Korczak oder Erziehung in einer friedlosen Welt. In: Frankfurter Allgemeine Zeitung. Nr. 228. S. 18 - 19. 2.10. 1972. S. 18 - 19.

Herbers, Hein: Friede durch Gewalt - Friede durch Recht. Der Friedensgedanke als Utopie und Möglichkeit. Essen 1959.

Herrmann, Ulrich: Die Pädagogik Wilhelm Diltheys. Göttingen 1971.

Hess, Henner: Soziale Schranken und Vorurteile. Anmerkungen aus der Sicht des Kriminologen. In: Neue Sammlung. 10. Jg. 1970. S. 184 - 200.

Hiller-Ketterer, Ingeborg: Kind - Gesellschaft - Evangelium. Theologisch-didaktische und soziopolitische Überlegungen zu Unterrichtsversuchen in der Grundschule. Stuttgart 1971.

Hiller-Ketterer, Ingeborg/Thierfelder, Jörg: Leistung und Gerechtigkeit. Stuttgart/München 1972.

Hintze, Rolf-Henning: Umstrittenes Rüstungsgeschäft. In: Frankfurter Rundschau. Nr. 51. 1.3.1974. S. 2.

Hörner, Wolfgang/Kuebart, Friedrich: Neuere Literatur zur Schulverfassung und Mitbestimmung in der Schule. In: Bildung und Erziehung. 26. Jg. 1973. S. 332 - 339.

Hoffmann, Dietrich: Ansatz und Tragweite einer "kritischen Erziehungswissenschaft". In: Westermanns Pädagogische Beiträge. 23. Jg. 1971. S. 167 - 175.

Hoffmann, Dietrich: Zur historischen Funktion Kritischer Erziehungswissenschaft. In: Westermanns Pädagogische Beiträge. 25. Jg. 1973. S. 136 - 143.

Hoffmann, Wolfgang: Rost an der Rüstung. In: Die Zeit. Nr. 24. 8.6.1973. S. 33.

Hofstätter, Peter: Gruppendynamik. Reinbek 1971.

Holstein, Hermann: Die Schule als Institution. Zur Bedeutung von Schulorganisation und Schulverwaltung. Ratingen 1972.

Holtmann, Antonius: Politisierung der Schüler und Schulreform. Voraussetzungen für eine wirksame Schülervertretung und Schülermitbestimmung. In: Die Deutsche Schule. 6. Jg. 1968. S. 727 - 740.

Holtmann, Antonius: Literatur zur Diskussion um die SMV 1966 - 1969 mit einem Bericht "SMV-Literatur 1968/69". Berlin 1969.

Holtmann, Antonius/Reinhardt, Sibylle: Schülermitverantwortung. Geschichte und Ende einer Ideologie. Weinheim 1971 (mit Lit.).

Horkheimer, Max: Über das Vorurteil. Köln 1963.

Horn, Klaus: Dressur oder Erziehung. Schlagrituale und ihre gesellschaftliche Funktion. Frankfurt 1967.

Horn, Klaus: Das Opfer. Von der entsetzlichen Harmlosigkeit des Entsetzlichen. Die falsche Behandlung des Problems Krieg. In: Die Zeit. Nr. 1. 7.1.1972. S. 36.

Hornstein, Walter: Kindheit und Jugend in der Gesellschaft. Dokumentation des 4. Deutschen Jugendhilfetages. Hrsg. im Auftrag der Arbeitsgemeinschaft für Jugendpflege und Jugendfürsorge. München 1970.

Illich, Ivan: Entschulung der Gesellschaft. München 1972.

Illich, Ivan: Schulen helfen nicht. Über das mythenbildende Ritual der Industriegesellschaft. Reinbek 1972.

Ingenkamp, Karlheinz (Hrsg.): Die Fragwürdigkeit der Zensurengebung. Texte und Untersuchungsberichte. Weinheim 1971.

Interkirchlicher Friedensrat: Die Zukunft Europas. Eine Standortbestimmung des Interkirchlichen Friedensrates in den Niederlanden. In: Aus Politik und Zeitgeschichte. Beilage zur Wochenzeitung Das Parlament. B 13/1973. 31.3.1973.

Internationale Dialog Zeitschrift. Heft 2. Thema: Pädagogik der Veränderung. 5. Jg. 1972. S. 97 - 163.

Internationales Friedensforschungsinstitut Stockholm: World Armaments and Disarmament. SIPRI Yearbook 1974. Stockholm 1974.

International Institute for Strategic Studies: The Military Balance 1974 - 1975. London 1974.

Ivo, Hubert: Pedantische Lehrer ? Vermieste Dichtung ? Golo Mann hat die Didaktik für sich noch nicht entdeckt. In: Frankfurter Rundschau. 16.3.1974. Nr. 64. S. II.

Jahrbuch für Friedens- und Konfliktforschung. Friedensforschung und politische Praxis. Bd. II. Hrsg. im Auftrag des Vorstandes der Arbeitsgemeinschaft für Friedens- und Konfliktforschung e.V. Düsseldorf 1972.

Janek, Peter: Das "Dilemma" der Friedenspädagogik in der BRD. In: Bildung und Erziehung. 25. Jg. 1972. Heft 5. S. 49 - 57.

Jouhy, Ernest: Demokratisierung der Schule, ein widerspruchsvoller Prozeß. In: Gesellschaft - Staat - Erziehung. 15. Jg. 1970. S. 83 - 93.

Jouhy, Ernest: Zum Begriff der emanzipatorischen Erziehung. In: Gesellschaft - Staat - Erziehung. 17. Jg. 1972. S. 145 - 149.

Kabel, Rainer/Assel, Hans-Günther: Friedensforschung/Friedenspädagogik. Schriftenreihe der Bundeszentrale für politische Bildung. Heft 88. Bonn 1971.

Kaiser, Franz-Josef: Entscheidungstraining. Die Methoden der Entscheidungsfindung. Bad Heilbrunn 1973.

Kaiser, Karl: Friedensforschung in der Bundesrepublik. Göttingen 1970.

Kant, Immanuel: Zum ewigen Frieden. Ein philosophischer Entwurf. Hrsg. von Theodor Valentiner. Stuttgart 1973.

Kanz, Heinrich (Hrsg.): Ideologiekritik in der Erziehungswissenschaft. Frankfurt 1972.

Katholisches Soziallexikon. Innsbruck 1964.

Kende, Istvan: Twenty-five years of local war. In: Journal of Peace Research. 8. Jg. 1971. Heft 1. S. 5 - 22.

Kimmerle, Heinz: Die Bedeutung der Geisteswissenschaften für die Gesellschaft. Stuttgart 1971.

Kippert, Klaus (Hrsg.): Einführung in die Soziologie der Erziehung. Freiburg 1970.

Kirsten, Rainer E.: Lehrerverhalten, Untersuchungen und Interpretationen. Stuttgart 1973.

Klafki, Wolfgang: Erziehungswissenschaft als kritisch-konstruktive Theorie: Hermeneutik - Empirie - Ideologiekritik. In: Zeitschrift für Pädagogik. 17. Jg. 1971. S. 351 - 385.

Klein, Michael: Wissenschaftstheoretische Aspekte einer problemorientierten Pädagogik. Ein kritischer Exkurs. Köln 1971 (Diss.).

Klönne, Arno: Friede und politische Bildung. In: Werkhefte. 25. Jg. Heft 7. Juli 1971. S. 196 - 208.

Köhle, Klaus: Das Friedensproblem im staatstheoretischen Denken seit der Antike. In: Politische Studien. Zweimonatsschrift für Zeitgeschichte und Politik. 21. Jg. 1970. S. 5 - 19.

Köhler, Gerd/Reuter, Ernst (Hrsg.): Was sollen Schüler lernen? Die Kontroverse um die hessischen Rahmenrichtlinien für die Unterrichtsfächer Deutsch und Gesellschaftslehre. Frankfurt 1973.

König, René (Hrsg.): Soziologie. Neue Ausgabe. Frankfurt 1968.

Koppes, Karl-Heinz: Partnerarbeit im Unterrichtsgeschehen der Grund- und Hauptschule. Stuttgart 1969.

Kraak, Bernhard: Auswirkungen von Psychologie-Unterricht auf soziale und pädagogische Vorurteile. Weinheim 1968.

Kralewski, Wolfgang/Markert, Hartmut/Meyer, Berthold/Lutz, Dieter/Öhlschläger, Rainer/Steinmetz, Burkhard/Zanolli, Gabriele: Funktion von Unterrichtsmodellen für die Friedenserziehung. Hrsg. durch das Institut für Politikwissenschaft an der Universität Tübingen. Arbeitsgruppe Friedensforschung. Tübingen (April) 1973.

Kramp, Wolfgang: Studien zur Theorie der Schule. München 1973.

Kress, Gisela: Internationale Beziehung und Friedensforschung. In: Gesellschaft - Staat - Erziehung. 17. Jg. 1972. S. 408 - 420.

Krippendorff, Ekkehart (Hrsg.): Friedensforschung. Köln 1972[2].

Kühhorn, Kurt: Die pädagogischen Bemühungen um die Friedenserziehung. Kritische Bemerkungen zu den Denkansätzen von Hans-Jochen Gamm, Hartmut von Hentig und Hans-Günther Assel. In: Welt derSchule. Ausgabe: Hauptschule. 25. Jg. 1972. S. 47 - 71; 95 - 108.

Kümmel, Friedrich: Erziehung als Konfliktfeld. Zum Ausgangspunkt des Erziehungsdenkens von J.J. Rousseau. In: Die Schulwarte. 24. Jg. Heft 3/4. März/April 1971. S. 37 - 50.

Küpper, Christel (Hrsg.): Zur Grundlegung der Friedenserziehung. Ansätze und Ergebnisse aus der Arbeit der Studiengesellschaft. Heft 2. Bearbeitet von Mathias R. Lobner. München 1970.

Kuhn, Annette: Kann man zum Frieden erziehen ? Gedanken zu den Wegen und Irrwegen einer Friedenspädagogik. In: Gesellschaft - Staat - Erziehung. 16. Jg. Heft 3. Juni 1971. S. 145 - 158.

Kuhn, Annette/Haffmanns, Gisela/Genger, Angela: Historisch-politische Friedenserziehung. Unterrichtsmodelle zur Friedenserziehung. München 1972.

Kuhn, Annette: Inhalte einer Erziehung zum Frieden und ihre Übersetzbarkeit in die pädagogische Praxis. In: Hessische Blätter für Volksbildung. 22. Jg. 1972. Heft 1. S. 30 - 40.

Kuhn, Annette: Schriften zur Friedenserziehung. In: Literaturbericht Pädagogik. 1. Jg. 1974 (1. Quartal). S. 1 - 5.

Kuhn, Annette: Friedenserziehung in der bestehenden Schulorganisation. In: Materialien zur politischen Bildung. Heft 2. 2. Jg. 1974. S. 61 - 70.

Kuhn, Annette: Einführung in die Didaktik der Geschichte. München 1974.

Kupffer, Heinrich: Die "Demokratisierung" der Schule unter erzieherischem Aspekt. In: Die Deutsche Schule. 60. Jg. 1968. S. 719 - 726.

Lassahn, Rudolf: Neue Quellen und Literatur zur Dilthey-Forschung. In: Zeitschrift für Pädagogik. 20. Jg. Heft 1. Februar 1974. S. 129 - 139.

Lehner, Günther (Hrsg.): Autorität - was ist das heute ? Umstrittene Machtansprüche in Staat, Gesellschaft und Kultur. München 1965.

Leifert, Arnold: Signale im Verteidigungsfall. Frankfurt 1974.

Lempert, Wolfgang: Bildungsforschung und Emanzipation über ein leitendes Interesse der Erziehungswissenschaft und seine Bedeutung für die empirische Analyse von Bildungsprozessen. In: Neue Sammlung. 9. Jg. 1969. S. 347 - 363; auch in: Dieter Ulich (Hrsg.): Theorie und Methode der Erziehungswissenschaft. Weinheim 1972. S. 479 - 498.

Lenk, Kurt (Hrsg.): Ideologie. Ideologiekritik und Wissenssoziologie. Neuwied 1970[4].

Liebel, Manfred/Wellendorf, Franz: Schülerselbstbefreiung. Voraussetzungen und Chancen der Schülerrebellion. Frankfurt 1969.

Lock, Peter: Rüstungsexporte und militärische Ausbildungshilfe. In: Studiengruppe Militärpolitik. Ein Anti-Weißbuch. Materialien für eine alternative Militärpolitik. Reinbek 1974. S. 124 - 136.

Löwisch, Dieter-Jürgen: Friedenspädagogik. Kritische Bemerkungen zur Einführung einer neuen pädagogischen Sonderdisziplin. In: Pädagogische Rundschau. 26. Jg. S. 789 - 810.

Löwisch, Dieter-Jürgen: Erziehung und Kritische Theorie. Kritische Pädagogik zwischen theoretischem Anspruch und gesellschaftlicher Realität. München 1974.

Lohmar, Ulrich: Politik in der Hauptschule. Ergebnisse einer Befragung von 4000 Hauptschülern in Duisburg. Düsseldorf 1970.

Lorenz, Friedebert: Frieden. Vorlesungen auf dem 13. Deutschen Evangelischen Kirchentag. Hannover 1967.

Luther, Henning: Kritik als pädagogische Kategorie. In: Theologia Practica. 8. Jg. 1973. S. 1 - 16.

Mager, Robert F.: Motivation und Lernerfolg. Wie Lehrer ihren Unterricht verbessern können. Weinheim 1971[3].

Maier, Hans: Die Schule ist eine Vor-Gesellschaft. In: Die Zeit. Nr. 50. 7.12.1973. S. 21.

Mann, Golo: Sinnloser Bruch. In: Die Zeit. Nr. 51. 14.12.1973. S. 17.

Marcuse, Herbert/Rapoport, Anatol/Mitscherlich, Alexander u.a.: Aggression und Anpassung in der Industriegesellschaft. Frankfurt 1968.

Markstahler, Jürgen/Wagner, Volker/Senghaas, Dieter: Schule und Dritte Welt. Texte und Materialien für den Unterricht. Nr. 43. Hrsg. vom Bundesministerium für wirtschaftliche Zusammenarbeit. Bonn 1973.

Massing, Otwin: Zur Konditionierung des internationalen Krieg-Frieden-Syndroms durch rüstungswirtschaftliche Interessensverflechtungen. In: Lernziel Frieden. Protokoll Nr. 71. Evangelische Akademie Hofgeismar 1973.

Max-Traeger-Stiftung (Hrsg.): Zur Wirksamkeit der Politischen Bildung. Teil I: Eine soziologische Analyse des Sozialkundeunterrichts an der Volks-, Mittel- und Berufsschule. Frankfurt 1966.

Mayntz, Renate: Soziologie der Organisation. Reinbek 1963.

Mayntz, Renate (Hrsg.): Bürokratische Organisation. Köln 1968.

Meadows, Dennis u.a.: Die Grenzen des Wachstums. Bericht des Club of Rome zur Lage der Menschheit. Stuttgart 1972 (Original-Titel: The Limits to Growth. New York 1972).

Meueler, Erhard: Soziale Gerechtigkeit. Einführung in die Entwicklungsproblematik am Beispiel Brasiliens und der Bundesrepublik Deutschland. Düsseldorf 1971.

Meueler, Erhard (Hrsg.): Lernbereich Dritte Welt. Evaluation der curricularen Arbeitshilfe "Soziale Gerechtigkeit". Düsseldorf 1972.

Meyer, Hilbert L.: Einführung in die Curriculum-Methodologie. München 1972.

Michel, Gerhard/Schaller, Klaus (Hrsg.): Pädagogik und Politik. Comenius Colloquium Bochum 1970. Ratingen 1972.

Minssen, Friedrich: Umgang mit dem Konflikt-Kern der Friedenserziehung. In: Probleme der Friedenserziehung. Heft 90. Herausgegeben von der Bundeszentrale für politische Bildung. Bonn 1970. S. 54 - 70.

Mitscherlich, Alexander: Die Unwirtlichkeit unserer Städte. Anstiftung zum Unfrieden. Frankfurt 1965.

Mitscherlich, Alexander (Hrsg.): Bis hierher und nicht weiter. Ist die menschliche Aggression unbefriedbar ? München 1969.

Mitteilungen der Hessischen Stiftung Friedens- und Konfliktforschung: Die Rüstungsdynamik im Ost-West-Konflikt und die Möglichkeiten ihrer Beeinflussung. Projektskizzen. Nr. 4. Frankfurt 1972.

Möller, Walter/Vilmar, Fritz: Sozialistische Friedenspolitik für Europa. Kein Frieden ohne Gesellschaftsreform in West und Ost. Reinbek 1972.

Mollenhauer, Klaus: Erziehung und Emanzipation. Polemische Skizzen. München 1970[4].

Felix Molmann oder das Leben und Wirken eines christlichen Mustererziehers vor hundert Jahren. Bearbeitet von Joseph Pieper. Paderborn 1905[4].

Montessori, Maria: Frieden und Erziehung. Die Bedeutung der Erziehung für die Verwirklichung des Friedens. Hrsg. und eingeleitet von Paul Oswald und Günter Schulz-Benesch. Freiburg 1973 (Original-Titel: L'educazione e pace. Mailand 1970).

Moser, Heinz: Programmatik einer kritischen Erziehungswissenschaft. In: Zeitschrift für Pädagogik. 18. Jg. 1972. S. 639 - 657.

Moser, Tilmann: Jugendkriminalität und Gesellschaftsstruktur. Zum Verhältnis von soziologischen, psychologischen und psychoanalytischen Theorien des Verbrechens. Frankfurt 1970.

Mühlmeyer, Heinz: Prinzipien und Maßgaben der Erziehung. In: Lexikon der Pädagogik. Neue Ausgabe. Bd. 3. Hrsg. vom Willmann-Institut. Freiburg 1971. S. 345.

Mühlmeyer, Heinz: Bildung. In: Lexikon der audio-visuellen Bildungsmittel. Hrsg. von Heribert Heinrichs. München 1971. S. 45 - 51.

Mühlmeyer, Heinz: Pädagogik. In: Lexikon der Pädagogik. Neue Ausgabe. Bd. 3. Hrsg. vom Willmann-Institut. Freiburg 1971. S. 256 - 259.

Mühlmeyer, Heinz: Individualität und Erziehung. In: Lexikon der Pädagogik. Neue Ausgabe. Bd. 2. Hrsg. vom Willmann-Institut. Freiburg 1970. S. 281 - 282.

Müller, Wolfgang C.: Die Stellung des Schülers an unseren Schulen. In: Westermanns Pädagogische Beiträge. 20. Jg. 1968. S. 515 - 521.

Myrdahl, Gunnar: Politisches Manifest über die Armut in der Welt. Frankfurt 1970.

Narr, Wolf-Dieter: Gewalt und Legitimität. In: Leviathan. Zeitschrift für Sozialwissenschaft. 1. Jg. 1973. Heft 1. S. 7 - 42.

Neff, Günter: Neue Aspekte der geisteswissenschaftlichen Pädagogik Erich Wenigers. Tübingen 1973 (Diss.).

Neues Pädagogisches Lexikon. Hrsg. von Hans-Hermann Groothoff und Martin Stallmann. Stuttgart 1971[5].

Nicholson, Michael: Konfliktanalyse. Einführungen in Probleme und Methoden. Düsseldorf 1973.

Nickel, Heinz: Die Behandlung des Problems der Vorurteile. In: Gesellschaft - Staat - Erziehung. 10. Jg. 1965. S. 177 - 186.

Nickel, Horst/Schlüter, Peter/Fenner, Hans-Jörg: Angstwerte, Intelligenztest- und Schulleistungen sowie der Einfluß der Lehrerpersönlichkeit bei Schülern verschiedener Schularten. In: Psychologie in Erziehung und Unterricht. 20. Jg. 1973. S. 1 - 3.

Nicklas, Hans/Ostermann, Änne: Friedensbezogene Lernziele und die Umsetzung von Friedensforschung in didaktische Modelle. In: Mitteilungen Nr. 4 der Hessischen Stiftung für Friedens- und Konfliktforschung. Frankfurt 1972. S. 131 - 138.

Nicklas, Hans/Ostermann, Änne: Überlegungen zur Ableitung friedensrelevanter Lernziele aus dem Stand kritischer Friedensforschung. In: Zeitschrift für Pädagogik. 19. Jg. 1973. S. 225 - 240.

Noack, Paul: Friedensforschung - ein Signal der Hoffnung ? Freudenstadt 1970.

Noack, Paul: Das Kriegsorakel von Starnberg. Gleichgültig, wohin die Bomben fallen - das Resultat heißt: Politischer Selbstmord. In: Publik. Nr. 6. 5.2.1971. S. 12.

Noel-Baker, Philip: Der Rüstungswettlauf - ein Panorama des Schreckens. In: UNESCO-Kurier. 11. Jg. 1970. Heft 11. S. 8 - 12.

Nohl, Herman: Die pädagogische Bewegung in Deutschland und ihre Theorie. Frankfurt 1963[6].

Nutz/Stumpf/Weinzierl: Friedensfähigkeit und politisches Lernen. Projekte im Unterricht. Starnberg 1973.

Oberlandesgericht Zweibrücken. Rechtsurteil vom 12.3.1974 - 5 U 95/73 - 4 0 36/73 (Rechtsurteil zur Gültigkeit des Züchtigungsrechts in Rheinland-Pfalz).

Oehlmann, Klaus: Leistungsbeurteilung in der Schule als Problem der Eltern. In: Neue Sammlung. 13. Jg. 1973. S. 182 - 200.

Oetinger, Friedrich: Partnerschaft. Die Aufgabe der politischen Erziehung. Stuttgart 1956[3].

Ossenbühl, Fritz: Erziehung und Bildung. Ein Bericht über die Bedeutung und Interpretation kultureller Grundrechte in der Rechtsprechung der Oberverwaltungsgerichte. In: Archiv des öffentlichen Rechts. 98. Bd. Heft 3. September 1973. S. 361 - 404.

Overberg, Bernhard: Anweisungen zum zweckmäßigen Schulunterricht. Paderborn 1902.

Pädagogik. Neuausgabe (Fischer Lexikon). Hrsg. von Hans-Hermann Groothoff. Frankfurt 1973.

Pädagogisches Lexikon. Bd. II. Hrsg. von Walter Horney/Johann Peter Ruppert/Walter Schultze. Gütersloh 1970.

Papcke, Sven: Progressive Gewalt. Studien zum sozialen Widerstandsrecht. Frankfurt 1973.

Peace Research in the Federal Republic of Germany. In: Journal of Peace Research. Hrsg. durch International Peace Research Institute. Oslo. 10. Jg. 1973. Heft 3 (Sonderheft).

Pechstein, Johannes: Hilfe für das behinderte Kind. Sonderdruck aus der Broschüre "Behinderte Kinder". (Hrsg. von der Bundeszentrale für gesundheitliche Aufklärung) Köln o.J. (1972).

Perschel, Wolfgang: Die Rechtslage der Schülermitverwaltung. Neuwied 1966.

Peter, Helge-Ulrike: Die Schule als soziale Organisation. Mit einer Einleitung von Wolfgang Klafki. Weinheim 1973.

Pfister, Hermann/Wolf, Rosemarie: Friedenspädagogik heute. Waldkirch 1972.

Picht, Georg: Mut zur Utopie. Die großen Zukunftsaufgaben. München 1969.

Picht, Georg / Huber, Wolfgang: Was heißt Friedensforschung? Stuttgart - München 1971.

Picht, Georg: Ist Erziehung zum Frieden möglich? In: Die Zeit. Nr. 46. 9.11.1973. S. 52.

Picht, Georg: Bildungsnotstand - Notstand der Bildungspolitik. In: Stuttgarter Zeitung. Nr. 199. 29.8.1973. S. 12. Jetzt auch unter dem Titel: Vom Bildungsnotstand zum Notstand der Bildungspolitik. In: Zeitschrift für Pädagogik. 19. Jg. 1973. S. 665 - 678.

Picht, Georg: Die etablierten Mächte sind am Status quo interessiert; der aber führt zum Krieg. In: Frankfurter Rundschau. Nr. 150. 3.7.1974. S. 16.

Pöggeler, Franz: Die Pädagogik Wilhelm Foersters. Eine systematische Darstellung. Freiburg 1957.

Pöggeler, Franz: Der pädagogische Fortschritt und die verwaltete Schule. Freiburg 1960.

Priester, Karin: Erziehung zum Frieden. Oder: Die Abrichtung zur Zufriedenheit. In: betrifft: erziehung. 5. Jg. Heft 7. Juli 1972. S. 27 - 32.

Priester, Karin: Theorie ohne Folgen. In: betrifft: erziehung. 6. Jg. Heft 6. Juni 1973. S. 68 - 69.

Pronk, Jan Pieter: Entwicklungshilfe und Ölkrise. In: Materialien. Nr. 44. Hrsg. vom Bundesministerium für wirtschaftliche Zusammenarbeit. Bonn 1974. S. 1 - 9.

Rathert, Hans J.: Ideologiekritik als Prinzip politischen Unterrichts. In: Gesellschaft - Staat - Erziehung. 9. Jg. 1964. S. 314 - 323.

Rauch, Eberhard/Anzinger, Wolfgang (Hrsg.): Wörterbuch Kritische Erziehung. Starnberg 1972.

Raumer, Kurt von: Ewiger Friede. Friedensrufe und Friedenspläne seit der Renaissance. Freiburg 1953.

Raumer, Kurt von/Vierhaus, Rudolf: Friede und Völkerordnung. "Gerechter Krieg" und "Ewiger Friede". Teil I. Stuttgart 1965.

Raumer, Kurt von: Geistesgeschichte einer großen Idee. Der Friedensgedanke in wechselnden Wirklichkeiten. In: Süddeutsche Zeitung. Nr. 307 - 309. 24./25./26./27.12.1970.

Reble, Albert: Geschichte der Pädagogik. Stuttgart 1969[10].

Reble, Albert (Hrsg.): Geschichte der Pädagogik. Dokumentationsband I (Antike bis Aufklärung) und Dokumentationsband II (Klassisch-idealistische Epoche bis Gegenwart). Stuttgart 1971.

Reimann, Hans Leo: Das Planspiel im pädagogischen Arbeitsbereich. Hrsg. von der Bundeszentrale für politische Bildung. Heft 95. Bonn 1972.

Reisinger, Peter: Systemüberwindung und Bewußtseinsänderung. In: Die Neue Schule. 19. Jg. 1972. S. 866 - 872.

Reitzenstein, Irene von: Solidarität und Gleichheit. Ordnungsvorstellungen im deutschen Gewerkschaftsdenken nach 1945. Berlin 1961.

Rest, H.O. Franco (Hrsg.): Waffenlos zwischen den Fronten. Die Friedenserziehung auf dem Weg zur Verwirklichung. Graz-Köln 1971.

Reumann, Kurt: Vom richtigen Gebrauch der "lieblichen Guillotine". In: Frankfurter Allgemeine Zeitung. Nr. 149. 30.6.1973. S. 9.

Richtlinien und Lehrpläne für die Grundschule. Schulversuch in Nordrhein-Westfalen. Heft 40. Ratingen 1969.

Richtlinien und Lehrpläne für die Grundschule in Nordrhein-Westfalen. Heft 42. Ratingen 1973.

Richtlinien für die Sexualerziehung in den Schulen des Landes Nordrhein-Westfalen. In: Gemeinsames Amtsblatt des Kultusministeriums und des Ministeriums für Wissenschaft und Forschung des Landes Nordrhein-Westfalen. Ausgabe A. Nr. 6. 26. Jg. 1974. S. 318 - 324.

Richtlinien für Schulwanderungen und Schulfahrten (RdErl. d. Kultusministers vom 18.7.1974). In: Gemeinsames Amtsblatt des Kultusministeriums und des Ministeriums für Wissenschaft und Forschung des Landes Nordrhein-Westfalen. Ausgabe A. 26. Jg. Nr. 8. 19.8.1974. S. 419 - 431.

Riedl, Armin: Probleme einer Erziehung zum Frieden. In: Frieden im Spektrum der Wissenschaften. Anregungen zu einer Friedenserziehung. Hrsg. von einem Autorenteam der Pädagogischen Hochschule Schwäbisch-Gmünd. Heidenheim 1973. S. 41 - 55.

Ritsert, Jürgen: Inhaltsanalyse und Ideologiekritik. Frankfurt 1972.

Rock, Martin: Friedensforschung und Theologie. Motive der modernen Friedensforschung bei Thomas von Aquin. In: Trierer Theologische Zeitschrift. 81. Jg. 1972. S. 102 - 111.

Röhrs, Hermann (Hrsg.): Friedenspädagogik. Frankfurt 1970.

Röhrs, Hermann: Erziehung zum Frieden. Stuttgart 1971.

Röling, Bert V.A.: Einführung in die Wissenschaft von Krieg und Frieden. Neukirchen-Vluyn 1970 (Original-Titel: Inleiding tot de wetenschap van oorlog en vrede. Assen 1968).

Röling, Bert V.A.: Überleben: eine neue Wissenschaft - Die Friedensforschung und die heutige Situation. In: Universitas. 26. Jg. 1971. S. 903 - 912.

Röling, Bert V.A.: Die gegenwärtige Weltsituation in der Sicht der Friedensforschung. In: Universitas. 27. Jg. 1972. S. 1137 - 1145.

Roth, Heinrich: Pädagogische Anthropologie. Bd. I: Bildsamkeit und Bestimmung. Hannover 1968[2]. Bd. II: Entwicklung und Erziehung. Grundlagen einer Entwicklungspädagogik. Hannover 1971.

Roth, Jürgen: Armut in der Bundesrepublik. Über psychische und materielle Verelendung. Reinbek 1974.

Roth, Karl Friedrich: Erziehung zur Völkerverständigung und zum Friedensdenken. Donauwörth 1967.

Rüegg, Walter: Soziologie. Funk-Kolleg zum Verständnis der modernen Gesellschaft. Frankfurt 1971.

Ruehl, Lothar: Pokerpartie mit Vernichtungswaffen. Mehrfachsprengköpfe entscheiden über das Rüstungsgleichgewicht - Läuft die Technik den Politikern davon ? In: Die Zeit. Nr. 40. 28.9.1973. S. 3.

Rülcker, Tobias: Allgemeine Ziele, Normenkonsens und Gesellschaftstheorie. Wissenschaftstheoretische Probleme der Curriculumforschung. In: Pädagogische Rundschau. 27. Jg. 1973. S. 134 - 149.

Rufer, Martin: Friedenserziehung als Pädagogik der Unterdrückten. Versuch einer Ideologiekritik praktizierter Friedenspädagogik. In: Internationale Dialog Zeitschrift. 5. Jg. 1972. S. 129 - 135.

Ruhloff, Jörg: Ein Schulkonflikt wird durchgespielt. Beschreibung und Analyse. Heidelberg 1970.

Rumpf, Horst: Die administrative Verstörung der Schule. Drei Kapitel über den beamteten Erzieher und die verwaltete Schule. Essen 1966.

Rumpf, Horst: Anpassung ohne Widerstand. Über die wirkungslose Wissenschaftlichkeit der Gymnasiallehrer-Ausbildung. In: Die Deutsche Schule. 58. Jg. 1966. S. 730 - 738.

Rumpf, Horst: Schule gesucht. Tagebuch eines Studienrates. Braunschweig 1968.

Rumpf, Horst: Scheinklarheiten. Sondierungen von Schule und Unterrichtsforschung. Braunschweig 1971.

Rd.Erl. des Kultusministers vom 22.6.1971 - II A 6.36 - 80/0 Nr. 2716/71 (Verwaltungsanordnung zur Aufhebung der körperlichen Züchtigung an Schulen in Nordrhein-Westfalen).

Rd.Verfügung des Schulkollegiums beim Regierungspräsidenten in Münster vom 16.3.1971 - 6/III - 5 - 1/1 (Disziplinierungsabfolge einer Schulaufsichtsbehörde).

Sack, Fritz u.a.: Aggressivität und Gewalt in unserer Gesellschaft. München 1973.

Sandner, Dieter: Gibt es eine ideologiefreie Friedenserziehung? Kritik des friedenspädagogischen Ansatzes der Studiengesellschaft für Friedensforschung e.V. München. In: Werkhefte. 25. Jg. Heft 7. Juli 1971. S. 214 - 218.

Sarason, Seymour B. u.a.: Angst bei Schulkindern. Ein Forschungsbericht. Stuttgart 1971 (Original-Titel: Anxiety in elementary school children - A report of research. New York 1960).

Sauer, Gerda-Karla: Kindliche Utopien.Weinheim 1954.

Sauer, Karl: Der utopische Zug in der Pädagogik. Weinheim 1964.

Sauer, Karl: Struktur. Zur Problematik eines didaktischen Modewortes. In: Westermanns Pädagogische Beiträge. 26. Jg. 1974. Heft 1. S. 21 - 30.

Schaal, Helmut: Ansätze und Möglichkeiten einer Erziehung zum Frieden in Schule und Unterricht. In: Die Schulwarte. 24. Jg. Heft 3/4. März/April 1971. S. 51 - 77.

Schäfer, Karl-Hermann/Schaller, Klaus: Kritische Erziehungswissenschaft und kommunikative Didaktik. Heidelberg 1971; Heidelberg 1973 (2. verb. u. erw. Aufl.).

Schäfer, Walter/Edelstein, Wolfgang/Becker, Gerold: Probleme der Schule im gesellschaftlichen Wandel. Das Beispiel Odenwaldschule. Frankfurt 1971.

Schaller, Klaus/Mühlmeyer, Heinz/Hillermann, Horst: Pädagogik. In: Lexikon der Pädagogik. Neue Ausgabe. Bd. 3. Hrsg. vom Willmann-Institut München - Wien. Freiburg 1971. S. 255 - 261.

Schaller, Klaus: Die Schule muß wieder erziehen. In: Zeitwende. 44. Jg. 1973. S. 199 - 206.

Scharffenorth, Gerta/Huber, Wolfgang (Hrsg.): Bibliographie zur Friedensforschung. Reihe: Studien zur Friedensforschung. Bd. 6. Hrsg. von Georg Picht und Heinz Eduard Tödt. Stuttgart - München 1970.

Scharffenorth, Gerta/Huber, Wolfgang (Hrsg.): Neue Bibliographie zur Friedensforschung. Reihe: Studien zur Friedensforschung. Bd. 12. Hrsg. durch Georg Picht und Heinz Eduard Tödt. Stuttgart - München 1973.

Schatz, Oskar (Hrsg.): Der Friede im nuklearen Zeitalter. Eine Kontroverse zwischen Realisten und Utopisten (4. Salzburger Humanismusgespräch). München 1970.

Schelsky, Helmut: Schule und Erziehung in der industriellen Gesellschaft. Würzburg 1961[3].

Schelsky, Helmut: Systemüberwindung, Demokratisierung und Gewaltenteilung. München 1973².

Schiess, Gertrud: Die Diskussion um die Autonomie der Pädagogik. Reihe: Pädagogische Studien. Hrsg. von Georg Geissler. Bd. 23. Weinheim 1973.

Schleicher, Karl: Die pädagogische Funktion der Utopie und die utopische Dimension in der Pädagogik. In: Bildung und Erziehung. 23. Jg. 1970. S. 86 - 103.

Schleiermacher, Friedrich: Pädagogische Schriften. Bd. I. Die Vorlesungen aus dem Jahre 1826. Hrsg. von Erich Weniger. Düsseldorf 1957.

Schlochauer, Hans-Jürgen: Die Idee des ewigen Friedens. Bonn 1953.

Schloz, Wolfgang: Über die Nichtplanbarkeit in der Erziehung. Mainz 1964 (Diss.). Publiziert in der Schriftenreihe: Probleme der Erziehung. Hrsg. von Theodor Ballauff, Marian Heitger, Klaus Schaller. Wiesbaden-Dotzheim 1966.

Schmidbauer, Wolfgang: Sensitivitätstraining und analytische Gruppendynamik. München 1973.

Schmid, Herman: Friedensforschung und Politik. In: Dieter Senghaas (Hrsg.): Kritische Friedensforschung. Frankfurt 1971. S. 25 - 54.

Schmidt, Hans-P.: Frieden und soziale Gerechtigkeit. Texte und Thesen. In: Lernziel Frieden. Protokoll Nr. 71. Evangelische Akademie. Hofgeismar 1973.

Schörken, Rolf (Hrsg.): Curriculum "Politik". Von der Curriculumtheorie zur Unterrichtspraxis. Opladen 1974.

Schott, Franz: Erziehungswissenschaft, Verhaltensforschung und Erziehung zum Frieden. In: Die Deutsche Schule. 63. Jg. 1971. S. 459 - 467.

Schülerrecht in Nordrhein-Westfalen. Ergänzungssammlung. Gütersloh o.J.

Schultz, Hans Jürgen (Hrsg.): Der Friede und die Unruhestifter. Herausforderungen deutschsprachiger Schriftsteller im 20. Jahrhundert. Frankfurt 1973.

Schulz, Wolfgang: Die Didaktik der "Berliner Schule" - revidiert. In: betrifft: erziehung. 5. Jg. Heft 6. Juni 1972. S. 19 - 32.

Seeber, Dieter A.: Der Mythos der Machbarkeit. In: Herder-Korrespondenz. 26. Jg. 1972. S. 53 - 56.

Senghaas, Dieter: Abschreckung und Frieden. Studien zur Kritik organisierter Friedlosigkeit. Frankfurt 1969.

Senghaas, Dieter (Hrsg.): Kritische Friedensforschung. Frankfurt 1971.

Senghaas, Dieter: Der Diskussionsstand der Friedenswissenschaft. In: Bildung und Erziehung. 25. Jg. 1972. S. 12 - 19.

Shaftel, Fanny R./Shaftel, George: Rollenspiel als soziales Entscheidungstraining. München 1973.

Silberer, Gerhard: Erziehung und Utopie. Überlegungen zum teleologischen Horizont erziehlichen Handelns. In: Pädagogische Rundschau. 25. Jg. 1971. S. 273 - 284.

Singer, Kurt: Verhindert die Schule das Lernen ? Psychoanalytische Erkenntnisse als Hilfe für Erziehung und Unterricht. München 1973.

Spranger, Eduard: Der Sinn der Voraussetzungslosigkeit in den Geisteswissenschaften. Darmstadt 1929.

Spranger, Eduard: Die wissenschaftlichen Grundlagen der Schulverfassungslehre und Schulpolitik. Bad Heilbrunn 1963.

Stadt Bonn (Hrsg.): Bildungsberater. Informationen über die Schulen in Bonn. Bonn 1970.

Stallmann, Martin (Hrsg.): Friedenserziehung und Religionsunterricht. Impulse - Berichte - Entwürfe. Stuttgart 1972.

Steiger, Horst: Der Einfluß des Elternhauses auf die schulische und berufliche Ausbildung der Kinder. In: Wirtschaft und Statistik. Heft 8. 1973. S. 462 - 466.

Steinbacher, Franz: Der Solidaritätsgrundsatz in der sozialen Idee des demokratischen Sozialismus, des Neoliberalismus und der katholischen Soziallehre. Heidelberg 1960 (Diss.).

Steinert, Harald: Schrecken des chemischen Krieges: Napalm und Herbizide. Ein amerikanischer Wissenschaftler über die chemische Kriegsführung der USA in Vietnam. In: Stuttgarter Zeitung. Nr. 103. 5.5.1973. S. 54.

Stock, Martin: Pädagogische Freiheit und politischer Auftrag der Schule. Rechtsfragen emanzipatorischer Schulverfassung. Pädagogische Forschungen. Veröffentlichungen des Comenius-Instituts. Reihe: Erziehungswissenschaftliche Studien. Nr. 48. Heidelberg 1971.

Stock, Martin: Schulverfassungsreform - Demokratisierung der Schule ? In: Zeitschrift für Pädagogik. 19. Jg. 1973. S. 1001 - 1011.

Stoffer, Hellmut: Die Bedeutung der Kindlichkeit in der modernen Welt. München 1964.

Stratmann, K.-Peter: Vom Autismus kritischer Friedensforschung. In: Aus Politik und Zeitgeschichte. Beilage zur Wochenzeitung Das Parlament. B 40/73. 6.10.1973.

Strzelewicz, Willy (Hrsg.): Das Vorurteil als Bildungsbarriere. Elf Beiträge. Göttingen 1965.

Strzelewicz, Willy: Herrschaft ohne Zwang ? Systeme und Interpretationen der Autorität heute. In: Günter Hartfiel (Hrsg.): Die autoritäre Gesellschaft. Köln 1969. S. 21 - 53.

Studiengesellschaft für Friedensforschung e.V. (Hrsg.): Erziehung für den Frieden. München 1971.

Süssmuth, Hans (Hrsg.): Historisch-politischer Unterricht. Planung und Organisation. Stuttgart 1973.

Tausch, Reinhard/Tausch, Annemarie: Erziehungspsychologie. Psychologische Prozesse in Erziehung und Unterricht. Göttingen 1971[6].

Tenbruck, Friedrich: Friede durch Friedensforschung ? Ein Heilsglaube unserer Zeit. In: Frankfurter Allgemeine Zeitung. Nr. 298. Beilage: Bilder und Zeiten. 22.12.1973.

Trutwin, Werner (Hrsg.): Frieden auf Erden. Düsseldorf 1970.

Tschampa, Helmut: Demokratisierung im Schulwesen. Tendenzen in Hessen. Weinheim 1972.

Ulich, Dieter: Gruppendynamik in der Schulklasse. Möglichkeiten und Grenzen sozialwissenschaftlicher Analysen. München 1971.

Ulich, Dieter (Hrsg.): Theorie und Methode der Erziehungswissenschaft. Probleme einer sozialwissenschaftlichen Pädagogik. Weinheim 1972.

Ulich, Dieter/Mertens, Wolfgang: Urteile über Schüler. Zur Sozialpsychologie pädagogischer Diagnostik. Weinheim 1973.

UNESCO (Hrsg.): International Repertory of Institutions for Peace and Conflict Research. Reports and papers in the social sciences. Nr. 28. Paris 1973.

UNESCO-Kurier. 11. Jg. 1970. Heft 11.

UNESCO-Kurier. 15. Jg. 1974. Nr. 5. Heftthema: Weltbevölkerungsjahr. S. 6 - 33; Nr. 7/8. S. 3 - 69.

Urban, Martin: Ist die Menschheit am Ende ? Exponentielles Wachstum führt zur Katastrophe. In: Süddeutsche Zeitung. Nr. 125. 3./4.6.1972. S. 130.

Vierzig, Siegfried: Politische Theologie. In: Informationen zum Religionsunterricht. 6. Jg. Heft 2. Juni 1974. S. 32 - 38.

Vilmar, Fritz: Die Mitbestimmung der Schüler. Grundlagen und Umriß einer Schulbetriebsverfassung. In: Blätter für Deutsche und Internationale Politik. 14. Jg. 1969. S. 62 - 70.

Vilmar, Fritz: Kritische Friedensforschung als Grundlage einer Friedenspädagogik. Sechs Thesen. In: Gesellschaft - Staat - Erziehung. 16. Jg. 1971. S. 346 - 350.

Vilmar, Fritz: Kritik der "Friedenspädagogik" - Kritische Friedenspädagogik. In: Werkhefte. 25. Jg. Heft 7. Juni 1971. S. 209 - 213.

Vilmar, Fritz: Strategien der Demokratisierung. Bd. II: Modelle und Kämpfe der Praxis. Neuwied 1973.

Vilmar, Fritz: Jenseits von Furcht und Aggression. Pädagogische Konsequenzen aus der kritischen Friedensforschung. In: Evangelische Kommentare. 7. Jg. 1974. Heft 3. S. 144 - 147.

Vincze, László/Vincze, Flóra: Die Erziehung zum Vorurteil. Kritik an der Kinderpsychologie. Wien 1964.

Vogt, Hannah: Die Schule im Kampf gegen Vorurteile. Bericht über eine Konferenz des UNESCO-Instituts für Pädagogik in Hamburg. Mai 1964. In: Gesellschaft - Staat - Erziehung. 10. Jg. 1965. S. 54 - 58.

Vormbaum, Reinhold (Hrsg.): Evangelische Schulordnungen. Erster Band. Die evangelischen Schulordnungen des sechszehnten Jahrhunderts. Gütersloh 1860.

Wallraven, Klaus/Dietrich, Eckart: Politische Pädagogik. Aus dem Vokabular der Anpassung. München 1971^{2}.

Wehle, Gerhard (Hrsg.): Pädagogik aktuell. Lexikon pädagogischer Schlagworte und Begriffe. Bd. 1: Erziehung, Erziehungswissenschaft. München 1973.

Weiler, Rudolf/Zsifkovits, Valentin: Unterwegs zum Frieden. Beiträge zur Idee und Wirklichkeit des Friedens. Wien 1973.

Weinbrenner, Peter: Zur Ideologiekritik wirtschafts- und sozialkundlicher Lehr- und Lernmittel. In: Aus Politik und Zeitgeschichte. Beilage zur Wochenzeitung Das Parlament. B 35/1973. 1.9.1973.

Weizsäcker, Carl Friedrich von: Militärische Tatsachen und Möglichkeiten. In: Günter Howe (Hrsg.): Atomzeitalter - Krieg und Frieden. Frankfurt 1959.

Weizsäcker, Carl Friedrich von: Bedingungen des Friedens. Göttingen 1964^{3}.

Weizsäcker, Carl Friedrich von: Der Weltfriede als Lebensbedingung des technischen Zeitalters. In: Universitas. 22. Jg. 1967. S. 1121 - 1132.

Weizsäcker, Carl Friedrich von (Hrsg.): Kriegsfolgen und Kriegsverhütung. München 1971.

Weizsäcker, Carl Friedrich von: Fortschritt für den Frieden. In: Evangelische Kommentare. 5. Jg. 1972. S. 737 - 740.

Wellendorf, Franz: Schulische Sozialisation und Identität. Zur Sozialpsychologie der Schule als Institution. Weinheim 1973.

Wellmer, Albrecht: Kritische Gesellschaftstheorie und Positivismus. Frankfurt 1969.

Weniger, Erich: Wehrmachtserziehung und Kriegserfahrung. Berlin 1938.

Weniger, Erich: Didaktik als Bildungslehre. Teil 1: Theorie der Bildungsinhalte und des Lehrplans. Weinheim 1963^{5}.

Wilhelm, Theodor: Theorie der Schule. Hauptschule und Gymnasium im Zeitalter der Wissenschaften. Stuttgart 1967.

Willke, Ingeborg: Internationale Verständigung als Bildungsauftrag der Schule. In: Bildung und Erziehung. 25. Jg. 1972. S. 31 -48.

Willmann-Institut (Hrsg.): Pädagogik der Strafe. Freiburg 1967.

Willmann-Institut (Hrsg.): Wörterbuch der Schulpädagogik. Freiburg 1973.

Witschel, Günter: Die Erziehungslehre der Kritischen Theorie. Darstellung und Kritik. Bonn 1973.

Wittmann, Bernhard: Vom Sinn und Unsinn der Hausaufgaben. Empirische Untersuchungen über ihre Durchführung und ihren Nutzen. Neuwied 1972^{2}.

Wössner, Jakobus: Mensch und Gesellschaft. "Kollektivierung" und "Sozialisierung". Ein Beitrag zum Phänomen der Vergesellschaftung im Aufstieg und in der sozialen Problematik des gegenwärtigen Zeitalters. Berlin 1963.

Wössner, Jakobus: Soziologie. Einführung und Grundlegung. Graz 1970[2].

Wolf, Antonius: Brennpunkte moderner Erziehungswissenschaft. Donauwörth 1972.

Wolf, Heinz E.: Soziologie des Vorurteils. Stuttgart 1969.

Wünsche, Konrad: Die Wirklichkeit des Hauptschülers. Berichte von Kindern der Schweigenden Mehrheit. Köln 1972.

Wulf, Christoph: Auf dem Wege zu einer transnationalen Friedenserziehung. In: Bildung und Erziehung. 25. Jg. 1972. S. 58 - 68.

Wulf, Christoph (Hrsg.): Friedenserziehung in der Diskussion. München 1973.

Wulf, Christoph (Hrsg.): Kritische Friedenserziehung. Frankfurt 1973.

Wunberg, Gotthard: Autorität und Schule. Stuttgart 1966.

Zehm, Günter: Und noch'n Konflikt ... In: Die Welt. Nr. 156. Beilage: Die geistige Welt. 7.7.1973. S. II.

Zehm, Günter: Das Hauptfach Konflikt macht Kinder zu Chaoten. In: Die Welt. Nr. 16. 19.1.1974. S. 4.

Zsifkovits, Valentin: Der Friede als Wert. Zur Wertproblematik der Friedensforschung. München 1973.

Zur Stellung des Schülers in der Schule. In: Bildung und Erziehung. 27. Jg. Heft 1. Januar/Februar 1974. S. 77 - 85; außerdem in: Frankfurter Rundschau. Nr. 131. 7.6.1973. S. 9.